Heinrich Böll

Jochen Schubert

Heinrich Böll

Herausgegeben
von der Heinrich-Böll-Stiftung

Die Deutsche Nationalbibliothek verzeichnet diese Publikation in der Deutschen Nationalbibliografie; detaillierte bibliografische Daten sind im Internet über http://dnb.d-nb.de abrufbar.

Der Theiss Verlag ist ein Imprint der WBG.

Die Herausgabe des Werkes wurde durch die Vereinsmitglieder der WBG ermöglicht.
Redaktion: Mechthilde Vahsen, Düsseldorf
Satz: Olaf Mangold Text&Typo, Stuttgart
Gedruckt auf säurefreiem und alterungsbeständigem Papier
Printed in Germany

Besuchen Sie uns im Internet: www.theiss.de

ISBN 978-3-8062-3616-3

Elektronisch sind folgende Ausgaben erhältlich:
eBook (PDF): ISBN 978-3-8062-3685-9
eBook (epub): ISBN 978-3-8062-3686-6

Inhalt

Vorwort von René Böll

Mein Vater hatte ein bewegtes Leben. Geboren noch im Kaiserreich, erlebte er bewusst die Weimarer Republik, das Dritte Reich und als Soldat den Zweiten Weltkrieg, vom ersten bis zum letzten Tag. Die unmittelbare Nachkriegszeit und der »Kalte Krieg« prägten ihn. Die Fehlentwicklungen der alten Bundesrepublik hat er in vielen seiner Texte aufgezeigt.

Schon früh, noch als Schüler, begann Heinrich Böll zu schreiben, was seine Mutter zu der in solchen Fällen üblichen Frage veranlasste, was denn aus dem Jungen werden solle. »Irgendwas mit Büchern«, lautete die Antwort, die der Sohn Jahre später im Titel seiner 1981 entstandenen Erinnerungen an die letzten Schuljahre unter der Naziherrschaft gab.

Mein Vater war zuallererst Schriftsteller – und als Schriftsteller und Künstler wollte er wahrgenommen werden. Zur Kunst gehört das Spontane, die Bereitschaft zur Kürze und zum Verzicht gerade auf die scheinbar so gelungene Passage, das Rücksichtslose und die Kälte gegenüber der eigenen Arbeit genauso wie der fast rauschhafte Zustand beim Schreiben, diese beispiellose Mischung aus Intuition und Kalkül. All das beherrschte er meisterhaft.

Um eine öffentliche Rolle, gar als »moralische Instanz«, hat er sich nie beworben. Er bekam sie zugewiesen. Doch obwohl er mit seiner Prominenz haderte, hat er sie zu nutzen gewusst. Nicht umsonst ist er Präsident zunächst des nationalen, später des internationalen PEN geworden und hat sich für die Belange von Schriftstellern, nicht nur der verfolgten, eingesetzt. Er war ein Vorkämpfer für die gerechte Bezahlung von Autoren und Übersetzern. Und sein Engagement bot oppositionellen Schriftstellern die Chance, im Westen zu publizieren. Selbst große persönliche Risiken scheute er nicht, wenn es galt zu helfen.

Bewundert habe ich an meinem Vater immer, dass er sich seine Meinung vollkommen unabhängig bildete, sich von keiner Gruppe, keiner politischen Richtung und keiner Partei abhängig machte. Er war ein Einzelgänger und im positiven Sinne eigensinnig. Es gab für ihn kein Lagerdenken, sein Eintreten für Menschenrechte war unteilbar – keineswegs selbstverständlich im »Kalten Krieg«.

Und obwohl diese Zeiten längst vorbei sind, haben sich Heinrich Bölls Denken und Haltung eine bemerkenswerte Aktualität bewahrt. Viele der Debatten von damals erinnern erschreckend an die ungelösten Probleme von heute.

Mein Vater war übrigens kein Asket, er konnte auch genießen, und Irland war für ihn ein Rückzugsort, dessen Bedeutung kaum überschätzt werden kann. Hier wurde er mit seiner Familie seit 1955 willkommen geheißen. Seine Bekanntheit sprach sich in Irland erst herum, als er 1972 den Nobelpreis erhielt, aber auch danach spielte sie nie eine Rolle. Monatelang begleiteten wir Kinder meine Eltern nach Irland und gingen nicht zur Schule. Als dies nicht mehr möglich war, weil wir inzwischen das Gymnasien besuchten, war mein Vater oft für Wochen alleine in Irland. Dort genoss er die Ruhe von all den Telefonaten und Briefen und Presseanfragen, die auf ihn einstürmten.

Wie alle Menschen hatte mein Vater Stärken und Schwächen. Ich selbst habe ihn immer als selbstkritisch, tolerant und großzügig erlebt. Wichtig ist mir deshalb heute wie früher, dass seine Bücher gelesen werden und sich die Menschen unvoreingenommen ihr eigenes Bild von seiner Person machen. Dass dies nun möglich ist, ist auch ein Verdienst der vorliegenden Biografie.

Mein großer Dank gilt deshalb Jochen Schubert, der sich der ungeheuren Mühe unterzogen hat, den umfangreichen Nachlass zu erschließen, und dem es gewohnt umsichtig gelungen ist, ein Porträt zu erstellen, das zuverlässige Informationen liefert, zur Lektüre anregt und Irrtümer und Klischees benennt, wo Korrektur geboten ist.

René Böll
Köln, im Sommer 2017

Vorwort der Heinrich-Böll-Stiftung

Heinrich Böll wäre am 21. Dezember 2017 hundert Jahre alt geworden. Er war zweifellos einer der bedeutendsten deutschsprachigen Autoren des 20. Jahrhunderts.

Im Jahre 1972 erhielt er den Nobelpreis für Literatur. Seine Romane, Erzählungen, Essays, Briefe und Interviews sind wichtige Zeugnisse des gesellschaftlichen und politischen Lebens in Deutschland über fast ein halbes Jahrhundert. Sie thematisieren Krieg, Wiederaufbau, Aussöhnung, Restauration und den Aufbruch Deutschlands in eine liberale Demokratie. Und Böll hatte ein klares Bewusstsein dafür, dass ein Teil des Landes nicht an diesem Aufbruch teilhaben konnte.

Auch wenn er über sich selbst schrieb, dass er gebunden sei »an Zeit und Zeitgenossenschaft, an das von einer Generation Erlebte, Erfahrene, Gesehene und Gehörte«, reicht seine Bedeutung bis in unsere heutige Zeit. Gerade seine Bücher aus den letzten beiden Lebensjahrzehnten behandeln so aktuelle Themen wie Terrorismus, Überwachung und die Verantwortung des Individuums.

Bölls großes internationales Ansehen rührte nicht zuletzt von seinem unbestechlichen Engagement für Freiheit und Menschenrechte. Er setzte sich für Dissidenten in Osteuropa ein und für Flüchtlinge aus Vietnam. Er war ein christlich geprägter Humanist – und ein kreativer, streitbarer Geist. Er legte sich mit der politischen Linken wie der Rechten an, mit der katholischen Kirche ebenso wie mit den Medien. All das, sein Engagement, seinen Eigensinn und sein künstlerisches Werk will uns die hier vorliegende Biografie näherbringen. Sie stützt sich dabei auf bislang nicht ausgewertete private Quellen und präsentiert auch einige eher unbekannte Fotos. Der Autor Jochen Schubert ist ein profunder Kenner von Bölls Leben und Werk und hat bereits das Erscheinen der 27-bändigen Werkausgabe betreut.

Heinrich Böll war ein öffentlicher Intellektueller par excellence. Wenn er zu einer Pressekonferenz einlud, dann ließen sich die Medien nicht zweimal bitten. Bölls Einfluss war für einen Künstler enorm groß. In dieser Biografie wird aber auch deutlich, wie viel Kraft solch eine öffentliche Rolle kostet. Böll hat immer wieder betont, dass er diese Funktion nicht gesucht hat; er nahm sie eher widerwillig an, sah sich darin auch gelegentlich überfordert. Eigentlich wollte er in erster Linie Bücher schreiben, Künstler sein, Schriftsteller. Ihm ist auch das gelungen.

Unsere Stiftung trägt jetzt seit dreißig Jahren seinen Namen. Dieser wollte uns nie eine Bürde sein, vielmehr eine Verpflichtung, eine Ermutigung. Gelegentlich ist er uns auch heute noch ein Türöffner bei internationalen Projekten. Man kennt Böll noch. Jedes Jahr, wenn die Stiftung neue Studienstipendiaten oder Doktorandinnen aufnimmt, ist es immer wieder eine Freude zu sehen, mit welcher Neugier sich die jungen Leute für Böll interessieren und ihn neu entdecken. Sie bewundern seine Haltung: die Zivilcourage, den Einsatz für die Freiheit, die streitbare Toleranz. Und in diesem Sinne ist dieser bedeutende Schriftsteller und Menschenrechtler auch weiterhin Vorbild für die gesamte Arbeit unserer Stiftung.

Berlin, im Sommer 2017
Ellen Ueberschär und Barbara Unmüßig
Vorstand der Heinrich-Böll-Stiftung

Informationen über die Heinrich-Böll-Stiftung
unter www.boell.de

Heinrich Böll, 1975

1 Vorbemerkung

Die Erfahrungen seiner Generation haben Heinrich Böll ein Leben lang bewegt und sein literarisches Schaffen entscheidend geprägt. Sein umfangreiches Werk stellt sich in seinen Perspektiven gegen alle herkömmlichen Bestimmungen des Menschen und die ihm vorgegebenen Verhältnisse. Es ist die literarische Zeugenschaft einer individuell begründeten, spannungsreichen Sicht auf Ereignisse und Entwicklungen der von Heinrich Böll aufgenommenen Welt, die noch immer fasziniert. Dass sich in seinem Leben und Schreiben Kritik und Widerstand sowie Engagement und die Hoffnung auf veränderte gesellschaftliche Verhältnisse produktiv verbunden haben, bildet die Leitlinie der vorliegenden Biografie.

Heinrich Bölls literarische Zeugenschaft beeindruckte auch die Königlich Schwedische Akademie. Sie zeichnete ihn 1972 als ersten deutschen Schriftsteller nach dem Zweiten Weltkrieg mit dem Nobelpreis für Literatur aus und würdigte in ihrer Entscheidung nicht nur die literarischen Arbeiten, sondern auch die unablässig bewahrte Ausrichtung seiner Aufmerksamkeit auf »die Lebensluft, die seine Generation atmen mußte, das Erbe, das sie anzutreten hatte«.[1]

Bereits ein flüchtiger Blick auf das Spektrum der von ihm nach dem Zweiten Weltkrieg aufgenommenen und verhandelten Ereignisse und Themen zeigt, dass er sich unbestechlich und hartnäckig denjenigen widmete, die nicht nur in der Nachkriegszeit unterdrückt und verdrängt wurden. Das Register seiner Stoffe liest sich in dieser Hinsicht wie eine kritische Gesellschafts-, Politik- und Kulturgeschichte: die Auseinandersetzung mit der nationalsozialistischen Vergangenheit Deutschlands, dem Grauen des Zweiten Weltkriegs sowie den Verdrängungsmechanismen und verdeckten Kontinuitäten der NS-Diktatur; die Kritik der restaurativen Tendenzen und die

Verquickung der katholischen Kirche mit den politischen Instanzen in der Adenauer-Ära; sein Engagement in der Zeit der Studentenproteste und der Notstandsgesetzgebung in den 1960er-Jahren; die Kontroversen um die Ursachen der terroristischen Gewalt in den 1970er-Jahren; die Beteiligung an den Protesten gegen die atomare Aufrüstung, die Anfänge der Friedensbewegung und der ökologischen Debatte Anfang der 1980er-Jahre.

Doch es ging ihm nicht nur um die Einmischung, sondern auch um das Schreiben. So bekräftigte er in einer Selbstauskunft: »Schreiben wollte ich immer, versuchte es schon früh, fand aber die Worte erst später«.[2] Schreiben galt ihm als produktiver Akt, »Träume, Vorstellungen, Ideen aufs Papier zu bringen und in gesellschaftliche Praxis umzusetzen«[3]. Noch 1985 bekannte er sich zum Schreiben als seiner zentralen existentiellen Verortung im Leben. »Ich liebe das Schreiben. Es ist für mich eine Freude, etwas aufzubauen. [...] vor allem ist das Schreiben einfach der Wunsch, etwas zu erschaffen.«[4] In diesem Sinne produktiv hat Bölls literarisches Leben, das 1936 begann, in nahezu 2.500 Texten seinen Niederschlag gefunden.[5]

Als Material für diese Biografie konnten nicht nur der Nachlass und veröffentlichte Quellen genutzt werden, sondern auch einige unveröffentlichte Zeugnisse. Auf dieser Grundlage wird hier ein Leben nachgezeichnet mit seinen Impulsen, An- und Einsichten.

Und es ist der Ertrag einer sich in diesem Leben verwirklichenden Autorschaft, die in ihrer unkonformen literarischen Fantasie auch heute noch ebenso herausfordernd wie aktuell ist. Denn Heinrich Böll glaubte an die Möglichkeit der Literatur, die Vorstellung einer in Fakten gebannten Welt zu suspendieren: »Was wirklich ist, bestimmt der Autor, der Maler, der Bildhauer, der da *seine* Wirklichkeit schafft.«[6]

Wirklichkeit, immer wieder neu ›bestimmt‹ durch die Fantasie des Autors – das bedeutete für Heinrich Böll, im Bestehenden Perspektiven für Veränderungen zu entwerfen, erstarrte Haltungen und Überzeugungen zu hinterfragen, zu irritieren und zu provozieren, Ab- und Ausgegrenztes sichtbar zu machen.

Dazu gehörte für ihn, grundsätzlich Unabhängigkeit zu wahren, auch wenn nicht nur in der Nachkriegszeit zur An- und Einpassung ans Gegenwärtige geraten wurde. Ihm war es wichtig, das eigene Tempo zu halten, auch wenn ein anderes gefordert wurde. Er verteidigte beides für sich und andere stets hartnäckig. Gelassen – zuweilen aber auch betroffen – nahm er dafür den Vorwurf (s)einer Entfernung aus der Zeit in Kauf. »[D]ie Marschierlust hat mir immer gefehlt [...]. Wohin die heutige Entwicklung mich, würde ich Schritt mit ihr fassen, führen könnte, weiß ich nicht; selbst wenn ich's wüßte, Schritt halten mag und kann ich nicht.«[7] Seine Haltung, die Eigenständigkeit des Urteils zu verteidigen, inspiriert auch heute noch die Beschäftigung mit seinem Werk.

Auf diese Haltung bezog sich Theodor W. Adorno, als er anlässlich von Heinrich Bölls 50. Geburtstag in seiner »Keine Würdigung« überschriebenen Würdigung Böll ein Denken in »ungedeckte[r] Position« bescheinigte. Durch dieses Denken, so Adorno, habe Heinrich Böll auch dem ›Repräsentativen‹, das man ihm zudachte, »widerstanden« und anstelle eines »jubelnde[n] Einverständnisses« mit diesem den »Stand des Ungedeckten«[8] vorgezogen. Was Adorno unter ›ungedeckt‹ verstanden wissen wollte, erläutert eine Bemerkung, die er in seiner Vorlesung *Philosophische Elemente einer Theorie der Gesellschaft* so formulierte: »Erkenntnis fängt dort an, wo es keine Bräuche gibt, wo man ins Offene kommt, wo man ungedeckt ist, nicht die stärkeren Bataillone hinter sich hat.«[9] Damit hatte Adorno formuliert, was Böll augenzwinkernd und unmissverständlich zugleich in seiner 1964 publizierten Erzählung *Entfernung von der Truppe* hatte durchblicken lassen: »Daß Menschwerdung dann beginnt, wenn einer sich von der jeweiligen Truppe entfernt.«[10] Als ›Wahlspruch der Menschwerdung‹ gelesen, heißt dies: Menschwerdung beginnt mit der Aufkündigung des Konformitätszwangs herrschender Gewissheiten (die ›jeweilige Truppe‹). Gemeint ist damit die gewagte Überschreitung einer Regel, die das *eigene* Verstehen im allgemein Geltenden fundiert. Kurz: Menschwerdung ist Regelbruch durch Eigensinn.

2

Kindheit und Jugend (1917–1929)

Die Familie · Raderberg · Eine katholische Kindheit in Köln · Die ›Roten‹, die ›Bürgerlichen‹ · Weltwirtschaftskrise · Rückkehr in die Stadt

»Jeder bekommt seine Kindheit über den Kopf gestülpt wie einen Eimer. Später erst zeigt sich, was darin war.«
Heimito von Doderer

Köln, Krieg, Katholizismus – in diese zufällige, im biografischen Rückblick jedoch bezeichnende Konstellation wurde Heinrich Böll am 21. Dezember 1917 geboren. Zwei Tage später folgte in der Pfarrkirche St. Maternus die Taufe auf den Namen Heinrich Theodor.

Der Vater Viktor Böll, am 26. März 1876 in Essen geboren, war als 20-Jähriger 1896 nach Köln übergesiedelt. Bereits im Jahr darauf gründete er hier den ersten Hausstand mit Katharina Giesen, mit der er drei Kinder hatte: Mechthild, Engelbert und Grete. Der jungen Familie, die in der Großen Telegraphenstraße 5 eine geräumige Wohnung bezogen hatte, stand die am 3. September 1877 in Düren geborene Wirtschafterin Maria Hermanns zur Seite.

Doch das Familienglück währte nicht lange. Der ein Jahr nach Mechthild im Mai 1899 geborene Sohn Engelbert starb wenige Wochen nach seiner Geburt. Ein weiterer Schicksalsschlag für Viktor Böll war der Tod seiner Frau Katharina am 4. März 1901: Sie erlag mit 31 Jahren den Folgen einer Lungenentzündung. Nach ihrem Tod zog Viktor Böll mit den Töchtern Mechthild (1898–1907) und Grete (1900–1963) in den Mauritiussteinweg 38. Maria Hermanns, die bis dahin bei der Familie gelebt hatte, versorgte zwar weiterhin täglich den Haushalt, bezog jedoch am Riehler Damm 187 eine eigene Wohnung. Schließlich heirateten Viktor Böll und Maria Hermanns am 23. November 1906 standesamtlich in Köln und einen Tag später kirchlich in Königswinter. Doch dem Glück der neuen Ehe folgte im Jahr darauf die Trauer um Tochter Mechthild, die am 26. Oktober 1907 starb. An sie erinnernd erhielt die einen Monat nach ihrem Tod geborene erste Tochter Maria und Viktor Bölls ebenfalls den Namen Mechthild. Der Ehe entstammten insgesamt fünf Kinder: Mechthild (1907–1972), Gertrud (1909–1999), Alois (1911–1981), Alfred (1913–1988) und schließlich Heinrich Böll. Die Familie lebte in der Teutoburger Straße 26 im Süden der Kölner Altstadt.

Die Verbindung mit Maria Hermanns gründete auf dem Versprechen einer gemeinsam gelingenden Zukunft. Die daran geknüpfte Hoffnung auf ein besseres Leben hatte Viktor Böll bereits nach Abschluss seiner Tischlerausbildung im väterlichen Schreinereibetrieb in der Schwanenkampstraße 81 in Essen bewogen, nach Köln zu ziehen. Die Arbeitsmöglichkeiten in der rheinischen Metropole mit ihren 281.681 Einwohnern (gegenüber 78.706 in Essen) schienen ihm vielversprechender. Hinzu kam ein persönlicher Kontakt. Viktor Böll war befreundet mit Engelbert Giesen, der in Essen Kaplan der St.-Josephs-Kirche war. Dessen Bruder Johann Joseph Giesen führte in der Meister-Gerhard-Straße 11 in Köln eine Schreinerei. Über diese Verbindung hatte Viktor Böll auch seine erste Frau Katharina kennengelernt, die mit ihrem Vater Johann gelegentlich nach Essen kam.

Wirtschaftskraft und Handelszuversicht – das waren die beiden Säulen, auf die Viktor Böll 1896 seine Zukunft gründen wollte. Alfred Böll hat in einem privat verfassten »Rückblick« auf die für seinen Vater in dieser Hinsicht besondere, fast symbolische Bedeutung der Kölner Brücken hingewiesen. Sie waren, so Alfred Böll, Zeichen seiner Gründerenergie: Das meinte vor 1911 die 1859 in Betrieb genommene Dombrücke, dann aber vor allem die Hohenzollernbrücke, »die wichtigste Brücke Europas«, wie Alfred Böll seinen Vater zitiert.[1] Doch diese Euphorie war nicht ungetrübt, denn die Hohenzollern, hier vor allem Wilhelm II., verkörperten für Viktor Böll den Geist des preußischen Militarismus. Die Reiterstandbilder auf der Hohenzollernbrücke waren ihm daher ein Dorn im Auge. »›Dort oben‹, sagte er, ›reitet er immer noch auf seinem Bronzegaul westwärts, während er doch schon so lange in Doorn Holz hackt‹«,[2] zitiert Alfred Böll seinen Vater.

Weitaus entzündlicher waren für Viktor Böll jedoch die Erinnerungen an die sich nach der Reichsgründung 1871 zwischen dem protestantischen Preußen und dem vorwiegend katholischen Rheinland verschärfenden Konflikte, die den sogenannten Kulturkampf der Jahre 1870 bis 1879 schürten. Eine Ursache des Kulturkampfes lag für die preußische Regierung 1870 in der Gründung der Zentrumspartei, die den politischen Katholizismus repräsentierte und zu deren Wählern Viktor Böll bis zu ihrer Auflösung 1933 gehörte. Ein anderer Anlass lag in der Gründung der altkatholischen Kirche als einer Folge der Verkündung des Unfehlbarkeitsdogmas des Papstes von 1870. Ihre Mitglieder erfuhren, wenn sie preußische Staatsbedienstete waren, kirchliche Sanktionen. Durch die daraufhin von der preußischen Regierung initiierte Gesetzgebung, die sich an einer Trennung von Kirche und Staat orientierte, eskalierten für die katholische Kirche die Konflikte. So wurden eine staatliche Schulaufsicht und mit der Neuregelung der Ehe im Jahr 1875 eine rein zivilrechtliche Grundlage der Ehe eingeführt. Darüber hinaus gab es Auseinandersetzungen zum Vetorecht des Staates bei der Einstellung von Geistlichen und anlässlich des sogenannten Kanzelparagraphen. Er stellte diejenigen Geistlichen unter Strafe, die im Rahmen ihrer Predigten Position zu staatlichen Maßnahmen und Vorgängen bezogen. Die unerwartet massiven Proteste der Bevölkerung führten gegen Ende der 1870er-Jahre unter anderem zur Wiederaufnahme der Geldzuwendungen an die Kirche, die von der Reichsregierung 1875 in der Absicht eingestellt worden waren, die kirchliche Folgeleistung der preußischen Gesetzgebung zu erzwingen.

Heinrich Böll erinnerte sich daran 1975: »[...] ich bin ganz bewußt anti-preußisch und besonders anti-bismarckisch erzogen worden, weil meine Eltern den Kulturkampf miterlebt haben.«[3] So zeitlich entfernt für ihn die Ereignisse auch waren, Preußen war auch für ihn bis in die Zeit des Zweiten Weltkriegs hinein Synonym für Unterdrückung, Zwang, obrigkeitsstaatliches Denken, Gehorsam und blinde Pflicht.

> »[M]ein Vater, meine Eltern, meine Freunde, Bekannte haben gesagt: wir sind besetzt von den Preußen. Wir haben es als Besatzung empfunden. Und dann wurde Berlin zur Reichshauptstadt unter den Nazis, verstehen Sie, und im Volke hier war der Nazismus, was er nicht war in Wirklichkeit, eine Berliner Erscheinung, eine Folge des Preußentums, was historisch nicht stimmt, aber so empfunden wurde.«[4]

Zur ersten Kölner Station Viktor Bölls wurde das von Adolf Kolping 1852 in der Kölner Breite Straße 102–110 eröffnete katholische Ledigenheim, das »Haus der Kolpingsöhne«. Hier schloss er mit Wilhelm Polls eine Bekanntschaft, die zur Geschäftspartnerschaft wurde. Gemeinsam eröffneten sie am 10. Dezember 1896 am Wormser Platz 13 ihr »Atelier für kirchliche Kunst«. Der Wunsch nach einer wirtschaftlich eigenständigen Existenz war damit erfüllt, zumal sich die Firma »Böll & Polls« in den ersten Jahren zu einem erfolgreichen Kleinbetrieb entwickelte. Bereits vor der Jahrhundertwende konnten die Partner daher an die Errichtung je eines Mietshauses denken: die Gebäude Nr. 28 und Nr. 30 in der Vondelstraße. In deren gemeinsamem Hinterhaus führten sie ab 1902 den nun als »Werkstatt für Kirchenmöbel« firmierenden Betrieb.

Das handwerkliche Repertoire erstreckte sich über die Herstellung von Orgelbrüstungen und -gehäusen über Beichtstühle und Kirchenbänke bis hin zu Altären in zahlreichen Kölner Kirchen – unter anderem in St. Agnes, St. Alban, St. Aposteln, St. Cäcilien, St. Maria Lyskirch, Maria-Hilf und St. Severin. Erst um 1920, als die Auftragslage für die Versorgung von zwei Familien wenn auch nicht schlecht, so doch schwieriger wurde, trennten sich die Partner gütlich. Viktor Böll übernahm die Werkstatt in der Vondelstraße, seine Schreinerei erhielt den Namen »Kunsttischlerei, Werkstätten für kirchliche Kunst«.

Die doppelte Akzentuierung der Kunst zeigte zwar Viktor Bölls Selbstverständnis, die rückläufige Auftragslage aus dem kirchlichen Bereich zwang ihn im Laufe der Zeit jedoch dazu, Aufträge von Behörden und öffentlichen Einrichtungen anzunehmen oder sich um diese zu bemühen. Der künstlerische Akzent wurde ein Opfer der Ökonomie. Schließlich übernahm 1930 sein Sohn Alois den Betrieb und führte ihn bis 1953.

Heinrich Böll war vier Jahre alt, als die Familie am 25. Juli 1922 ein neu errichtetes Einfamilienhaus in der Kreuznacher Straße 49 im damals noch ländlichen Vorort Raderberg bezog. Es war eins von sechs Häusern der »Siedlung Am Rosengarten«, die von der »Baugenossenschaft Siedlung Am Rosengarten« errichtet worden waren. Die Baugenossenschaft war im Grunde ein Zusammenschluss einiger Böll-Familien: Ihr Vorsitzender Theodor Böll war wie der Architekt Aloys Böll ein Onkel Heinrich Bölls. Sein Vater übernahm den Part der anfallenden Schreinerarbeiten. Der idyllische Klang, den die Baugenossenschaft ihrer Siedlung verlieh, lehnte sich an einen Sondergarten im südlichen Teil des 1911 zwischen den Kölner Vororten Zollstock, Raderberg und Raderthal angelegten und 1914 nach Plänen des Architekten Fritz Encke umgestalteten Vorgebirgsparks an, früher auch Volkspark Raderthal genannt. Er wurde seinerzeit zur Straße hin durch Pergolen begrenzt und setzte sich im (früher) anschließenden Staudengarten als Fliedergang bis zu einem Baumplatz fort, den man vom Eingang Kreuznacher Straße betrat. Als Klaus Wagenbach 1965 Böll und andere Schriftsteller dazu aufforderte, biografisch besondere Orte zu porträtieren, wählte Böll Raderberg und widmete vor allem diesem Bereich des Parks eine intensive Beschreibung.[5]

Heinrich Böll verbrachte in Raderberg mit der Nähe zum Vorgebirgspark, unabhängig von allen politischen und ökonomischen Geschehnissen um ihn herum, die wohl unbeschwertesten Jahre seiner Kindheit und ersten Schulzeit, die 1924 mit dem Besuch der katholischen Volksschule in der Brühler Straße 204 begann. In dieser Zeit nahm er an den Vorbereitungen zur Ersten Heiligen Kommunion teil. Die entsprechenden katechetischen Unterweisungen für die Erstkommunion, die am 11. April 1926 in der St.-Mariä-Empfängnis-Kirche stattfand, erteilte Joseph Teusch, der spätere Kölner Bischofsvikar und Gründer der katholischen »Abwehrstelle gegen

Heinrich Böll in Köln-Raderberg, Vorgebirgspark, 1926

die antichristliche nationalsozialistische Propaganda« zur Zeit der NS-Diktatur.

Raderberg war für den jungen Heinrich Böll die Welt, in der sich seine Sinne für gesellschaftliche Schichten und Ansichten, Sozialformen und -normen entwickelten. Dabei bemerkte er deutlich die Ab- und Ausgrenzungen:

> »Ich habe nie [...] begriffen, was an den besseren Leuten besser gewesen wäre oder hätte sein können. Mich zog's immer in die Siedlung, die wie unsere neu gebaut war, in der Arbeiter, Partei- und Gewerkschaftssekretäre wohnten; dort gab es die meisten Kinder und die besten Spielgenossen, immer genug Kinder, um Fußball, Räuber und Gendarm, später Schlagball zu spielen.«[6]

Es war die entlang der Brühler, Kreuznacher und Mannsfelder Straße fast gleichzeitig mit der »Am Rosengarten« errichteten Siedlung der »Heimstätten-Baugenossenschaft Fortschritt 1919«, die Böll anzog und die, »im Gegensatz zur privatkapitalistischen Genossenschaft [...] rein sozialistisch«[7] organisiert war, wie das Statut festhielt.

Bölls Eltern waren nach den rigiden Vorstellungen eines jansenistisch geprägten Katholizismus erzogen worden, also gemäß den Lehren einer religiösen Überzeugung, derzufolge der Mensch tendenziell böse und durch die Erbsünde prinzipiell verderbt sei. Sie wussten sich von dieser Überzeugung nicht gänzlich zu befreien, hielten aber die Geschwister von den religiösen Zwangsdiktaten der jansenistischen Bewegung fern, die nach dem Löwener Theologen und Bischof von Ypern, Cornelius Jansen, benannt worden war und sich in Belgien, Frankreich und den Niederlanden des 17. und 18. Jahrhunderts ausgebreitet hatte.

> »Meine Mutter hat uns oft erzählt, daß sie als junges Mädchen in Düren jeden Tag zweimal in die Kirche mußte, morgens in die Messe, abends in die Andacht, und zwischendurch wurde noch der Rosenkranz gebetet. Und mein Vater hat immer mit kaum verhohlener Wut über die schreckliche Tyrannei seines Vaters gesprochen, der seine Jungen, es waren sehr viele Kinder bei meinem Großvater, zu Pilgerfahrten zwang, bei denen sie das Kreuz durch die Nacht tragen und bis in den nächsten Vormittag hinein nüchtern bleiben mußten. Es wurde nie ausgesprochen, und trotzdem glaube ich heute, daß meine Eltern gedacht haben: diesen Schrecken wollen wir unseren Kindern nicht aufladen. Dafür bin ich natürlich sehr dankbar. Mich hat das Ganze nicht bedrückt im religiösen oder, wie soll man sagen, im intellektuellen Sinn, sondern nur ästhetisch.«

Seine Eltern ermöglichten ihm somit den selbstbestimmten Umgang mit Kirche und Katholizismus:

> »Ich glaube, daß ich angefangen habe, mich verhältnismäßig früh davon zu befreien, mit vierzehn, fünfzehn, und bis heute wundere ich mich über meine Eltern, die ja klassisch-katholisch erzogen waren im Sinn des 19. Jahrhunderts, daß sie meine religiöse Praxis niemals kontrolliert haben. Ich bin jahrelang gar nicht in die Kirche gegangen, als Junge so

> zwischen vierzehn und achtzehn, und auch nicht zu den Sakramenten. Ich war nicht unreligiös, aber ich hatte meine Schwierigkeiten mit der Kirche und auch mit all dem Drum und Dran. Aber niemals haben mich meine Mutter oder mein Vater kontrolliert.«[8]

Auch daran mag gelegen haben, dass Böll seine Eltern in Rückblenden stets respektvoll und mit liebevoller Zuneigung beschrieb. Er fand sie vom Leben gebildet, betonte ihren Sozialsinn, hob ihre Religiosität hervor und attestierte ihnen – sofern es nicht um konfessionelle Grenzziehungen nach außen ging – ein weithin undogmatisches Kirchenverständnis. Was sie unterschied, machte er ebenfalls deutlich: die Mutter melancholisch und ruhig, dem Leben zugewandt und politisch wach, der Vater kunstsinnig und feinnervig, dominiert von einer Mischung aus »dauernde[r] Unruhe« und Beunruhigung und stetigem »Veränderungswunsch«. So berichtete Böll über diesen Veränderungswunsch: »Mein Vater liebte Umzüge und zog sogar gern innerhalb der Wohnung um«. Hinzu kam die allmählich ›zerbröckelte‹ Zuversicht seines Vaters im Hinblick auf die wirtschaftliche Situation, die ihm während der ökonomisch stabilen Situation zwischen 1870 und 1914 eigen gewesen war.

Fern davon, als Siebenjähriger die elterliche Verunsicherung unmittelbar mit den sozial-ökonomischen Vorgängen verknüpfen zu können, wurden sie dem jungen Heinrich Böll nur über die Reaktionen und Verhaltensweisen der Eltern fassbar. Es war die Hyperinflation im Dezember 1923, die hinter alle Zukunftsperspektiven ein Fragezeichen setzte. Die Familie überstand die Krise zwar wirtschaftlich, doch die Eltern – vor allem der Vater – waren fortan in eine nur mit Mühe verborgene, nachhaltig wirkende Beunruhigung versetzt.

> »Diese vollkommene Unsicherheit gegenüber dem, was man Stabilität nennt. Sie können sich gar nicht vorstellen, was die Inflation für uns bedeutet hat […], als mein Vater das Lohngeld wirklich auf einem kleinen Karren fahren mußte, Milliarden. Das hat ihn wahrscheinlich alles zutiefst verunsichert und meine Mutter natürlich auch. Sie haben das vor uns Kindern so lange wie möglich zu verheimlichen versucht, bis dann

der Knall der Wirtschaftskrise Ende der zwanziger, Anfang der dreißiger Jahre kam, und da war nun nichts mehr zu verbergen.«[9]

Doch weitaus direkter, existentieller und intensiver als die durch die versuchte Abschirmung der Eltern gefilterten sozial-ökonomischen Vorgänge erlebte der junge Böll den Wechsel von der Raderberger Volksschule in die Sexta des im Kölner Süden, Heinrichstraße 6–9, gelegenen staatlichen Kaiser-Wilhelm-Gymnasiums am 17. April 1928 als tiefgreifenden Riss im eigenen Lebensgefühl. »Leidvoll war der Übergang« – so Böll 1981 in der autobiografischen Rückblende von *Was soll aus dem Jungen bloß werden?* Der Verlust des Unbeschwerten schien am Ende der in der Kreuznacher Straße erlebten Zeit wie die Erfahrung eines dem Leben selbst unveräußerlich zukommenden Leidens.

Den Schlussakt dieser zuletzt von Verlust und einer Gemengelage von ökonomischen Sorgen und Zukunftsängsten geprägten Phase leitete, fernab von Köln, der Kurssturz an der New Yorker Börse am 24. Oktober 1929 ein. Die in Deutschland mit dem ›Schwarzen Freitag‹ einsetzende Krise war eine Folge der in den USA überhöhten, von keinem realwirtschaftlichen Gegenwert gedeckten Erwartungen an die konjunkturelle Entwicklung. Sie wirkte sich in Deutschland ökonomisch gravierend aus, weil die wirtschaftliche Entwicklung hier seit der Hyperinflation von 1923 im Wesentlichen auf kurzfristigen Auslandskrediten basierte, die jetzt zur Deckung von Liquiditätsengpässen in die USA zurückgerufen wurden. Befördert durch negative Einschätzungen der wirtschaftlichen Entwicklung führte dies bei den deutschen Unternehmen zu massenhaften Entlassungen und damit zu einer sprunghaft ansteigenden Erwerbslosigkeit, deren Höchststand im Winter 1931/32 mit über sechs Millionen Arbeitslosen erreicht wurde. In Köln waren es im Jahresdurchschnitt 83.080 Menschen ohne Arbeit, was einer Arbeitslosenquote von 30,8 Prozent entsprach. Die Sorge, in den Sog des sozialen Abstiegs zu geraten, herrschte in jedem Haushalt; auch die Familie Böll blieb nicht davon verschont. Aufgrund des Zusammenbruchs der 1923 gegründeten »Rheinischen-Kredit-Anstalt«, für die Viktor Böll Bürgschaften gezeichnet hatte, die nun abgerufen wurden, geriet die Familie in massive wirtschaftliche Bedrängnisse. Deren gravierendste Auswirkung war die Veräußerung des Hauses in der Kreuznacher Straße. »Es kam ganz plötzlich, über Nacht […]: mein Bruder und ich bekamen nur gesagt, wir sollten nach der Schule nicht in die ›Straße am Park‹ zurück, sondern zu Fuß über Severin- und Silvanstraße in die neue Wohnung am Ubierring kommen.«[10] Damit verließ Heinrich Böll »die sommerlich-schönen Gefilde […], den weiten Park draußen«[11] endgültig. Dem Ubierring 27 folgte, als auch für diese Wohnung die Miete, trotz weiterer Untervermietung von zwei Zimmern an Studenten der nahegelegenen alten Kölner Universität, wirtschaftlich nicht mehr zu tragen war, im Jahr darauf die Maternusstraße 32 und auf diese 1936 der Karolingerring 17. Bis erste Bombenschäden 1942 die Bewohnbarkeit auch dieser Wohnung einschränkten beziehungsweise 1944, nach weiteren Schäden durch einen Fliegerangriff auf Köln, die Umquartierung unumgänglich wurde.

Der ökonomisch-soziale Zusammenbruch verkehrte alle Sicherheit in bloße Scheinbarkeit. Die stabilen Außenverhältnisse, die für das Kleinbürgertum zu den Garantien seiner gesellschaftlichen Integrationsmöglichkeiten zählten und darauf ausgerichtet waren, den eigenen sozialen Stand aus eigener Kraft bewirken und behaupten zu können, erodierten – und damit auch der Lebensentwurf, an dessen Verwirklichung Viktor Böll seit 1896, zuerst mit Katharina und dann mit Maria Böll, gearbeitet hatte. Es fehlte die Festigkeit und Verlässlichkeit eines Bodens, der gewährleistete, ihn im Tun zu realisieren.

> »[Es] war schon ein Schock, diese Wirtschaftskrise. Die Erkenntnis, daß Wohl und Wehe nicht nur von meinen Eltern abhingen […], [s]ondern daß außerhalb der Familie ökonomische und politische Ereignisse stattfanden […], Ereignisse, die einen auslieferten. Es war auch Angst dabei. Die normale Angst eines Kindes, das sich wahrscheinlich nicht ganz sicher ist: was ist da überhaupt los, geht das so weiter? […] Ich habe also sehr früh gemerkt, mit vierzehn, fünfzehn, daß meine Eltern völlig hilflos waren gegenüber diesen Umständen.«[12]

Die wirkliche Krise und der wirkliche Zusammenbruch lagen aber in der Erfahrung einer die Wünsche und Hoffnungen kompromittierenden Welt, die sich gegen die Verwirklichung von Lebensentwürfen sperrte. Es war der die Familie prägende, im kleinbürgerlichen Selbstbewusstsein fest verankerte Stolz, der sich der Erkenntnis nicht ohnmächtig fügte, dass »Wohl und Wehe« nicht nur in den eigenen Händen liegen, sondern in Abhängigkeiten stehen, die sich der eigenen Kontrolle entziehen. Stattdessen rief man, wie Böll in verschiedenen Rückblicken vergegenwärtigte, einen Kanon antibürgerlich-realitätskritischer Gegenentwürfe wach, in dessen Abgrenzungs- und Distanzierungspotenzialen die Familie die *verachtende* Wirklichkeit zu einer *verachteten* verkehrte und damit ihre Übermacht suspendierte.

> »Es war – soziologisch ausgedrückt – ein Gemisch von Bohème, Proletariat und Kleinbürgertum, wobei die Elemente immer stark wechselten, das überhand nahm. Und innerhalb dieser Wirtschaftskrise haben wir natürlich, und das war zum Teil direkte Erziehung meiner Eltern, für die ich ihnen dankbar bin, jeden Respekt vor der bürgerlichen Ordnung verloren, die ja damals auch zusammenbrach, die sichtbar zusammenbrach. […] Wir haben ungeheuer viel geredet zu Hause. Wir hatten viele Freunde, viel Besuch, und da ist dieses anarchistische Element entstanden, das in der völligen Ablehnung irgendwelcher Vorschriften bestand […], behördliche Vorschriften oder Vorschriften des Wohlfahrtsamtes oder der Unterstützung, die existierten für uns einfach nicht.«[13]

Als die Familie in die Stadt zog, verließ Böll eine Welt in sich widersprüchlicher Erfahrungen. Auf der einen Seite eine spielend erkundete, in den unbeschränkten Begegnungsmöglichkeiten als leicht, freundlich, kindlich-idyllisch empfundene Welt. Auf der anderen Seite aber auch eine als bedrohlich und verunsichernd erlebte Wirklichkeit, eine Verlustwelt mit einem ebenso unklaren wie ungreifbaren Profil und mit tief wirkenden Folgen. So legten die hier verbrachten Jahre das Fundament sowohl für einen der Wirklichkeit, der gesellschaftlichen Ordnung gegenüber stets aufrechterhaltenen skeptischen Blick als auch für den Eigensinn einer Autorschaft, die in ihrer Poetik und deren Ausrichtung auf das »Erlebte, Erfahrene«

Perspektiven auf eine entwirklichende Welt schuf: Ohne »große ideologische Vorbereitungen« fand Böll hier seinen Stoff, sein Thema, für ihn das »Urthema der Literatur«: der Zerfall der bürgerlichen Gesellschaft.[14]

3
Leben im Nationalsozialismus (1930–1945)

Die Entdeckung der Literatur: Dostojewski · Jugend · Köln im Dritten Reich · Erste Schreibprozesse · Soldat in Polen, Frankreich und Deutschland · Soldat in Russland und Rumänien · Feldpostbriefe · Neuanfang in Köln

»Oft verstehe ich jetzt, daß man an Gottes Existenz zweifeln kann oder muß ...«
Heinrich Böll

Aus fast 50-jähriger Distanz erinnerte Heinrich Böll den Umzug von Raderberg in die Kölner Innenstadt im Herbst 1930 als »großen Schock«. »[Z]unächst war ich erschrocken über die Stadt, Zentrum, nähe Ubierring, später dann habe ich das sehr geliebt.« Denn er entdeckte, dass die Stadt aufgrund einer ihr eigenen »romantische[n] Komponente«[1] einen Resonanzboden für seinen neugierigen, Fremdheitssignalen gegenüber empfänglichen Blick bot. Was die Erinnerung jedoch nicht mit aufrief, war, dass gerade die Anonymität der Großstadt einem Gefühl der Entfremdung zuarbeitete, das seit dem Schulwechsel 1928 die Lebensstimmung des jungen Böll prägte. Die von Melancholie, Verzweiflung, Einsamkeit und Fremdheit gekennzeichnete Atmosphäre der Stadt vermittelte ihm jedenfalls den Stoff für eine erste literarisierte Selbstbeschreibung, die er im September 1938 zu Papier brachte. Darin formuliert sein autobiografisches Alter Ego die Empfindungen eines dissonanten Selbst- und Weltgefühls, das vier Jahre lang einen wortkargen, hässlichen, unlustigen, abstoßenden Knaben durch die Welt gehen ließ, »stumpf, ohne Freude am Spiel wie am Lernen; kein Priester, kein

Freund, meine Mutter nicht, mein Vater, niemand vernahm etwas von mir«. Trotz aller pessimistischen und nihilistisch angehauchten Züge dieses Bekenntnisses weist der Text darüber hinaus auf eine Entdeckung fürs Leben hin: die Literatur. »Ein Kind noch, kaum ein Knabe, las ich [...] Dostojewski. Ich warf mittags die Schultasche in eine Ecke und verkroch mich [...]. Zuerst las ich den ›Raskolnikow‹; und in rasender Eile las ich sie alle hintereinander.«[2] Dass es gerade Dostojewski war, der Böll zu einer ersten intensiven Leseerfahrung führte, verdankte sich einem Zufall: Sein älterer Bruder Alois berichtete von seinem Besuch der am 6. Februar 1931 in den Kinos angelaufenen Dostojewski-Verfilmung »Der Mörder Dimitri Karamasoff«.

Böll empfand seine Jugend als eine krisenhafte Zeit des Leidens. In einem Feldpostbrief vom 3. Dezember 1940 schrieb er dazu an seine spätere Frau Annemarie Cech: »Ich erzählte Dir schon, daß ich von meinem 12. bis zu meinem 19. Lebensjahr mich nur wie ein Kadaver habe mitschleppen lassen; ich habe sieben Jahre nicht gebeichtet, nicht kommuniziert, nicht gebetet. Nur manchmal scheinbar grundlos – geweint.«[3] Leiden und Entfremdung sind die Projektionsfläche seiner Selbstwahrnehmung. Eindeutiger als der Brief geht das autobiografische Fragment auf die Gründe für das Ende der Krise um 1935 ein: »Dann ging ich beichten, zum ersten Mal seit fünf Jahren, und da erst spürte ich ganz, welch wahnsinniges Dunkel in mir war, wie sehr ich den großen Dostojewski, den ich verzehrend liebte, geschändet hatte, da ich ihn gelesen hatte, ohne vorher die Bibel ganz zu lesen. Langsam, sehr langsam, kam ich wieder ans Licht.«[4]

Wenig Aufmerksamkeit scheinen zu dieser Zeit die politischen Vorgänge auf sich gezogen zu haben. So blieben die ersten Anzeichen der mit dem Erstarken der NSDAP wachsenden politischen Radikalisierung ab 1929 bei Böll nahezu ausgeblendet, obgleich sie deutlich genug wahrgenommen werden konnten. Die Reichstagswahlen vom 14. September 1930 brachten zum Beispiel in Köln der NSDAP mit 17,5 Prozent (reichsweit 18,2 Prozent) einen sprunghaften Stimmenzuwachs gegenüber 1,6 Prozent (reichsweit 2,6 Prozent) bei der

Reichstagswahl 1928. Durch dieses Ergebnis wurde die NSDAP nicht nur zur Massenpartei, sondern im politischen Kalkül zu einer potenziellen Regierungsmacht. Letztlich entscheidend für den Weg bis zur Ernennung Hitlers zum Reichskanzler am 30. Januar 1933 wurde die nach der Wahl 1930 propagierte ›Zähmungsstrategie‹ der Regierung unter Reichskanzler und Zentrumspolitiker Heinrich Brüning. Dessen Politik folgte – ebenso wie die seiner Nachfolger Franz von Papen und Kurt von Schleicher – mit Blick auf die Nationalsozialisten der Vorstellung, der Partei ihre totalitären und radikalen Züge durch politische Einbindung nehmen zu können. Selbst der offen als Gegner der NDSAP bekannte, 1917 – im Geburtsjahr Heinrich Bölls – zum Oberbürgermeister von Köln gewählte Konrad Adenauer, Mitglied der katholischen Zentrumspartei, sprach sich für diese Strategie aus. Diese Vorstellung wurde auch nicht infrage gestellt, als die NSDAP bei der am 31. Juli 1932 durchgeführten Wahl zum 6. Reichstag erneut hohe Zugewinne erzielte und bei einem Stimmenanteil von 37,3 Prozent mit 230 Mandaten in den Reichstag einzog. Als dann für den November des Jahres Neuwahlen angesetzt wurden und die NSDAP in Köln von 24,5 Prozent auf 20,4 Prozent (reichsweit von 37,3 auf 33,1 Prozent) sank, schien dies Kommentatoren der Presse dann auch bereits der Auftakt für einen »Abschied vom Dritten Reich« zu sein. Eine Einschätzung, der auch die *Kölnische Zeitung* folgte und die weithin verbreitet wurde: »Hitlers furchtbarer Absturz. Das Dritte Reich entschwindet im Nebel.«[5] Wie irrtümlich diese Einschätzung und wie falsch die Vorstellung der rechtskonservativen Regierung war, sich der NSDAP als bloße Mehrheitsbeschafferin bedienen zu können, zeigte sich in einem mit Köln verbundenen Ereignis kurz vor der Machtübernahme. In der Stadt – Sitz zuerst des gesamten Gaus Rheinland, nach dessen Teilung 1931 dann des Gaus Köln-Aachen – kamen am 4. Januar 1933 in der Villa des Bankiers Freiherr von Schröder auf dessen Vermittlung hin Hitler und der ehemalige Reichskanzler Franz von Papen zu einem Geheimtreffen zusammen, das wesentlich zur Machtübernahme Hitlers Ende des Monats beitrug. Zwei Tage später, am 7. Januar 1933, berichtete die in Köln-Deutz beheimatete *Rheinische Zeitung* darüber – mit einer Titelzeile, die Bölls spätere ›Blindheits-These‹ zu bestätigen scheint: »Adolf und Fränzchen. Eine Unterhaltung, die die Welt und die Lachmuskeln erschütterte.«[6] Drei Wochen später lachte niemand mehr.

Die Einschätzung, dass das »Dritte Reich im Nebel entschwinden« würde, dass Hitler »sich nicht lange halten wird«, hatte wie viele andere auch die Vorstellungen der Familie Böll bestimmt. Sie hatte sich vor 1933 wenig mit der NSDAP auseinandergesetzt, um dann von den Ereignissen überrascht zu werden. »Wir wußten natürlich, daß es Nazis gab und eine Partei und daß die immer größer wurde, aber daß die plötzlich an die Macht kamen, beziehungsweise an die Macht gehievt wurden durch die Deutschnationalen, war ein erschreckendes Erlebnis.«[7] Alle Rückblicke auf diese Zeit knüpfen an den 30. Januar 1933 an.

Den »Gedenktag [...] kommender Geschlechter«, wie die in Köln erscheinende NSDAP-Zeitung *Westdeutscher Beobachter* den 30. Januar 1933 tags darauf in einem Artikel bezeichnete, verbrachte Heinrich Böll wie so viele infolge einer Grippeepidemie im Bett: »Ich lag im Bett und las – wahrscheinlich Jack London, den wir von einem Freund in der Büchergildenausgabe entliehen, es kann aber auch sein, daß ich [...] ›gleichzeitig‹ Trakl las.«[8]

Sein Krankenbett hatte Heinrich Böll auf jeden Fall vor dem 19. Februar 1933 verlassen. »Adolf Hitler redet in Köln«, notierte er an diesem Tag auf dem Rand seiner Schulbuchausgabe von Xenophons *Kyur Anabasis* anlässlich Hitlers Auftritt im Rahmen des Wahlkampfs zum 8. Deutschen Reichstag, und setzte hinzu: »Faschisten Kanone Hitler sabbert; ein abgerutschter Sozialist, genannt Hitler (N.S.D.A.P.) macht sich unliebsam laut – Tod den Braunen.«[9]

Dieserart frivole Äußerungen leistete er sich auch später noch. So notierte Böll anlässlich der Verleihung der Kölner Ehrenbürgerschaft an Hermann Göring am 27. Juni 1934: »Leck mich am Arsch Faschisten-Häuptling Göring.«[10] Aber dies blieben im Schulbuch verborgene Einträge. Denn auch in Köln fiel unmittelbar nach den Reichstagswahlen vom 5. März 1933, die der NSDAP in Köln 33,1 Prozent, reichsweit 43,9 Prozent der Stimmen einbrachten, und noch vor Inkrafttreten des »Ermächtigungsgesetzes« am 24. März 1933 die bis dahin noch aufgrund der Kommunalwahl am 12. März wahltaktisch auferlegte Zurückhaltung der lokalen NSDAP-Gliederungen und ihrer Führer. Am 13. März 1933 verkündete Gauleiter Josef Grohé die Absetzung Konrad Adenauers als Oberbürgermeister. Unwiderruflich endete damit für Heinrich Böll seine gegenüber dem Schulbesuch alternativ bevorzugte ›Lebensform‹, das Umherschweifen in den Straßen rings um die Schule und sein Zuhause. Ihr endgültiges Ende kam mit dem ersten großen Aufmarsch am 1. Mai 1933 – ein Ereignis, das ihm klarmachte, was mit der Machtübernahme tatsächlich geschehen war:

> »Ich hatte ein Gemisch aus Schrecken und Lächerlichkeit empfunden. [...] Aber dieser Aufmarsch, was da alles so zusammengetrommelt war an Straßenbahnern, an SA-Leuten, Arbeitsfront [...], [s]chrecklich, aber gleichzeitig auch etwas Absurdes. Ich hab' mir das sehr genau angesehen. Ich weiß noch genau, wo ich am Chlodwigplatz gestanden habe, mit meinem älteren Bruder: [...] so Ecke Karolingerring, auf der dem Severinstor zugewandten Seite.«[11]

Prägnanter als jede ideologische Analyse trat für Böll die Bedeutung der neuen Verhältnisse in ihren brutalen Erscheinungsformen offen hervor: durch Zerstörung der Straße als Heimat, als Spielort, als Spaziergang, als Bummel. »Der Faschismus ist ja Straßenbrutalität.«[12]

In der Tat wurde auch in öffentlichen Verlautbarungen ganz unverhohlen zum Straßenterror aufgerufen: »Wir haben es heute nicht mehr nötig, uns provozieren zu lassen, und wir werden gegen schamlose Provokateure und Gesinnungslumpen rücksichtslos vorgehen. Der Reichsjugendführer Baldur von Schirach sagt: ›Schlagt die Reaktion, wie ihr den Marxismus geschlagen habt!‹« So lautete die am 14. Juni 1933 im *Westdeutschen Beobachter* publizierte »Dienstanweisung« an das ›Deutsche Jungvolk‹ des Jugendbannführers Köln-Aachen, E. Ulanowski. Die damit vorprogrammierten Ereignisse rückten an die Familie Böll nahe heran, als bei einem Zusammenstoß von Angehörigen der Hitler-Jugend und der katholischen

Jugendorganisation »Sturmschar« zwei mit den Böll-Brüdern befreundete Mitschüler des staatlichen Kaiser-Wilhelm-Gymnasiums, Peter und Theo Weidmann, betroffen waren. Die beiden wurden in einem Bericht der »Sturmschar des Katholischen Jungmännerverbandes Köln« erwähnt; es ging darin um einen Vorfall, der sich »am 18. Juni 1933 morgens 9 Uhr auf der Olpener Straße« zugetragen hatte, bei der die beiden Schüler von Angehörigen der Hitler-Jugend aufgehalten und attackiert wurden.

Mitglied der 1929 aus der Bündischen Jugend hervorgegangenen Sturmschar war Alois Böll, sodass nicht nur die mit der Sturmschar verbundenen Ereignisse zum festen Bestandteil der Tischgespräche der Familie gehörten, sondern auch zahlreiche Besuche und Treffen von Mitgliedern der Sturmschar in der Wohnung keine Seltenheit waren. Böll erinnerte in seinem autobiografischen Rückblick *Was soll aus dem Jungen bloß werden?* an ein illegales Treffen der Sturmschar in der Maternusstraße, das vermutlich Anfang 1934 stattgefunden und zu einer kurzen Begegnung mit dem von der Gestapo gesuchten Sturmscharführer Franz Steber geführt hatte. Zur Sturmschar selbst und ihren Aktivitäten hatte Böll ein eher reserviertes, skeptisch-ironisches Verhältnis, wie eine in diesem Zusammenhang durchaus als autobiografisch inspiriert anzusehende Passage des Romans *Am Rande der Kirche* festhält:

> »Aber ich entfremdete mich doch immer mehr meinen Geschwistern, die den sonnigen und gewollt problematischen Kreisen katholischer Jugendbewegung nähergetreten waren. Manchmal saß ich dabei, wenn sie fröhlich zusammenkamen, die Freunde und Freundinnen meiner Geschwister, in unserer Küche oder in unserem Wohnzimmer […], aber jedesmal hatte ich das Gefühl, als ob hier eine besondere Art geistiger Onanie getrieben würde. Meistens aber war ich allein, ich rauchte und trank in den Cafes, gab mich dumpfen, traurigen unfruchtbaren Träumen und Sinnen hin, oder ich spazierte durch die ärmsten schrecklichsten Viertel und berauschte mich am Mitleid und nährte meinen Haß.«[13]

Es war die Distanziertheit des Einzelgängers und seine Aversion gegenüber jeglicher Form von Organisation, die ihn nicht nur von einer Verbindung mit der Sturmschar abhielt. Schon aus der an seiner Schule von dem Jesuitenpater Alois Schuh betreuten Marianischen Kongregation, der Heinrich Böll zunächst mit einigem Enthusiasmus zugehörte, war er ausgetreten, als »man dort anfing, Exerzierübungen einzuführen, bis hin zu erheblichen ›Schwenkungen‹ fast in Kompaniebreite«. Die Mitgliedschaft in der Hitler-Jugend oder einer SA-Organisation hatte er vermieden.

Zu den weiteren einprägsamen Erlebnissen zählte die als ein entscheidendes Signal für die manifeste Machtergreifung angesehene Hinrichtung von sechs Mitgliedern der KPD – ein Ereignis, das noch bedeutsam für den 1959 publizierten Roman *Billard um halb zehn* blieb. Gegen die KPD-Mitglieder Josef Engel, Hermann Hamacher, Heinrich Horsch, Matthias Josef Moritz, Otto Wäser und Bernhard Willms, alle zwischen 20 und 28 Jahre alt, war am 17. Juli 1933, zusammen mit elf weiteren Kommunisten, unter dem Vorwurf des Mordes an den SA-Mitgliedern Winand Winterberg und Walter Spangenberg Anklage vor dem Kölner Schwurgericht erhoben worden. Das Urteil erging am 22. Juli 1933 und lautete für die sechs KPD-Mitglieder auf Todesstrafe. Gegen die elf mitangeklagten Kommunisten wurden Gefängnisstrafen bis zu 18 ½ Jahren verhängt. Als am 30. November 1933 im Kölner Gefängnis Klingelpütz die Todesurteile vollstreckt wurden, hing, so Böll, »Schrecken über Köln, Angst und Schrecken von der Art, die Vögel vor einem Gewitter auffliegen und Schutz suchen läßt – es wurde stiller, stiller; ich machte keine frivolen Bemerkungen über Hitler mehr, nur noch zu Hause und auch dort nicht in jedermanns Gegenwart«.[14]

Die Etablierung des Hitler-Regimes vor dem Krieg vollendete sich für Böll im Röhm-Putsch vom 30. Juni 1934 und in der Rheinlandbesetzung am 7. März 1936. Während das »stillschweigend[e]« Verhalten von Reichswehr und Kirche gegenüber den Morden an zahlreichen SA-Funktionären und Mitgliedern am 30. Juni 1934 zeigte, dass »damit […] der Terror wirklich etabliert« war, markierte der von Böll beobachtete »Einmarsch der Truppen über die Hohenzollernbrücke in Köln« am 7. März 1936 so etwas wie einen vorläufigen Schlusspunkt der Entwicklung: »Und da wußte ich also, jetzt ist wirklich Feierabend.«[15]

Unabhängig von diesen Entwicklungen und Einschätzungen entfaltete sich 1935 eine enge freundschaftliche Beziehung zu einem Mitschüler: Caspar Markard. Dieser wurde vom Besuch des Brühler Gymnasiums suspendiert, da er sich der von der Lehrerschaft erhobenen Forderung wiederholt widersetzt hatte, Positionen des 1933 verbotenen »Friedensbundes deutscher Katholiken«, dessen Mitglied er gewesen war, im Schulunterricht nicht zu verbreiten. Einen Förderer hatte Markard in Robert Grosche, nachdem dieser ein Pfarramt in der Gemeinde Brühl-Vochem übernommen hatte. Auf Grosches Vermittlung hin wurde Markard am staatlichen Kaiser-Wilhelm-Gymnasium aufgenommen. Über Caspar Markard wiederum kam Böll mit Robert Grosche in Verbindung.

Grosche, ab 1912 katholischer Priester im Dienst des Erzbistums Köln, war von 1920 bis 1930 Studentenpfarrer in Köln, bis er auf eigenen Wunsch 1930 die Gemeinde im nahe gelegenen Brühl übernahm. Als Herausgeber und Schriftleiter der 1931 gegründeten Zeitschrift *Catholica. Vierteljahrsschrift für Kontroverstheologie* fungierte Grosche als Vermittler des ökumenischen Dialogs zwischen den Konfessionen. In den 1930er-Jahren war er zudem Dozent an der Düsseldorfer Kunstakademie. Grosche galt als ausgewiesener Kenner sowohl der französischen Literatur im Allgemeinen als auch der Richtung des ›renouveau catholique‹ im Besonderen, die als antimoderne Strömung innerhalb des französischen Katholizismus unter konservativen Vorzeichen einer Erneuerung des katholischen Wertekanons entgegenschrieb. Grosche hatte unter anderem Paul Claudel übersetzt. Für Böll wurde er der maßgebliche Vermittler der Werke von Léon Bloy und Georges Bernanos. Darüber hinaus kam Böll durch Robert Grosche in Berührung mit den Mitte der 1930er-Jahre um die katholische Reichstheologie geführten Diskussionen, zu deren Hauptexponenten Grosche zählte. Entscheidend für den Kontakt aber war, dass Grosche in Brühl Gesprächszirkel leitete, die sich neben kunstgeschichtlichen Themen vor allem mit der Literatur katholischer Autoren befassten und für Böll durch die Bekanntschaft mit Caspar Markard zugänglich geworden waren. Die Grundlage dieser – neben den Bekanntschaften durch Schule, Geschwister

Heinrich Böll (dritter von links), Klassenausflug zum Drachenfels, Königswinter, 1932

und Elternhaus – wohl einzigen Freundschaft Bölls zu dieser Zeit war das gemeinsame Interesse an Literatur. Dafür war Böll sogar bereit, sein selbst auferlegtes Einzelgängerdasein zeitweise abzulegen, um am Brühl-Vochemer Gesprächszirkel Grosches teilzunehmen und über Mauriac, Péguy, Bernanos, Bloy, Chesterton oder Dostojewski zu debattieren.

In welcher Weise diesen literarischen Gesprächen Bedeutung zukam, als Böll im Januar 1936 seine ersten Zeilen auf Papier brachte, muss offen bleiben. Böll selbst hat sich dazu nie geäußert. In einem Feldpostbrief vom 29. November 1942 nutzte er jedoch einen metaphorischen Vergleich, um seiner Frau Annemarie das Glück schildern zu können, das für ihn die Lektüre literarischer Texte bedeutete. Es ist dieser Vergleich, der die Plötzlichkeit und Vehemenz, mit der bei Böll Anfang 1936 ein Schreibprozess einsetzte, bildhaft einer Ursprungsszene annähert. Denn Bölls Metapher kommt einer Formel gleich, die für ihn den Zusammenhang von Leben und Literatur als Freisetzung reiner Energie bezeichnet: »[W]irklich, Du glaubst nicht, wie glücklich das machen kann, in einem Buch zu lesen; es ist, wie wenn man einer Starkstromleitung nahekommt, und plötzlich schlägt der Strom über und erfüllt einen mit heißem, wildem Strom.«[16] Böll beschreibt hier ein initiales Moment, das er Anfang Januar 1936 erlebte. Gut vier Wochen nach seinem 18. Geburtstag am 21. Dezember 1935 verfasste Böll seine ersten Zeilen – in dem Augenblick also, als er die Krisenzeit seines zwölften bis neunzehnten Lebensjahres überwunden hatte. In diesem Gedicht werden Bedrohung und Erlösung thematisiert und münden in die Figur einer neu gefassten sozialen Identität.

> Mir träumte heut: ich läge
> auf einem Hügelberg,
> auf grünen Wiesenmatten
> beseelt geschützt, doch Zwerg.
> Ich blickte froh zur Sonne
> sah gern hinab ins Tal ...
> doch leis, ganz still sich schleichend
> stieg in mir eine Qual.
> Die Sonne sauste abwärts
> und schwüler Dämmer rings,
> ich schrie wohl vor Entsetzen,
> denn höhnend kalt und scharf
> entstand im Rund ein Echo,
> das hart sich auf mich warf.
> Und glucksend, lüstern glucksend
> entstand im Tal ein Brei ...
> [...]

Es ist die ›verzwergte‹ Selbstwahrnehmung einer, obgleich im Ganzen aufgehoben scheinenden, dennoch ausgegrenzten Existenz, der die Umgebung in den Schauplatz beängstigender Empfindungen umschlägt und zur Abscheu gegenüber der surrealen Fratzenhaftigkeit einer alle individuellen Formen verschlingenden Gegenwart führt.

Da plötzlich gellt ein Donner,
ein Blitz erhellt das Grau ...
und oben hoch am Himmel ...
ich schau, schau, schau,
da blitzet groß und leuchtend
und siegend über Schmutz
ein Kreuz, ein Kreuz erleuchtet,
nun wußt' ich, wo mein Schutz.
Ich wachte aus dem Träumen
und Alltag sah mich an
und ich neigte mich wachend dem Kreuze
und fing mein Tagwerk an.[17]

Das Ich dieses frühen Gedichts erlebt sein Erwachen zu sich selbst als Einweihung in den Alltag, indem es sein Tagwerk aufnimmt. Es ist ein Ich, das sich als christliches Subjekt seiner Umgebung entgegenstellt, seine Alltagswirklichkeit in der Zuwendung zum Niederen, zum Ausgeschlossenen erkennt und dies als Einspruch gegen die entfremdenden Mechanismen gesellschaftlicher Konformität kritisch wendet. Diese Gedichtzeilen markieren den Augenblick eines Erwachens: das Zu-sich-selbst-Kommen Heinrich Bölls.

Dass gerade das Kreuz als Reflexionsgegenstand Selbstidentität und Zeitkritik verband, war inspiriert durch die Bekanntschaft mit einem Text, den Böll im Lesekreis von Grosche kennengelernt hatte: Léon Bloys *Briefe an seine Braut*, die 1935 bei Anton Pustet in der Übersetzung von Karl Pfleger erschienen waren. Darin dürften ihn vor allem die Ausführungen Bloys fasziniert haben, die dieser dem »hochheiligen und anbetungswürdigen Kreuz« widmete.

»Ja, das ist das größte und hinreißendste aller Mysterien. [...] Denn gerade in den Kreuzestiefen wird mir das Höchstmaß an Licht zuteil werden. [...] Dieses Zeichen der Schmach und des Schmerzes ist das ausdruckvollste Sinnbild des Heiligen Geistes. Jesus, der Gottessohn, das fleischgewordene Wort, der Stellvertreter der ganzen Menschheit, trägt also dies Kreuz, das größer ist als Er und ihn zu Boden drückt.«[18]

Ende 1936 lernte Böll Léon Bloys *Das Blut des Armen* kennen, eine Lektüre, die – so Böll im Rückblick – »wie eine Bombe«[19] einschlug.

Dieses Werk des als Katholik ebenso wie als Kritiker des Klerus radikalen Franzosen stellte für Böll das interpretative Muster bereit, um »erzählend hinter das zu kommen und ihm Ausdruck zu geben, was an der erfahrenen, erlebten und nicht ganz durchschauten Geschichte bewegt [hat]. Soziale Dinge, religiöse Dinge, politische auch«.[20]

Bloys Armutstheologie, die er in diesem Essay entwickelte und die für Böll den zentralen Aspekt dieses Buches bedeutete, ist Reichtumskritik, sofern Reichtum als Leben im Überfluss das »Blut des Armen« bedeutet. Bloy illustriert dies an den Perlentauchern der Südsee. Deren Leben koste es, damit »die parfümierten, mondänen Weiber [...] stolz sein können« auf ihr »bescheidenes Perlenhalsband«, dessen Wert »die Bezahlung des Frühstücks von sechzig Haifischen« ist. »Das Blut der Armen ist das Geld. Man lebt davon und stirbt daran seit Jahrhunderten. Es ist der ausdruckvolle Inbegriff allen Leidens«.[21] In seinem Anfang 1950 abgeschlossenen, damals jedoch nicht veröffentlichten Roman *Der Engel schwieg* nahm Böll literarisch die Blut-Geld-Thematik in der kritisch akzentuierten Form von Bloys Essay auf.

Wenige Wochen, nachdem diese für die gesellschaftskritischen Perspektiven des Frühwerks entscheidende Schrift von Böll intensiv gelesen worden war, legte er am 6. Februar 1937 am staatlichen Kaiser-Wilhelm-Gymnasium das Abitur ab. Anschließend, und nur mehr oder weniger beruflicher Planung entspringend, unterzeichnete er – da noch nicht mündig, zusammen mit Viktor Böll – am 1. April 1937 den »Lehrvertrag des deutschen Buchhandels« mit »Mathias Lempertz, Buchhandlung u. Antiquariat«, Franziskanerstraße, Bonn. Böll beendete die Ausbildung jedoch vorzeitig zum 1. Oktober 1937 und arbeitete anschließend in der Schreinerwerkstatt seines Bruders Alois, die dieser 1933 von seinem Vater übernommen hatte. Für Heinrich Böll war dies eine Gelegenheit, sich weiteren zahlreichen schriftstellerischen Versuchen zu widmen. Allerdings wurde dem 1936 einsetzenden und mit immer mehr Energie unternommenen, alle Schreibformen einbeziehenden Versuch, den eigenen Beobachtungen und Wahrnehmungen mithilfe der literari-

Heinrich Böll als Abiturient, 1937

schen Einbildungskraft Ausdruck zu geben, im November 1938 jäh ein Ende bereitet. Böll wurde zum Reichsarbeitsdienst einberufen, von dem er aufgrund seines Eintritts in die Buchhandlung Lempertz zunächst zurückgestellt worden war. Bis zum 31. März 1939 arbeitete er als Angehöriger des »Arbeitskommandos Fritz Legemann« in Wolfhagen bei Kassel. Das hervorstechendste Kennzeichen der bis dahin verfassten Texte bildete der Versuch, die Fragen des Glaubens sowie der persönlichen Orientierung über die Figur Christi in der von Bloy inspirierten ›Mitleids-‹ und ›Armutstheologie‹ zeitkritisch provokant auszubuchstabieren. Dabei griff Böll neben der bevorzugten Prosa zu dieser Zeit auch auf lyrische und essayistische Schreibformen zurück.

Nach der Entlassung aus dem Arbeitslager in Wolfhagen immatrikulierte sich Böll am 13. April 1939 an der Universität zu Köln und belegte für das Sommersemester Vorlesungen von Ernst Bertram (Goethe II. Teil), Gottfried Weber (Geschichte der deutschen Dichtung im Spätmittelalter), Joseph Kroll (Griechische Tragödie), Artur

Schneider (Die Philosophie der neuesten Zeit seit Mitte des 19. Jahrhunderts), Robert Heiss (Existenzphilosophie), Seminare zu Senecas *Epistulae morales* sowie Seminare zu ›Lateinischen‹ und ›Griechischen Stilübungen‹. Was darüber hinaus an Zeit verblieb, nutzte er zum Schreiben.

So entstand im Mai 1939 die Erzählung *Das Mädchen mit den gediegenen Ansichten*. Das Manuskript reichte er, versehen mit dem Vermerk ›Kennwort: Köln‹, der in Wien herausgegebenen Zeitschrift *Die Pause* ein. Ebenfalls im Mai begann die Arbeit an einem Roman mit dem Titel *Am Rande der Kirche. Tagebuch eines Sünders* – ein in Stil und Motiven vor allem von der im Werk Léon Bloys zentralen Thematik der Armut, Absolutheit des Glaubens und Kritik der Bürgerlichkeit geprägter Text. Darüber hinaus gingen zahlreiche, die eigene Lektüre dieser Zeit widerspiegelnde Bemerkungen zu Chesterton, Dostojewski, aber auch zu Rainer Maria Rilke, Hermann Hesse oder Homer in den Text ein. Nach Abschluss des Sommersemesters im Juli 1939 arbeitete Böll kurzzeitig in der Kölner Schokoladenfabrik Gebrüder Stollwerck AG. Es waren die letzten Wochen ohne die von ihm stets als »Kerker«[22] empfundene Soldatenuniform. Seinerzeit hatte Maria Böll Hitlers Machtübernahme mit den Worten: »›Hitler, das bedeutet Krieg‹«[23] kommentiert. Jetzt war es so weit: Ende August wurde Böll zu jener »›mehrwöchigen‹ Übung eingezogen, die sich«, wie er die Einberufung 1956 ironisierend nannte, »bis zum November 1945 hinzog«.[24] Ab dem 4. September 1939 war er Soldat der deutschen Wehrmacht.[25] Alles, was er 1936 mit der Aufnahme seiner Schreibprojekte an Hoffnungen verbunden haben mochte, wurde damit zunichte gemacht. Als er am 28. August 1939 in die Winkelhausen-Kaserne an der Netter Heide in Osnabrück einrückte, trat an die Stelle des Hoffens auf eine Zukunft literarischer Produktivität die Klage über die verlorene Lebenszeit. Doch Böll fand eine Art literarische Ersatzproduktion in Form der Feldpostbriefe. Schließlich wurde er am 3. September, zwei Tage nach dem deutschen Überfall auf Polen, auf den ›Führer und Reichskanzler‹ vereidigt und als Schütze der 3. Kompanie des 484. Infanterie-Ersatz-Bataillons zugewiesen.

Heinrich Böll (Mitte) mit seinen Brüdern Alfred (links) und Alois (rechts), 1940

Seine Stationen hießen nach Osnabrück vom 27. Juni 1940 an zunächst Bromberg (Bydgoszcz/Polen) und ab dem 2. August Frankreich, hier als Mitglied der 3. Kompanie des in Beaucourt-sur-L'Halue einquartierten Infanterie-Regiments 77. Aufgrund einer Ruhr-Erkrankung verbrachte er ab dem 27. August 1940 einen vierwöchigen Aufenthalt im Kriegslazarett in Dury bei Amiens. Von hier aus erfolgte Ende September die Abordnung zum Ersatztruppenteil seines Regiments nach Mülheim an der Ruhr. Nach mehreren Wochen Wach- und Kasernendienst wurde er Ende des Jahres zunächst in Lüdenscheid und Bielefeld, Anfang 1941 dann in Köln weiterhin als Wachsoldat eingesetzt.

Im Frühsommer 1942 wurde Böll als Besatzungssoldat nach Frankreich abkommandiert, wo er – mit urlaubsbedingten Unterbrechungen – an verschiedenen, meist in der Nähe der Atlantikküste gelegenen Standorten (u.a. Le Tréport, Saint-Valéry-sur-Somme, Mollière d'Avall) bis zum 28. Oktober 1943 stationiert blieb. In diese Zeit fiel die Heirat mit Annemarie Cech, einer Freundin seiner

Schwester Mechthild. Die Ehe wurde am 6. März 1942 in Köln standesamtlich geschlossen, am 21. Dezember 1942 – während eines Heimaturlaubes – fand die kirchliche Trauung in St. Paul statt.

Auf Frankreich folgte Russland. Böll erreichte am 11. November 1943 Odessa und wurde per Flugtransport auf die Krim verlegt. Seine dortigen Erfahrungen führten zum endgültigen Zusammenbruch seiner pseudomythischen Vorstellungen über die »Attraktion« des Fronterlebnisses, das er aus den einschlägigen Kriegsbüchern von Werner Beumelburg, Rudolf Binding und Ernst Jünger zu kennen meinte. Der Mythos ›Fronterlebnis‹, den Böll Mitte Juni 1940 noch begrüßte, ebenso wie »vom Kasernen-Militarismus zum Feldsoldatentum«[26] überwechseln zu können, wurde nachhaltig erschüttert. Die Entmythologisierung erfolgte gründlich: Der Krieg ist »grausam, böse und schrecklich«,[27] schrieb er im November 1943 von der Krimhalbinsel, auf der er in der Nähe von Kertsch eingesetzt war. Dort wurde er zunächst durch Granatsplitter am Fuß und einige Tage später am Kopf so schwer verwundet, dass er zunächst ins Feldlazarett und dann am 6. Dezember per Flug nach Odessa überführt wurde.

Auf Odessa folgte im Januar eine Verlegung nach Transnistrien, dann Stanislau. Bevor Böll von dort aus sein neues Ziel, St. Avold in Lothringen, erreichte, konnte er einige Genesungstage in Köln einschieben. In St. Avold erfolgte die Zuweisung zum Grenadier-Ersatz-Bataillon 485/Genesendenkompanie; kurz darauf, am 17. Mai 1944, das Kommando, das Böll noch einmal in den Osten zurückbrachte, diesmal an die rumänische Front bei Jassy. Erneut wurde er bei Kämpfen nördlich von Jassy schwer verletzt. Eine Odyssee durch verschiedene Kriegslazarette im Hinterland Ungarns, über deren Umstände und Stationen die im Wesentlichen autobiografisch bestimmte Erzählung »Die Verwundung« berichtet, schloss sich an. Aus dem Kriegslazarett entlassen, erreichte er am 5. August 1944 den Standort seines Ersatztruppenteils, die Hauptstadt des französischen Departements Metz. Hier allerdings konnte er einen vierwöchigen Urlaub im unweit Köln gelegenen Ahrweiler erreichen, wohin sich die Eltern sowie seine Frau infolge der zahlreichen Bomben-

Hochzeitsfoto Annemarie und Heinrich Bölls bei der standesamtlichen Trauung vor dem Kölner Rathaus, 6. März 1942

angriffe auf Köln, von denen auch sie direkt betroffen worden waren, umquartiert hatten. Im Fronturlaub erkrankte Böll und hielt sich in der Folge mitunter durch selbst herbeigeführte Fieberanfälle weiterhin krank. Auf diese Weise konnte er sich bis zum 26. März 1945 weitestgehend der Wehrmacht entziehen – wobei ein manipulierter, den Urlaub um 20 Tage verlängernder Urlaubsschein das seinige dazu beitrug. Als er sich dann aus Sorge, seine Entziehungsversuche könnten entdeckt und nicht nur für ihn, sondern auch für seine Familie nicht absehbare Konsequenzen haben, am 26. März 1945 bei der Versprengten-Sammelstelle Röttgen meldete, wurde er dem 943. Infanterie-Regiment der 353. Infanterie-Division zugeteilt, deren Mannschaften zumeist zu Brückenwachen oder als Beobachtungsposten in Birk, Nieder- und Oberauel herangezogen wurden. Bereits kurz darauf, am 9. April 1945, wurde er bei Kämpfen um den

Weiler Brüchermühle nördlich des kleinen Ortes Denklingen bei Waldbröl in amerikanische Gefangenschaft genommen, tags darauf in ein Sammellager bei Andernach und von dort aus am 12. April 1945 zunächst nach Namur (Belgien) verbracht. Dem Lager folgte drei Tage später das amerikanische Kriegsgefangenenlager Attichy bei Soissons, aus dem er am 14. August 1945 entlassen wurde. Schließlich erreichte Böll über die Zwischenstation La Hulpe (Belgien) am 11. September 1945 das Kriegsgefangenen-Entlassungslager in Weeze/Rhein, letzte Station vor seiner endgültigen Entlassung in Bonn. Damit hatte seine Odyssee als Soldat endlich ein Ende gefunden.

Heinrich Böll schrieb nahezu täglich Feldpostbriefe, zunächst an die Eltern und Geschwister, dann an seine Freundin und spätere Frau Annemarie Cech. In der ersten Zeit kreisten sie vielfach um Alltägliches, dienten der Auskunft über das Kasernenleben, den Versuchen, Fahrten nach Köln zu organisieren, oder sie enthielten Bitten, Bücher und sonstige Dinge zu schicken. Insgesamt fügte sich Böll in die Umstände ohne größere Reibungen ein; er nahm hin, was nicht abzuwenden war. Selbst der Überfall auf Polen am 1. September 1939 schien bei ihm keine größere Beunruhigung über seine Zukunft auszulösen. Befürchtungen kamen selbst dann nicht auf, wenn ein eigener Einsatz als immerhin möglich eingeräumt wurde. »Schreibt mir doch bitte, ob man Geld verschicken kann, dann schicke ich Euch Geld mit einer Liste der davon zu erwerbenden Bücher. Aber das hat ja Zeit; bis wir hier in den Krieg ziehen, werden ja wohl noch einige Wochen vergehen; vielleicht ist er auch dann schon zu Ende.«[28]

Da ihm der Aufenthalt in Osnabrück auch noch die Gelegenheit bot, während Wachdienstzeiten hin und wieder Gedichte zu schreiben bzw. Erzähltexte anzulegen, weiteten sich sein Widerwillen und die empfundenen Zwänge und Nöte des Kasernenlebens noch nicht zur Existenzkrise aus. Das galt im Weiteren auch für die Zeit in Polen ab Juni 1940. »Es läßt sich alles gut ertragen«,[29] schrieb er an seine Familie, »hier kann man es auch aushalten; wenn nur diese irrsinnige Hitze nicht wäre«.[30]

Annemarie und Heinrich Böll mit seinen Eltern Maria und Viktor Böll in Ahrweiler, Frühsommer 1944

Empfindlicher als in Osnabrück reagierte Böll in Polen auf die Umstände der Kasernierung. Gänzlich abstrakt blieb hingegen sein Verhältnis zur Situation selbst. Dass er Angehöriger eines militärisch aggressiv operierenden Landes war, das einen Vernichtungsfeldzug führte, fand zu den Zeiten, in denen er Ausgang hatte und mit Polen bzw. Volksdeutschen in Kontakt kam, kaum Eingang in seine Beobachtungen. Er konstatierte, aber realisierte nicht die Ursachen des ihm trotz allem bemerkbaren Brodelns um ihn herum. Von »den Polen weiß man, daß sie Fremde sind und uns nicht Freund sein können, und damit ist die Lage klar; sie machen alle einen sehr niedergedrückten Eindruck, aber […] hinter der Schwermut ihrer Augen, die wie ein Niederschlag ist, lauert der Haß und ein toller Fanatismus […], es wird einem klar, daß sie noch lange nicht die Hoffnung aufgegeben haben, einmal wieder frei zu werden«.[31]

Wenn für Böll etwas konkreten Charakter annahm und als einfühlsam beobachtete Situation zur Sprache gebracht wurde, dann waren es mit Fantasie durchsetzte Beobachtungen.

> »[A]ls wir vor vier Wochen hierhin fuhren, konnten wir auf einem Nebengleis einen ganzen Viehwagenzug voll gefangener französischer Offiziere sehen […]; dieser Anblick war menschlich umso erschütternder, als man nur ab und zu einmal aus einer der wenigen Klappen ein betresstes Käppi oder eine Baskenmütze sah, von den Gesichtern und Kleidern sah man nichts; sich diese auszumalen war völlig der Phantasie überlassen, und diese ist ja immer noch trauriger als die Wirklichkeit, da sie ja wirklicher ist als Wirklichkeit, denn sie webt Ahnungen, Atmosphäre und Erinnerungen mit in das Bild hinein.«[32]

Dass Krieg herrschte und dass er in diesem Krieg ein Gefangener der Umstände war, die ihm eine sinnleere Existenz aufnötigten, realisierte Heinrich Böll in vielleicht keinem anderen Augenblick mehr als auf dem Rücktransport von Bromberg nach Westen, als er auf dem Weg nach Frankreich über die Niederlande geführt wurde:

> »Gestern sind wir mitten durch den unglaublich behaglichen Samstagnachmittag Hollands gefahren; Pärchen tummelten sich in fabelhaften Parks, überall saßen sie in den Wintergärten und schauten uns büffelig an; viele machten Schwimmbewegungen und dann eine Geste, die absacken bedeuten sollte, wobei sie höhnisch grinsten. Wir waren alle maßlos erbittert durch den Anblick dieses wunderbaren Lebens. […] ich habe wirklich vor Wut geschäumt; heute habe ich nun meinen ganzen Gram über unsere verpfuschte Jugend hinabgespült. Es ist wirklich zuviel, wenn man die holländischen Bummsköpfe das herrliche Leben genießen sieht, und wir müssen wegfahren, weiter, immer weiter ...«[33]

Zugleich wird an dieser Aussage deutlich, wie sehr Böll mit seiner eigenen Existenz beschäftigt war, denn seine Aufmerksamkeit lag bei den »holländischen Bummsköpfe[n]« und weniger beim kriegszerstörten Rotterdam. Die artikulierte Wut und Empörung, in der sich das Bewusstsein bildete, selbst ein Gefangener und unfrei zu sein, steigerte sich in den nächsten Wochen und Monaten. Mehr und mehr opponierte er gegen den militärischen Drill, die bedrückende Langeweile; mehr und mehr litt er unter dem Stumpfsinn des

Kasernen- und Wachdienstes, aber auch an der Ödnis des als ›Kameradschaft‹ beschworenen Miteinanders: Das »Geschwätz und der Stumpfsinn der Kameraden bedrückt mich«.[34] Zusammengenommen bestimmte sich daraus, was Böll als sein ›Leiden‹ an der Situation beschrieb: »[I]ch verliere mein Gehirn stückweise und gehe allmählich ganz unter in diesem grauen Brei des Wachvereins.«[35]

Zunehmend spiegeln Bölls Briefe, was er mehrfach mit einer Wendung aus Ernst Wiecherts Roman *Jedermann* artikulierte: »Wer den Krieg beschreiben will und von Blut und Trommelfeuer erzählt, ist ein Tor. [...] Der Krieg [...], das ist, daß unser Herz leer ist.«[36] Die Lektüre Wiecherts wurde für Böll zur Grundperspektive auf das, was er als Kriegswirklichkeit erlebte: »eine überfüllte, schmuddelige Schenke, Feldwebel und Soldaten und eine grausame sentimentale Mischung vom Radio, Qual und Singerei, Hafenleute und mitten, mittendrin ein großes Billard.«[37]

Böll kannte nur einen Ausweg aus der Beschädigung des Inneren durch eine aufgenötigte Existenz: Musik. Vor allem die Werke Beethovens und Mozarts erlaubten ihm, sich der Wirklichkeit zu entledigen. Es gebe wohl nichts, schrieb er, wovon er so sehr abhängig sei, was seine Gefühle und Stimmungen so plötzlich und grundlegend ändern und bestimmen könne wie Musik: »Ich bin ihr gleich verfallen.«[38]

All dies gab es aber nicht ohne eine besondere Überzeugung, in der sich Böll sein Erleben und Erleiden, sein Erkennen und Erfahren, seinen Hass und seine Verachtung gegenüber allem Konformitätszwang zu einer ihm eigenen Form individueller Existenz zusammenreimte: »Gott hat mir nicht umsonst eine so tiefe Empfindsamkeit gegeben und hat mich nicht umsonst so leiden lassen, ich habe gewiß eine Aufgabe zu erfüllen, von der ich selbst vielleicht nicht einmal etwas ahne; er wird mir die Kraft und die Möglichkeit lassen, diese Aufgabe zu erfüllen.« Dabei ist vor allem das ›Leiden‹ die zentrale existentielle Kategorie, denn »es ist wirklich eine Gnade, wenn wir leiden dürfen, denn wir dürfen dann doch auf eine geheimnisvolle Weise wie Christus sein«.[39]

Bölls Feldbriefe sind voll von Andeutungen, Plänen, Erwartungen und Hoffnungen auf eine durch einen neuen christlichen Geist bestimmte Zeit. So schrieb er im Dezember 1940 an seine Freundin Annemarie Cech, er wolle ganz nüchtern mit ihr und zusammen mit Brüdern, Freunden und Schwestern versuchen, eine neues Geschlecht zu gründen. Das meinte im Kern, sich für den Neuaufbau einer christlichen Kultur einzusetzen.

Böll hatte zu diesem Zeitpunkt ein gespaltenes Verhältnis zu Deutschland. Einerseits träumte er von einem durch das Christentum geprägten Land; andererseits litt er an dem gegenwärtigen Deutschland, das durch Militarismus und Krieg zerstört wurde. Diese Ambivalenz äußerte er 1943: Der Glaube an die »Möglichkeit Deutschland«, das war für Böll die Hoffnung auf die Wiederherstellung eines falsch vertretenen Landes, mit dessen Sprache er sich identifizierte und durch die er sich als Deutscher verstand: »Ich liebe Deutschland wirklich, wenn ich auch manche Erscheinungsform und manches typisch Deutsch-Bürgerliche hasse, so liebe ich doch Deutschland, glaube es mir. Ich glaube, niemand anderm könnte ich das sagen! Fast schäme ich mich. Ich hasse alles das maßlos, was Deutschland entstellt, und das ist leider oft das Geschrei derer, die Deutschland vertreten; aber ich liebe Deutschland.«[40]

Was Böll in der Zeit des Kriegs, insbesondere an der russischen und rumänischen Front 1943/44 und während der Kriegsgefangenschaft, deutlich wurde, war der allumfassende humane Bankrott: »10.9.45. Oft verstehe ich jetzt, daß man an Gottes Existenz zweifeln kann oder muß …«[41] Als Folge seiner Erlebnisse blieb ihm eine »dunkle Lebensangst«.[42]

Gleichwohl dokumentieren die Tagebuchaufzeichnungen aus der Kriegszeit auch, dass Böll die Hoffnung auf eine Befreiung aus diesem Leben nie preisgegeben hatte. Die Hoffnung ruhte auf nichts anderem als darauf, trotz allem Elend, Grauen und Tod ringsum selbst noch zu leben – und zwar mit dem Glauben und der Gewissheit, dass »Gott lebt!«. In Zeiten von Verzweiflung und Not Gott um Hilfe anzurufen – das war für einen jungen Katholiken wie Böll nicht ungewöhnlich. Aber angesichts des Elends und der Toten um ihn herum versicherte er sein eigenes Weiterleben entgegen aller Wahrscheinlichkeit in Gott als Existenzgrund.

Den Glauben hatte Böll auch in dunkelsten Zeiten und schlimmsten Situationen nicht verloren, sondern zur existentiellen Gewissheit präzisiert: »Ich will immer daran denken, daß Gott allmächtig ist, barmherzig und gütig und mich nicht auf menschliche Gerichte verlassen«, heißt es am 10. August 1945 im Tagebuch. Es ging um keinen Gott in Gedanken, sondern im Leben. An diese ur-existentielle Erfahrung, dass »Gott lebt«, wollte Böll in der Nachkriegszeit nicht nur anknüpfen, sondern daraus auch, trotz aller lebensgeschichtlichen Subjektivität ihres Ursprungs, die Maßstäbe seiner literarischen Produktivität gewinnen.

Mit dem 11. September 1945 rückte die Aussicht auf ein baldiges Ende des Lagerlebens ein Stück näher: »[M]orgens fällt der Name Böll./Niemals die Dankbarkeit gegenüber Gott vergessen! Niemals! Suppe, Brot, Wurst, Suppe. Filzung Camp 8/Tabaknot/*Hoffnung*/ Ich habe Angst vor dem Leben und stelle fest, daß ich die Menschen hasse!/155 Tage Hölle!«[43]

Entlassen wurde Böll aus dem von der Militärregierung eingerichteten Durchgangslager auf der hinter der Bonner Universität gelegenen Hofgartenwiese am 15. September 1945. Unmittelbar danach sollte sein erstes Ziel die rechtsrheinisch gelegene Ansiedlung Neßhoven bei Much sein, die er am gleichen Abend erreichte. Sein neues Zuhause bestand aus zwei bescheidenen Zimmern, die Annemarie Böll nach ihrer Umquartierung von Marienfeld vom Ehepaar Johann und Katharina Franken zur Verfügung gestellt worden waren. Zwei Tage später meldete sich Heinrich Böll in der Gemeinde an.

Es war Annemarie Bölls zweiter Quartierwechsel nach dem Umzug von Köln nach Ahrweiler und dann Marienfeld, wo sie seit dem 16. November 1944 gemeldet war. Aufgespürt hatte diese Bleibemöglichkeit Alois Böll bereits einige Zeit zuvor für seine Familie, Maria Böll und ihre zu diesem Zeitpunkt drei Kinder: Maria Therese, Bölls Patenkind, Franz und der sechs Monate alte Gilbert. Alois Böll hatte ein als »Pfarrsälchen« bezeichnetes Gebäude entdeckt und die rund 70 Quadratmeter Wohnfläche für die Familien durch Presspappwände in separierte Bereiche aufgeteilt, die so etwas wie Zimmer bilden sollten. Wann Annemarie Böll von Marienfeld in die knapp zwei Kilometer entfernte Ansiedlung Neßhoven übersiedelte, ist zwar nicht bekannt, der Grund dürfte aber in der bevorstehenden Geburt und den allzu sehr beengten Wohnverhältnissen gelegen haben.

Der am 20. Juli 1945 geborene und auf den Namen Christoph getaufte Sohn starb jedoch elf Wochen später. Beerdigt wurde er auf dem Marienfelder Friedhof. Dieses tragische Unglück begleitete Böll noch Jahrzehnte. Doch für Trauer war kaum Zeit, denn es galt, die Versorgung mit dem Nötigsten zu organisieren. Dies drängte alles Interesse und alle Teilnahme an dem, was politisch geschah, in den Hintergrund. Mit einem mehr oder weniger lakonisch gemeinten »Die machen das schon …«[44] erklärte Böll später wiederholt seine über längere Zeit bestehende Abkapselung von der gesellschaftlichen wie politischen Entwicklung.

Ein Lichtstreif jedoch erhellte den ansonsten düsteren Horizont. Die Aussicht auf eine Rückkehr nach Köln schien zeitnah realisierbar. Durch verbliebene Kontakte zu früheren Auftraggebern seiner Schreinerei bzw. einem Architekturbüro, in dessen Auftrag die Werkstatt im August 1945 Instandsetzungsarbeiten durchgeführt hatte, konnte Alois Böll im Kölner Stadtteil Bayenthal auf dem Grundstück der Schillerstraße 99 ein zwar kriegsgeschädigtes, aber nicht völlig zerstörtes zweigeschossiges Einfamilienhaus mit sieben Zimmern und drei Mansarden finden, das schließlich vom Kölner Wohnungsamt namentlich Viktor Böll am 15. August 1945 amtlich zugewiesen wurde. Nach Abschluss eines Mietvertrags mit dem Eigentümer, der »Kölner Haus- und Bodenbank«, konnte das Haus ab dem 1. September offiziell der neue Wohnsitz der Böll-Familien werden.

Instandsetzungsarbeiten standen an. Die dazu notwendigen Materialien, vor allem brauchbares Holz für Türen, Fenster und Fußböden, wurden aus zerstörten Häusern der Schillerstraße oder angrenzenden Straßen beschafft – legitimiert durch Bescheinigungen des in Köln-Kalk ansässigen Architekturbüros. Wenn Böll später von dieser Materialbeschaffung sprach, dann waren die Erzählungen auch um eine Darstellung der damaligen Atmosphäre bemüht:

> »Zum Baumaterial trug der Besitzer des Hauses in Worten und Ziffern *nichts* bei. Wir mußten es uns besorgen, was bedeutet: stehlen. [...] [U]nser Eigentumsbegriff war durch das Erlebnis des Krieges und der Bombardierungen nicht gerade verfeinert worden. Und Gewissensbisse hatten wir keine, es war kein Nährboden für sie vorhanden, und zu dem berühmt gewordenen ›Fringsen‹ bedurften wir nicht des kardinalen Segens.«[45]

Wie ein vom Siegburger Arbeitsamt ausgestellter Arbeitspass ausweist, arbeitete Böll ab dem 28. Oktober 1945 in der Schreinerei seines Bruders als Hilfsarbeiter mit 56 Wochenstunden, tatkräftig beschäftigt mit der Wiederherstellung des Bayenthaler Hauses, um mit seiner Frau in Köln wieder heimisch zu werden. So berichtete Böll am 24. November seinem Freund Ernst-Adolf Kunz:

> »Wir beide, meine Frau und ich, haben uns in Köln in ein tolles Arbeitsgewühle gestürzt; wir bauen hier ein tolles Haus für unsere ganze Familie [...]. Das Wichtigste ist nun, daß ich meine Frau nicht allein zu lassen brauche oben in dem öden Nest, mit ihrem Leid und ihren Gedanken an den Kleinen. Es ist alles so dunkel und schwer, lieber Ernst ... An irgendeine Berührung mit dem ›akademischen Leben‹ kann ich nur mit Schrecken denken. Ich werde wahrscheinlich bei meinem Bruder bleiben, mit dem ich mich glänzend verstehe und in dessen Dienste ich auch jetzt beim Aufbau unserer zukünftigen Wohnung stehe.«[46]

Diese Zukunft war wenige Wochen später erreicht, als Annemarie und Heinrich Böll am 22. Februar 1946 Neßhoven endlich verlassen konnten.

4
Die ersten Jahre als Schriftsteller (1946–1951)

Schreiben zwischen Familie, Nachhilfe und Hilfsarbeit · Vom Krieg erzählen: Die christlich-existentialistische Perspektive · Böll und die literarischen Zeitschriften · Verleger sucht Autor: der Middelhauve Verlag · Erste literarische Erfolge · Die Gruppe 47 · Wechsel zu Kiepenheuer & Witsch

»nur was nicht aufhört, weh zu thun, bleibt im Gedächtnis«.
Friedrich Nietzsche

Die ersten Schritte in die neue Lebenswirklichkeit seit dem Umzug von Neßhoven nach Köln waren bestimmt von der Erledigung der unmittelbar anstehenden Aufgaben, die mit dem Ortswechsel verbunden waren. Drei Tage nach ihrem Umzug, am 25. Februar 1946, meldeten sich Heinrich Böll als »Student, z. Zt. Hilfsarbeiter« und Annemarie Böll als »Mittelschullehrerin« bei der Einwohnermeldestelle in Köln zurück. In den kommenden acht Jahren sollte die Schillerstraße 99 ihr neues Zuhause sein. Das Haus mit seinen sieben Zimmern und drei Mansarden bot zeitweise 16 Personen Unterkunft. Heinrich und Annemarie Böll bezogen zwei Zimmer auf der ersten Etage. Der Vater Viktor Böll und die Schwester Mechthild bewohnten ebenfalls die erste Etage, während sich Alois und Maria Böll mit ihren zu dieser Zeit fünf Kindern, die Schwester Gertrud, die aus Bonn zurückgekommen war, sowie einige Zeit der Bruder von Heinrich Bölls Schulfreund Caspar Markard, Josef Markard, seine Frau Asta und ihr Sohn Norbert die Räume im

Erdgeschoss teilten. An eine intensive literarische Arbeit war unter diesen Umständen jedoch noch nicht zu denken. Dies änderte sich erst im April 1948, als Heinrich Böll eine der Mansarden beziehen konnte.

Auch die Aushilfstätigkeit in der Schreinerei seines Bruders Alois nahm mitunter unverhoffte Ausmaße an, die Bölls eigene Pläne immer wieder in den Hintergrund drängten. Im Vordergrund standen vor allem die mit der Bewältigung des Alltags verbundenen Sorgen; angefangen bei den finanziellen Problemen, den Schwierigkeiten, an die täglich benötigte Tabakration zu gelangen, über die kleineren Familienreibereien bis hin zu den »fürchterlichen Erinnerungen an den Krieg«, die auch immer wieder aufkamen.

> »Ich arbeite immer noch bei meinem Bruder, habe mich aber auch für die Universität angemeldet, um wenigstens ein paar Semester zusammenzubringen. Ich weiß gar nicht, ob es überhaupt viel Sinn hat, sich eine sichere sogenannte ›Existenz‹ aufzubauen. Mir ist das alles so gleichgültig und erscheint mir nach den Erlebnissen des Krieges und der Gefangenschaft auch ziemlich belanglos, welche Rolle ich in der so sehr erfreulichen menschlichen Gesellschaft spielen soll. Denn eine ›Rolle spielen‹ ist es ja doch, es ist doch alles lächerlicher Blödsinn.«[1]

Vor dem Hintergrund, als Student Lebensmittelkarten zugewiesen zu bekommen, hatte sich Böll am 20. Mai 1946 an der Kölner Universität immatrikuliert. Doch die Phase als Student dauerte nur zwei Semester; weiter reichten seine akademischen Ambitionen nicht. Als die Universität ihn im März 1947 schriftlich dazu aufforderte, die Exmatrikel zu beantragen – Böll hatte sich für das Sommersemester weder zurückgemeldet noch abgemeldet –, stellte er zwar noch einen Antrag auf Beurlaubung für das kommende Sommer- sowie das Wintersemester 1947/48, teilte dann aber der Universität mit, dass er sich in den »folgenden Semestern freien schriftstellerischen Arbeiten widmen« wolle und deshalb seinen »Studienplatz einem anderen Bewerber zur Verfügung stelle«.[2] Das Kapitel Universität war damit abgeschlossen. Bölls Exmatrikulation erfolgte am 21. April 1947.

Unterdessen hatte sich Annemarie Böll um die Wiederaufnahme in den Schuldienst bemüht. Ab dem 24. April 1946 konnte sie als Lehrerin arbeiten. Allerdings kehrte sie nicht mehr an die Schule am Severinswall zurück, an der sie bis 1944 gearbeitet hatte, sondern unterrichtete Englisch an der Städtischen Mittleren Mädchenschule am Rothgerberbach 15.

Im Mai 1946 kam Bewegung in Bölls literarische Vorhaben. Mit der Erzählung »Der General stand auf einem Hügel ...« – eine an der Ostfront 1944 angesiedelte Schlachtbeschreibung – führte er den vor dem Krieg aufgenommenen Schreibprozess weiter. Es sei für ihn ganz bewusst eine Fortsetzung gewesen, wie Böll Heinrich Vormweg 1982 gegenüber erläuterte.[3] Die Erzählung war jedoch nicht nur eine Fortsetzung. Was Böll in seinen Briefen aus dem Krieg als biografischen Auftrag formulierte – »den Ermordeten will ich ein Lied singen«[4] –, wurde zu einer seiner Literatur immanenten Bestimmung. Insofern schreibt er in seine erste Erzählung seine Erfahrungen des Kriegs als »Wahnsinn«, als »Not«, als Auslieferung des Einzelnen an ein gewissenloses Regime und Empfinden eines unabwendbaren Schicksals ebenso ein wie die auch später immer wieder aufgerufene Gewissheit einer im Glauben an Gott überlebenden Hoffnung auf Befreiung. So heißt es in der »General«-Erzählung: »Immer, immer will ich an diese Not hier denken, an diesen gräßlichen Wahnsinn [...]; ach, ich werde niemals mehr diese tödliche Angst vergessen können, die mir das Herz zerrissen hat ... Gott, Gott, oh, Mutter Gottes, hilf uns.«[5]

Diese und ähnliche Korrespondenzen zwischen den Feldpostbriefen und seiner Schreibarbeit zeigen, mit welcher Dringlichkeit Böll sein Erzählen als Reflexion und Bearbeitung der von ihm durchlebten Zeit konzipierte. Verbunden damit war die Entwicklung einer Schreibweise mit stilprägend eingesetzten grammatischen Figuren modaler Sätze – ›als ob‹, ›wie‹ oder ›es war, wie wenn‹. Dieses literarische Darstellungsmittel ermöglichte es ihm, die Erfahrung der von Menschen entfesselten, sich ihrer Fassbarkeit aber entziehenden Gewalt und Zerstörung greifbar zu machen. In einer dafür beispielhaften Passage der »General«-Erzählung heißt es:

> »[Es] war ein Regen von Feuer und Eisen; die Hölle lachte und johlte ringsum, ein gräßlicher Samen wurde ringsum ausgespritzt, die kalte, nackte und scheinbar so nüchterne Technik zeigte hier ihre orgiastische Fratze, es war ein wahres Wälzen in der Vernichtung, und die Soldaten, die ärmsten Menschen, waren vollkommen wehrlos hineingesetzt in diesen lodernden Abgrund der Hölle; es war, wie wenn eine riesige scheußliche Hand, mit stinkenden Fingern, geschwollen von greulichen Lüsten, sich erhoben hätte aus der Erde und ausstreute schwelende Tropfen, die platzten und schmorten, und das Blut der Getroffenen tropfte und floß … keine andere Realität als die der Hölle konnte hinter diesem grausamen Geschehen hocken …«[6]

Auch wenn dieser expressiv-pathetische Stil mitunter überanstrengt wirkt – die frühe Nachkriegsrhetorik Bölls folgt schreibästhetisch der Überzeugung, die Kriegserfahrung und das -geschehen mittels der Sprache realistisch hervorzubringen, um das Grauen ins Bewusstsein zu zwingen. Diesen Stil prägt auch das erste Romanprojekt nach dem Krieg, das Böll wenige Wochen nach Abschluss der »General«-Erzählung aufnahm: *Kreuz ohne Liebe.*

In einem autobiografischen Essay gab Böll 1973 die Auskunft, zu *Kreuz ohne Liebe* durch ein Preisausschreiben angeregt worden zu sein. Es handelte sich dabei um eine Anzeige des Naumann-Verlags im *Börsenblatt für den deutschen Buchhandel* vom 29. August 1946: »Die in Augsburg-Göggingen erscheinende Zeitschrift *Neues Abendland* erläßt ein Preisausschreiben für den besten Roman, der die weltanschauliche Auseinandersetzung des Christentums mit dem Nationalsozialismus gestaltet.«[7]

Allerdings gab Böll für den Roman verschiedene Entstehungszeiten an, die den Schreibbeginn vor den August legen. So notierte er auf einem seinem Freund Ernst-Adolf Kunz überlassenen Typoskript: »Juli 1946 – November 1946/März 1947 – Mai 1947«. Andere Typoskripte sind auf 1945/46 bis 1947/48 datiert. Ob Böll hinsichtlich der Angabe des Schreibbeginns »Juli 1946« von der Auslobung bereits vor der Anzeige im *Börsenblatt* erfahren hatte und wie, oder ob er zunächst ein unabhängig vom Wettbewerb begonnenes Schreibprojekt mit dieser Aufforderung zusammenbrachte, muss offen bleiben. Ernst-Adolf Kunz gegenüber erwähnte er *Kreuz ohne Liebe* erstmals am 3. März 1947: »Mein Roman ist im Entwurf fertig, danach kommt die lange, sehr mühevolle Kleinarbeit und das elende Maschinenschreiben!«[8] Am 4. Juni 1947 hieß es dann:

> »Er wird in spätestens 10 Tagen seine Reise antreten. Es war eine wahnsinnige Arbeit, 200 Schreibmaschinenseiten entwerfen, überarbeiten, dreimal abschreiben, wieder überarbeiten. Ich bin vollkommen ›erledigt‹, sehe aber aufreizend gut aus. Vielleicht darum, weil diese Arbeit mir ungeheure Freude macht. Nun wird die ganze Chose noch einmal korrigiert, und dann weg damit! Ich werde diesen Roman nie mehr im Leben lesen, er kommt mir zum Halse heraus!«[9]

Alles, worauf Böll 1946/47 sein zeitgeschichtliches Urteil über die Katastrophe des zwölf Jahre währenden Tausendjährigen Reichs stützte, versammelte er in *Kreuz ohne Liebe* und grundierte damit auch die Perspektive des Romans. Erzählerisch baut er den zeitlichen Spannungsbogen in zwei zueinander stehende Teile, die wie Verheißung (Vorkriegszeit) und Erfüllung (Kriegszeit) konzipiert sind. Ein die Nachkriegszeit kritisch pointierender Epilog mit einer skeptischen Perspektive auf die Verdrängung des Geschehenen beschließt den Text: »Die Leute werden es wieder vergessen, das Geschlecht der Ahnungslosen wird wieder auf den Thron kommen.«

Entworfen ist der Roman als familiäre Konfrontationsgeschichte. Auf der einen Seite stehen die Mutter, Frau Bachem, ihr älterer Sohn Christoph sowie dessen Freund Joseph, in denen »die Religion eine helle Flamme [war], die nach oben schlug«. Antipodisch zu ihnen ist Hans platziert, Frau Bachems zweiter Sohn, der sich begeistert der NS-Ideologie anschließt, berauscht davon, »so hinaufgerissen zu werden ins Führertum bei einer großen Sache«. Durch Hans' Zutun wird Joseph inhaftiert und in ein Konzentrationslager verbracht. Er überlebt und trifft nach dem Krieg wieder mit Christoph zusammen. Hans hingegen opfert sich für seinen Bruder, als dieser russische Flüchtlinge mit Lebensmitteln versorgt, daraufhin verhaftet wird und sich vor einem Strafgericht verantworten soll. Hans, zwischenzeitlich zu einem Ortskommandanten aufgestiegen, ermöglicht

Christoph durch entsprechende Dokumente, zu fliehen. Seine Hilfe wird mit einem Todesurteil geahndet.

In diesem, die zentralen Figuren miteinander verknüpfenden Mehreck vollzieht sich ein von Böll mit einem metaphysischen Akzent verbundenes Weltanschauungsdrama, ein Kampf des Guten mit einem übermächtigen Bösen. »Es ist die Kriegserklärung der Unterwelt, die wir täglich tausendmal erleben, die sich aber nur selten so in aller politischen Macht und Herrlichkeit vollzieht …«

Der Kampf gruppiert die Menschen: Auf der einen Seite sind es die Ausführenden eines Willens zur Macht, die mit ihrer ideologischen Propagandamaschinerie »wohlschmeckender Phrasen« das Volk umschmeicheln, »um es eines Tages vor die Maschinengewehre zu hetzen …« Ihnen korrespondiert die große Masse der geistig Heimatlosen, der Hilflosen und Verwirrten, die Masse leidenschaftsloser Zeitgenossen, in deren metaphorischer Beschreibung als »unbegrabene Leichen« Böll die Vertreter einer innerlich ausgehöhlten, sinnleeren Gesellschaft spiegelt. Den Gegenpol verkörpert Christoph als leidenschaftlicher Christ und erklärter Gegner der NS-Ideologie. Als Soldat durchlebt und durchleidet er den Drill des Militärs ebenso wie die Unterwerfungswilligkeit, Angst und Hoffnungslosigkeit anderer Soldaten. »Auf ihren Gesichtern entdeckte er jene schreckliche deutsche Untertänigkeit, jenen typischen Gesichtsausdruck zwischen Angst und Lachen, der die absolute Bereitwilligkeit zeigt, bei der geringsten Andeutung eines Witzes von Seiten des Vorgesetzten sofort schallend zu lachen oder bei der Äußerung eines Mißfallens in Angst und Schrecken zu erstarren.«[10] Diese Typisierung wiederholte Böll 1964, als er »Gehorsam und Unterordnung als die einzige soziale Wirklichkeit« bezeichnete, »die die Deutschen im Verlauf ihrer bisherigen Geschichte angenommen haben; einfacher gesagt: Die Deutschen gehorchen so gern, wie sie gern Gehorsam fordern.«[11] Christoph erkennt das Übel in der Macht der Uniformierung und Disziplinierung als Herrschaftsform von Menschen über Menschen. Diese Macht ist ihm – ganz im Sinne der lebenslangen Auffassung des Autors – »planmäßige Lieblosigkeit und systematische Zersetzung der Menschenwürde«. Diese Einsicht weckt

Christophs Glauben: »Und mit einem Male wurde Christoph sich wieder der wunderbaren Hoheit gewiß, wie sie nur die kennen, die wissen, daß Gott sie geschaffen hat und daß nur Gott absolute Gewalt über sie hat.« Was seine Gewissheit begründet, ist die Tatsache, dass der Mensch – hier das Ich, das vor Gott seine Wirklichkeit hat – mit seiner Existenz in einem ideellen Pol verankert ist, der keiner äußeren Macht unterliegt und sich gegenüber der Gewalt des Zustandes als der Stärkere erweist. Durch diese Gewissheit wird Christophs Glauben zum Widerstand gegen jede Erniedrigung, Einschüchterung und Unterwerfung unter eine durch die Willkür von menschlicher Macht und menschlicher Herrschaft bestimmte Ordnung. Christoph überlebt, nicht zuletzt mithilfe der Liebe Cornelias, durch die er die Unmenschlichkeit der Verhältnisse überstehen kann.

Der Roman mündet in einen programmatischen Entwurf des eigenen weiteren literarischen Anspruchs: »›Mein Gott, was sollen wir tun? Beten und arbeiten?‹ [...] ›Ja‹, sagte er, ›beten und arbeiten; [...] das Geschlecht der Ahnungslosen wird wieder auf den Thron kommen, und obwohl es fast sicher ist, daß die Ahnungslosen wieder siegen werden, wir wollen die Wirklichkeit verkünden.‹«[12]

Der Roman wurde abgelehnt. Die Verlags-Jury attestierte in ihrem Schreiben vom 15. April 1948, man erkenne in dem »Roman zwar ein menschliches Dokument und künstlerische Gestaltung«, auch wenn die Gestaltung noch der »Reifung« bedürfe; entscheidend für die Ablehnung sei jedoch, dass die »Auseinandersetzung mit dem Nationalsozialismus zu wenig in Erscheinung« trete. Zudem werde die »Schilderung des deutschen Heeres [...] als eine zu starke Schwarz-weiß-Schilderung angesehen, die nur aus einer noch nicht objektivierten Erbitterung entnommen« sei. Böll akzeptierte das Urteil, »soweit es die künstlerische, dichterisch-kompositorische Beurteilung« des Romans betraf, wie er in seiner Antwort vom 10. Juni 1948 schrieb. »Den Vorwurf, Heer und Krieg zu schwarz-weiß gezeichnet zu haben, weise ich zurück. Vielleicht würde ich diese Kapitel heute noch schwärzer schreiben, da sich inzwischen erwiesen hat, daß in Wirklichkeit – auch innerhalb der scheinbar christlichen

Parteien – die alten romantisch-patriotisch-militärischen Tendenzen wieder Kraft und Gestalt gewinnen.«[13]

Die Reaktion des Verlags auf *Kreuz ohne Liebe* war für Böll ebenso unbefriedigend wie bezeichnend. Auch das selbstkritische Eingeständnis der eigenen Unsicherheiten und Mängel war ernüchternd. Dies formulierte der Autor im Mai 1948 gegenüber Axel Kaun: »[V]or allen Dingen möchte ich eine wirklich literarische Literatur, wo zunächst einmal die handwerklichen Mittel zu einer gewissen Meisterschaft gediehen sind, ehe man anfängt, eine neue Philosophie und eine ›Sendung‹ daraus zu machen«.[14] Dennoch, die Erfahrung, einen so komplexen und umfangreichen Schreibprozess wie den eines Romans trotz aller Widrigkeiten bewältigt zu haben, stärkte sein Vertrauen in seine literarische Arbeit.

Unentwegt arbeitete Böll daran, in immer wieder anders akzentuierter Weise den Krieg in seiner Absurdität als fortwährende Enteignung der individuellen Existenz des Menschen sichtbar zu machen. Sinnlosigkeit, Angst, Trauer, Verzweiflung, Trost- und Hoffnungslosigkeit, Entfremdung und Verlust – in diesem dem Kreis existentieller Kategorien entnommenen Vokabular spiegeln seine Texte der unmittelbaren Nachkriegszeit das menschliche Erleben von Tod, Zerstörung, Vernichtung, Unterdrückung, Absurdität und Sinnlosigkeit des Kriegs. Das Gefühl, ausgeliefert und in einer »schmerzlich zerrissenen Schöpfung«[15] verloren zu sein, war Bölls fundamentale Empfindung. In das Zeitgeschehen einzugreifen und einer immer deutlicher werdenden Verdrängung der Kriegsjahre durch die Erinnerung daran und was sie an Zerstörungen hervorgebracht hatten entgegenzuwirken, damit verband Böll auch ein literarisches Ziel: Sein Schreiben sollte ein Profil gewinnen, das einen klar umrissenen gesellschaftlichen Blick und einen literarischen Standort erkennbar machte.

Je intensiver er sich dieser Aufgabe zuwandte, desto mehr komplizierten sich immer wieder die Umstände – sowohl des unmittelbaren Lebens als auch des Schreibens selbst. Denn nach wie vor blieb die Bewältigung des Alltags eine zeitraubende Notwendigkeit. Auch die Familie wurde größer, am 19. Februar 1947 wurde Annemarie und

Heinrich Bölls zweiter Sohn Raimund geboren. Eindrücklich schilderte Böll im Mai 1948 Axel Kaun die Lebenssituation dieser Jahre.

> »Ich kann Ihnen nur sagen: wenn ich arbeite, wirklich arbeite, dann arbeite ich rasend. Und wenn ich einmal wirklich Zeit hätte, ›richtig‹ zu arbeiten, würde es wahrscheinlich nichts. Ich könnte Ihnen viel von praktischen Schwierigkeiten erzählen, aber das hören Sie gewiss jeden Tag von jedem Menschen, den Sie kennen: genau so ist es bei mir. [...] Jetzt könnte ich wirklich sagen: Jetzt geht es los, jetzt wird gearbeitet, aber schon hat die Drehorgel die Sule durchgeleiert und ist am Anfang wieder angekommen: Es sind keine Kartoffeln mehr da, das Brot ist knapp und die Schuhe sind jetzt endgültig hoffnungslos und unreparierbar dahin, und die Schuhe meines Bruders passen mir einfach nicht [...]; undsoweiter undsoweiter. [...] Und dennoch habe ich wirklich gearbeitet, sozusagen zwischen den Hamsterfahrten aufs Land, zwischen dem Steinetragen und zwischen den Nachtwachen am Bett meines todkranken Jungen, der uns vor vierzehn [Tagen] mit einer doppelseitigen Lungenentzündung erschreckte.«[16]

Bölls Schreiben in diesen Jahren unterlag einer existentiellen Dynamik. Literarisch produktiv zu sein folgte einer Dringlichkeit, die so wenig Distanz gegenüber sich selbst, der eigenen Arbeit erlaubte, wie die Erforderlichkeiten des Alltags einen Aufschub zuließen. Fast zwangsläufig führte dies auch dazu, die Diskrepanz zwischen Ausdruckswunsch und Ausdrucksvermögen, die er immer wieder gegenüber den verschiedensten Adressaten benannte, als Schreibkrise zu erleben. Skepsis und Selbstgewissheit lagen noch immer nahe beieinander. Denn Böll wusste nicht recht, wo er als Autor stand. So schrieb er am 11. Oktober 1948 an Ernst-Adolf Kunz, er habe irgendwie einen toten Punkt erreicht, der gefährlich werden könne, wenn er ihn nicht durch intensive Arbeit überwinden würde: »[D]as Furchtbare ist, dass ich immer mehr Dinge entdecke, die ich einfach nicht beschreiben kann und es müsste doch zum handwerklichen Rüstzeug eines Schriftstellers gehören, dass er das zunächst einmal kann: alles was ihn berührt und anspricht, wenigstens beschreiben. [...] mir fehlt noch viel, [...] ich merke das jeden Tag, vielleicht habe ich auch viel zu viel gemacht.«[17]

Trotz allem aber ließ Böll keinen Zweifel daran aufkommen, an der literarischen Arbeit, an der Existenz des Schriftstellers festhalten zu wollen. »Doch ich komme von meiner Arbeit nicht mehr los, nie mehr. Es gibt praktisch nie so etwas wie ›Feierabend‹ für mich.«[18] Ebenso stand fest, dass er seine Werke publizieren wollte.

Während der Arbeit am Roman waren weitere Texte entstanden, sechs Gedichte und acht zum Teil umfangreichere Prosastücke. Sechs von ihnen nahm Böll Anfang 1947 in die Auswahl von Arbeiten auf, mit denen er die ersten Schritte an die Öffentlichkeit wagen wollte. Der erste Adressat wurde die am 15. März 1946 in Koblenz gegründete christlich-soziale Wochenzeitung *Rheinischer Merkur*. Böll reichte dort zwei Texte ein, »In guter Hut« sowie »Vor der Eskaladierwand«. Die Redaktion stellte für die dem Kasernendrill gewidmete Novelle »Vor der Eskaladierwand« einen auszugsweisen Druck in Aussicht. Der Text erschien am 3. Mai 1947, Bölls erste Publikation. Doch der Text war nicht nur um fast ⁴⁄₅ seines ursprünglichen Umfangs gekürzt, sondern erschien auch unter einem anderen Titel, nämlich »Aus der ›Vorzeit‹«.

Erfolglos hingegen blieb der kurz darauf unternommene Versuch, der Redaktion der nach ihrem Publikationsverbot im Dritten Reich seit 1946 wieder erscheinenden katholischen Monatsschrift *Hochland* etwas anzubieten. Die eingesandten Kurzgeschichten kamen mit einer Absage zurück. Doch Böll forcierte seine Publikationsversuche: »So habe ich im ganzen 17 kleine Geschichten bei verschiedenen Zeitschriften und Verlagen unterwegs und warte natürlich mit Spannung aus das Echo«.[19]

Eine dieser Anlaufstellen war die Redaktion der *Frankfurter Hefte. Zeitschrift für Kultur und Politik*, die im April 1946 von Eugen Kogon und Walter Dirks gegründet worden war. Ihr schickte Böll vier Kurzgeschichten: »Der Flüchtling«, »Wiedersehen mit B.«, »Vom Schwarzmarkt« und »Aus Amerika«. Ein Satz im Begleitschreiben, den er in zahlreichen weiteren Schreiben wiederholen sollte, zeigt, wie isoliert er sich in der ›rheinischen Provinz‹ fühlte und wie sehr er hoffte, Zuspruch zu erhalten: »Vielleicht darf ich Sie bitten, mir im Falle der Ablehnung einige Worte einer kleinen Kritik zu gönnen.

Heinrich Böll, 1947

Als Angehöriger der jüngeren Generation – 29 Jahre alt, davon 7 Jahre einfacher Infanterist und jede Sekunde dieser 7 Jahre im Gefängnis der Uniform fast verzweifelnd – bin ich völlig ohne ›Verbindung‹ und vertraue auf das menschliche und christliche Gesicht Ihrer Zeitschrift.«[20] Die Manuskripte kamen zurück, kritisiert wurden die teilweise »sprachlichen Überspitzungen«.[21]

Anders entwickelte sich die Einsendung Bölls an die Schriftleitung der im Harriet Schleber Verlag in München erscheinenden Zeitschrift *Das Karussell*. Von den drei übersandten Erzählungen »Der Dieb«, »Der Schulschwänzer« und »Die Botschaft« wollte die Redaktion »Die Botschaft« publizieren, obgleich sie – wie Moritz Hauptmann, Schriftleiter des *Karussell*, in seinem Rückschreiben und auf Bölls Frage »nach einer kleinen Kritik« eingehend formulierte – in mancher Hinsicht noch unreif sei und der Stil sorglos. Hauptmann kritisierte vor allem die vielen Pünktchen, die in der Zeit des Jugendstils und des literarischen Impressionismus in Mode gewesen seien. Zudem monierte er die Fülle weiterer Satzzeichen, deren Gebrauch er als stilistische Unsicherheit interpretierte. Bölls Versuch, dadurch Stimmung zu erzeugen und Spannung zu halten, begegnete er mit Skepsis, da er beim Leser die entgegengesetzte Wirkung annahm. Böll antwortete am 12. Mai 1947 mit seinem Einverständnis, »Die Botschaft« zu veröffentlichen,

> »wobei ich voraussetzen darf, dass weder der Titel noch der Inhalt verändert werden. Ich bin mir durchaus über stilistische Schwächen klar, die an meinen Arbeiten haften, obwohl ich meinerseits über Interpunktion wie über ›Sorglosigkeit des Stils‹ meine eigenen Ansichten habe, die ich Ihnen künstlerisch zu erklären bereit wäre, falls ich nicht annehmen müßte, Ihre Zeit allzusehr in Anspruch zu nehmen. Ich bin Ihnen sehr dankbar für Ihre offene Kritik, fühle mich aber doch in manchem missverstanden; allerdings sind die Arbeiten, die ich Ihnen übersandte, wirklich sehr ungefeilt. Vielleicht darf ich Ihnen noch einmal einige umfangreichere Arbeiten anbieten, die inhaltlich der ›Botschaft‹ mindestens gleichen, ihr stilistisch aber überlegen sind.«[22]

Am 31. Mai reichte er zwei Erzählungen nach (»Gefangen in Paris« und »Kumpel mit dem langen Haar«). Im August 1947 erschien »Die Botschaft« im *Karussell*, und er erhielt ein Honorar von 145 Reichsmark. Am gleichen Tag schickte er zwei Erzählungen (»Der Fremde« und »Vive la France!«) an den Bonner Röhrscheid Verlag, von dessen Gründung er durch eine Anzeige in der *Kölnischen Rundschau* erfahren hatte. Einige Tage zuvor hatte er dem Literaturredakteur des *Rheinischen Merkur*, Konrad Legat, drei Kurzgeschichten (»Der Dieb«, »Im Käfig« und »Der Angriff«) zukommen lassen, von denen »Der Angriff« angenommen wurde und am 13. September 1947 erschien. Das Honorar betrug 250 Reichsmark. Schon im November folgte die Veröffentlichung von »Kumpel mit dem langen Haar«, wiederum im *Karussell*, sowie durch die Vermittlung der *Karussell*-Redaktion »Ein Hemd aus grüner Seide« in den *Hessischen Nachrichten*.

Weitere Kurzgeschichten (»Ein altes Gesicht« sowie »Rendezvous in Trümmern«) gingen an die Redaktion der Zeitschrift *Die Fähre* (später *Literarische Revue*) sowie »Der Schulschwänzer«, »Veronika«

und »Der blasse Hund« an Alfred Döblins Monatsschrift *Das goldene Tor.*

Dass Böll in der Vielzahl seiner frühen Texte nicht allein das Thema Krieg behandelte, sondern eine stoffliche Vielfalt anlegte und entwickelte, zeigt die Sendung an Döblin. »Der Schulschwänzer« und »Der blasse Hund« stehen für sein Interesse an der literarischen Bearbeitung existentieller Themen. Im »Schulschwänzer« ist es die Situation des durch die Straßen streifenden Abiturienten, der an sich selbst zweifelt. Als er seine heimliche Liebe trifft, erlebt er diese Begegnung als einen Augenblick des Zu-sich-selbst-Kommens. Die junge Frau geht zufällig auf der Straße vor ihm. Zunächst ist er unentschlossen, doch dann fasst er Mut und ruft: »›Du‹. Erstaunt und, wie ihm mit versagendem Herzen schien, befremdet wandte sie sich um … er trat zitternd näher und reichte ihr seine kalte Hand und nahm ihre kleine schmale, die sie langsam, fast nachdenklich aus dem roten Handschuh löste. ›Du‹, wiederholte sie lächelnd ... und dieses kleine Wort entschied über sein Leben …«[23] Liebe, so die Erzählung, ist der tragende Grund des Menschen, der gegen die Haltlosigkeit der Wirklichkeit hilft und sie durchbricht. Den Gegenentwurf inszeniert die Erzählung »Der blasse Hund«: Verlorenheit und Verzweiflung.

Die Kurzgeschichte »Veronika« hingegen nimmt das Thema Krieg auf. Eine Frau, die einen zum Tode verurteilten Soldaten während eines kurzen Stopps auf dem Weg zu seiner Hinrichtung mit einem Tuch erfrischen will, entdeckt, als dieser schon weitertransportiert worden ist, dass sich sein Gesicht in ihr Tuch eingeprägt hat. Der Weg jedes Soldaten ist wie der von »Jesus Christus auf dem Weg nach Golgatha«, wie Böll dem Titel der Kurzgeschichte anfügte. Er lehnte sie damit an die Legende der heiligen Veronika an und interpretierte den Krieg als Tötung des Menschen schlechthin. Die im *Rheinischen Merkur* veröffentlichte Kurzgeschichte »Der Angriff« spiegelt das Grauen des Kriegs in ähnlicher Weise, indem der darin erzählte Tod immer wieder das durch den Krieg unwiederbringlich Vernichtete – und das sind die humanen Qualitäten menschlicher Existenz – aufruft: »Paul rüttelte den Kleinen, aber der rührte sich nicht mehr:

kein Splitter und kein Geschoß hatte ihn erreicht; sein Kinderherz war von der Angst erdrosselt worden … und noch im Tode bebte es – leise, leise wie der Wind, der morgens in den Bäumen vor seines Vaters Haus gespielt hatte.«

Was hier in die Kriegssituation als Reminiszenz ursprünglicher Geborgenheit und Vertrautheit im Augenblick ihres Verlustes gesetzt wird, tritt in »Kumpel mit dem langen Haar« motivisch hervor. Zwar ist auch hier die Kriegszeit bzw. die Nachkriegszeit präsent, bleibt aber Hintergrund. Ein Ich-Erzähler, der auf der Flucht vor einer Schwarzmarktrazzia ist, trifft im Wartesaal eines Bahnhofs auf eine junge Frau. Er verlässt mit ihr die Stadt. Bei ihr, deren Blick ihn im Wartesaal getroffen hatte, findet er die durch seine Heimatlosigkeit verlorene Geborgenheit, wie auch sie, selbst eine Heimatlose, bei ihm. »Seitdem sind wir zusammen – in dieser Zeit.«[24]

Bölls Schreibintention bestand aber nicht nur darin, den Krieg durch die Darstellung von Kriegshandlungen in den Dimensionen von Vernichtung, Schrecken und Deformationen darzustellen. Bestimmend war für ihn als Schriftsteller auch die Suche nach Schreibformen und Wahrnehmungsweisen für die vom Krieg ›geschlagenen‹, aber nie ›geschlossenen Wunden‹. Er wollte die Täuschung eines vergangenheitsfreien Neubeginns und die unterlassene Auseinandersetzung der Gegenwart mit der Vergangenheit bewusst machen.

> »Was für den Krieg zutrifft, trifft für jede Zeit zu, über die einer schreibt, der in dieser Zeit lebt: der gängige Vorwurf, daß er einen Abklatsch schaffe, ist der am wenigsten zutreffende, sonst brauchte man nicht Mailer zu lesen, um über den pazifischen Krieg ›etwas zu erfahren‹, sondern könnte sich Wochenschauen darüber ansehen. Nicht das Material macht es – das Material liegt auf der Straße –, die große Forderung, die an den Schriftsteller gestellt ist, ist die, zu formulieren, mit einem Namen zu versehen, was jeder spürt, aber nicht ausdrücken kann.«[25]

Explizit ist diese Themenstellung in der lange als seine erste Publikation angesehenen Erzählung »Die Botschaft«. Sie handelt vom Tod eines Soldaten und der Übergabe seiner wenigen Besitztümer an seine Frau, die inzwischen mit einem anderen Mann liiert ist. »Ich legte langsam den Trauring, die Uhr und das Soldbuch mit den verschlissenen Fotos auf die grüne samtene Tischdecke. Da schluchzte sie plötzlich wild und schrecklich wie ein Tier. [...] Die Erinnerung schien sie wie mit tausend Schwertern zu durchschneiden. Da wußte ich, daß der Krieg niemals zu Ende sein würde, niemals, solange noch irgendwo eine Wunde blutete, die er geschlagen hat.«[26]

Der Anblick der letzten Habseligkeiten löst Verstörung aus. So ist der zur Hinterlassenschaft zählende Trauring, ursprünglich das Symbol einer unverbrüchlichen Verbindung, nur noch ein Zeichen für jede individuelle Geschichte, in der die Vorstellungen bewahrbaren Glücks als Fiktion erscheinen. Glück, Liebe und Sicherheit sind nur noch imaginär fassbare Größen, weil der Krieg bis in die Gegenwart reicht und einmal mehr beweist, was er ist: Zerstörung von Hoffnung, Leben, Glück und von Lebensentwürfen. Dass Krieg Tod und Leid bedeutet, bleibt abstrakt, solange nicht in der Darstellung eines Einzelschicksals die Fiktion entlarvt wird, mit der Krieg bloß als von Strategien bestimmte Kampfhandlungen, in denen Soldaten sterben, dargestellt wird. Für Böll gelingt es allein der Literatur, die sich dem öffentlichen Bewusstsein entziehende abstrakte Allgemeinheit millionenfach Gefallener zu durchbrechen. Es sind diese fiktional entworfenen Bilder, die das vom Einzelschicksal abstrahierte Geschehen sinnlich individualisieren und damit für Leser erfahrbar machen.

Das Vergangene im Gegenwärtigen zu erschließen und durch Erinnerung an die Geschichte zu mahnen, war die von Böll der Literatur wesentlich zugesprochene Aufgabe: »Die Literatur«, so schrieb er in einem Essay über Christa Wolfs Roman *Kindheitsmuster*, »bringt eben im Gegenwärtigen das Vergangene immer mit. [...] was für den Historiker seine Quellen sind, ist für den Autor die Erinnerung, die er mit den ›objektiven‹ Fakten konfrontiert. Um diese permanente Belästigung durch Autoren zu verhindern, mußte man die Erinnerung verbieten, möglichst, damit es unter Deutschen auch klappt, gesetzlich.«[27]

Auf ein weiteres Motiv deutet ein von Böll nie zur Publikation angebotenes Gedicht hin, das zu den Ende 1946 entstandenen Arbeiten gehört. Es ist auf den 31. Dezember 1946 datiert. In einem satirisch-persiflierenden Ton nimmt er die inhumane Gestalt einer hierarchisch organisierten Wirklichkeit unter dem Aspekt von Norm und Normierung auf.

Brumm, Bienchen
summm, Fliege
tummelt euch
ihr kleinen Tiere!
Fürchtet nicht die Krokodile
und die Stiere
die fast platzen!!
Ach, und ihr,
ihr flinken Spatzen,
dreist und witzig,
ziert euch nicht!
Seid ihr auch nicht feine Sänger,
die so weite Reisen machen,
seid nicht Promenadengänger,
die des armen Pöbels lachen!
Doch ist euch der Tisch gedecket
nach dem Plan der weisen Güte.
Fürchtet nicht die Uniformen
nicht die steifen Pappehüte
die allmächtige Polizei.
Immer greift die Macht der Normen
grad an Gottes Plan vorbei![28]

Im Brummen und Summen der Bienen und Fliegen, im unfeinen Singen der Spatzen als Medium des Kleinen, der unscheinbaren Gesten, des Details als Ausdruck von Gottes Plan metaphorisiert Böll, dass keiner Norm die letzte Gewalt zukommt. Damit kündigt sich eine Perspektive an, deren spätere Ausarbeitung darauf zielen wird, das von einer Gesellschaft durch ihre Normen ausgeschlossene Individuelle, das von ihr Abweichende in seiner ›Erhabenheit‹ darzustellen. Diese Perspektive wird er zur kritischen Reflexion gesellschaftlicher Wirklichkeiten nutzen.

Ende 1947 konnte Böll auf fünf Publikationen zurückblicken. Ein Durchbruch war damit jedoch noch nicht erreicht. Aber ein erster Schritt, der zumindest zu verhaltenem Optimismus Anlass geben konnte, war getan, zumal bis August 1948 weitere Abdrucke in den *Hessischen Nachrichten*, im *Karussell*, der *Literarischen Revue* sowie in der von Alfred Andersch und Hans Werner Richter bzw. ab April 1947 von Erich Kuby geleiteten Zeitschrift *Der Ruf* zu verbuchen waren. Allerdings reichten die mit den Publikationen verbundenen Einkünfte bei Weitem nicht für die finanzielle Grundsicherung der Familie aus. Die einzige regelmäßige Einnahme war das Gehalt, das Annemarie Böll als Englischlehrerin bezog: »325 Reichsmark – Schwarzmarktwert: zwei Pfund Mehl und ein ½ Pfund Butter.«[29] Deshalb begann Böll, nachdem er nicht mehr in der Schreinerei des Bruders arbeitete, im Februar 1948 erstmals, Nachhilfestunden zu erteilen. In der Folge weitete sich diese Tätigkeit mitunter zu einem Umfang von 40 bis 50 Stunden monatlich aus. Noch bis 1950 gab er »Latein bis Ende Quinta, Mathematik bis Untertertia (weiter bin ich noch nicht gediehen) und Deutsch bis Oberprima.«[30]

Aber: Einige Leser wurden auf Heinrich Böll aufmerksam, so zum Beispiel Axel Kaun, der sich in einem Brief vom 21. November 1947 an Böll wandte, veranlasst durch die Lektüre der Erzählung »Kumpel mit dem langen Haar«. Kaun schrieb als Schriftleiter der Zeitschrift *Horizont. Halbmonatsschrift für junge Menschen* und forderte ihn zur Einsendung mehrerer Beiträge auf, um daraus für eine geplante Anthologie »junger und jüngster deutscher Prosa« etwas auswählen zu können.[31] Zwar realisierte sich die Publikationsmöglichkeit nicht, Kaun wurde aber, auch wenn er im Oktober 1948 vom Horizont-Verlag zum Verlag Kurt Desch in München wechselte, für Böll Anreger und Vermittler auf der Suche nach weiteren Möglichkeiten, Anschluss an die literarische Öffentlichkeit zu gewinnen, unter anderem durch den Hinweis auf Alfred Andersch. Darüber hinaus machte Kaun den Cheflektor des Desch-Verlags, Gunter Groll, sowie Claus Hardt, Leiter des von Desch herausgegebenen Feuilleton-Dienstes, auf Böll aufmerksam. Damit gehörte Kaun – ebenso wie Moritz Hauptmann – zu einem kleinen Personenkreis, der, noch bevor Böll mit seinen ersten Buchpublikationen zum Verlagsautor avancierte, nicht nur erste kritische Leser, sondern durch die literarische Kritik auch seine Förderer versammelte. Zu ihnen zählten beispielsweise Herbert Burgmüller und Hans Henneke, beide Mitarbeiter der zum Willi Weismann Verlag gehörenden Zeitschrift *Literarische Revue*.

Schon Anfang 1948 hatte Böll die Entscheidung getroffen. Er wollte sich als freier Schriftsteller etablieren. Das löste einen quantitativen Schreibprozess aus, der sich nicht nur in Kurzgeschichten wie »Siebzehn und vier«, »Der Mann mit den Messern«, »Abschied«, »Lohengrins Tod«, »Steh doch auf, steh doch auf«, »Wir Besenbinder« oder »Im Frühling« niederschlug, sondern auch wieder zur Aufnahme von Romanprojekten führte: *Die Verwundung* und *Am Rande*. Hinzu trat Ende Januar das *Aus dem Tagebuch eines jungen Priesters* betitelte Typoskript, es blieb allerdings fragmentarisch, ebenso wie ein viertes, Mitte des Jahres abgebrochenes Romanprojekt.

So entstanden zwischen dem 16. Januar und 11. April 1948 insgesamt 19 Arbeiten oder wurden – wie die Romanprojekte – begonnen. Von diesen Texten gelangten im selben Jahr aber nur die wenigsten zum Druck: »Der Mann mit den Messern« im April-Heft des *Karussells*, »Wir Besenbinder« in der Juli-Ausgabe des *Ruf*, »Abschied« im Dezember in der *Westfälischen Rundschau*. Andere in diesem Jahr erschienene Kurzgeschichten waren bereits 1947 entstanden, etwa: »Wir suchen ein Zimmer«, gedruckt in den *Hessischen Nachrichten*, oder »Wiedersehen in der Allee« im Juli-Heft der *Literarischen Revue*.

Im April 1948 begann Böll mit der Arbeit an seiner zunächst »Zwischen Lemberg und Czernowitz« benannten Erzählung »Der Zug war pünktlich«. Die im September 1943 angesiedelte Geschichte schildert einen Soldatentransport an die Ostfront, der für die Hauptfigur von der unwiederbringlichen Gewissheit bestimmt ist, »bald« zu sterben. Die Erzählung pointiert in der temporalen Metapher eine unausweichliche, den Einzelnen unterwerfende Ordnung. Sie fügt sich damit in eine Lesart der Geschichte des 20. Jahrhunderts als Enteignungsgeschichte von Biografien und Lebensläufen ein.

Böll arbeitete die Erzählung bis zum 28. April 1948 aus und schloss sie, nach einer Phase der Überarbeitung, mit ihrer Reinschrift am 30. Mai 1948 ab. Noch während der Arbeit an diesem Text hatte er unter der Überschrift »Das Vermächtnis« mit der Niederschrift einer weiteren, biografisch seiner Zeit als Besatzungssoldat in Frankreich korrespondierenden Erzählung begonnen, in der er den falschen Umgang mit der als verbrecherisch erkannten Besatzungszeit thematisierte. Bis zum 24. Mai entstand ein 49 Seiten umfassendes Typoskript.

Parallel dazu versuchte er, Kontakte zu verschiedenen Rundfunksendern aufzubauen; er bot seine Mitarbeit an. Dabei fügte er den Schreiben stets einige Textproben bei. In dieser Weise wandte er sich auf Anregung von Herbert Burgmüller an den Berliner Rundfunk, den Nordwestdeutschen Rundfunk, im August und September an den Stuttgarter Rundfunk bzw. an den Südwestfunk Studio Koblenz sowie – auf Vermittlung des Kölner Jesuitenpaters Alois Schuh – an Werner Höfer als Redakteur der Sendung »Echo des Tages«.

Keine der Anfragen erzielte eine positive Resonanz. Als Grund für die Ablehnung wurde zumeist die Länge der Beiträge, mitunter auch ihre Thematik genannt. Erst im folgenden Jahr brachten Bölls Bemühungen um den Rundfunk ein positives Resultat. Der Hessische Rundfunk sendete am 2. Januar 1950 erstmalig eine Erzählung Bölls, die im Juni 1947 entstandene Kurzgeschichte »Über die Brücke«.

Mittlerweile hatte die Familie Zuwachs bekommen. Am 31. Juli 1948 war der Sohn René geboren worden. Annemarie Böll hatte deshalb um ihre Entlassung aus dem Schuldienst gebeten. Sie erhielt eine Abfindung in Höhe von 2.400 Mark, mit der die finanziell schlechte Situation kurzfristig etwas abgemildert wurde. Indes hoffte Böll auf die Verwertung seiner beiden größeren Erzähltexte.

> »Mit grosser, grosser Spannung warte ich auf ein mögliches Echo meiner beiden grossen Arbeiten. Eine solche angenommen, bedeutete doch, wie ich hoffe, mindestens 1500.- Dm, also über ein halbes Jahr einigermassen Sicherheit. Es wäre herrlich ... Du wirst bestimmt erstaunt sein, wie optimistisch ich jetzt schreibe, nachdem meine Briefe erst immer von

> Depression zitterten. Nun, es ist schändlich und erniedrigend, aber ich bin wirklich auf eine blöde Weise abhängig vom Erfolg meiner Arbeit.«[32]

Böll bot das Typoskript seiner Erzählung »Der Zug war pünktlich« zunächst dem in München ansässigen Willi Weismann Verlag an, erhielt es aber von dessen Redakteur Herbert Burgmüller mit der Begründung zurück, Weismann wolle das Manuskript für den Verlag nicht erwerben. Ausschlaggebend seien literarische Gründe. Bemängelt wurde die fehlende Prägnanz, wie sie in der Erzählung »Über die Brücke« erkennbar sei. Was Burgmüller gelungen schien, war die präzisere literarische Umsetzung der sich abzeichnenden restaurativen Tendenzen in die Beobachtung eines Erzählers, dem sich der Anblick einer ein Fenster reinigenden Frau während seiner Zugfahrten vor dem Krieg nach dem Krieg wiederholt.

Nach Burgmüllers Ablehnung reichte Böll das Typoskript von »Der Zug war pünktlich« am 3. Juli 1948 an Moritz Hauptmann weiter. Doch auch Hauptmann antwortete abschlägig, allerdings aus anderen Gründen: Er müsse die finanzielle Situation berücksichtigen, und die sei nicht so, dass er neuen Autoren den Weg ebnen könne. »[I]ch bin wie gelähmt durch die gegenwärtige Lage, die der Währungsschock geschaffen hat. Ihre Erzählung [...] habe ich mit großer Anteilnahme gelesen. Sie ist gut, wenn sie auch im einzelnen noch der Feile bedarf. Aber der sogenannte ›Büchermarkt‹ verschließt sich im Augenblick allen Projekten bis auf die wenigen Ausnahmen ›Romane bekannter Autoren‹.«[33]

In der Tat richtete sich die Nachfrage nach literarischen Erzeugnissen zunächst auf die bekannten Autoren bzw. auf die bislang nicht verfügbaren Autoren des Auslands und der Schriftsteller der sogenannten inneren Emigration. Für Angehörige der jungen Generation – gemeint waren damit Autoren, die nach dem Krieg zu publizieren begannen – blieb wenig Raum für Erfolg und Anerkennung.

Böll vermutete hinter der von ihm schon erwarteten formellen Ablehnung noch andere Beweggründe. »Diese Burschen verbinden (das habe ich allmählich heraus) mit mir bestimmte literarische Pläne, eine bestimmte Form, in die sie mich einfach hineinzwängen wollen (die nennen das ›verhaltenen Realismus‹), aber ich habe gar keine Lust, ewig ›verhalten‹ zu bleiben; ich werde bald platzen, vielleicht bin ich schon geplatzt (daher ›sentimental‹).«[34]

Das Misstrauen gegenüber solchen kritischen Einwänden und Forderungen nach stilistischer Mäßigung war in Bölls Augen naheliegend, sah er doch hinter diesen Ambitionen bereits ein Symptom restaurativer Tendenzen in der deutschen Politik und Gesellschaft, die es ihm immer schwerer machten, literarische Arbeiten zu Themen und Motiven des Zweiten Weltkriegs unterzubringen. Dabei schienen ihm genau diese Themen immer dringlicher geboten. Er formulierte diesen Eindruck in einem Brief an Ernst-Adolf Kunz: »[N]un will ich das ›Vermächtnis‹ einer Zeitung als Fortsetzungserzählung anbieten; aber die Brüder wollen nichts so scharf Antimilitaristisches. Ist das nicht toll? Drei Jahre nach dem Kriege muss man sich schon wieder vor dem Publikum fürchten.«[35]

Böll konnte sich mit dem »Vermächtnis« auch weiterhin nicht durchsetzen. Einen Teil des Manuskripts hatte er Anfang Juli 1948 an Axel Kaun geschickt. Als er ihm den weiteren Text zukommen ließ, zunächst als Roman in Briefform geplant, erhielt er von Kaun eine auf den ersten Teil eingehende, wohlwollende, dennoch aber auch kritische Beurteilung: »Die verpflichtende Form der Briefe zwingt Sie [...] mehr als alles andere zur maßvollen Überlegtheit der Ausdrucksmittel, der Sprache und ihrer Verdeutlichungsmöglichkeiten.« Die Sprache kritisierte Kaun als noch zu sehr »angetan von [einer] umständlichen Weitläufigkeit« und »sentimentalischen Überladenheit«. Schwierigkeiten hätten ihm aber, so gesteht er, als »gänzlich in außerkirchlichen Gesetzen« lebender Mensch, »die großen Begriffe christlicher Ethik wie Gnade, Sünde, Hölle« bereitet, »aus denen heraus Sie menschliche Vorgänge deuten möchten«,[36] die Kaun für sich aber nicht mit Inhalt füllen könne.

Dennoch leitete Kaun den Text zusammen mit drei weiteren Erzählungen an den Verlag Kurt Desch weiter. Gunter Groll, Hauptlektor des Verlags, widmete sich den Arbeiten Bölls eingehend und sah für »Das Vermächtnis« eine durchaus reelle Chance, erfolgreich zu sein. Dennoch entschied auch er sich gegen eine Annahme des

Textes, da im Verlag derzeit das Erscheinen des Kriegsromans *Sie fielen aus Gottes Hand* von Hans Werner Richter vorbereitet werde.

Das Manuskript gab Böll daraufhin an Eric A. Peschler, den deutschen Verlagsleiter des in Innsbruck ansässigen Abendland Verlags, der nach lange hinausgezögerter Entscheidung am 17. März 1949 Böll auf dessen Nachfrage endlich mitteilte, dass man sich »zur Inverlagnahme Ihres ›Das Vermächtnis‹ entschlossen« habe.

Einige Monate zuvor hatte Böll sich bei Kurt Schrey, Anglist in Bensberg, nach englischsprachigen Texten erkundigt, deren Übersetzung Chancen auf eine Publikation bieten könnten. In der Folge hatte er Kontakt mit dem Opladener Friedrich Middelhauve Verlag aufgenommen und eine Tätigkeit als Übersetzer angeboten.

> »Ich gestatte mir die Anfrage, ob eine Möglichkeit besteht, im Rahmen Ihres Verlagsprogramms mit Uebersetzungen englischer Texte (auch lyrischer Arbeiten) beauftragt zu werden. […] Wir beide, meine Frau und ich, sind politisch unbelastet. Meine Frau war bis vor einigen Monaten Lehrerin für Englisch an einer Kölner Realschule. Ich selbst arbeite seit 1.1.48 als freier Schriftsteller mit verschiedenen lit. Zeitschriften und Zeitungen zusammen.«[37]

Eine ähnliche Anfrage an den Willi Weismann Verlag, verbunden mit einer Übersetzungsprobe von Stephen Spenders Essay *W. H. Auden and the poets of the Thirties*, war erfolglos geblieben.

Bölls Brief an den Middelhauve Verlag kreuzte sich mit dem Versuch des Verlagsleiters Georg Zänker, seinerseits mit Böll in Kontakt zu treten. Zänker schrieb ihm, dass er durch eine Veröffentlichung in der *Literarischen Revue* aufmerksam geworden sei, »Wiedersehen in der Allee«. Diese Erzählung habe in ihm den Wunsch erweckt, weitere Veröffentlichungen von Böll kennenzulernen. Außerdem stellte er vage in Aussicht, dem Ehepaar Übersetzungen in Auftrag zu geben. Bei einem Gespräch könne man das Weitere besprechen.

Der Besuch Georg Zänkers und Friedrich Middelhauves fand am 15. Dezember 1948 in Köln statt. Friedrich Middelhauve hatte 1924, drei Jahre nach der Eröffnung einer florierenden Buchhandlung in Leverkusen, eine Druckerei gegründet, Grundlage für einen Verlagsaufbau. Aufgrund ökonomisch schwieriger Aufbau- und Konsolidierungsjahre der Druckerei und wegen des Krieges konnte er diesen Plan jedoch erst 1946 mit der Gründung des Westdeutschen Verlags realisieren. Den explizit wissenschaftlichen Verlag ergänzte 1947 der literarisch ausgerichtete Friedrich Middelhauve Verlag. Dass der Verlag rasch reüssierte, geht vor allem auf Georg Zänker zurück, der unter anderem mit Samuel Beckett bekannt war. Middelhauve selbst entfaltete unmittelbar nach dem Krieg ein zunehmend politisches Engagement. So gründete er zunächst die national-liberale Deutsche Aufbau-Partei, die er 1946 in die neu entstehende FDP einbrachte und deren erster Landesvorsitzender in Nordrhein-Westfalen er wurde. Dem Vorsitz folgte 1949 der Einzug in den ersten Deutschen Bundestag für die FDP. Sechs Jahre später wurde Middelhauve Wirtschafts- und Verkehrsminister in Nordrhein-Westfalen sowie stellvertretender Ministerpräsident des Landes. Doch seine Rolle in der FDP war umstritten. Bewusst öffnete er die Partei für ehemalige Mitglieder der NSDAP und trug so zum Ruf der frühen FDP bei, Sammelbecken für ehemalige Nationalsozialisten zu sein. Dass Middelhauves politische Aktivitäten zu Lasten der unternehmerischen und verlegerischen gingen, war für Böll mehrfach Grund für seine Unzufriedenheit mit der Betreuung durch den Verlag.

Beim ersten Treffen jedoch war es »sehr nett«, wie Böll am Tag danach Ernst-Adolf Kunz schrieb. »Er war sehr ›scharf‹ auf mich, ich merkte das an allem, und ich übergab ihm feierlich ›Lemberg‹, wobei ich bemerkte, dass ich es Rowohlt hatte schicken wollen (was wirklich wahr war). […] Selbst wenn er L[emberg] nicht nähme, bin ich ziemlich sicher, dass er ein Sammelbändchen herausgeben würde, falls die Innsbrucker negativ reagieren.«[38]

Georg Zänker reichte das Manuskript direkt an den im Schwarzwald lebenden Außenlektor des Verlags, Paul Schaaf, weiter. Dessen Urteil fiel sehr positiv aus:

> »[N]un habe ich vor kurzem Ihre große Erzählung ›Zwischen Lemberg und Czernowitz‹ [d. i. »Der Zug war pünktlich«] erhalten und gelesen. Meinen ersten Eindruck finde ich darin vollkommen bestätigt, vor allem

> die ›Richtigkeit‹ Ihres Erzählens, das nicht künstlich Herbeigeführte, aber äußerst Dringende darin. Auch finde ich, daß Sie vielleicht die jetzt einzig mögliche Form gefunden haben, diese Erlebnisinhalte aus dem Krieg ›romanhaft‹ auszudrücken, nämlich nicht in einem Roman gewöhnlichen Sinnes, sondern im Nachgang dieser wenigen Stunden, die Ihre Erzählung umfaßt.«[39]

Am 2. Mai 1949 kam es zwischen Böll und dem Middelhauve Verlag zum Abschluss eines Vertrags. Im Dezember erschien *Der Zug war pünktlich*, zu Bölls Verärgerung jedoch so kurzfristig vor Weihnachten, dass er die Chancen auf einen buchhändlerischen Erfolg im Weihnachtsgeschäft zunichte gemacht sah. Ungeachtet dessen zeichnete sich als weiteres Projekt ein Band mit Erzählungen ab. Er erschien 1950 unter dem Titel *Wanderer, kommst du nach Spa ...* mit 25 zum Teil unveröffentlichten Arbeiten.

In einem Brief vom 2. Juni 1949 berichtete Böll seinem Lektor Schaaf über die inzwischen vollzogene Trennung von der Abendländischen Verlagsanstalt (bis 1949 Abendland Verlag) und erwähnte dabei, dass er Alfred Andersch getroffen habe, um ihn als Kritiker für *Der Zug war pünktlich* zu gewinnen. Es war das erste Treffen der beiden. Schriftlichen Kontakt zu Andersch hatte Böll bereits im Februar 1949 aufgenommen, wobei er sich auf eine Empfehlung Axel Kauns stützte, der ihm nahegelegt hatte, sich bei Andersch zwecks eigener Beiträge in dessen »Abendstudio« bei Radio Frankfurt zu bemühen. Böll legte seiner Anfrage Manuskripte bei, erhielt sie von Andersch am 22. Juni 1949 jedoch mit der Bemerkung zurück, dass »eine Verwendung im Radio« bei keiner »der Arbeiten möglich« sei, da die »technisch geeigneten, also die richtige Länge aufweisenden Erzählungen sich mit Themen befassen, die, augenblicklich gebracht, zu einer Hörer-Revolte führen würden. Die derzeitige Publikumsmentalität muß vom Funk berücksichtigt werden, so schlecht sie auch ist«.[40] Gegenüber Ernst-Adolf Kunz bemerkte Böll: »Ich weiss zwar, dass das Thema Krieg nicht gesucht und nicht beliebt ist, aber ich kann nichts daran ändern, und leider bin ich wirklich nicht – so glaube ich – dazu ausersehen, mich der allgemeinen Pralinenproduktion einzugliedern«.[41]

Zum im engeren Sinne Literarischen kam 1949 etwas Neues hinzu. In fortgeführter Korrespondenz mit den *Frankfurter Heften* reichte Böll am 29. Juli 1949 Walter M. Guggenheimer den Essay »Das Portrait einer katholischen Zeitung« ein. Böll diagnostizierte darin anhand der Auswertung einiger Ausgaben der *Kölnischen Rundschau* die Vorzeichen restaurativer Tendenzen und kritisierte den wirtschaftswunderbeflügelten Gestus der Tagespresse. Das Fazit: Es sei »nichts von Wohnungselend, nirgendwo eine Frechheit, eine Offenheit«[42] zu finden, sondern nur die Absicht, immer den Anschein zu erwecken und meinungsbildend zu lancieren, dass alles in Ordnung sei.

In dieser Zeit waren weder literarisch noch in den persönlichen Verhältnissen bei Böll die Dinge in Ordnung. Die an den Middelhauve Verlag in materieller Hinsicht geknüpften Hoffnungen erfüllten sich nicht. Der auf Verlagshonorare anzurechnende, monatlich gezahlte Vorschuss, dessen Auszahlung bis Dezember 1949 lief, konnte die Existenz der Familie nicht sichern. Böll sah sich daher gezwungen, bei der Stadt Köln ein Gesuch zur Gewährung einer Existenzbeihilfe zu stellen. Seinem Antrag wurde mit einer einmaligen Zahlung von 500 DM zwar entsprochen, löste aber nicht das eigentliche Problem.

Einen literarischen Ertrag dokumentierte lediglich das Ende Dezember erhaltene Belegexemplar von *Der Zug war pünktlich*. Aufgrund der späten Auslieferung konnten jedoch zwischen Dezember 1949 und Juni 1950 lediglich 145 Exemplare abgesetzt werden. Ende 1950 waren es 266 Exemplare. Durch die Publikation wurde die finanzielle Situation der mit der Geburt des Sohnes Vincent im März 1950 aus fünf Personen bestehenden Familie also nicht besser. Pläne, den Beruf des freien Schriftstellers zugunsten einer gesicherten Anstellung aufzugeben, tauchten daher immer wieder auf. Sie wurden jedoch auch immer wieder zurückgestellt – nicht zuletzt durch den Zuspruch, den Böll von seiner Frau Annemarie erhielt. Er suchte nach zusätzlichen Einkunftsmöglichkeiten und bewarb sich am 4. Januar 1950 als Berichterstatter beim *Kölner Stadt-Anzeiger* – allerdings vergeblich.

Für Böll gab es ein weiteres Problem: Köln war literarische Provinz. Es existierte keine Szene, in der ein Austausch unter Schriftstellern hätte stattfinden können. So schrieb Böll an Alfred Andersch, dass er sich in Köln als Schriftsteller »abgeschnitten« fühle, und bat ihn um die Vermittlung von Kontakten: »Vielleicht auch können Sie mir irgendwie Anschluss an Gruppen junger Schriftsteller ermöglichen. Es ist wirklich deprimierend, so als absolutes literarisches Individuum da zu hocken.«[43]

Der Wunsch nach Anschluss führte ihn 1950 zu der von Johannes M. Hönscheid am 2. April 1950 gegründeten »gruppe junger autoren«. Böll hatte sich, nachdem er über die Existenz der Gruppe gelesen hatte, »nach den Zielen und Aufgaben«[44] erkundigt. Hönscheid antwortete daraufhin:

> »Sinn dieses selbstlosen Zusammenschlusses ist vornehmlich das Sich-gegenseitig-Helfen. Zudem erschien es uns wichtig, eine Art ›Zentrale‹ zu schaffen, an die Außenstehende herantreten können. Bisher arbeitete man ja nur zu oft mit den Argumenten, daß die jungen Autoren nicht zu finden seien. […] Aus verständlichen Gründen liegt es uns fern, eine Massenorganisation zu schaffen. Der Zusammenschluß ist vornehmlich ein ›innerer und geistiger‹. Wir lehnen jede Art ferngelenkter Unterstützung mit gefärbten Richtungswinkern ab und wollen natürlich jede Chance nutzen, Echo bei denen zu finden, die wir ansprechen wollen.«[45]

Auf Anfrage Bölls wurde ihm der Status einer »vorläufigen Mitgliedschaft« bei der Gruppe zugesprochen, der unter anderem Hans Bender, Josef Reding, Gert Kalow, Kay Hoff, Janheinz Jahn sowie Paul Schallück angehörten. Mit Letzterem zusammen wurde Böll für den von der »gruppe« eingerichteten Pressedienst Berichterstatter für Köln und vermittelte Beiträge über Theater, Film und literarische Erscheinungen an Zeitungen und Rundfunkanstalten. Dass die Verbindung nur von kurzer Dauer war, kam von Bölls wachsendem Unbehagen über das für ihn »gefährliche und nicht abgegrenzte Nebeneinander von Schriftstellern und Journalisten«, wie er am 6. September 1950 schrieb.[46] Er trennte sich von der »gruppe«. Damit war der Versuch, Kontakte in der literarischen Szene zu knüpfen, zunächst gescheitert.

Noch bevor sich die Verbindung zur »gruppe« herstellte, kam es durch Vermittlung Friedrich Middelhauves, der einen Beigeordneten der Stadt Köln nach Unterstützungsmöglichkeiten für Böll angefragt hatte, zu einer etwa ein Jahr dauernden Beschäftigung Bölls bei der Stadt Köln im Rahmen der 1950 durchgeführten Volkszählung – erhofft hatte Böll allerdings eine Beschäftigung im Archiv- oder Bibliotheksdienst. Er wurde zuerst Leiter einer Außenstelle, dann Gruppenleiter im Innendienst.

Einen Monat vor Beginn dieser Tätigkeit begann er die Arbeit an einem Roman, der als letztes seiner Werke im November 1951 unter dem Titel *Wo warst du, Adam?* bei Middelhauve erschien. Kennzeichnend ist ein Erzählmodell, das tableauartig einzelne Texte arrangiert. Zeitlich das letzte Jahr des Zweiten Weltkriegs umspannend, topografisch dem deutschen Rückzug aus Rumänien und Ungarn folgend und in Westdeutschland endend, zeigen die neun jeweils ein Kapitel bildenden Episoden eine Folge sinnloser Tode. Als eine Art Protagonist erscheint dabei die Figur des Soldaten Feinhals. Zum einen beschließt sein Tod den Roman, zum anderen ist es seine Figur, auf die das erste Kapitel gemäß der Erzählabsicht, im Schicksal einzelner Figuren der Absurdität des Kriegs Ausdruck zu verleihen, perspektivisch zuläuft. Nach einer Verwundung durch einen Granatsplitter wird Feinhals in ein Feldlazarett eingeliefert. Als das Lazarett verlegt wird, bleiben Feinhals sowie ein Feldwebel und ein Arzt zurück. Feinhals trifft die zum Katholizismus konvertierte ungarisch-jüdische Lehrerin Ilona. Die beiden verabreden sich, doch bevor es zu einem Treffen kommt, wird Feinhals von einer Militärstreife aufgegriffen und an die Front gebracht, Ilona in ein Konzentrationslager. Als Ilona dort zu einer vom Lagerkommandanten Filskeit angeordneten Gesangsprobe erscheinen muss und vollendet schön die Allerheiligenlitanei singt, gerät Filskeit angesichts der Erfahrung einer ihm selbst nie erreichbaren Vollkommenheit in einen Zustand von Hass und Verzweiflung, der sich in der blindwütigen Erschießung Ilonas entlädt. Feinhals wiederum kommt vom Front-

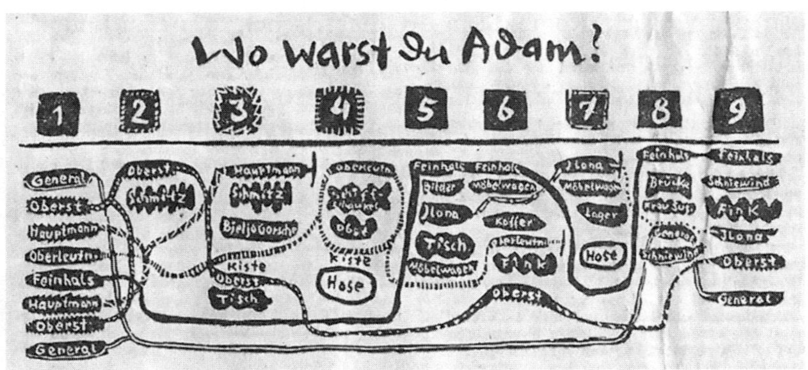

Schema des Romans Wo warst du, Adam?, *1951*

einsatz zum Aufbau einer zerstörten Brücke, die jedoch unmittelbar nach ihrer Fertigstellung angesichts des heranrückenden Feindes sofort wieder gesprengt wird. Zuletzt gelingt es Feinhals, sein Heimatdorf zu erreichen, er wird dort aber auf der Schwelle zu seinem Elternhaus durch eine Granate der eigenen Armee getötet. Die Serie sinnloser Tode – hier auch noch von der eigenen Armee herbeigeführt – zielt darauf ab, den Krieg in seiner monströsen Absurdität sichtbar zu machen. *Wo warst du, Adam?* war Bölls letzte Publikation im Middelhauve Verlag. Er äußerte sich dazu in einem Brief an Georg Zänker:

> »Es ist dem Verlag Middelhauve in drei Jahren nicht gelungen, auch nur eine Sendung beim Rundfunk für mich durchzubringen oder mir die Arbeit bei der Presse zu erleichtern [...]. Sowohl Funk wie Presse habe ich mir mühsam erobern müssen, unendlich viel Zeit und Nerven damit verschlissen, bei den verschiedensten Vollidioten zu antichambrieren. [...] Es will mir nicht einleuchten, wenn Sie schreiben, der jährliche Betrag von 2400 DM, den Sie für mich vorgesehen haben, ›fehle Ihnen natürlich zur Ausdehnung der Produktion‹. Ich nehme an, daß Verfasserhonorare zur Ausdehnung der Produktion gehören, denn Papier und Druckmaschinen genügen ja nicht: irgendeiner muß ja was schreiben, was produziert werden kann«.[47]

Infolge der Trennung blieben zwei weitere Manuskripte ungedruckt: das »Vermächtnis«[48] und der Roman *Der Engel schwieg*,[49] obwohl beide vom Verlag im Frühjahr 1951 als Neuerscheinungen angekündigt worden waren. Böll veröffentlichte einzelne Kapitel von *Der Engel schwieg* daraufhin in bearbeiteter Form separat. Im Mittelpunkt des Romans steht der am 8. Mai 1945 in seine Heimatstadt zurückkehrende Soldat Hans Schnitzler. Ähnlich wie in der Erzählung »Die Botschaft« soll er der Frau des statt seiner getöteten Leutnants Gompertz dessen Testament überbringen. Bei dem Versuch, sie ausfindig zu machen, findet er einen Mantel, dessen Eigentümerin, Regina Unger, er später kennenlernt. Bei ihr findet der verstörte und orientierungslose Heimkehrer Aufnahme, obwohl sie selbst durch den Tod ihres Kindes am Tag zuvor leidet. Parallel dazu werden in dem an die Witwe des Feldwebels Willi Gompertz geknüpften Handlungsstrang, wie Ulrich Greiner formuliert, »die Gegenfiguren in Umrissen sichtbar, jene schlauen Vorteilssammler, theologischen Besserwisser und bigotten Nutznießer des katholischen Milieus, die vor allem in den späteren Romanen attackiert werden«.[50] Besonders in der Mittelpunktfigur Dr. Dr. Fischer, der unter anderem Berater des Kardinals, Herausgeber einer katholischen Zeitung und Günstling des Erzbischofs ist, konturierte Böll die von ihm kritisch gesehene Nachkriegsentwicklung. Mehrmals wird Fischer – nomen est omen – in Anspielung auf die Berufung der Apostel zu »Menschenfischern« durch Jesus (Matthäus 4,19) als »Geldfischer« apostrophiert. Mit dem Geldmotiv verbindet der Roman auch das von Léon Bloy – mit dessen Werk sich Böll während der Niederschrift des Romans erneut beschäftigte – entlehnte Motiv des Geldes als »Blut des Armen«, das die Armen, um leben zu können, hingeben müssen. Fischer schließlich bedrängt die mit ihm verwandte, im Gegensatz zu ihm jedoch mildtätige Frau Gompertz, vom Erbe ihres verstorbenen Mannes abzusehen, das sie seiner Befürchtung nach zur Unterstützung Bedürftiger hätte verwenden können. Als sie stirbt, gelingt es ihm, das Testament an sich zu bringen. Die Romanhandlung schließt mit ihrer Beerdigung, bei der ein Marmorengel zeichenhaft in dem durch Regen aufgeweichten Schlamm versinkt.

Nachdem Böll sich von der »gruppe junger autoren« getrennt hatte, erreichte ihn am 2. April 1951 eine Einladung zur Tagung der Gruppe 47 vom 3. bis 7. Mai 1951 in dem in der französischen Besatzungszone gelegenen Bad Dürkheim an der Weinstraße. Der Vorschlag, ihn einzuladen, ging auf Alfred Andersch zurück, wie Hans Werner Richter sich erinnerte.[51]

Bölls Aufmerksamkeit auf die Gruppe 47, die damals noch nicht die prominente Stellung innehatte, die ihr später zugesprochen wurde, lenkte allerdings vorher schon der in Frankfurt am Main lebende Schriftsteller Janheinz Jahn, den Böll über die »gruppe junger autoren« kennengelernt hatte. Er fragte den Kölner Autor, ob er »sich nicht der ›Gruppe 47‹ anschließen [möchte]? Ich habe mit Dr. Minssen gesprochen, der es sehr begrüßen würde« – Friedrich Minssen gehörte zum Gründerkreis der Gruppe 47. Eine Antwort Bölls an Jahn ist nicht überliefert, ein Schreiben Jahns vom 30. Januar 1951 legt jedoch nahe, dass sich Böll nochmals nach der Gruppe 47 erkundigt hatte und von Jahn weitergehend informiert wurde:

> »An den 47ern ist nichts Geheimnisvolles. Die Gruppe ist kein Verein und keine Gesellschaft, hat keine ›Mitglieder‹, keine Beiträge und kein Vereinsballett. Im Mai, Anfang Mai ist eine Tagung. Dazu wird man eingeladen, oder nicht eingeladen. Wenn man eingeladen wird, gehört man dazu, paßt seine Manuskripte unter den Arm, liest sie vor, läßt sich zerreißen und überläßt den Rest den Verlegern. Der Einlader ist Hans Werner Richter. Er war vor vier Wochen hier. Ich habe kein Wort mit ihm sprechen können. Beim Abschied sagte er: sind Sie der Jahn? – Ja. – Wir sehen uns im Mai bei der Tagung. Das war alles. Ihren Namen hat er, so erzählte mir Minssen, in sein Notizbuch geschrieben. Er will von Ihnen was lesen. Ohne großen Wind, ohne Geheimnis, ohne Konferenzen, ohne Klimbim. Er liest also nun was von Ihnen und wenns ihm und den anderen, dem Andersch, dem Minssen, dem Kolbenhoff auch gefällt, dann kriegen Sie im April, nehm ich an, einen Brief, C'est tout.«[52]

Böll las auf der Tagung seine Satire »Die schwarzen Schafe« und gewann den mit 1.000 DM dotierten Preis der Gruppe 47. *Die Zeit* schrieb dazu: »eins von jenen Talenten, die plötzlich da sind – daß an der Geschichte also, die dieser Böll las, etwas dran war, ein neuer Ton, die Trauer des kleinen Mannes, der eigentlich Künstler ist und der sich im Alltag verplempert, durch die Brille der Güte gesehen. Da war der Humor, der so fehlt. Und wenn man an das unerforschliche Walten des Zufalls glaubt, dann hat der richtige Mann diesen Preis bekommen.«[53]

Nach dem Preis der Gruppe 47 fehlte es nicht an Angeboten. Bereits im Mai fragten die *Neue Rundschau* und *Die Welt* nach Texten. Der Süddeutsche Rundfunk wollte eine Sendung über Böll produzieren und der Verlag Scherz & Goverts erkundigte sich, unter Hinweis darauf, dass man Bölls Beziehungen zum Middelhauve Verlag keinesfalls stören wolle, nach seinem literarischen Schaffen. Der Schneekluth Verlag wollte im Herbst 1951 wissen, ob Böll vielleicht einen größeren Roman habe, der Suhrkamp Verlag schlug Böll vor, während seines nächsten Besuchs in Frankfurt dort vorzusprechen. Unter den Briefen an Böll findet man des Weiteren Angebote von kleineren und größeren Verlagshäusern. Diese Aufmerksamkeit des literarischen Marktes, der Verlage und Zeitschriften, war der eigentliche Gewinn des Preises. Die große Bedeutung der Tagung hingegen waren die neuen Kontakte und Freundschaften, die sich daraus entwickelten – wie beispielsweise mit Ingeborg Bachmann, Günter Eich und Wolfgang Hildesheimer.

Das Interesse an Böll wuchs zudem durch die Nachricht, dass im Herbst 1951 ein neuer Roman von ihm erscheinen sollte. Gemeint war *Wo warst du, Adam?*, wovon er Ende Juli 1951 Kapitel an verschiedene Zeitungen und Zeitschriften verschickt hatte. Es gelang ihm, das erste Kapitel des Romans im August 1951 in Heft 8 der *Frankfurter Hefte* unter dem Titel »Durchbruch bei Roßapfel« und mit dem Hinweis auf das Erscheinen des Romans zu veröffentlichen.

Dass Böll infolge seiner Verärgerung über die in seinen Augen unbefriedigende Zusammenarbeit mit Friedrich Middelhauve für seinen nächsten Roman einen neuen Verlag suchte, war auch Alfred Andersch bekannt. Er schrieb am 25. November 1951 an Böll, dass er lange mit Dr. Witsch gesprochen und dieser *Wo warst du, Adam?* gelesen habe und begeistert sei.

Die Verhandlungen zogen sich jedoch hin, da die Klärung der mit der Ablösung von Middelhauve anstehenden Fragen noch bis Anfang 1952 dauerten. Konkret wurde der Verlagswechsel im April. Böll bat Witsch um ein Treffen »noch vor Ostern«:

> »Lieber Herr Dr. Witsch, es liegt mir daran, Ihnen zu erklären, daß ich durch keinerlei Optionen mehr an den Verlag F. Middelhauve gebunden bin, auch an keinen anderen – und daß ich gerne mit Ihnen zusammenarbeiten möchte, das auch konkret festlegen möchte; um allem literarischen Klaaf, der mir aus Köln, München, Stuttgart zugetragen wird – ein Ende zu machen, würde ich – wenn Sie wollen – gerne noch vor Ostern mit Ihnen zusammenkommen. Darf ich Sie bitten, mich anzurufen, wann und ob Sie Zeit haben?«[54]

Der Unterredung folgte die Abfassung des Vertragsentwurfs, der Böll am 25. April 1952 zugeschickt und am Tag darauf unterzeichnet wurde. »Mir geht es gut, wirklich. Habe mit Kiepenheuer einen Vertrag auf 400,– monatlich«,[55] so Bölls Resümee gegenüber Ernst-Adolf Kunz am 7. Mai 1952.

Bölls positive Einschätzung der Situation beruhte auf der durch den Verlagsvertrag gegebenen Aussicht auf regelmäßige finanzielle Zuwendung. Gleichwohl blieb ihm bewusst, dass die Frage des Einkommens der Familie damit nicht gelöst war. Daher wurde der Plan, mit weiteren Übersetzungsarbeiten mehr Einnahmen zu generieren, aufrechterhalten, zumal die positive Resonanz auf die Spender-Übersetzung dazu ermutigte, auch wenn sie unpubliziert geblieben war. Mit der Unterzeichnung des Verlagsvertrags bei Kiepenheuer & Witsch wurden dann auch dafür die Weichen gestellt. Die erste gemeinsame Übertragung des Ehepaares Böll, Kay Cicellis' *No Name in the Street*, erschien 1953.[56] Doch alsbald warnte Joseph Caspar Witsch seinen Autor, die Übersetzungsarbeiten auf Kosten seiner literarischen Arbeit voranzutreiben. Böll antwortete daraufhin: »Was die Übersetzungsarbeit betrifft, so täuschst Du Dich – glaube ich –, ich mache sie ausgesprochen gern, es ist eine großartige Stilübung und eine ausgezeichnete Arbeit, sich in die Bilder- und Gedankenwelt eines anderen Autors einzuarbeiten. Das stört die eigene

Arbeit [...] nicht. Es ist eben nur quantitativ eine Mordsarbeit; doch ist es ja so, daß wirklich 90 % der Arbeit von meiner Frau allein getan werden.«[57] Die nun einsetzende umfangreiche Übersetzungstätigkeit stockte das Familieneinkommen auf.

5
Zeitgenossenschaft (1952–1959)

Restauration und Wiederaufrüstung · »Bekenntnis zur Trümmerliteratur«: Verteidigung der Perspektive · Und sagte kein einziges Wort · Haus ohne Hüter · *Irland* · Das Brot der frühen Jahre · *Der Gegenwartsautor* · Irisches Tagebuch · *Das Ruhrgebietsbuch · Die Gründung der »Germania Judaica« · »Brief an einen jungen Katholiken«* · Billard um halb zehn: *Wider die Geschichtsvergessenheit*

»Die Vergangenheit ist niemals tot.
Sie ist nicht einmal vergangen.«
William Faulkner

Den Kristallisationskern der ersten Texte Bölls nach 1945 bildete zweifelsohne die Vergegenwärtigung des Kriegs als Grauen, Absurdität und Sinnlosigkeit. Doch die Auseinandersetzung mit dem Geschehenen, die Böll gefordert sah und mit diesen Texten forderte, blieb aus – »keine Sau will etwas vom Krieg lesen oder hören«.[1] An die Stelle dessen, was in seinen Augen der Ausgangspunkt eines gesellschaftlichen Neuaufbaus hätte sein sollen, trat der wirtschaftliche Wiederaufbau und die mit ihm verschränkte Kontinuität der »alten Formen […]: wieder Familienegoismus, wieder Besitzstreben, wieder Bürgerlichkeit«.[2] Entsprechend kritisch rückte Böll bereits in dem 1948 begonnenen, in der Nachkriegszeit angesiedelten Romanfragment *Am Rande* diese Kontinuität von Kriegs- und Nachkriegsentwicklung in den Blick. Sie war ausgerichtet auf das erneute Bündnis einer nach wie vor auf ihre Interessen bedachten »politischen, wirtschaftlichen, gesellschaftlichen Clique«, der auch Vertreter der Kirche angehörten. Das Ziel war, »unter dem Deckmantel einer holden Christlichkeit«[3] den Klassenunterschied zwischen Arm und Reich aufrechtzuerhalten. Die Perspektive ›Krieg und Nachkrieg‹ prägt auch die Erzählung *Das Vermächtnis.* In ihren Fokus rückte Böll die folgenlose Fortsetzung einzelner, in Kriegsgeschehnisse schuldhaft verstrickter Lebensläufe in der Nachkriegszeit. Ihr Repräsentant ist Schnecker, sein Opfer Oberleutnant Schelling, der im Krieg von Schnecker in einer Situation, in der ein zwischen ihnen schwelender Konflikt eskaliert, erschossen wird. Infolge eines gleichzeitig einsetzenden russischen Angriffs bleibt Schnecker als Täter jedoch unentdeckt und kann sich in der Nachkriegsgesellschaft als promovierter Jurist erfolgreich etablieren. Erkannt wird er drei Jahre nach dem Krieg durch den Erzähler, den ehemaligen Funker Wenck, der sich daraufhin entschließt, einen Brief an den Bruder Schellings zu schicken, in dem er ihn über den Tod des als vermisst Geltenden unterrichtet und Schnecker als Mörder benennt.

Die Erzählung bleibt mit ihrem als ›Vermächtnis‹ verstandenen Kernsatz »Nicht Vergessen, sondern Erinnerung ist unsere Aufgabe«[4] mit der Intention der um das Kriegserleben gruppierten Kurzgeschichten verbunden. Trotzdem markiert der als Rückblende des Jahres 1948 entworfene Text eine Umakzentuierung der Aufmerksamkeit Bölls auf die gesellschaftliche Entwicklung nach 1945. Ihr Grundbegriff ist »Verdrängung«; ihr Kern der Vorwurf, dass »Schuld, Reue, Buße« und »Einsicht« weder zu gesellschaftlichen noch zu politischen »Kategorien« geworden seien.[5]

Insgesamt prägt sich in den Texten, die bis Ende der 1940er-Jahre entstehen und in der Nachkriegszeit angesiedelt sind, eine zunehmende Ernüchterung aus, die Böll in nahezu durchgängig ironisch-distanzierten bis sarkastischen Tonlagen moduliert. Unverkennbar sind zudem die Erzählstimmen dieser Kurzgeschichten – allesamt Kriegsgeschädigte, gekennzeichnet von einem nihilistisch grundierten Lebensgefühl der Gleichgültigkeit und des Sinnlosigkeitsverdachts. »Wozu da noch arbeiten? Ich finde es sinnlos, da noch zu arbeiten«, fragt und resümiert der Erzähler der Kurzgeschichte in »Geschäft ist Geschäft« hinsichtlich seiner Feststellung, wie absurd die in den Aufbau von »Brücken und Häusern« investierten »hunderttausend Arbeitstage« angesichts dessen sind, dass Brücken und Häuser »in einer einzigen Minute« wiederum zerstört werden können. Nicht minder misstrauisch registriert der Erzähler die Verflüchtigung des Kriegs zur bloßen Episode, aus der man ausstieg, wie man aus einer »Straßenbahn« absprang, »die gerade dort etwas langsamer fuhr«, wo man wohnte, ohne den »Preis zu bezahlen«. »Es war alles tadellos, die Krankenkasse lief weiter, man ließ sich ein bißchen entnazifizieren – so wie man zum Friseur geht, um den lästigen Bart abnehmen zu lassen –, man erzählte von Orden, Verwundungen, Heldentaten und fand, daß man schließlich doch ein Prachtbengel sei: man hatte letzten Endes nichts als seine Pflicht getan.«[6]

Für Böll war die Restauration der Mentalitäten im vollen Gang. Die Kurzgeschichte »Mein trauriges Gesicht« zeigt dies im Aufweis eines strukturellen Herrschaftsmechanismus, dem der Einzelne unterlegen ist: Wer sich nicht der jeweils ausgegebenen offiziellen Devise gemäß verhält, gerät in Verdacht. Am »Todestag des »Chefs« – gemeint ist Hitler – gilt es, einen bedrückten Gesichtsausdruck zu zeigen. Doch der Erzähler lächelt (warum auch immer), wird verhaftet und zu fünfjähriger Haft verurteilt. Als er nach seiner Entlassung 1950 ein »trauriges Gesicht« zeigt, obwohl ein freudiges Gesicht verordnet ist, wird er wiederum einem Verhör unterzogen und zu zehnjähriger Haft verurteilt. Bis auf die wechselnden Vorzeichen bleibt alles andere gleich. Autoritäre wie obrigkeitsstaatliche Strukturen erhalten sich über den Wechsel der zeitgeschichtlichen Gegebenheiten hinaus. Es ist dann auch nicht mehr wie im Krieg die Stimme des Lautsprechers, die das Schicksal des Soldaten bestimmt, sondern, »amtlich und sauber«, eine Stimme, deren Ansage klingt, »als schwinge sich eine große, graue, behördliche Peitsche durch die Halle«,[7] die nun die Herrschaft übernimmt. Angesichts einer in ihren Mechanismen konstanten Wirklichkeit bleibt dem Individuum einzig der begrenzte Raum seines die anstößige Welt unterlaufenden Privatwiderstands.

In der Kurzgeschichte »An der Brücke« erhält der kriegsversehrte Ich-Erzähler den Auftrag, die Passanten zwecks Erhebung einer

Nutzungsstatistik zu zählen: »Die haben mir meine Beine geflickt und haben mir einen Posten gegeben, wo ich sitzen kann: ich zähle die Leute, die über die neue Brücke gehen. Es macht ihnen ja Spaß, sich ihre Tüchtigkeit mit Zahlen zu belegen, sie berauschen sich an diesem sinnlosen Nichts aus ein paar Ziffern, und den ganzen Tag, den ganzen Tag, geht mein stummer Mund wie ein Uhrwerk, indem ich Nummer auf Nummer häufe, um ihnen abends den Triumph einer Zahl zu schenken.« Sein Zählen setzt er jedoch in dem Augenblick aus, in dem seine Geliebte über die Brücke kommt, so lange, »bis sie in die Allee eingebogen und verschwunden ist. Und alle, die in dieser Zeit passieren, verschweige ich ihnen. Diese zwei Minuten gehören mir, mir ganz allein, und ich lasse sie mir nicht nehmen.«[8] Wenn diese Form individueller Widerständigkeit auch isoliert und damit im Grunde wirkungslos zu bleiben scheint, markiert der literarisch inszenierte Regelbruch zumindest die Fragwürdigkeit des Üblichen und allseits Akzeptierten, dem der Einzelne entgegensteht.

Insgesamt zeigt sich: Der Entschluss, angesichts der sich abzeichnenden gesellschaftlichen Entwicklung nicht zu verstummen, blieb nicht nur unbeirrt, sondern festigte sich, je provokanter Böll die zeitgeschichtlichen Vorkommnisse wurden.

Heinrich Böll erlebte die Währungsreform am 20. Juni 1948 als zeitgeschichtliches Ereignis, das ihn mit Misstrauen erfüllte. Sie war für ihn das Menetekel des verpassten Augenblicks einer anderen gesellschaftlichen Entwicklung nach 1945 und Zeichen der Zerstörung eines solidarischen Gemeinsinns. »Unsere Kollektivschuld nahmen wir nicht am 30. Januar 1933 auf, nicht an einem der Daten bis zum 8. Mai 1945, eine Kollektivschuld gibt es erst seit dem Tag der Währungsreform, seit diesem Tage stehen die Signale immer auf Grün für die Starken, immer auf Rot für die Schwachen, die den Dschungel nie durchqueren können.«[9] Trotzdem griff er das Thema vorerst nur in kurzen, satirisch gehaltenen Texten auf (»Aus dem Hort der Nibelungen« und »Deutsche Tüchtigkeit«). Explizit kritisch und ausführlicher kam das Thema 1956 im Rahmen seiner ersten öffentlichen Rede »Wo ist dein Bruder?« zur Sprache.

Was für Böll in dieser Situation als geschichtlich angemessenes Verhalten hätte Geltung gewinnen sollen, blieb aus: Nachdenklichkeit. Ihr Fehlen mahnte Böll in der Rede an. Gemeint war damit die Preisgabe der Chance, unbefragt Geltendes, Übliches, Erwartetes und Gefordertes zu hinterfragen, die geltenden Formen des Miteinanders zur Diskussion zu stellen und die Frage nach den Bedingungen einer humanen Lebenswelt in Anknüpfung an die Erlebnis- und Erinnerungsfähigkeit des Menschen neu und anders zu beantworten.

War die Währungsreform eine Quelle des Misstrauens gegenüber den sich für Böll abzeichnenden gesellschaftlichen Fehlentwicklungen, so war die einsetzende Remilitarisierung eine Provokation für ihn. Bereits 1948 schrieb er nach der Lektüre eines Artikels von Otto B. Roegele im *Rheinischen Merkur* eine erboste Replik. Otto B. Roegele, seinerzeit Redakteur für Kulturpolitik der Zeitung, hatte am 18. Dezember 1948 den Artikel »Die Erkenntnis wächst« veröffentlicht. Angesichts der Tatsache, dass »die Grenze zwischen Europa und Asien hundert Kilometer östlich von Frankfurt verlaufe« und die Politik der Sowjetunion »einen einzigen Fortschritt nach Westen« darstelle, befürworte er die Remilitarisierung auch aus christlicher Sicht. Zumal, so Roegele, jetzt der Unterschied bestehe »zwischen einem Bürger in Waffen, der sich bereit hält, um in der Stunde der Bedrängnis sein Haus, sein Land und die ihm anvertrauten Werte zu verteidigen – und dem Militarismus, für den sinnloser Drill, Kaserne und Töten Lebenszwecke« seien. Roegele schrieb den Artikel im Anschluss an den im November 1948 durchgeführten »Zweiten Internationalen Kongreß der Europäischen Union der Föderalisten«. Erörtert wurde auf diesem Kongress unter anderem die Frage, wie im Rahmen einer europäischen Verteidigung mögliche militärische Schutzmaßnahmen Deutschlands unter dem Aspekt eines eigenen Verteidigungsbeitrags denkbar wären. Roegele stützte sein Plädoyer für die Remilitarisierung Deutschlands auf die Aussage eines Mitglieds des Heiligen Offiziums. Demnach müsse »der Widerstand gegenüber einem gewaltsamen Angriff auch heute noch als erlaubt angesehen werden«. Damit war für Roegele erwiesen, dass jemand, der »da glaubt, er könne das Dilemma zwischen Notwehr und befohlenem Mord dahin lösen, daß er für seine Person auf alle Verteidigung verzichtet und sich so aus jeder sozialen Bindung und Verantwortung ausklammert«, sich gründlich irre, »am gründlichsten, wenn er Christ ist. Die Bereitschaft zur Selbstaufgabe ist keine christliche Antwort auf die Bedrohung der Gemeinschaft.«[10]

Was Roegele mit dem Stichwort »Gemeinschaft« ansprach, kennzeichnete Böll in seiner Replik als den Dreh- und Angelpunkt der Diskussion, nämlich, dass es »sich bei einem möglichen Krieg zwischen Ost und West selbstverständlich für den Westen um die Verteidigung des Abendlandes handeln würde«. Provozierend legte Böll Roegele die Folgerung nahe, dass demzufolge also »die ehemalige deutsche Wehrmacht drei und ein halb Jahre lang das Abendland in Rußland verteidigt«[11] habe.

Bölls grundsätzlicher Vorwurf gegenüber Roegele aber war, mit dem Wort »Krieg als einer politischen Möglichkeit und Gegebenheit Leitartikel zu machen«, ohne sich »verpflichtet« zu sehen, die »Schrecken des Krieges« mit aufzuzählen. Zumal derart eingefärbte Artikel dem »Zeitungsgetrommel« gleichkämen, das auch vor dem »Polenfeldzug 1939« zu beobachten gewesen sei. Außerdem sei ihm die Vorstellung unmöglich, dass ein Deutscher in Uniform, auch wenn er als Bürger in Uniform gelte, etwas »wesentlich deutsches« nicht doch annähme, »nämlich die Dämonie der Uniform und die Dummheit des Achselstückes«.[12] Böll regte dazu an, die Korrespondenz über die von ihm aufgeworfenen Fragen zu veröffentlichen. Roegele jedoch war nur zu einem privaten Austausch bereit. Damit scheiterte Bölls Versuch, seine Haltung gegenüber den Remilitarisierungstendenzen öffentlich kritisch zu diskutieren. Das Thema Manipulation durch Sprache hatte jedoch seinen Platz gefunden.

Diese Episode zeigt, dass Böll sich bereits früh nicht nur als literarisch intervenierender Autor verstand, sondern als ebenso intellektuell eingreifender Autor. Dieser Anspruch gewann in der Zeit bis 1950/51 Kontur, vor dem Hintergrund der Debatten um die Remilitarisierung und den mit Beginn des Korea-Kriegs im Juni 1950 deutlich werdenden Absichten, die Bundesrepublik Deutschland mit in ein westliches Verteidigungsbündnis einzubeziehen. »[M]ein politisches Bewußtsein oder Wachwerden ist später plaziert, etwa 1950, 1951 [...], als ich anfing, den Befreiern zu mißtrauen. Bis dato hatte ich [...] eigentlich gedacht, na ja, der Krieg ist verloren, die Nazis sind weg, wir leben in einer demokratisch besetzten Zone, und es wird schon gehen. Aber da war sehr deutlich zu spüren, daß also zumindestens die Amerikaner Wiederaufrüstung betrieben.«[13]

Die weiteren Schritte im Prozess seiner Politisierung waren zum einen die Berufung des »Beauftragten des Bundeskanzlers für die mit der Vermehrung der alliierten Truppen zusammenhängenden Fragen«, Theodor Blank, am 26. Oktober 1950 und die Einrichtung der »Dienststelle Blank« (»Amt Blank«), Vorläufer des Bundesverteidigungsministeriums. Zum anderen fand die zunächst mit großem Ehrgeiz von den Besatzungsmächten betriebene Entnazifizierung alsbald ihren Abschluss, Verfahren gegen Nationalsozialisten wurden eingestellt und die Mehrzahl der Überprüften als reine Mitläufer oder als Entlastete eingestuft. Beispielhaft für den Umgang mit denjenigen, die ihre Karriere im Dritten Reich begonnen hatten und nahezu umstandslos in Nachkriegskarrieren fortsetzen konnten, war der von Konrad Adenauer zum Staatssekretär im Bundeskanzleramt berufene Hans Globke – ehemals hoher Mitarbeiter des Reichsinnenministeriums und amtlicher Kommentator der Nürnberger Rassegesetze. Vor allem aber die Entlassung von Kriegsverbrechern aus der Haftanstalt Landsberg und die damit einhergehende Beförderung der Wiederaufrüstungspolitik durch die Regierung Adenauer markierte für Böll den Punkt, ab dem er sich als Schriftsteller und Intellektueller zur Einmischung in die politischen Angelegenheiten der Gesellschaft verpflichtet sah.

Der Übergang Bölls in die 1950er-Jahre erscheint wie eine Zäsur, zu deren äußerer Signatur die Verbindung zur Gruppe 47 und der Verlagswechsel zu Kiepenheuer & Witsch gehörten. Sein Schreiben bestimmte nicht mehr das Erinnern des Kriegsgrauens, nicht mehr die Darstellung des daran geknüpften existentiellen Erlebens des Einzelnen. Zunehmend wandte er sich der Macht der gesellschaftlichen Wertorientierungen und Normierungszwänge zu, denen der

Heinrich Böll, 1947

Einzelne unterworfen ist, sowie der Dynamik der gesellschaftlichen und politischen Entwicklungen. All dies machte Böll, der sich selbst eher als zurückgezogenen, an seinem Schreibtisch arbeitenden Autor sah, zum ›Gegenwartsautor‹ im wörtlichen Sinne.

Für diese Entwicklung steht exemplarisch sein 1952 publiziertes »Bekenntnis zur Trümmerliteratur« in der von Hans Werner Richter initiierten Zeitschrift *Die Literatur*. Die Zeitschriften-Idee war während der Herbsttagung 1951 der Gruppe 47 in Laufenmühle erwogen worden, unterstützt von der Deutschen Verlags Anstalt, die die Herbsttagung in Laufenmühle und den Preis der Gruppe finanziert hatte. Die in 14-tägiger Erscheinungsweise geplante Zeitschrift selbst kam jedoch über 16 Ausgaben nicht hinaus, die letzte Ausgabe erschien im November 1952.

Bereits im Dezember 1951 hatte sich Hans Georg Brenner als Redakteur der *Literatur* an Böll gewandt und ihn um einen unveröffentlichten Text für die erste Ausgabe gebeten. Bölls Idee, mit einem satirischen Beitrag die Abwehrhaltung gegenüber der Literatur der ›Jungen Generation‹ ironisch aufzunehmen, wurde von Brenner jedoch abgelehnt. Böll war daher erst im fünften Heft vom Mai 1952 vertreten. Zwischenzeitlich hatte er mit einer sich in den nächsten Jahren weit ausdehnenden Rezensionstätigkeit begonnen und weitere Kurzgeschichten und Glossen verfasst. Einige davon erschienen in den *Frankfurter Heften* und der *Frankfurter Allgemeinen Zeitung*.

Sich weitere Publikationsmöglichkeiten zu erschließen war auch einer der Anreize, nach West-Berlin zu reisen und damit der Einladung Thomas Gnielkas, den Böll auf dem Herbst-Treffen der Gruppe 47 kennengelernt hatte, zu folgen. Gnielka hatte Böll angeboten, in Berlin Kontakte herzustellen, unter anderem zum RIAS sowie zu dem von Thilo Koch geleiteten UKW-Programm des Berliner Studios des NWDR. Zur Vorbereitung des Aufenthalts hatte Gnielka ihn aufgefordert, Manuskripte an Günter Kiefer, Redakteur beim RIAS, sowie an Hans Rittermann und eben Thilo Koch zu schicken, denen an einem Kontakt gelegen sei. Zu diesen Interessenten zählte auch Hans Schwab-Felisch, Redakteur der *Neuen Zeitung*.

Böll weilte vom 11. bis 16. Februar in Berlin. Offenbar war die positive Rezension, die Schwab-Felisch am 24. Mai 1952 in *Die Neue Zeitung* zu Bölls *Wo warst du, Adam?* publizierte – »Eines der besten Zeugnisse unserer Zeit«[14] –, das Ergebnis des gemeinsamen Treffens. Ertragreich war der Berlin-Besuch auch insofern, als Hans Rittermann und Thilo Koch Böll zu einem Reisebericht anregten, es entstand sein Essay »Besuch auf einer Insel«. Bölls Berlin-Bericht wurde nach einigen Verzögerungen am 14. Mai 1952 im NWDR (Berlin) ausgestrahlt. Einen Tag nach der NWDR-Sendung erschienen in der *Literatur* Nr. 5 zwei Beiträge Bölls: die aus dem letzten Kapitel des Roman-Manuskripts *Der Engel schwieg* separierte und umgearbeitete Kurzgeschichte »Der Engel« sowie sein »Bekenntnis zur Trümmerliteratur«.

Mit seinem »Bekenntnis« formulierte Böll erstmalig eine, auch die eigene Schreibintention konturierende Programmatik. Der Begriff »Trümmerliteratur«, der in den 1960er-Jahren zu einem Terminus der Literaturgeschichte werden sollte, war für ihn selbst zunächst eine Streitvokabel, mit der er einer kulturkonservativen Verortung der Literatur entgegentreten wollte. Es ging darum, wie Friedrich Sieburg, einer der konservativen Kritiker der Gruppe 47, formulierte, »die Hoffnung nicht preisgeben [zu können], dass die Literatur uns helfen werde, anständig und gesittet zusammenzuleben, und an dem Zustandekommen einer Gemeinschaft mitwirken werde, die der Politik nicht gelingen will«.[15]

Franz Schonauer bezeichnete 1962 in seinem Rückblick auf die literarische Situation der unmittelbaren Nachkriegszeit die von den zum Teil bereits in der NS-Zeit tätig gewesenen Literaturkritikern geforderte Ausrichtung am Kanon des ›Guten‹ und ›Allgemeingültigen‹ als Verdrängungsakt, eine »Absage an das politisch-gesellschaftliche Engagement, bei ausdrücklicher Betonung traditioneller, konservativer Tendenzen«.[16]

Die junge Generation hingegen richtete sich am Begriff einer Literatur aus, die »scharfäugig«[17] an der Bestandsaufnahme der sozialen und gesellschaftlichen Gegebenheiten orientiert sein sollte. Und dies in einem Sprachduktus, der sich der Tendenz einer aufs Metaphysische ausgerichteten Literatur und ihrer gesellschaftlichen Wirkungslosigkeit verweigerte. Pointiert artikuliert hatte dies bereits Wolfgang Borchert in seinem 1947 entstandenen »Manifest«: »Wir brauchen keine Dichter mit guter Grammatik. Zu guter Grammatik fehlt uns die Geduld. Wir brauchen die mit dem heißen heiser geschluchzten Gefühl. Die zu Baum Baum und zu Weib Weib sagen und ja sagen und nein sagen: laut und deutlich und dreifach und ohne Konjunktiv. Für Semikolons haben wir keine Zeit und Harmonien machen uns weich und die Stilleben überwältigen uns.«[18]

Neben Friedrich Sieburg waren es Günter Blöcker, Kurt Hohoff, Karl August Horst und Rudolf Krämer-Badoni als führende Literaturkritiker der Nachkriegszeit, deren Forderung Böll abwehrte, Überzeitlichkeit als ästhetische Norm literarischer Texte anzuerkennen. Nicht weniger konträr zu einer Literatur, deren Charaktere wechselweise an sich selbst und/oder an ihrer Umgebung scheitern, plädierte Günter Blöcker für die literarische Produktion eines quasimythischen Bewusstseins. Die Literatur der Nachkriegszeit stand für ihn quer zu dem in seiner Sicht erkennbaren Bemühen von Autoren wie William Faulkner, D. H. Lawrence, Aldous Huxley, Virginia Woolf und W. B. Yeats. »Aldous Huxley will durch Selbsttranszendenz das zeitlose Gute in der Zeit verwirklichen. Faulkner erfährt im Schrecken die Unendlichkeit des Seins. Virginia Woolf gelangt durch träumerische Konturenauflösung an die äußersten Grenzen der Sinneserfahrung. [...] Der moderne Dichter, der das Labyrinth in sich selbst durchforscht, fördert Kollektiverlebnisse zutage. Im Ich versammeln sich die Jahrtausende.«[19]

Diese Aussagen riefen bei Böll Widerspruch hervor. Literatur sollte ihr Profil gerade im Blick auf das jeweils genaue Gegenteil ausbilden: statt »Selbsttranszendenz« die Einschreibung des Einzelnen in die tatsächlichen Verhältnisse. Und das hieß 1952: Klarsichtigkeit gegenüber den verwaltungstechnisch-normativen Abstraktionen, hinter denen sich das inhumane Gesicht der Gegenwart verbarg, und gegenüber den Abstraktionen vom sozial und ökonomisch Unmittelbaren, in dem die Wirklichkeit der Menschen hervortrat. Es ging um Aufklärung über die ›Endlichkeit‹, um das Erschrecken über die in den restaurativen Tendenzen erstickte Erneuerung der Gesellschaft und statt der Erfahrungen an den »Grenzen der Sinneserfahrung« um die Entzifferung der Wirklichkeit, um die Reflexion der tatsächlichen Verhältnisse und existentiellen Bedingungen der Menschen.

Böll befürwortete eine desillusionierend-nüchterne Schreibweise und verwies auf Charles Dickens. Mit einem ungetrübten Blick habe Dickens in die Armenhäuser und Schulen gesehen und das, was er dort sah, in sein Erzählwerk einfließen lassen. Durch seine Romane seien die Zustände der in der Manier utilitaristischer Ökonomien geführten Armenhäuser geändert worden. »Wer Augen hat zu sehen, für den werden die Dinge durchsichtig – und es müßte möglich werden, sie zu durchschauen, und man kann versuchen, sie mittels der Sprache zu durchschauen, in sie hineinzusehen. Das Auge des Schriftstellers sollte menschlich und unbestechlich sein.« Was Dickens sah – in *Oliver Twist* beispielsweise die Behandlung der Kinder durch Mrs. Mann als Mittel eines an ihnen exerzierten Sparkurses zum Zweck eigener Gewinnmaximierung –, erkannte der Leser mittels der als Text arrangierten Blickachsen, die ihn auf etwas Unbeachtetes lenkten. Und dies mittels einer Sprache, die die Gegenstände nicht abbildete, sondern eine bestimmte Wahrnehmung von Dingen hervorrief. In und durch Sprache Perspektiven zu schaffen, um die Wirklichkeit sichtbar zu machen – das bedeutete im Falle von *Oliver Twist*, den schmalen Spalt zwischen moralischer Integrität und materiellen Lebensumständen in Worte zu fassen.

Mit seiner Metapher des ›sehenden Auges‹ formulierte Böll das für ihn zentrale literarische Anliegen bzw. die Aufgabe der Literatur schlechthin. Was das unbestechliche und menschliche Auge des Schriftstellers durch das ›Wie‹ seiner literarisch entworfenen Szenen zum Sehen bringt, versteht sich als Markierung von Relevanz, als ein perspektivisches Zeigen, das auf etwas zeigt, in dem sich etwas zeigt, auf das dann gezeigt werden kann. Unter immer neuen Blickwinkeln bündelte Böll in diesem Bild den Ausdruck von Machtbewahrung, Machtausübung und Bürokratisierung, das Profil einer Erfolgs- und Profitgesellschaft mit ihren ungleich verteilten Chancen: »Es ist unsere Aufgabe, daran zu erinnern, dass der Mensch nicht nur existiert, um verwaltet zu werden, und dass die Zerstörungen in unserer Welt nicht nur äußerer Art sind und nicht so geringfügiger Natur, dass man sich anmaßen kann, sie in wenigen Jahren zu heilen.«[20] Damit hatte er seine Vorstellung von der Aufgabe der Literatur mit dem Anspruch verbunden, nicht nur gegen die fraglose Unterordnung des Menschen unter das ihm gesellschaftlich Vorgegebene zu revoltieren, sondern in den von der Literatur geschaffenen Fluchtlinien den Glauben an die Möglichkeit einer befreiten Gesellschaft wachzuhalten und gegen die Normzwänge der gesellschaftlichen Wirklichkeit aufzubieten.

Die Gelegenheit, das »Bekenntnis zur Trümmerliteratur« einem öffentlichen Forum vorzutragen, hatte Böll am 23. Juli 1952. Zusammen mit Paul Schallück bestritt er im Rahmen des 56. »Mittwochsgesprächs« im Wartesaal des Kölner Hauptbahnhofs einen Abend zur Frage »Warum Trümmerliteratur?«. Begründet hatte dieses Forum der Kölner Bahnhofsbuchhändler Gerhard Ludwig. Unter dem

Motto »Freier Eintritt, Freie Fragen, Freie Antworten« entwickelten sich die in den Räumen der 1949 von ihm eröffneten Bahnhofsbuchhandlung sowie in den Wartesälen des Kölner Hauptbahnhofs zwischen Dezember 1950 und Juli 1956 veranstalteten Gespräche zu einem Ort kontroverser Diskussionen aktueller Fragestellungen. Dies galt auch für den von Böll und Paul Schallück geleiteten Abend und das anschließende Publikumsgespräch. Neben Publikumsstimmen, für die es auch sieben Jahre nach dem Krieg noch notwendig war, durch kritische Perspektiven auf die geistig-moralischen »Trümmer« aufmerksam zu machen, plädierten andere Beiträge dafür, die Leistungen des Wiederaufbaus zu sehen und anzuerkennen; sie hielten Böll vor, von einem nicht mehr den Zeitverhältnissen angemessenen Standpunkt aus zu sprechen. Wieder andere votierten für die Bedeutung der Literatur als Daseinsbewältigung im Sinne einer Entlastung von den Routinen des Alltags. Diesem literaturkonservativen Konzept war Bölls Schreibintention diametral entgegengesetzt.

Doch auch das Thema Remilitarisierung geriet nicht aus dem Blick. Das zeigen die Beiträge, die Böll in *Die Literatur* publizierte. So begrüßte er Erich Maria Remarques KZ-Roman *Der Funke Leben* als »politisch gerade im richtigen Augenblick« erschienen, ungeachtet der »literarisch als teilweise angreifbar« bewerteten Sprachlichkeit des Romans – die Darstellung der Gräueltaten der SS schien ihm allzu sehr dem SS-Jargon angeglichen zu sein.[21] Pointiert stellte er in seiner Filmkritik über Henry Hathaways *Rommel, der Wüstenfuchs*, der am 28. Februar 1952 in den Kinos angelaufen war, fest: »Dem Bausch der Kollektivschuld folgt nun der Bogen der Verzeihung.«

Neben der Niederschrift des Romans *Und sagte kein einziges Wort* entstanden kleinere Arbeiten für den Rundfunk, unter anderem ein Beitrag zum Thema Heimatlosigkeit am Beispiel eines polnischen Fremdarbeiters in der Kriegs- und Nachkriegszeit, »Pole, DP, Schwarzhändler, Lebensretter«,[22] der am 11. September 1952 im »Echo des Tages« gesendet wurde. Weitere Beiträge für dieses Format entstanden, nachdem Werner Höfer Ende Oktober 1952 in einem an Schriftsteller des Sendegebiets des NWDR Köln adressierten

Rundbrief ein »publizistisch-belletristisches Experiment« angekündigt hatte. In der täglichen Nachrichtensendung sei die Einrichtung einer »Dichterecke« mit Kurzbeiträgen vorgesehen. Die jeweils kurzfristig abgerufenen Skizzen sollten von einem eigenen, privaten Erlebnis ausgehen, das durch seine literarische Gestaltung jedoch mit einem aktuellen Akzent zu versehen wäre, durch den sie über das bloß Persönliche hinaus eine allgemeine Einsicht in die Zeitverhältnisse beförderten. Seinen ersten Auftrag erhielt Böll Anfang November. Die Sendung seines vierminütigen Beitrags »Der Jünger Merkurs« – »Mir fiel nichts ein und ich schrieb über unseren Briefträger«, wie Böll an Ernst-Adolf Kunz schrieb – erfolgte am 6. November 1952. Weitere, mit je 80 DM relativ gut honorierte »Funkschmarren«[23] folgten am 27. Dezember 1952 mit der in die Gegenwart versetzten »Kunde von Bethlehem« sowie am 26. März 1953 mit »Bekenntnisse eines Hundefängers« über einen Angestellten des Hundesteueramtes, der, im Zwiespalt von Pflicht und Liebe, manche Hunde, weil die Liebe zu ihnen siegt, nicht melden kann; so auch seinen eigenen, einen Bastard.

Nachdem Böll an der Frühjahrstagung der Gruppe 47 vom 23. bis 25. Mai 1952 in Niendorf an der Ostsee im Erholungsheim des NWDR ohne eigenen Text teilgenommen hatte, nutzte er »Nicht nur zur Weihnachtszeit« als Beitrag auf der Tagung vom 31. Oktober bis 2. November 1952 auf Burg Berlepsch – erheiternd und erfolgreich. Als anstößig empfunden und damit im Sinne der Absicht treffend und provokant wurde die Erzählung erst, nachdem sie, von Heinz Rühmann gelesen, im NWDR am 24. November 1952 ausgestrahlt worden war. Hans-Werner von Meyenn, Leiter der kirchlichen Rundfunkzentrale in Bethel, richtete sich in einem »Offenen Brief«, den er am 10. Januar 1953 zunächst an Böll geschickt hatte und dann am 12. Januar als Kommentar in *Kirche und Rundfunk* (Bethel) veröffentlichte, gegen Bölls Darstellung. Zwar konzedierte von Meyenn Böll, er habe in durchaus legitimer Weise erkennbar »den ›Falschmünzcharakter einer restaurativen Epoche‹ anprangern« wollen, habe sich aber nicht davor bewahrt, was ebenso notwendig zu beachten sei, »mit solcher berechtigten Kritik [nicht] über das Ziel hinauszugehen«. Er habe für die Hörer »nichts als ein Vakuum der Hilflosigkeit« zurückgelassen, wodurch seine Kritik zu einer »Kritik ohne Verantwortung«[24] geworden sei. Böll antwortete direkt und unmissverständlich. »[I]ch glaube nicht, dass es etwas schaden kann, unserem westdeutschen restaurativen Selbstbewußtsein einen Schock zu versetzen«.[25]

In den folgenden Jahren steigerte sich Bölls Präsenz im Rundfunk durch Features und zahlreiche Hörspiele – letzteres ein Genre, das vor allem durch die Honorare äußerst attraktiv war. »Von Eich bis Schnurre, von Lenz bis Aichinger, was hätten wir alle, die wir nicht im Traum daran dachten, je von 30 Büchern leben zu können, was hätten wir ohne den Rundfunk gemacht, der uns frei arbeiten ließ und doch das Leben ermöglichte.«[26] Seine Premiere mit dieser Form hatte Böll am 8. Juni 1952, als die Hörspielbearbeitung des achten Kapitels von *Wo warst Du, Adam?* unter dem Titel »Die Brücke von Berczaba« vom Hessischen Rundfunk gesendet wurde. 1953 waren es von insgesamt neun Hörspielen, die er schrieb, vier, die ausgestrahlt wurden.[27] Die Hörspiele, die nicht gesendet wurden (»Was machen Sie am Sonntag?«, »Quer durch ein Wartezimmer«, »Zwischen Baitkowen und Latzfons fliesst die Ruhr«, »Die neuen Steine«), entsprangen, abgesehen von »Die neuen Steine«, das auf einer Erzählung von Janheinz Jahn basierte, der Beschäftigung mit dem Ruhrgebiet und wurden durch die Fahrten, die Böll nach Gelsenkirchen zu Ernst-Adolf Kunz unternahm, inspiriert.

Auch wenn Böll den Rundfunk nutzte, stand er ihm als Massenmedium kritisch gegenüber. Seine Auffassung über die Form medialer Wirklichkeit Anfang der 1950er-Jahre war eindeutig:

> »Fast einhundertzwanzig Minuten – zwei Stunden täglich – jede neunte Minute im Programm unseres Systems hören wir Nachrichten. […] Wir hören immer nur Worte, aber Worte stehen für Dinge, und weil die Worte zu verschleißen in Gefahr sind, kommen die Dinge in Gefahr, an Bedeutung zu verlieren. […] Wir betrügen uns um unser eigenes Leben, betrügen unsere Kinder, indem wir unsere Aufmerksamkeit auf scheinbare Aktualitäten verschwenden.«[28]

Mit dieser Einstellung bewegte sich Böll innerhalb der Bahnen der in den 1950er-Jahren formulierten Medienkritik, die in den Funk- und in bestimmten Printmedien eine Entfremdung und Determination der Wahrnehmung befürchtete – wie beispielsweise Günther Anders im medienkritischen Teil seiner *Antiquiertheit des Menschen*. Bölls Kritik aber war ein Aufmerksamkeitsgebot. Es ging ihm um ein Denken und Handeln, das sich der Differenz zwischen individueller Existenz und deren Verzerrung durch die Identifikation mit kollektiv vermittelten, gesellschaftlich konstruierten Rollen und Masken bewusst bleibt.

Den Schwerpunkt dieser Jahre bildete die Arbeit an dem ersten in der Gegenwart angesiedelten Roman *Und sagte kein einziges Wort*, der im April 1953 bei Kiepenheuer & Witsch erschien. Eingebunden in die zeitgeschichtlichen Verhältnisse des Jahres 1952/53, verschränkt der Roman Gesellschaftskritik und Kritik an der amtlichen katholischen Kirche; einer Kirche, die durch ihre gesellschaftlichen Geltungsansprüche einen Ausverkauf des Glaubens betreibe und damit ihre Funktion als gesellschaftliche Korrektivkraft verfehle, und an einer profitorientierten Gesellschaft, die in ihrem als Reklamespektakel geführten, ironisierten Kampf um die Köpfe der Menschen diese auf bloße Konsumenten reduziere. Im kritischen Blick des Romans stehen Kirche und Gesellschaft aber nicht nur als je für sich sinnentleerte Institutionen. Deutlich markiert der Text bei der Schilderung einer kirchlichen Prozession bzw. einer Aktion des Drogistenverbandes die Symbiose beider. »Ich sah eine Gruppe weißgekleideter Männer, die die Transparente mit den kirchlichen Symbolen von den Fahnenstangen nahmen und andere aufhängten, die die Worte trugen: Deutscher Drogistenverband. Besucht die Fachausstellung. Zahlreiche Gratisproben.« Die Kongruenz von Kirche und (Werbe-)Gesellschaft wird ebenfalls illustriert, wenn das »Asketengesicht« des Bischofs als »photogen« und insofern als höchst tauglich für das »Titelblatt« einer »religiöse[n] Illustrierte[n]«[29] angesehen wird. Bölls Kritik galt einer sich im Interesse eigener Herrschafts- und Machtansprüche mit den gesellschaftlichen Konstellationen verquickenden Kirche.

Ansätze zu dieser auf den Substanzverlust der katholischen Kirche verweisenden Kritik zeigt der Roman *Und sagte kein einziges Wort*. Im Zentrum stehen Käthe und Fred Bogner, deren Ehe an der Unveränderlichkeit der Gegebenheiten – ihre materielle Not und die daraus resultierende Wohnungsmisere – endgültig zu zerbrechen droht. Den erzählerischen Akzent setzte Böll nicht auf eine gesellschaftspolitische Analyse von Wohnungsnot und daraus folgender Ehekrise. Bezogen auf den Romantitel, der das Schweigen Jesu gegenüber seinen Anklägern aufnimmt[30] – ein Motiv, das Böll einem afroamerikanischen Spiritual entlehnte –, zielte er auf das Verstummen von Gesellschaft und Kirche angesichts der vermeintlichen Unabänderlichkeit der Verhältnisse. Käthe und Fred Bogner leben zum Zeitpunkt, zu dem der Roman einsetzt, bereits seit zwei Monaten voneinander getrennt. Für den Lebensunterhalt der Familie sorgt Fred Bogners Anstellung als Telefonist in einer kirchlichen Behörde, durch die er das von Eitelkeiten angetriebene Ränkespiel des Klerus erlebt. Ansonsten sind seine Lebensorte nach seinem Auszug Wartesäle, Kneipen und Parkbänke bzw. ein Zimmer in einer leerstehenden 13-Zimmer-Villa, in dem ihn ein befreundeter Hausmeister übernachten lässt. Käthe Bogner wohnt weiterhin mit den drei Kindern in den für ihren Mann unerträglich gewordenen und ihn zum Auszug veranlassenden beengten Verhältnissen eines Einzimmerquartiers; ganz im Gegensatz zu ihrer als rigide Vertreterin von Sauberkeit und Ordnung dargestellten Nachbarin Frau Franke, einer praktizierenden Katholikin und führenden Vertreterin mehrerer katholischer Vereinigungen. Gemeinsam mit ihrem Mann unterhält sie eine großzügige Dreizimmerwohnung, zu der noch ein viertes, von den kirchlichen Behörden als Notwendigkeit ausdrücklich bestätigtes Zimmer zählt, in dem sie ihre Besuche empfängt. Die Figurenkonstellation Bogner – Franke illustriert, was Böll in seinem Beitrag für die *Frankfurter Hefte* zu den deutschsprachigen Neuerscheinungen der Werke Léon Bloys formuliert hatte:

> »Arm sein ist fürchterlich, weil es in dieser Gesellschaft keinen Platz mehr für die Armen gibt, sie keinen Rang mehr genießen, sie, denen der

> erste Rang zukommt. Wenn arm sein und Christ sein in dieser Gesellschaft schrecklich ist, so gibt es noch etwas Schrecklicheres: reich sein und sich Christ zu nennen, angesichts der munter sich restaurierenden Gesellschaft besitzender und besitzverteidigender Christen.«[31]

Gegenbildlich zur Form der ›Nächstenliebe‹ Frankes steht die Welt der »Imbißstube«, in der Fred Bogner zuweilen verkehrt und die Böll als ein Refugium praktizierter Nächstenliebe und als Vorschein einer humanen Lebenswelt inszeniert.

Im Figurenpaar Käthe und Fred Bogner gewinnt der Roman eine existentielle Dimension, die sich aus dem Wunsch des Paares nach einem von Normen und Zwängen befreiten Leben entwickelt, das aber von ihnen nicht verwirklicht werden kann. Fred Bogner empfindet sein Leben als Ausdruck einer ausweglosen Langeweile, der er zu sehr verhaftet ist, um ein anderer sein zu können. Käthe Bogner träumt davon, um ihrer selbst willen begehrt zu werden, ohne verheiratet zu sein. Sie setzt darauf, im Glauben und in Gebeten ein tragfähiges Lebensfundament finden zu können. Ihre einzige Begegnungsmöglichkeit sind seit Fred Bogners Auszug Hotels, in denen sie gelegentlich zusammenkommen. So auch im Verlauf des 48 Stunden umfassenden Erzählgeschehens. Angesichts einer erneuten Schwangerschaft wird Fred Bogner von seiner Frau während eines Treffens vor die Entscheidung gestellt, entweder zu ihr und den Kindern zurückzukehren oder die Trennung von der Familie endgültig zu vollziehen. Die Andeutung, dass eine Rückkehr Fred Bogners möglich scheint, beschließt den Text. Vorbereitet wird diese Möglichkeit, als Fred Bogner, für einen Auftrag unterwegs, auf der Straße innehält und, gefesselt vom Anblick einer Frau, diese beobachtet, bis er in einem epiphanisch inszenierten Moment des Erkennens in ihr Käthe gewahrt. Dieser Augenblick eines Anders-Erkennens wird im Text zum Ausgangspunkt der Veränderung – der Erkenntnis im Erkennen.

Und sagte kein einziges Wort wurde zum Erfolg, beim Publikum – der Roman wurde bis November 1953 dreimal nachgedruckt – ebenso wie bei der Literaturkritik. »Es ist etwas Seltsames geschehen:

Ein Buch, das die äußere und seelische Trümmerlandschaft zum Gegenstand hat, ist ein großer ungeahnter Bucherfolg geworden«.[32] Gleichermaßen euphorisch urteilte Karl Korn in der *FAZ*. »Der Roman darf ein Ereignis genannt werden, weil er indoktrinär ist, sich von literarischen Experimenten und Richtungen fernhält, die unmittelbare menschliche Not ehrlich und wahrhaftig ausspricht, nicht gescheit sein will, nur wahr, nichts als wahr, rücksichtlos wahr.«[33] Die literarische Leistung hob Christian Ferber hervor. Böll sei es gelungen, »das Gewöhnliche durch die leidenschaftslose Beschwörung zum Beispiel zu erheben, in einem belanglosen Schicksal phrasenlos die Bedrängtheit der Kreatur und die Möglichkeiten individueller Tapferkeit zu verdichten.«[34] Andere Besprechungen sahen darin das notwendige literarische Dokument, das auf die Unverbrüchlichkeit der Ehe weise. »Denn das ist dieses Buch: eine erzählerische Darstellung der Krise in den Ehen und Familien, unseren Ehen und Familien. Es ist eine Variation zum Thema der Unauflöslichkeit der Ehe. Ohne Jurisprudenz, ohne Theologie.«[35] Böll sah das anders und charakterisierte den Roman später als ehekritisch: »[E]s gab damals heftige Diskussionen über *Und sagte kein einziges Wort* innerhalb des katholischen Milieus in Deutschland«, so Böll 1977:

> »Es war sozusagen ein Roman, der unerträglich war fürs Milieu, mehr als manches, was ich später geschrieben habe, gerade wegen dieser ehekritischen und existenzialistischen und etwas anarchistischen Elemente. Es gab also Diskussionen, auch einige, an denen ich teilnahm, und ich erinnere mich, dass ich sagte: ›Ich kann mir eine Ehe ohne Ironie gar nicht vorstellen‹. Und da ging es los, da platzte die Bombe, da hatte ich einen wunden Punkt berührt, natürlich damit auch die Herrschaft des Mannes angetastet.«

Die kritische Einstellung zielte weniger auf die Ehe als solche, sondern darauf, wie etwas, dessen Wesen auf Freiheit und Wandelbarkeit beruht wie das substantiell durch die Liebe begründete Verhältnis von zwei Menschen, durch Verrechtlichung zerstört wird. »Ich glaube, daß es ein Irrtum war oder ist, Dinge wie Erotik, Sexualität, Liebe, auch Ehe zu verrechtlichen. Sie so zu verankern, daß der eine ein Recht auf den anderen hat.«[36] In diesem Sinne war der Bezug auf Fragen der Ehe für Böll immer wieder gegeben. Eine Ehe war in seiner Sicht nicht dadurch definiert, dass sie als etwas Heiliges bestimmt oder durch gesetzliche Bestimmungen geregelt wurde. Ihr Eigensinn bestand für ihn im einander gegebenen Versprechen zweier Menschen. Der Umstand jedoch, dass das, was auf Freiheit, Freiwilligkeit und Veränderung beruhte, durch vorgegebene gesellschaftliche Normen verrechtlicht und vorgeschrieben wurde, veranlasste Böll zu dem pessimistischen Fazit, dass Liebe, als die eigentliche Substanz menschlicher Beziehungen, in der von ihm wahrgenommenen Gesellschaft keinen Platz habe. Seinen Beispielwert erhielt das Thema Liebe für Böll in zweierlei Hinsicht: zum einen dadurch, dass Liebe die gesellschaftlichen Normzwänge, die sie verhindern, sichtbar macht, zum anderen ihre Sprengkraft reflektierbar wird. Dieser Aspekt fand in der Erzählung *Brot der frühen Jahre* und im Roman *Ansichten eines Clowns* seine Fortschreibung.

Mit dem Erscheinen von *Und sagte kein einziges Wort* im April 1953 war Böll, ein Jahr nach Abschluss des Vertrags mit Kiepenheuer & Witsch, als Verlagsautor etabliert. Ebenso hatte sein öffentlicher Bekanntheitsgrad zugenommen. Vielversprechende Kontakte im westdeutschen Literaturbetrieb, auf der persönlichen wie institutionellen Ebene, kamen hinzu. Das Gefühl, auf dem richtigen Weg zu sein, in der literarischen Szene einen festen Platz einnehmen zu können und durch weitere Kontakte mehr und mehr auch materiell in die Lage versetzt zu werden, als freier Autor, ohne Preisgabe des eigenen schriftstellerischen Anspruchs, leben zu können, festigte sich.

Dass er auch international zu den neuen Stimmen der westdeutschen Literatur zählte, konnte Böll der Einladung zum ersten deutsch-französischen Schriftstellertreffen entnehmen, das vom 18. bis 21. Mai 1953 in Paris stattfand. Eingeladen hatte das Bureau International de Liaison et de Documentation, Herausgeberin der Zeitschrift *Documents*, dem französischen Pendant der *Dokumente. Zeitschrift im Dienst übernationaler Zusammenarbeit*. René Wintzen, der 1975 mit Böll ein umfassendes biografisches Gespräch führen sollte, organisierte die Veranstaltung. Zum Thema »Roman und Gedicht« nahmen an dieser Konferenz von deutscher Seite aus neben Böll unter anderen Alfred Andersch, Paul Weisenborn, Luise Rinser, Rudolf Hagelstange, Hans Egon Holthusen, Karl Krolow, Rudolf Krämer-Badoni, Hans Bender, Rolf Bongs sowie Paul Schallück teil; von französischer Seite Luc Estang, Jean Cayrol, Pierre Emmanuel, Loys Masson, Hugues Fouras und Jean Rousselot sowie René Wintzen. In seinem 1953 in Heft 3 der *Dokumente* publizierten Bericht erwähnte Böll darüber hinaus Begegnungen mit Annette Kolb, Gabriel Marcel, Friedrich Hagen, Paul Celan, Hermann Kesten und Georg Glaser. Rudolf Hagelstange verwies in seinem Artikel auf Bölls »klares, ruhiges und überzeugendes Bekenntnis zum Experiment des Erzählens«, das »ihm die unverhohlene Sympathie der Sorbonne-Hörerschaft«[37] eingetragen habe. Dieser Hinweis lässt vermuten, dass Böll in Paris Überlegungen vorstellte, die er zuvor in seinem Essay »Gibt es die deutsche Story?«[38] entwickelt hatte. Von literaturkonservativer Seite berichtete Hans Egon Holthusen über das Treffen: »Vier von den Gästen thronten [am letzten Abend] auf einer Tribüne und ergriffen das Wort: Der sonst so schweigsame, schwere und massive Heinrich Böll, der jedes Wort mit der Vollmacht eines wirklichen Dichters verwendete – er begann mit Adam und Eva –, verkündete schließlich das Zeitalter des ›Mannes auf der Straße‹ und lieferte beiläufig eine handfeste Soziologie der *short story*«.[39]

Unmittelbar an das Treffen in Paris schloss sich die Tagung der Gruppe 47 in Mainz vom 22. bis 24. Mai 1953 an. Böll nahm teil, da sich ihm die Gelegenheit bot, befreundete Kollegen wiederzusehen und sich mit ihnen auszutauschen. Erschöpft traf er danach endlich wieder in Köln ein. Inzwischen hatte ein Entschluss, den das Ehepaar Böll ein halbes Jahr zuvor getroffen hatte, Konturen angenommen. Nach sieben Jahren Schillerstraße, beschränkt auf zwei Zimmer und ohne Rückzugsmöglichkeiten aus dem stets engen Familienumfeld, in dem es immer mal wieder zu Spannungen kam, wurde eine Veränderung dringlich. Die Möglichkeit, sie herbeizuführen, hatte der Verlagsvertrag mit Kiepenheuer & Witsch eröffnet. Beharrlich und konsequent drang vor allem Annemarie Böll auf eine radikale Lösung, die für sie in der Errichtung eines eigenen Hauses lag. Anfang 1952 wurde der Entschluss umgesetzt und durch einen Antrag auf den Erwerb eines 600 Quadratmeter großen Grundstücks in Müngersdorf zum Preis von 12.000 DM untermauert. Wenige Wochen nach dem Erscheinen von *Und sagte kein einziges Wort* begannen die Bauarbeiten. Neben langfristig aufgenommenen Bankkrediten für den Hausbau diente ein am 5. Juni 1953 mit Kiepenheuer über 5.000 DM geschlossener Darlehensvertrag, dessen Tilgung ab 1. Januar 1957 erfolgen sollte, vor allem der Teilzahlung des Grundstückkaufs. Gleichzeitig mit der Darlehensvergabe wurde die Übernahme einer Bearbeitung von Czeslaw Milosz' Buch *Verführtes Denken*, das 1953 mit einem Vorwort von Karl Jaspers bei Kiepenheuer & Witsch erschien, verabredet. Die Bearbeitung nutzte Böll darüber hinaus für die Ausarbeitung eines Hörfunkbeitrags, der vom NWDR übernommen und am 12. November 1953 gesendet wurde, sowie für eine Besprechung, die er im *Deutschen Volksblatt* publizieren konnte.

Am 1. Juli 1954 zog die Familie in die Belvederestraße 35. In einem Brief an Ingeborg Bachmann, geschrieben drei Tage danach, beschrieb Böll die Situation in Form einer ausführlichen Skizze seiner finanziellen Transaktionen, wobei er sich bei der für ihn offenbaren Ironie der Vorgänge gleich zweier Texte bediente (»Anekdote vom deutschen Wunder« und »Hierzulande«).

> »Liebe Inge, schnell – – und damit Sie's lesen können mit der Maschine: wir sind also umgezogen (siehe Adresse oben), und das neue Haus ist sehr schön, so schön, dass ich über den Schmerz kommen werde: ich habe sehr viel Geld geliehen bekommen und habe nun bis Oktober Ruhe, bin nur so »festgefroren«, dass ich meine Reise bis in den September verschieben muss und hier noch zwei Monate arbeiten will, damit ich wieder Licht sehe. [...] Das ganze Finanzspiel macht mir sogar ein wenig Spass, weil es so absurd ist: ich schreibe grosse Schecks aus, lasse sie von einem Bankkonto auf andere gehen (ich habe deren zwei und auf beiden Kredit) und erwecke so den Eindruck einer riesigen »Kontobewegung«, was den Leuten offenbar einen riesigen Spass macht und ihnen mächtig imponiert«.[40]

Trotz aller ironisierenden Tonlage und spielerischen Attitüde, die Böll in seine Schilderung der Situation einfließen ließ, hatte der Hausbau im Grunde einen empfindlichen Lebensnerv getroffen. Nach seiner Rückkehr aus Irland – dem Land, das dem von ihm stets bewahrten Wunsch nach einer Lebensform der kleinen Anarchie gegenüber allen bürgerlichen Konventionen so entgegenkam – schrieb Böll an Alfred Andersch: »Irland war eine Reise wert, ich habe mich mit Gleichmut vollgesogen und fühle mich hier sehr abgeschlossen von den nagelneuen Gesichtern, den nagelneuen Autos und selbst mein nagelneues Haus kommt mir – kommt mir eigentlich immer – fremd vor.«[41] Es war wohl nicht nur das Fremdsein alles Neuen, sondern auch das Sich-selbst-fremd-Werden angesichts der Tatsache, dass er mit dem Hausbau gerade da angekommen war, wo er nie sein wollte: in der Bürgerlichkeit mit ihren Insignien: Eigenheim, Bankkredit mit monatlicher Ratenzahlung und fünfköpfiger, zu versorgender Familie. So unentbehrlich die Familie für ihn auch war, suchte er doch auch immer wieder, eigene Projekte im Kopf, ihr zu entfliehen; nicht nur in angemietete Arbeitszimmer, sondern eben auch nach Irland. Denn die Reise 1954 war nicht nur eine Flucht angesichts des Erscheinens von *Haus ohne Hüter*, sondern auch notwendig, weil er Ruhe brauchte.

Dass Bölls Präsenz in den 1950er-Jahren stetig zunahm, lag an seiner Arbeitsdynamik und am Zuwachs von Publikationen, unter ihnen zahlreiche Buchbesprechungen, aber auch an den vermehrten öffentlichen Auftritten. Außerdem unternahm er ab Januar 1955 zahlreiche ausgedehnte Lesereisen. Als er sie 1961 beendete, bilanzierten sich die in den sieben Jahren unternommenen Touren – zwischen 30 und 50 pro Jahr – auf insgesamt 279. Organisiert wurden sie überwiegend vom Deutschen Vortragsamt in Bochum. 1928 von der Westfälischen Provinzverwaltung gegründet und zur Zeit Bölls von der Tochter des Gründers sowie einer Mitarbeiterin geführt, vermittelte das Amt neben Autoren für literarische Lesungen Referenten aus allen Wissensgebieten für Vortragsabende an Veranstalter wie literarische und wissenschaftliche Gesellschaften, Volkshochschulen, Heimatbünde, Dorfgemeinden sowie Buchhandlungen, die als Mitglieder geführt wurden.

Angesichts des hohen Zeitaufwandes, den diese jeweils mehrtägigen Reisen quer durch Deutschland bedeuteten – was letztlich hieß, dass für literarische Vorhaben weniger Zeit zur Verfügung stand –, sowie der von Böll selbst wenig geliebten öffentlichen Auftritte ging es hierbei weniger um Publikumskontakte bzw. die Steigerung der öffentlichen Präsenz als vielmehr pragmatisch um die damit verbundenen Einkünfte, die pro Abend 280 DM betrugen. »Ich brauche einfach das Geld«, schrieb Böll am 24. April 1957 an Ernst-Adolf Kunz angesichts einer bevorstehenden Lesetour im Mai 1957.[42] Auch sein Ruf als zeitkritischer Erzähler festigte sich. Dazu trugen vor allem Satiren wie »Nicht nur zur Weihnachtszeit«, »Dr. Murkes gesammeltes Schweigen«, »Der Wegwerfer«, »Hauptstädtisches Journal« oder »Anekdote zur Senkung der Arbeitsmoral« bei. Diese Texte waren eng verknüpft mit den Themen Restauration, Wirtschaftswunder und Konsumgesellschaft oder – wie im Falle des am Tag der Bundestagswahl am 15. September 1957 im *Aufwärts* erschienenen »Hauptstädtischen Journals« – mit der Remilitarisierung. Letztere war für Böll 1957 mit der Aussicht auf Franz-Josef Strauß als designierten Verteidigungsminister hochgradig negativ besetzt. So unterzog er in »Nicht nur zur Weihnachtszeit« die dem Konsum unterworfenen konventionellen Familienfeiern in der Bundesrepublik des ›Wirtschaftswunders‹ einer barschen Kritik. Der Erzähler erfährt durch einen Vetter, dass im Haus seines Onkels seit der zweiten Nachkriegsweihnacht Tante Milla auf einer täglich von Neuem stattfindenden Weihnachtsbescherung im Familienkreis bestehe, ansonsten verfalle sie in nicht endende Schreikrämpfe. Dies geschieht zunächst auch. Im Lauf der Zeit bleiben jedoch der ebenfalls eingeladene Pfarrer, dann die Familienmitglieder der sich wiederholenden Feier fern, bis zuletzt auch die Kinder durch Wachspuppen ersetzt werden. Die Feier geht dennoch weiter – der Schein ersetzt das Sein, der permanente Konsum die Einmaligkeit des Weihnachtsgedankens.

Hatte »Nicht nur zur Weihnachtszeit« eine gesellschaftskritische Intention, so die 1955 entstandene Satire »Dr. Murkes gesammeltes Schweigen« eine medienkritische. Der Rundfunkredakteur Murke erhält den Auftrag, die Reden des Essayisten Bur-Malottke zu überarbeiten. Der wünscht, dass in allen seinen Beiträgen das Wort »Gott« durch die Formulierung »jenes höhere Wesen, das wir verehren«[43] ersetzt werden solle, da er zu Überzeugungen von vor 1945 zurückgekehrt sei. Mit Bur-Malottke ist der opportunistische Schönredner typisiert, der nach einer religiös anmutenden Gesinnungskonversion nach 1945 nun wieder kryptofaschistisch zu reden beginnt. Mit dem Topos des »gesammelten Schweigens« Murkes wandte sich Böll gegen die von ihm in einer permanenten Rede- und Sendetätigkeit festgemachte Tendenz, Worthülsen und Phrasen zu produzieren. Aber auch die von Murke aufbewahrten ›Gott-Schnipsel‹ pointieren im weiteren Verlauf der Geschichte ein gesellschaftskritisches Moment. In dem Augenblick nämlich, in dem es für die Realisation eines Sendemanuskripts über einen Atheisten, der zwölf verzweifelte Fragen in eine leere Kirche schreit, notwendig wird, die zwischen den Fragen störenden Pausen zu überbrücken, werden diese Schnipsel dazu verwendet, die Pausen durch das Wort »Gott« zu füllen – eine sinnfällige Kritik Bölls nicht nur an der zunehmenden Unverbindlichkeit religiöser Rede, sondern auch an der leeren und phrasenhaften Sprache der Zeit.

Ähnlich wird in der 1957 publizierten Satire »Der Wegwerfer« die auf Produktion und Konsum ausgerichtete Wohlstandsgesellschaft ins Gegenteil verkehrt. Denn der Protagonist ist damit beschäftigt, aus der Post anderer die Reklamesendungen auszusortieren und wegzuwerfen, um so Zeit und Geld zu sparen. Zu den gelungensten Texten, mit denen Böll die Wohlstandsgesellschaft in ihrem Profitdenken und ihrer Wachstumsgläubigkeit zur Disposition stellt, zählt die 1959 verfasste »Anekdote zur Senkung der Arbeitsmoral«. In dieser Kurzgeschichte inszeniert er eine Unterhaltung, in die ein Tourist einen irischen Fischer verwickelt, der nach einem seinen Tagesbedarf befriedigenden Fang dösend in seinem Boot liegt. Die Bemühungen des Touristen, den Fischer zu einem ökonomischen

Wachstum durch unablässige Produktionssteigerung zu bekehren, um zu einem größeren Wohlstand zu kommen und dann gelassen im Hafen sitzen, in der Sonne dösen und auf das herrliche Meer blicken zu können, wird von diesem ironisch durch die Bemerkung konterkariert, dass er dies jetzt schon könne. Der zunächst dem Fischer überlegen erscheinende Tourist erweist sich ihm nun immer schon als unterlegen. Der Fischer hat bereits das, wozu ihn der Tourist überreden will.

Am 17. November 1953 hatte Böll unter dem Arbeitstitel *Die Kinder des Vaterlandes* ein neues literarisches Vorhaben begonnen, das unter dem Titel *Haus ohne Hüter* im August 1954 als zweiter Roman bei Kiepenheuer & Witsch veröffentlicht wurde. *Haus ohne Hüter* zeigt eine vom wirtschaftlichen Aufschwung und dessen sozialen Folgen geprägte deutsche Nachkriegsgesellschaft. Es geht um den Orientierungsverlust und die Orientierungssuche des Einzelnen in einer auf Verdrängung und Vergessen der Geschichte errichteten und daher bodenlosen, bedrohlich wirkenden Gegenwart.

Die beiden zum Zeitpunkt des Erzählgeschehens zwölfjährigen Schulfreunde Martin Bach und Heinrich Brielach teilen das gleiche Schicksal: ihre Väter wurden im Krieg getötet. Die Auswirkungen auf ihr Leben und ihr Erleben der Umgebung erfassen sie jedoch in unterschiedlicher Weise. Heinrich Brielachs Mutter lebt nach dem Tod ihres Mannes in wechselnden Beziehungen, worunter Heinrich insofern leidet, als er dieses Leben der Verurteilung durch die Umgebung ausgesetzt sieht. Darüber hinaus ist ihm sowohl die Verantwortung für die Haushaltsführung aufgebürdet als auch die Aufsicht über seine Stiefschwester Wilma übertragen, während seine Mutter in einer Bäckerei arbeitet, bei dessen Inhaber sie, nach mehreren gescheiterten Beziehungen, am Ende mit Heinrich unterkommt. Sein Schulfreund Martin Bach wächst demgegenüber in wirtschaftlich sorgenfreien Verhältnissen auf. Er lebt mit seiner zwischen Tagträumen, Resignation und Hysterie schwankenden Mutter Nella Bach, dem Freund seines Vaters, Albert Muchow, dem Russen Glum sowie Bolda, einer Jugendfreundin von Nellas Mutter, im Haus der vermögenden Großmutter, einer Fabrikantenwitwe. Für den Tod von

Martins Vater, den Lyriker Raimund Bach, ist der in der Gegenwart des Jahres 1953 für das Feuilleton einer Zeitung schreibende, ehemalige Wehrmachtsoffizier Werner Gäseler verantwortlich. Gäseler hatte Raimund Bach zu einem sinnlosen Spähmanöver abkommandiert und damit dessen Tod in Kauf genommen, ein Geschehen, an das die Großmutter Martin immer wieder erinnert. Anlässlich einer von Gäseler geplanten Anthologie, die auch Gedichte Raimund Bachs enthalten soll, versucht dieser, zu Nella Bach Kontakt aufzunehmen. Als Nella, von ihren Erinnerungen ebenso gebannt wie unfähig, sich mit einer Gegenwart abzufinden, in der die alten Ordnungen wieder erscheinen, auf einer Tagung in Gäseler den für den Tod ihres Mannes verantwortlichen Menschen erkennt, vermag sie nicht einmal mehr Hass gegen ihn aufzubringen. Ähnlich resignativ erweist sich auch Albert Muchow. Er unternimmt gemeinsam mit der Großmutter den von ihr initiierten Versuch, Gäseler mit seiner Vergangenheit zu konfrontieren, und schlägt ihn. Die beiden können sich letztlich aber nicht gegen die Versammelten durchsetzen. Die Aktion läuft ins Leere. Fortan entziehen sie sich der Gegenwart. Am Ende versammeln sich die Familien in der gegenbildlich zur restaurativen gesellschaftlichen Wirklichkeit entworfenen ›Ordnung der Idylle‹ des kleinen Ortes Bietenhahn bei Albert Muchows Mutter, die dort eine Gaststätte führt.

Wenige Tage, bevor Böll die Arbeit am Roman abgeschlossen hatte, bot sich ihm die Gelegenheit, Paul Celan zu treffen. Die beiden kannten sich seit 1952 und waren sich in Paris erneut begegnet. Celan war anlässlich einiger Lesungen in Düsseldorf mehrere Tage zu Gast bei Paul Schallück in Bergen. Nach einem Treffen in Düsseldorf am 31. März 1954 besuchte Celan am Tag darauf Böll in Köln, der ihn durch die Stadt, vor allem aber zu den romanischen Kirchen führte. Celans Besuch in Köln nahm Böll als Einstieg in einen Text, den er am Gründonnerstag (15.4.1954) in der *Kölnischen Rundschau* veröffentlichte. In »Auferstehung des Gewissens« verschränkt er das Thema des Romans – Verdrängung – mit dem aus der Begegnung mit Celan gewonnenen Thema des jüdischen Schicksals und dessen Präsenz im öffentlichen Bewusstsein. Er monierte, dass im Schulunterricht eine Aufklärung über die Verbrechen der Nationalsozialisten nicht stattfinden würde.

> »Die Lehrerin hatte über die Juden gesprochen, und es stellte sich heraus, daß nicht ein einziges von vierzig Kindern um die Judenvernichtung wußte, um den kaltblütigsten Pogrom, der je in der abendländischen Geschichte stattfand. [...] Unsere Kinder wissen nicht, was vor zehn Jahren geschehen ist. Sie lernen die Namen von Städten kennen, mit deren Nennung sich ein fader Heroismus verbindet: Leuthen, Waterloo, Austerlitz, aber von Auschwitz wissen unsere Kinder nichts.«[44]

Der Veröffentlichung des Artikels folgte eine heftige Kontroverse, ob in Schulen über die nationalsozialistische Vergangenheit nicht gesprochen oder im Geschichtsunterricht eine lebendige Erinnerung entwickelt werden solle. »Der Gründonnerstagsartikel des Kölner Dichters Heinrich Böll, der eine vorösterliche Gewissenserforschung darstellte, hat ein heftiges Für und Wider ausgelöst – ein Beweis dafür, daß die Ansichten selbst im Leserkreis einer Zeitung, die eine eigene Meinung hat, in einer Einzelfrage stark auseinandergehen können«, setzte die Redaktion der *Kölnischen Rundschau* ihrer Ausgabe vom 24. April 1954 dem Abdruck ihr zugegangener Leserbriefe voraus. Die Zuschriften reichten von strikter Ablehnung bis hin zu zustimmenden Äußerungen: »Der Artikel von Heinrich Böll ›Auferstehung des Gewissens‹ hat mich tief beeindruckt. Darf ich Ihnen danken, daß Sie es ermöglicht haben, in Ihrer weitverbreiteten Zeitung diesen eindringlichen Ruf an das Gewissen der Menschen zu richten und Lehrer an Schulen und Universitäten aufzurütteln, ihre erzieherische Pflicht zu erfüllen.«[45]

In diese Zeit der literarischen Erfolge fiel Bölls erste Irlandreise. »Morgen geht es los, und ihr werdet von Irland aus von mir hören. [...] Meine Reise ist halbwegs eine Flucht. Der Roman kommt diese Woche«,[46] schrieb er Ernst-Adolf Kunz am 22. September 1954. Jahre später noch beantwortete er Fragen nach dem Motiv dieser Reise mit demselben Hinweis, nannte jedoch einen anderen Zusammenhang, nämlich den im Juli 1954 abgeschlossenen Hausbau in Köln-Müngersdorf und seine völlige physische und finanzielle Er-

Heinrich Böll, 1966

schöpfung: »Mitte der 50er Jahre bin ich nach Irland geflohen. Ja es war eine Flucht, weil ich mich in Köln durch einen Hausbau hoch verschuldet hatte und Ruhe vor meiner Familie brauchte.«[47]

Seine insgesamt drei Irlandreisen bildeten stofflich den Hintergrund für die zunächst in der Tagespresse, 1957 dann in Buchform veröffentlichten ›Irland-Impressionen‹. Die erste Reise führte Böll von Köln über Oostende, Dover, London, Holyhead und Dún Laoghaire nach Dublin. In den ersten Wochen hatte er in der Pembroke Road 53 sein Quartier. Dort wohnte die irische Journalistin Moira Fleischmann-Moore, die Böll bei einem Treffen in Köln das Angebot gemacht hatte, während ihrer Abwesenheit bei ihrem Mann zu wohnen. Georg Fleischmann, ein gebürtiger Österreicher, Absolvent der Berliner Filmakademie und in den 1930er-Jahren bei der Universum Film AG (Ufa) beschäftigt, war im Zweiten Weltkrieg nach einer Notlandung in der Nähe von Kildare in Irland interniert worden und nach Kriegsende im Land geblieben. Mit ihm zusammen –

Fleischmann war für Filmaufnahmen unterwegs – unternahm Böll von Dublin aus Exkursionen nach Killarney, Limerick, Hare Island sowie nach Drumcliff bei Sligo, um dort das Grab von William Butler Yeats zu besuchen. Darüber hinaus traf er eine Freundin Annemarie Bölls, Mary Daly, die seine Frau 1936 während ihrer Tätigkeit als Hilfslehrkraft in der bei Liverpool gelegenen Klosterschule Upton Hall kennengelernt hatte und die die Familie Böll nach dem Krieg durch Care-Pakete unterstützte.

Am 21. Oktober 1954 reiste Böll von Dublin ab. Ein einwöchiger Aufenthalt in London schloss sich an, gemeinsam mit Annemarie Böll. Wieder zurück in Köln-Müngersdorf wandte er sich jedoch nicht unmittelbar der literarischen Ausarbeitung seiner Irlandreise zu, sondern widmete sich zunächst der Überarbeitung seines Hörspiels »Zum Tee bei Dr. Borsig«, das am 25. Februar 1955 vom Hessischen Rundfunk gesendet wurde.

Unabhängig von Bölls eigenen Überlegungen, den Dubliner Aufenthalt literarisch umzusetzen, hatte die Redaktion des in Hamburg erscheinenden *Sonntagsblatts* ihm bereits im Oktober mitgeteilt: »Sollten Sie Freude daran haben, uns gelegentlich Eindrücke aus Irland mitzuteilen, Vergleiche, die Sie entweder drüben mit unsren Verhältnissen anstellen, oder Beobachtungen im geistigkünstlerischen Leben, so möchten Sie wissen, wie angenehm uns dies wäre«.[48] Publikationsort des ersten ›Reiseberichts‹ wurde allerdings die *Frankfurter Allgemeine Zeitung*. Ausschlaggebend dafür war ein Schreiben des Feuilletonchefs der *FAZ*, Karl Korn, das eine publizistisch attraktivere Veröffentlichung in Aussicht stellte. Postwendend übermittelte Böll der *FAZ*-Redaktion das Typoskript seiner ersten Irland-Episode »Der erste Tag«, das unter dem Titel »Ankunft II« das zweite Kapitel der Buchfassung bildet. Karl Korn reagierte begeistert: »Nur einen kurzen, herzlichen Dank für den ›Ersten Tag‹, den ich ausgezeichnet finde. Selbstverständlich nehmen wir das gern in die Weihnachtsnummer. Zufällig hat unser sehr guter Fotograf Frenzl schöne Irland-Bilder, so daß also alles gut harmoniert.«[49] Unter der Überschrift »Tagebuch aus Irland« erschien, mit drei Fotografien Fritz Frenzls versehen, »Der erste Tag« am 24. Dezember 1954. Die positive Resonanz veranlasste Korn bereits Anfang Januar, Böll zu weiteren Irland-Texten aufzufordern: »Ihr Irland-Tagebuch hat vielen Leuten und nicht zuletzt mir so gut gefallen, dass ich Sie fragen möchte, ob Sie nicht Fortsetzungen davon geschrieben haben? Ich könnte gern eine ganze Seite in einer unserer Sonntags-Beilagen davon bringen. Bitte schreiben Sie mir bald.«[50] Daraufhin erschienen in der *Frankfurter Allgemeinen Zeitung* zwei weitere »Impressionen«: »Bete für die Seele des Michael O'Neill« am 26. Februar 1955 sowie einen Monat danach das »Porträt einer irischen Stadt«. Letzteres war am Tag zuvor vom Norddeutschen Rundfunk ausgestrahlt worden.

Karl Korns Echo war wieder sehr positiv: »Ich finde es wieder sehr schön und möchte Ihnen gleich sagen: geben Sie uns mehr davon!«[51] Die Serie der Irland-Beiträge in der *FAZ* setzte in der Ausgabe vom 14. Mai 1955 der Beitrag »Auf der kleinen Insel« fort. Als fünfter und letzter Text erschien »Der tote Indianer in der Duke Street« dann im September-Heft des vom »Kulturkreis im Bundesverband der deutschen Industrie« herausgegebenen *Jahresrings*. Begeistert schrieb Wolfgang Hildesheimer später an Böll: »Ich wollte Dir nur sagen, daß Dein ›Toter Neger‹ [sic!] im Jahresring die hinreißendste Prosa ist, die ich seit Jahren zu lesen bekommen habe. Ich habe ihn bis jetzt viermal gelesen, und er wird immer besser.«[52]

Aus Irland hatte Böll 1954 an seine Frau geschrieben: »Ich denke, daß wir, wenn wir im nächsten Jahr Geld haben, hier wirklich mit den Kindern einmal hinfahren sollten«.[53] Die Suche nach einem geeigneten Quartier für die fünfköpfige Familie hatte wunschgemäß Georg Fleischmann übernommen.

> »Ich habe mich sofort um ein Cottage für Dich erkundigt und durch einen Freund beim irischen Rundfunk, Mr. O'Reilly, etwas Passendes gefunden. O'Reilly hat selbst dort gewohnt und meint, daß es für Dich sehr angenehm sein wird. Das Haus ist in Keel, Achill, an der Atlantic Küste, Co. Mayo. Hat 4 Schlafzimmer im 1. Stock, 1 Wohnzimmer und 1 Speisezimmer, Küche, Speisekammer, Mädchenzimmer unten. Fließendes Wasser & electr. Licht. Es liegt neben dem Postamt und direkt am Meer. Achill ist die bekannte Halbinsel an der irischen Westküste, wo im

> Mai & Juni die Sharkfische harpuniert werden und Dir unheimlich viel Material und Eindrücke geben werden.«[54]

Heinrich und Annemarie Böll, die Söhne Raimund, René, Vincent und – zur Unterstützung Annemarie Bölls – Christine Assenmacher, eine Bekannte der Familie, verbrachten auf Achill Island insgesamt vier Monate. Die Familie und ihre Begleitung wohnten im südwestlich gelegenen Keel, neben Achill Sound, Dovey, Dugort, Dooagh, Dookinella und Pollagh einer der Hauptorte der vom irischen Festland nur durch eine Meerenge getrennten Insel mit ihren 4.493 Einwohnern (1956). Bei dem Domizil handelte es sich um das Gästehaus des selbst strandnah gelegenen Bervie-Hotels, zu dessen Inhabern, Lily und Tony Gallagher, sich alsbald ein geselliger Kontakt entwickelte.

»Unheimlich viel Material und Eindrücke« hatte Fleischmann versprochen. In der Tat konnte die Welt von Achill Island zu der in Köln kontrastreicher nicht sein. Der Übergang von der im Wirtschaftswunder blühenden Bundesrepublik in eine im Verhältnis dazu rückständige Region am Rande Europas musste wie die Passage in eine andere Welt anmuten. Die urwüchsigen, weitgestreckten Heide- und Moorlandschaften, die beiden sich davon markant absetzenden Berge Croaghaun und Slievemore, die schroffen, steil abfallenden Formationen der Klippen sowie die Strandgebiete ließen Achill nahezu paradiesisch erscheinen – vor allem für die Söhne ein Ort der Erkundungen, Entdeckungen und jeglicher Form des Spielens. »Die Kinder sind vollkommen glücklich und sehr wohl: sie spielen am Strand, mit Muscheln, Sand und Eseln, heute (Montag) haben wir mit der Schule angefangen.«[55] Für Heinrich Böll lag die Attraktivität der Aufenthalte auf Achill schlicht darin, Zeit zu haben bzw. sich Zeit nehmen zu können: die eigentlich »luxuriöse Sache«,[56] wie er später einmal bekundete. Da sich der Aufenthalt in Irland über die regulären Schulferien der beiden Söhne Raimund und René, der zu Ostern 1955 eingeschult worden war, hinaus erstreckte, ersetzten Annemarie und Heinrich Böll den ausfallenden Schulbetrieb, indem sie selbst unterrichteten.

Vier Texte des *Irischen Tagebuchs* entstanden vor dem Hintergrund dieser zweiten Reise. »Skelett einer Siedlung« und »Torfklumpen im Kaminfeuer« wurden wieder in der *Frankfurter Allgemeinen Zeitung* vom 16. Juli und 26. August 1955 abgedruckt. In dieser Zeit tauchten in Bölls Korrespondenz erstmals auch Hinweise auf, die ›Tagebuchaufzeichnungen‹ gesammelt im Verlag Kiepenheuer & Witsch erscheinen zu lassen. »Witsch will aus meinen Irischen Impressionen ein Buch machen«,[57] schrieb er Ernst-Adolf Kunz. Da Böll sich jedoch auf die Niederschrift der Erzählung *Das Brot der frühen Jahre* konzentrierte, die im November 1955 erschien, und sich daneben mit der gemeinsam mit Annemarie Böll verfassten Übersetzung von Patrick Whites Roman *Zur Ruhe kam der Baum des Menschen nie* befasste, wurde der Plan zunächst nicht weiter verfolgt.

Mit *Das Brot der frühen Jahre* begann Böll am 17. Juli. »[E]s ist die Geschichte eines jungen Mannes, der jetzt 24 ist, am Kriegsende 13 oder 14 war, in die Stadt kommt, zunächst hungert, dann aber ›mitmischt‹, auf Karriere setzt, diese sogar macht – und dann durch die Liebe zu einem jungen Mädchen in eine andere Richtung gezogen wird.«[58] Böll versprach, das Manuskript am 1. August von Keel aus an den Verlag zu schicken.

Gegenbildlich zu *Und sagte kein einziges Wort* entwirft Böll in diesem Text Liebe als Sprengkraft gesellschaftlicher Konformität. In der auf einen Tag konzentrierten Erzählung begegnet Walter Fendrich Hedwig Muller. Auf Bitten seines Vaters, Hedwig Muller bei ihrer Zimmersuche in der Stadt behilflich zu sein, erwartet Fendrich sie am Bahnhof. Er hat sich über die zunächst wenig zielgerichteten Versuche als Banklehrling, Verkäufer, Tischlerlehrling und nach Abschluss einer Elektrikerlehre als Waschmaschinen-Mechaniker – ein Zukunftsberuf in einer Zeit, in der die Waschmaschine als Luxusgut galt – in der Wohlstandsgesellschaft etabliert. Geprägt ist er durch Erinnerungen an die Hungerjahre seiner Kindheit. Die zentrale Vokabel dafür ist das Wort Brot. Es wird für ihn zur »Rechnungseinheit« von allem. Humanität und Inhumanität des Menschen, die Moralität des Einzelnen wie der Zustand der Gesellschaft im Ganzen bestimmen sich am Maß des Brotes, das als Symbol gesellschaftlicher Strukturen Menschlichkeit, Mitmenschlichkeit, Herrschaft und Unterdrückung verdichtet sichtbar macht. Gespeist wird diese Haltung unter anderem aus der Erfahrung, dass sein als Lehrer tätiger Vater, um dem hungernden Sohn Brot bieten zu können, den Sohn des Bäckers ungerechtfertigterweise besser zensiert, als ihm eigentlich möglich ist, was ihm aber vom Bäcker durch ein kommentarlos und kostenfrei übergebenes Brot vergolten wird. Als Fendrichs Vater eine Bevorteilung nicht mehr möglich ist, unterbleibt der Ertrag für die aus Liebe zu seinem Sohn erduldete Selbstkorrumpierung. ›Brot‹ fungiert in dieser Erzählung im Sinne der von Böll in den »Frankfurter Vorlesungen« antizipierten »Ästhetik des Brotes«. Denn hier könne sich die Spannbreite dieses Wortes als Zeichen der »Brüderlichkeit nicht nur, auch des Friedens, sogar der Freiheit, und wiederum noch mehr: das wirkungsvollste Aphrodisiakum, und weiterhin: Hostie, Oblate, Mazze«[59] zeigen. Zu Beginn der Erzählung ist Fendrich jedoch einer von Mitmenschlichkeit bestimmten Welt entfremdet, da er eine durch Wohlstand, Konsum und Arbeit gekennzeichnete Existenz angenommen hat. Aus dieser Verklammerung befreit ihn die Liebesbegegnung mit Hedwig Muller. Er entsagt seinen Karriereplanungen und verlässt seine Verlobte, deren Vater einen Elektrobetrieb besitzt, in den er eingeheiratet hätte.

Bedingt durch die Niederschrift der ersten Fassung ruhte die Fortsetzung der ›Irischen Impressionen‹. Hinzu kam, dass Böll auf Einladung der Deutschen Botschaft in London eine Lesereise unternahm, die ihn vom 18. bis 29. Oktober 1955 von London aus über Leicester, Duham, Aberdeen und Glasgow zurück nach London zum PEN-Club und von dort aus, nach der Eröffnung einer Buchausstellung, nach Oxford führte.

Über die Fortsetzung seiner Arbeit – sowohl an *Das Brot der frühen Jahre*, an der Joseph Caspar Witsch wie auch Bölls damalige Lektorin Alexandra von Miquel zunächst einiges zu monieren hatten, als auch an den Texten des *Irischen Tagebuchs* – unterrichtete Böll seinen Verleger in einem drei Wochen vor der Abreise aus Irland verfassten Brief. Nach seiner Rückkehr reichte Böll Joseph Caspar

Witsch die neu entstandenen Irland-Berichte ein. Darüber hinaus skizzierte er seine Vorstellung der nächsten, auf die Umsetzung des Buchprojekts bezogenen Schritte: »Lieber Jupp, ich schicke Euch einmal die ›Irischen Impressionen‹, soweit sie vorliegen: es würde noch hinzukommen (sicher hinzukommen): ein Kapitel, in dem in Form eines Gesprächs alles ›Sachliche‹ über Irland konzentriert enthalten wäre, möglicherweise noch 1 oder 2 Kapitel (kleine) – in der Art der vorliegenden. Außerdem würde die ganze Arbeit in die Ich-Form übersetzt, stellenweise gekürzt usw.«[60] Einem auf den 27. Februar 1956 datierten Aktenvermerk zufolge wurde als Abgabefrist Ende Mai 1956 verabredet. Parallel zu diesen Überlegungen publizierte Böll die nach der Rückkehr entstandenen ›Impressionen‹ in der *Neuen Zürcher Zeitung*, »Betrachtungen über den irischen Regen« sowie zwei weitere Irland-Texte in der *Frankfurter Allgemeinen Zeitung:* »Ambulanter politischer Zahnarzt« am 6. März 1956 sowie am 31. März 1956 »Der tote Indianer in der Duke Street«, der vorher bereits im *Jahresring* publiziert worden war.

Unterbrochen wurde seine Arbeit immer wieder durch anderweitige Verpflichtungen. So folgte auf eine Woche mit Lesungen in Bochum vom 18. bis 23. Januar in der Sportschule München-Grünwald die konstitutive Sitzung des Grünwalder Kreises. Initiiert von Hans Werner Richter kamen vom 3. bis 6. Februar 1956 Wissenschaftler, Publizisten, Politiker und Schriftsteller zusammen. Unter ihnen befanden sich Hans-Jochen Vogel, Waldemar von Knoeringen, Ruth Andreas-Friedrich, Paul Schallück, Martin Walser sowie Heinrich Böll. Konzipiert war der Kreis als Netzwerk und überparteilicher Bund, dessen »politische Stoßrichtung gegen neo-nationalsozialistische Tendenzen, auf die Stärkung demokratisch-emanzipatorischer Positionen und die differenzierte Auseinandersetzung mit der nationalsozialistischen Vergangenheit zielte«.[61] Auf Lesungen, die Böll im Februar noch zu absolvieren hatte, folgten Anfang März erneut Abende in Beckum, Heidrich und Mönchengladbach. Ihre unmittelbare Aufeinanderfolge brachte ihn in Bedrängnis, da er für den 8. März 1956 als Hauptredner der »Woche der Brüderlichkeit« angekündigt war, aber keine Zeit gefunden hatte, seinen Beitrag auszuarbeiten. »Hein kommt am späten Abend des 7. nach Hause, hat am 8. einen Vortrag in Bonn in der Christl.-Jüdischen Gesellschaft. Dieser Vortrag besteht erst zum kleinen Teil, macht Hein sehr viel Kummer und Kopfzerbrechen und muss also am Donnerstag fertiggemacht werden«,[62] so Annemarie Böll an Ernst-Adolf Kunz.

Böll folgte mit dem Vortrag einer Einladung des in Bonn lehrenden evangelischen Theologen Helmut Gollwitzer, der im Dezember 1955 im Namen der ein Jahr zuvor gegründeten Gesellschaft für Christlich-Jüdische Zusammenarbeit (GCJZ) bei ihm angefragt hatte. Die zur Frage »Wo ist dein Bruder?« im Kammerspielsaal der Bonner Universität gehaltene Rede entwarf Böll als Appell an das historische Gewissen mit einem klaren moralischen Maßstab für die Aneignung verdrängter Geschichte und die Bewahrung der Erinnerung:

> »Die Frage, die an uns gerichtet wird – ›Wo ist dein Bruder?‹ –, auf diese Frage sollten wir uns nicht die unverbindliche Antwort erlauben: Mein Bruder ist in der Geschichte verlorengegangen. Wo, an welchem Punkt dieser Geschichte ist er verlorengegangen? Ist er in Maidanek ermordet worden, in einem Kriegsgefangenenlager verhungert, in Rußland gefallen, oder ist er als Deserteur erhängt worden? […] Auschwitz liegt nicht sehr weit entfernt von Austerlitz. Austerlitz ist der Platz in unseren Geschichtsbüchern gesichert. Hoffen wir, sorgen wir dafür, daß auch für Auschwitz der Platz gesichert wird, und hüten wir uns vor den vielen Nullen, die in den Geschichtsbüchern am Ende der Zahlen stehen, unsere Brüder sind verborgen hinter den sieben Nullen einer achtstelligen Zahl: ein ganzes Volk von Toten, dessen Fürsten die ermordeten Kinder sind.«[63]

Offenbar hatte die Eindringlichkeit, mit der Böll ein Bewusstsein anmahnte, das gegen die Verdrängung der Geschichte arbeitete, ihre Wirkung erzielt. In einem Artikel der *Bonner Rundschau* wurde seine Rede als »aufrüttelnd in ihrer Wahrhaftigkeit« und »gerichtet an jedermann« charakterisiert. »Es wurde eine Strafpredigt, die jeder zu Händen haben müßte, auf daß wenigstens das eine oder andere eindringe in unser Herz«.[64]

Bereits einen Tag danach setzte Böll seine Lesetour fort. Bis zum 23. April trat er in Bad Wildungen, Leverkusen, Braunschweig, Buxtehude, Emden, Aurich, Meppen und anderen nord- und westdeutschen Kleinstädten auf. Ihren Abschluss fand die Reisetätigkeit erst nach der Teilnahme am 3. deutsch-französischen Schriftstellertreffen in Vézelay vom 26. bis 30. April 1956. Vier Wochen später reiste Böll am 1. Juni erneut nach Keel. Annemarie und die Söhne folgten. Die Reise stand ganz im Zeichen der bevorstehenden Buchveröffentlichung. Noch kurz vor Reiseantritt hatte Joseph Caspar Witsch seine Absicht kundgetan, das *Irische Tagebuch* früher herausbringen zu wollen. Unmittelbar nach der Ankunft auf Achill Island schrieb Böll an ihn, er sehe »eine gewisse Inflationsgefahr: Herbst 1955 ›Brot der frühen Jahre‹, Winter 1955 Schifferli Band I,[65] Frühjahr 1956 Schifferli Band II,[66] Frühjahr 1956 Dr. Murke, Herbst 1956 Irische Impressionen (???). [...] glaubst Du nicht, daß es besser wäre, mit Murke und den Impressionen zu warten? [...] Es soll alles so bleiben, nur werde ich auf eine mich tötende Weise nervös und unfruchtbar, wenn ich Druck spüre.«

Witsch reagierte beschwichtigend und antwortete, dass es ihm einzig darum zu tun gewesen sei, das *Irische Tagebuch* dem Druck der Beiträge in der *Frankfurter Allgemeinen Zeitung* zeitnah folgen zu lassen, versicherte jedoch, dass es genauso gut im nächsten Frühjahr erscheinen könne, sodass Böll Gelegenheit hätte, den Aufenthalt in Irland in Ruhe im nächsten Winter auszuarbeiten. »Lieber Jupp, herzlichen Dank für den Brief, der mich in vielerlei Hinsicht beruhigt«, antwortete Böll am 30. Juni 1956 von Keel aus.

> »Ich werde an den ›Irischen Impressionen‹ weiterarbeiten, und auf jeden Fall wird der Anschluß der Buchausgabe an die Frankfurter Zeitung erhalten bleiben, denn ich habe mit Korn in Vézeley abgemacht (er bat mich darum), ihm alle meine Arbeiten dieser Art zu schicken: eine neue hat er schon, weitere werden folgen. Nun wird es so sein, daß mir eben im Winter – mit dem Abstand, der sich in Köln ergibt – mehr einfällt als hier, und so würde es schade sein, wenn das Buch im Herbst erschiene, im Winter dann weitere Beiträge in der FAZ, die dann nicht mehr ins Buch kämen – und ›Irische Impressionen II. Teil‹ wäre Unsinn.«

Bei der im Brief angesprochenen neuen Arbeit, die Böll Korn zugeschickt hatte, handelte es sich um den in die Buchausgabe als viertes Kapitel eingegangenen Text »Mayo – God help us«, der am 7. Juli 1956 in der *Frankfurter Allgemeinen Zeitung* veröffentlicht wurde. Weitere Texte publizierte Böll im *Aufwärts*, in *Westermanns Monatsheften* sowie in *magnum*. »Ich konzentriere mich jetzt ganz auf die Irischen Impressionen«, schrieb er am 12. Juli 1956 an Witsch. »In der nächsten Woche starte ich zu einer zehntägigen Rundreise hier, um einige Teile zu sehen, die ich noch nicht kenne, um auch den Mayo-Geruch (siehe ›Arme Leute‹) aus meinen Impressionen herauszubekommen und Irland Gerechtigkeit zu tun: im Süden ist es wirklich südlich, fruchtbar und märchenhaft bunt und schön.«[67] Enthusiastisch berichtete er später Ernst-Adolf Kunz: »Lieber Ada, wir kommen eben von einer herrlichen Rundreise zurück (3 Tage Dublin! und Süden Irlands!)«, und kündigte sogleich »5 weitere Irland-Artikel«[68] an. Bis zu seiner Rückkehr nach Köln am 29. September 1956 wurde von diesen »fünf« Texten allerdings keiner abgeschlossen. Die »Irischen Impressionen« führte Böll erst im Dezember weiter aus, denn zwischenzeitlich folgten weitere Reisen.

Dass die westdeutsche Literatur einen wesentlichen Beitrag zum Ansehen der Bundesrepublik im Ausland geleistet habe, war eine häufig geäußerte Ansicht Bölls. Noch im März 1981 schrieb er in einem Brief an Helmut Schmidt, der ihn um Material und Informationen für eine von ihm zu haltende Rede zum ›Tag des Buches‹ gebeten hatte, dass der »internationale Ruf« der Bundesrepublik »zum großen Teil auf dem Ansehen ihrer Literatur« beruhe, was für »gewöhnlich unterschätzt«[69] würde. Das war keine abstrakte Behauptung. Bölls Bewertung konnte sich auf die Erfahrungen zahlreicher Auslandsreisen und Begegnungen mit ausländischen Autoren stützen; nicht zuletzt auch auf die Übersetzungen zahlreicher seiner Werke. Die Basis dazu legten zwei Reisen: nach Schweden vom 16. bis 26. Oktober sowie nach Polen im Dezember 1956.

Ein Jahr, nachdem Reinhold Schneider auf Einladung der Deutsch-Schwedischen Gesellschaft Lesungen in Schweden bestritten hatte, wurde Böll – zunächst über eine Anfrage bei Kiepenheuer

& Witsch – gebeten, in Stockholm als erster deutscher Nachkriegsautor aus eigenen Werken zu lesen. Nach Gustav Korlén, der 1956 mit Böll Kontakt aufgenommen hatte, waren Bölls Lesungen – im Programm stets die von Korlén ausdrücklich erwünschte Satire »Dr. Murkes gesammeltes Schweigen« – in Kopenhagen, Stockholm, Göteborg, Uppsala und Linköping von durchschlagendem Erfolg. Kurz vorher war eine schwedische Ausgabe von Bölls *Haus ohne Hüter* erschienen.

Während die letzten Verabredungen zu dieser Reise getroffen wurden, erreichte Böll am 5. Oktober 1956 eine Einladung von Leon Kruczkowski, dem Vorsitzenden des Verbandes polnischer Schriftsteller. Über Kontakte verfügte Böll aufgrund des Interesses der 1947 gegründeten PAX-Verlagsgesellschaft an polnischen Übersetzungen seiner Werke. In diesem Verlag erschien 1956 *Und sagte kein einziges Wort* in einer Übersetzung von Wanda Kragen.

Anders als die Reise nach Schweden stand Bölls Polen-Aufenthalt im historischen Kontext eines Umbruchs der unter der Führung Moskaus stehenden osteuropäischen Staaten. Das Signal dazu hatte Nikita S. Chruschtschow mit seiner auf dem XX. Parteitag der KPdSU im Februar 1956 gehaltenen ›Geheimrede‹ und der darin vorgetragenen Kritik des um Stalin geführten Personenkultes sowie dessen Herrschaftsmethoden gegeben. Mit seiner Rede beförderte er nicht nur den Prozess der Entstalinisierung innerhalb des politischen Systems der Sowjetunion; seine Verurteilung des Stalinismus führte außerhalb der Sowjetunion zu einer Verstärkung der sich bereits nach Stalins Tod 1953 gegen die sowjetische Hegemonie richtenden Entwicklungen. Allerorts, so auch in Polen, stellte sich nach Bekanntwerden dieser Rede die Frage nach Anspruch, Fortführung und Legitimität des kommunistischen Systems. Die mit den Debatten aufkommende politische Destabilisierung führte in Polen im Juni 1956 zu Streiks und Demonstrationen, deren zunächst wirtschaftlichen Forderungen sich alsbald auch mit religiösen und nationalen mischten, wie der nach verstärkter Unabhängigkeit. Ihren Höhepunkt erreichten die Demonstrationen im Oktober des Jahres. Gefordert wurde nun auch der Abzug der sowjetischen Truppen aus

Polen. Ebenfalls formierte sich unter den Intellektuellen und Studenten in Ungarn Protest, der zu einer als Demonstration für Polen gedachten Massenveranstaltung in Budapest am 23. Oktober 1956 führte. In der Folge erklärte Ungarn am 1. November 1956 seinen Austritt aus dem sowjetisch dominierten Verteidigungsbündnis ›Warschauer Pakt‹. Drei Tage später schlugen sowjetische Truppen den Aufstand nieder. Angesichts der Ereignisse initiierte die Zeitschrift *Kultur* einen Solidaritätsaufruf mit dem »Freiheitskampf der ungarischen Jugend, der Studenten und Arbeiter und nicht zuletzt der Schriftsteller, Künstler und Wissenschaftler gegen ihre Unterdrücker«,[70] der auch Böll zuging. Er unterzeichnete und reagierte mit einem den Aufruf erläuternden Text am 22. November 1956 in Briefform an den Verleger der *Kultur*, Kurt Desch. Neben der Selbstverständlichkeit der Solidarität, die seine Unterzeichnung begründe, betonte er, dass in der von der ungarischen Bevölkerung gewollten Demokratisierung um eine Gerechtigkeit gekämpft werde und Opfer gebracht würden, die das westliche Europa »beschämen« sollten. »*Teile* dessen, was wir unter Gerechtigkeit und Freiheit verstehen, schweben sicher auch den ungarischen Revolutionären vor, und doch geht es dort um mehr, um etwas, das es auch bei uns noch nicht gibt, und dieser Kampf wird *für* uns gekämpft.«[71]

Anders als in Ungarn führte die Entscheidung des Zentralkomitees der Polnischen Vereinigten Arbeiterpartei (PVAP) im Oktober 1956, Wladislaw Gomulka, der zwei Jahre zuvor aus politischer Haft entlassen worden war, zum Ersten Sekretär der PVAP zu wählen, zu einer Beruhigung der Situation. Seine Wahl galt als Beginn einer Befreiungsbewegung aus der sowjetischen Hegemonie. Innenpolitisch wurde die nach seinem Amtsantritt einsetzende Lockerung der Zensur, die Rücknahme der Kollektivierungsmaßnahmen in der Landwirtschaft, aber auch die Annäherung von Staat und Kirche, die ihren maßgeblichen Ausdruck in der Freilassung des 1953 aus politischen Gründen inhaftierten Primas der katholischen Kirche, Kardinal Wyszinski,[72] fand, als Anzeichen eines ›polnischen Frühlings‹ gewertet. Dieser politische und wirtschaftliche Prozess führte ebenfalls zu einer kulturellen Durchlässigkeit des ›Eisernen Vorhangs‹, sodass Schriftsteller nach Polen eingeladen werden konnten. In Begleitung von Ernst-Adolf Kunz weilte Heinrich Böll vom 16. bis 22. Dezember 1956 in Warschau. Bei ihrer Ankunft wurden sie von Marcel Reich-Ranicki empfangen, der sie während des Aufenthaltes unter anderem als Übersetzer begleitete. Berichte über seine Polenreise publizierte Böll in der Zeitschrift *Dokumente* sowie in bearbeiteter Form in *Welt der Arbeit*.

Das wohl eindrücklichste Erlebnis war der Besuch von Auschwitz am 18. Dezember 1956. Er war geprägt von der ebenso tief wie unauflösbar erlebten Irritation des Kontrastes zwischen der konkreten Erfahrung des Ortes, der Begegnung mit Überlebenden und der abstrakten Dimension der perfektionierten Todesmaschinerie einer bürokratisch organisierten Vernichtung von Menschen. »Das ist ein Problem, mit dem ich nicht fertig geworden bin und nicht fertig werde. [...] Die Judenvernichtung war etwas ganz einmaliges, mit der Akribie, der Bürokratie, mit der perfekten Korrektheit, mit der sie durchgeführt wurde, das wird für mich mit der Entfernung vom historischen Datum schlimmer, nicht besser zu ertragen.«[73]

Nach seiner Rückkehr aus Polen begann Böll konzentriert auf die für das folgende Jahr geplante Buchfassung des *Irischen Tagebuchs* hinzuarbeiten. In einem ersten Schritt sah er die während der Irland-Aufenthalte entstandenen Notizen durch und fügte sie in entsprechenden Motivübersichten zusammen. Darüber führte er eine Liste der bislang vorliegenden Texte, die allem Anschein nach die Probe darauf sein sollte, wie die Sammlung neu zu arrangieren sei. Die entstehungsgeschichtlich gegebene bzw. die durch die Veröffentlichungschronologie geschaffene Abfolge wurde aufgehoben. Stattdessen legte er eine durchnummerierte, 18 Texte umfassende Kapitelfolge an, wobei die letzten drei Kapitel, anders als die Nummern 1 bis 15, denen ein Titel der bereits vorliegenden Irland-Texte zugeordnet worden war, nur durch Ziffern gesetzt wurden. Dass es 18 Texte sein sollten, ist zwar durch die Anzahl der Kapitel im Buchdruck evident, warum dies aber vor der Niederschrift mehrerer Kapitel, die noch nicht einmal stichwortartig betitelt worden waren, schon so sein sollte, ist nicht bekannt. Im Hinblick auf das spätere Ergebnis ist die auf 18 festgelegte Anzahl als ein kompositorisches Zeichen zu verstehen, den Zusammenhang der einzelnen, zu unterschiedlichen Zeiten und in unterschiedlicher Weise Irland spiegelnden Impressionen in ein ästhetisch befriedigendes Ganzes zu überführen. Dieser kompositorische Aspekt lässt sich auf eine Lektüre zurückführen. Im Oktober 1954 hatte Böll auf der Fahrt nach Irland mit dem Lesen des *Ulysses* von James Joyce begonnen, in der 1930 im Rhein-Verlag erschienenen Übersetzung von Georg Goyert. Aufgeteilt in 18 Kapitel zeichnet Joyce die Ereignisse eines Tages nach. Die angedeutete Verknüpfung des *Irischen Tagebuchs* mit der Erzählstruktur des *Ulysses* bezieht sich jedoch nur auf die Möglichkeit einer durch die Lektüre spielerisch in Gang gesetzten Assoziation auf ein Erzählgerüst. Daran konnte sich Böll in dem Augenblick orientieren, in dem er das Problem zu lösen hatte, völlig unabhängig voneinander entstandene Einzeltexte zu einem Ganzen zu verbinden. Was der Lektüre des *Ulysses* zuallererst zu entnehmen ist, ist die auf einen Tag konzentrierte Darstellung, die im ersten (Stephen Dedalus einführenden) Kapitel und im vierten (Leopold Bloom einführenden) Kapitel morgens um acht Uhr anhebt und in den ersten Stunden des folgenden Tages mit der Heimkehr des Protagonisten Bloom endet. Das *Irische Tagebuch* spiegelt diesen Aufbau insofern, als die Kapitel eins und vier einem analogen Muster folgen; beide setzen zeitlich in den frühen Morgenstunden ein, wobei die ersten drei Kapitel den Aufenthalt in Dublin schildern und das vierte dann den Reiseweg eröffnet, der im 18. Kapitel »Abschied« zu seinem Ende kommt. Das heißt hier explizit: wieder nach Dublin zurückführt. Im Hinblick auf die in der Buchfassung realisierte Abfolge deutet sich damit die kompositorische Intention an, dass die einzelnen Kapitel nicht allein als szenische Vergegenwärtigung von Erlebnissen innerhalb einer durch Ankunft und Abfahrt nur abstrakt bestimmten Reise gelesen werden, sondern das Ganze als eine Einheit fassbar werden sollte, deren unterschiedliche Perspektiven von einem Erzähler-Ich zusammengehalten werden. Dies bringt die Verbindung von zwei Wahrnehmungsmomenten zum Ausdruck. So lautet der letzte Satz des *Irischen Tagebuchs*: »[E]ben stellte eine junge Frau einen orangefarbenen Milchtopf auf die Fensterbank hinaus«, und in dem die Ankunft in Dublin darstellenden Kapitel »Ankunft II«: »[V]om Fensterbrett eines schwarzen Hauses nahm gerade eine junge Frau einen orangefarbenen Milchtopf ins Zimmer«. Zwischen diesen markierten Polen spannt sich aus, was, einem Taxifahrer in den Mund gelegt, der vorletzte Satz des *Irischen Tagebuchs* poetologisch anklingen lässt: »›Dieser Tag‹, sagte er, ›war das nicht ein Prachtbürschchen?‹«[74]

In literarischer Hinsicht war das *Irische Tagebuch* der Höhepunkt von Bölls Beschäftigung mit Irland. Nur einmal noch griff er die Insel als Thema einer größeren Arbeit auf, bediente sich dabei aber nicht des erzählerischen, sondern des filmischen Mediums. Auf der Grundlage von Bölls Drehbuch entstand im Juni 1960 die vierzigminütige Dokumentation *Irland und seine Kinder*, die am 8. März 1961 im Westdeutschen Rundfunk gesendet wurde. Ein Drehort des Films war Achill Island, das sich im Verlauf der Jahre zum festen Aufenthaltsort der Familie während der Sommermonate herausgebildet hatte und wozu im August 1958 der Erwerb eines Cottages an der Nordküste in Dugort das Seine beitrug. Sein »Dossier über Irland« schloss Böll 1967 – nicht ohne in einem essayistischen Rückblick auf die Entwicklungen des Landes aufmerksam zu machen. Das Irland des *Irischen Tagebuchs* hatte sich inzwischen weit von dem entfernt, was Böll vor Augen stand und ihn in seinem Resümee »Dreizehn Jahre später« bekennen ließ, dass auch für ihn das frühere Irland nur noch in Teilen fassbar sei. Nach 1967 jedenfalls verfasste er nur noch einen Beitrag, in dem er sich Irland explizit zuwandte, und zwar 1970 mit dem in der *Süddeutschen Zeitung* vom 21./22. Februar 1970 veröffentlichten Artikel »Die Ursachen des Troubles in Nordirland«. Der Abschied von Irland bedeutete jedoch keine Abkehr von der irischen Literatur, deren Werke Böll immer wieder rezensierte (z. B. Sean O'Casey), gemeinsam mit seiner Frau übersetzte (z. B. Brendan Behan) oder zur Grundlage eigener Rundfunkarbeiten machte (z. B. Francis Stuart). Sie war außerdem seit seiner Jugendzeit stets ein Teil seiner Lektüre – Samuel Beckett ist dafür ein Beispiel.

Heinrich Böll vor dem Cottage der Familie in Dugort, Irland, um 1960

Offenbar plante Böll, nach der Abgabe des *Tagebuch*-Typoskripts direkt mit einem neuen Roman zu beginnen. So berichtete er Ernst-Adolf Kunz am 9. Januar 1957: »Am 1.2. fange ich meinen Roman an, zu dem sich die Notizen schon häufen. Aber sicher komme ich auch im Februar.«[75] Bis er tatsächlich das Romanprojekt, an dessen Ende *Billard um halb zehn* stand, konzentriert aufnahm, sollte es allerdings noch ein gutes Jahr dauern. Einer der Gründe für diese Verschiebung war das verlockende Angebot, für die Büchergilde Gutenberg ein Buch über das Ruhrgebiet mit Fotografien von Chargesheimer (Carl-Heinz Hargesheimer) zu realisieren. Vertraglich fixiert wurde dieses Vorhaben am 18. Januar 1957. Ernst-Adolf Kunz sagte seine Unterstützung zu: »Schreib uns, was Dich hier im Kohlenpott besonders interessiert. Willst Du eine Zeche besichtigen, ein Werk, alte Siedlungen, typische Kneipen, willst Du mit alten Kumpels sprechen? [...] Vor allem Gelsenkirchen eignet sich – Schalke, Bismarck, Hessler etc. In Essen dominiert Krupp. Na, wir werden die Sachen schon schaukeln.«[76] Den entscheidenden Anstoß vermittelte Ernst-Adolf Kunz. »Immer wieder«, so erinnerte sich Gunhild Kunz,

> »sprach er [Heinrich Böll] von der Faszination, die dieses Gebiet in seiner Mischung aus Hässlichkeit und strotzender Kraft auf ihn ausübte. Und so geschah, was geschehen mußte: Eines Tages meinte Philipp Wiebe [d. i. Ernst-Adolf Kunz]: Dann schreibe doch darüber, schreibe, wie Du als Kölner, als Rheinländer, das Ruhrgebiet siehst. Und weil diese Landschaft kaum mit einer anderen zu vergleichen ist, wäre es gut, ein paar Bilder dazu zu veröffentlichen«.[77]

Daraufhin setzte sich Böll mit Chargesheimer in Verbindung. Nachdem ein zunächst für Februar anvisierter Besuch kurzfristig verschoben werden musste, bereisten Chargesheimer und Böll das Ruhrgebiet vom 29. März bis 1. April 1957. Nach weiteren Exkursionen, die Böll über Westerholt, Marl, Recklinghausen, Waltrop, Dortmund, Witten, Wetter, Bochum und weitere Ortschaften führten, unterrichtete er seinen Freund Kunz Ende Juli über die absehbare Beendigung des Manuskripts: »Die Arbeit ist zu 9/10 fertig und schon genehmigt.«[78]

Als das Buch im Herbst 1958 erschien, waren es vor allem die Reaktionen im Ruhrgebiet selbst, die zu heftigen Diskussionen führten. Die Kritik richtete sich gegen die Schwarz-Weiß-Fotos von Chargesheimer: »Wo blieb das Photo des Ruhrgebietsmenschen, der etwa eine Kunstausstellung besucht? Wo blieb das Bild der überfüllten Konzertsäle, der berühmten Bildersammlungen, der Kunstschulen? Statt dessen Schützenfeste, Pferderennbahnen, Fußballplätze.«[79] Der Stadtjugendring Essen hatte schon am 13. Oktober 1958 seine Empörung über das Buch gegenüber Witsch zum Ausdruck gebracht und aufgefordert: »Bitte, stellen Sie sich im Herzen des Ruhrgebiets einer Diskussionsgruppe, die zum Teil aus der Jugend gestellt wird, die einfach die Darstellung nicht hinnehmen kann«.[80] Witsch wies die Kritik zurück, war aber bereit, zusammen mit Böll und Chargesheimer an einer öffentlichen Diskussion in Essen teilzunehmen. Sie fand am 12. Februar 1959 statt, zeigte im Ergebnis aber kaum eine Annäherung der Standpunkte.

Bölls Überzeugung, dass eine erinnerungslose Gesellschaft und ihre geschichtliche Realitätsverleugnung das Wiederaufleben alter Ressentiments begünstigen und vor allem Jugendliche erfassen würde, beförderte nicht nur seine wachsenden Befürchtungen angesichts der Ende der 1950er-Jahre merkbaren Zunahme antisemitischer Tendenzen, sondern motivierte und verstärkte sein Engagement, gegen Geschichtsvergessenheit, Vorurteile und Klischees anzuarbeiten. In eng miteinander verschränkten Perspektiven brachte er seine Kritik an der mangelnden Auseinandersetzung mit der Vergangenheit nicht nur in seiner letzten großen Arbeit der 1950er-Jahre, *Billard um halb zehn*, zum Ausdruck, sondern ebenso in anderen Arbeiten, Äußerungen und Aktivitäten dieser Zeit.

In einem Gespräch mit dem aus London remigrierten Publizisten Wilhelm Unger und dem Kölner Rabbiner Zvi Asaria, das im Dezember 1959 in Köln geführt wurde, verdeutlichte Böll seine Skepsis zunächst Wilhelm Unger, den er 1955 während seiner Lesereise in England kennengelernt hatte. »Sie haben mich, Herr Unger, vor Jahren, als Sie noch in London lebten, gefragt, ob Sie nach Köln zurückkehren sollten. Und ich habe Ihnen zugeraten. Ich bin nicht sicher, ob ich Ihnen auch heute noch zur Rückkehr raten würde. Die Situation hat sich in den letzten Jahren verändert. Denken Sie nur an die Landtagswahlen von Rheinland-Pfalz, an die rund sechs Prozent, die der Deutschen Reichspartei zugefallen sind.«[81]

Als das Gespräch im Januar 1960 fortgesetzt wurde – vor dem Hintergrund der im Dezember 1959 erfolgten Hakenkreuzschmierereien an der Kölner Synagoge, auf die Böll mit seinem im *Aufwärts* publizierten Artikel »Zeichen an der Wand« reagierte –, artikulierte Böll seine Vorbehalte erneut. »Ich bin heute skeptischer, weil ich fürchte, dass die Traditionen, auf denen unser Staat beruht, unklar sind. Es ist nicht ein deutlicher Bruch mit der Vergangenheit vollzogen worden.« Dabei stützte Böll seine Befürchtungen weniger auf die »Existenz von Antisemiten« als vielmehr auf die

»Masse der Indifferenten. [...] Wenn ich mir zum Beispiel unsere Ordensgesetze ansehe, bleibt mir völlig unverständlich, wie ein Mensch, der denken und fühlen kann, sich einen Orden ohne Hakenkreuze anzustecken vermag, der mit Hakenkreuz verliehen wurde. Ein Beispiel für eine falsche und dumm ausgelegte Tradition. Und die Wurzeln eines jugendlichen Antisemitismus sehe ich in solchen unklaren Traditionen und in der nicht vollzogenen Revolution.«[82]

Durch Aufklärung der »Unkenntnis« entgegenzutreten, die »in der Vergangenheit die Propagierung von Vorurteilen«[83] ermöglicht habe – genau dies war das Anliegen von Karl Keller, der seinerzeit der Geschäftsleitung der Universitätsbuchhandlung Witsch angehörte. Kellers Vorstellung zielte auf die Gründung einer der Förderung der deutsch-jüdischen Beziehungen gewidmeten Bibliothek. Öffentlich wurden die Pläne im Juni 1958 durch Paul Schallück anlässlich eines Empfangs, den die Stadt Köln zu Ehren Martin Bubers ausrichtete. Nach Schallücks Ankündigung fanden sich Annemarie und Heinrich Böll, Ilse und Paul Schallück sowie Ernst Brücher, Karl Keller und der Kölner Kulturdezernent Kurt Hackenberg am 1. Januar 1959 in der Wohnung Wilhelm Ungers zur konstituierenden Sitzung eines Gründerkreises zusammen. Ein von allen Anwesenden unterzeichnetes Gründungsprotokoll sah als Ziel die Bildung eines »Vereins für die Gründung, Förderung und Unterhaltung der Bibliothek für die Geschichte des Judentums in Deutschland« vor. Als eine Art Vorgründung war diese Zusammenkunft die Basis für den am 28. Februar 1959 konstituierten Verein. Laut Niederschrift der Gründungsversammlung der *»Germania Judaica Kölner Bibliothek zur Geschichte des deutschen Judentums«* bestand der Vorstand aus Heinrich Böll als 1. Vorsitzendem, Paul Schallück als 2. Vorsitzendem, dem Bankier Iwan-David Herstatt als Schatzmeister sowie Karl Keller als Schriftführer. Wilhelm Unger, Kurt Hackenberg und Ernst Brücher wurden zu Beisitzern bestimmt. Die erste Geschäftsstelle der Bibliothek, mit einem von der in London ansässigen Wiener Library gestifteten Bestand von 180 Titeln, wurde in zwei Räumen der Merliorstraße 24 eingerichtet; als Geschäftsführer fungierte zunächst Wilhelm Alff, der 1958 und 1959 als Sekretär für Heinrich Böll tätig war.

Bereits im Jahr zuvor hatte Bölls Engagement zur Gründung der »Kölnischen Gesellschaft für Christlich-Jüdische Zusammenarbeit« geführt. Nach einer vom ehemaligen Kölner Stadtdirektor und Reichstagsabgeordneten Hermann Pünder initiierten Sitzung am 26. Februar 1958, an der als Stadtdechant Robert Grosche sowie neben Böll der Superintendent Hans Enke, Zvi Asaria und eine Reihe weiterer namhafter Kölner teilnahmen, wurde am 15. Juli 1958 die offizielle Gründungsversammlung im Isabellensaal des Gürzenich vollzogen.

Die *Ruhr-Nachrichten* hatten 1957 eine Reportage über Böll veröffentlicht mit dem Titel »Schreibt er den großen Roman? Erwartungen an den Schriftsteller Böll«. Sie suggerierten damit einem erwartungsvollen Publikum, er arbeite an einem neuen Projekt. Der Roman solle, so wurde der Autor zitiert, »die Geschichte eines 50-jährigen Mannes werden und die Zeit von 1900 bis heute filtrieren«.[84] Diese erzählerische Linie lässt sich im Roman *Billard um halb zehn* wiedererkennen. Bis jedoch die konkrete Schreibarbeit begann, vergingen noch einige Monate. An Henri Plard schrieb Böll am 18. Dezember 1957, dass er sich »freue, [...] in wenigen Tagen« die Romanarbeit beginnen zu können, da er »mitten in der Stadt ein Arbeitszimmer gefunden [habe], im Archiv eines Museums, dort werde ich also umgeben von restaurationsbedürftigen Madonnen, Kelchen, Monstranzen sitzen und auf die Reste einer römischen Mauer blicken: ich bin gespannt, ob diese Umgebung sich in den Roman einfärben wird. Nun, wir werden sehen.«[85] Gemeint war damit ein Raum im Schnütgen-Museum, der Böll durch Vermittlung des damaligen Kulturdezernenten Kurt Hackenberg von Hermann Schnitzler, 1953 bis 1970 Direktor des Museums, zur Verfügung gestellt wurde. Intensiv, aber auch immer wieder durch andere Aufgaben unterbrochen, arbeitete Böll ab Februar 1958 an der Niederschrift seines erzähltechnisch komplexesten Werkes, dessen Reinschrift am 11. April 1959 abgeschlossen wurde.

Eine der Unterbrechungen bildete während eines Aufenthalts in der Schweiz Mitte 1958 die Niederschrift des Essays »Brief an einen jungen Katholiken« für die von Alfred Horné geplante Publikation *Christ und Bürger heute und morgen*. Die Kristallisationspunkte sind zum einen die Kritik an der Ausrichtung der amtlichen Kirche an einer gesellschaftlichen Machtposition, zum anderen die Kritik am verbandsorganisierten deutschen Katholizismus (›Zentralkomitee deutscher Katholiken‹) wegen seines Alleinvertretungsanspruchs sowie die Verquickung beider mit den politischen Konstituenten der Adenauer-Ära. Die Konfrontationslinien spiegeln dabei in unterschiedlichen Brechungen Bölls Zugriffe und thematische Orientierungen, die er in späteren Texten wie dem »Nachwort zu Carl Amery, ›Die Kapitulation‹« (1963), der »Antwort an Mrsg. Klausener« (1963), dem »Brief an einen jungen Nichtkatholiken« (1966) und »Die armen rks« (1967) weiterführte. Er prangerte die Vernachlässigung christlicher Werte zugunsten institutioneller Machtansprüche und Einflussnahmen an sowie eine Moralinterpretation, die »Moral immer noch mit sexueller Moral identifiziert«, politische Unmoral jedoch systematisch ausblende, sowie die verhängnisvolle »Fast-Kongruenz von CDU und Kirche«: So sei es zwar möglich, »Zweifel am Dogma von der leiblichen Auferstehung Mariens zu äußern; es wird Ihnen eine höchst subtile, gescheite und theologisch saubere Unterweisung zuteil werden; solle es Ihnen jedoch einfallen, Zweifel am (unausgesprochenen) Dogma von der Unfehlbarkeit der CDU zu äußern, so wird Pfarrer U. auf eine nervöse Weise ungemütlich und unsubtil.« Gravierend war für Böll diese Verquickung von CDU und Kirche vor allem im Hinblick auf den fehlenden Einspruch der Kirche gegen die Wiederbewaffnung Mitte der 1950er-Jahre: »Die Politik ist hart geworden und die Theologie weich. Häresien gibt es keine mehr, die Theologien haben sich aufs politische Feld drängen lassen und spielen hilflos bei diesem Spiel mit vernagelten Toren mit. Adenauer ist katholisch, Strauß und einige andere sind es; was wollen wir mehr?«[86]

Der ursprünglichen, mit Alfred Andersch verabredeten Planung nach sollte Bölls Beitrag vor Erscheinen der Buchausgabe im Süddeutschen Rundfunk in der Reihe »Radio-Essay« gesendet werden. Dass der »Brief an einen jungen Katholiken« letztendlich nicht gesendet wurde, hing mit einem Wechsel der Intendanz des Süddeutschen Rundfunks zusammen. Am 1. September 1958 löste Hermann Bausch (CDU) Fritz Eberhard (SPD) ab. Er informierte Böll wenige Tage später darüber, nach entsprechenden Beratungen in den Gremien die Ausstrahlung des Beitrags verschieben zu müssen. Nach einem Treffen mit Bausch berichtete Böll Andersch, den »›Brief‹ werde ich wahrscheinlich zurücknehmen, nicht wegen Bausch, der hier drei Stunden lang mit mir rang. Ich fürchte mich vor dem ›Knüller‹, und meine Spontaneität dem ›Brief‹ gegenüber ist weg.«[87] Da zwischenzeitlich in den *Katholischen Werkheften* ein Auszug publiziert worden war, war, noch bevor Böll seine Zurücknahme erklären konnte, die Entscheidung gefallen. Mit dieser Veröffentlichung argumentierend, konnte Bausch, ohne auf politische Implikationen der Ablehnung eingehen zu müssen, die endgültige Absage damit begründen, dass ein bereits gedrucktes Manuskript vorläge, dessen Verwertung im Rundfunk den Gepflogenheiten widerspreche.

Ungeachtet dessen lag der Schwerpunkt der Arbeit weiterhin auf der Fortsetzung des Romanprojekts *Billard um halb zehn*. Eingefasst in die Ereignisse des 6. September 1958 – es ist der 80. Geburtstag des Architekten Heinrich Fähmel –, entfaltet der Text in inneren und äußeren Monologen, in Rückblenden und vielfach aufeinander bezogenen Erinnerungen eine drei Generationen übergreifende Familiengeschichte. Im Vordergrund steht die Abtei Sankt Anton, die vom alten Heinrich Fähmel erbaut, von Robert Fähmel, seinem Sohn, im Krieg gesprengt und von dessen Sohn Joseph nach dem Krieg originalgetreu wieder aufgebaut werden soll.

Im Zentrum der Handlung stehen die Erinnerungen von Heinrichs Sohn Robert, der sich als Jugendlicher einer Jugendgruppe anschloss, ein dilettantisches Attentat verübte, aber durch Protektion sein Architekturstudium (mit dem Schwerpunkt Statik) beenden konnte. Während des Zweiten Weltkriegs wird er als Sprengspezialist der deutschen Wehrmacht beauftragt, die Abtei Sankt Anton zu sprengen.

Der Geburtstag Heinrich Fähmels und die damit verbundenen Feierlichkeiten im Hotel Prinz Heinrich führen die Familie nach vielen Jahren zum ersten Mal wieder zusammen. Robert erinnert sich, wie er durch seinen Schulfreund Schrella, der Mitglied einer pazifistischen Jugendgruppe war, dessen Schwester Edith kennengelernt hatte. Von Edith wird bei geheimen Treffen der Jugendlichen das Bild vom »Sakrament des Büffels« geprägt, auf das sich die Gruppe als christlich inspiriertem Bild ihrer pazifistischen Haltung einschwor, indem sie sich gegenseitig verpflichteten, nie davon zu kosten. Entsprechend des von Böll als »annähernd rechte Übersetzung« des Wortes »Sakrament« verstandenen Terminus »Anwendung«[88] wäre die Lesart von »Sakrament« folgende: Bei denjenigen, die vom »Sakrament des Büffels« gekostet haben, ist die Anwendung von Macht zur reinen Handlungsform geworden. Zugleich steht der Terminus »Büffel« als Metapher für eine von Macht- und Unterwerfungswillen, Unbarmherzigkeit und Gnadenlosigkeit geprägte Haltung.

Robert kann kein Pazifist im Sinne der anderen Gruppenmitglieder sein, möchte aber die Gruppe vor denen schützen, die vom »Sakrament des Büffels« gekostet haben. Er initiiert einen wirkungslosen Anschlag auf seinen Turnlehrer, einen überzeugten Vertreter der NS-Ideologie, mit der Folge, dass die Jugendgruppe von NS-Schergen verfolgt wird. Einigen Jugendlichen wie Robert und Schrella gelingt die Flucht ins Ausland, Ferdi Progulske hingegen wird gefasst und hingerichtet. Robert darf einige Zeit später und unter Auflagen aus dem Exil zurückkehren. Er heiratet Edith, mit der er zwei Kinder hat. Bei einem Bombenangriff 1942 kommt Edith ums Leben. Die Mutter von Robert, Johanna Fähmel, sorgt nun für die beiden Kinder. Als die Anforderungen und Erlebnisse ihre Kräfte übersteigen, wird sie in eine Heilanstalt gebracht.

In den letzten Kriegstagen wird Robert veranlasst, die von seinem Vater errichtete Abtei Sankt Anton zu sprengen, um dadurch ein Schussfeld angesichts der heranrückenden feindlichen Truppen zu gewinnen. Er selbst jedoch führt die Sprengung der Abtei in dem

Bewusstsein aus, damit ein »Denkmal für die Lämmer, die niemand geweidet hatte«,[89] zu setzen.

Am 6. September 1958 kehrt Schrella in der Absicht, nach vielen Jahren seinen Schulfreund und Schwager Robert Fähmel aufzusuchen, aus dem Exil zurück. Er war seit seiner Flucht nicht mehr in Deutschland und muss erkennen, dass nach ihm, obgleich ein ehemals von den Nationalsozialisten Verfolgter, noch immer gefahndet wird; er wird in Haft genommen. Für seine Haftentlassung sorgt sein früherer Peiniger Nettlinger, dem nach dem Krieg eine Karriere als Staatsdiener gelang. Nettlinger verkörpert dabei jenen Typ Nachkriegspolitiker, deren Vertreter »in jede, ich betone in jede Hitlerjugend eingetreten wären«,[90] wie Böll in einer Rede formulierte, die er 1967 anlässlich eines geplanten Israel-Aufenthalts konzipiert hatte. Damit meinte er ein den jeweiligen Zeitverhältnissen opportun vorauseilendes Verhalten: War es konform, Schrella 1936 zu verfolgen, zu peinigen, ist es 1958 opportun, seine Haftentlassung zu betreiben.

Parallel zu diesen Ereignissen verlässt Johanna Fähmel nach 16 Jahren die Heilanstalt, um an der Feier zum 80. Geburtstag ihres Mannes teilzunehmen. Dahinter steht die Absicht, einen Altfaschisten, der einen am Abend der Feierlichkeiten geplanten Aufmarsch anführt, als Rache für die Repressalien, die Jugendliche wie Robert Fähmel, Schrella und Ferdi Progulske zu erleiden hatten, zu erschießen. Im letzten Augenblick ändert sie ihren Plan und schießt nicht auf den Altfaschisten, sondern auf den von einem Balkon des Hotels aus dem Aufmarsch beiwohnenden Verteidigungsminister. Ihr Schuss soll nicht mehr nur Rache für Gewesenes sein, sondern eine Art Rache für das Künftige, Rache am »Mörder meines Enkels«.[91] Nach dem Attentat, das der Minister leicht verletzt übersteht, wird Johanna in die Heilanstalt zurückgebracht. Zu zeichenhaft angedeuteten Veränderungen führen die Ereignisse des 6. September 1958 bei den anderen Familienmitgliedern: Robert gibt seinen ritualisierten Tagesablauf auf und adoptiert den Hotelboy Hugo, in dem er Züge seiner Frau Edith erkennt. Er will sie in der Gegenwart erhalten bzw. in die Zukunft hinüberretten. Heinrich Fähmel beendet das

Ritual seines täglichen Frühstücks im Café Kroner. Die Gegenwart, die sich in den Ereignissen des 6. September 1958 zunächst als das Immer-Wieder der Vergangenheit erwiesen hatte, verändert sich – wohin sie führt, bleibt offen.

Die Rezeption von *Billard um halb zehn* fiel ambivalent aus. Während Joachim Kaiser in Böll den »Poeten unserer dunklen Jahre« erkannte, der den »ewigen Zusammenhang zwischen Alltäglichstem, Schuld und Sühne« fände,[92] kritisierte Günter Blöcker, es sei ein essentieller Mangel von Bölls Erzählen, dass er beim Unbehagen stehen bleibe. Böll fehle das Entscheidende: »der tragische Sinn«. »Statt aufzureißen und zu heilen, deckt Böll zu, wird zum Tröster, wo es gerade darauf ankäme, sich nicht mit Trost zu begnügen.«[93] Und während Paul Hühnenfeld fürchtete, dieser Roman würde »sehr gelobt«[94] werden, urteilte Arnold Gehlen, dass Bölls Technik der Rückblende meisterhaft angewandt worden sei. So spielte der Roman nicht gestern, sondern hier und heute. »Er läßt dem Zeitgenossen die Chance der Hoffnung. Aber nur die Bequemen übersehen die harte Sprache und den Protest.«[95]

6
Literarische Opposition (1960–1971)

Die Zeitschrift labyrinth · *Film und Theater* · *Der Fluchthelfer* · *Freundschaft mit Lew Kopelew* · Ansichten eines Clowns · *Die »Frankfurter Vorlesungen«* · *Heinrich Böll und die SPD* · Ende einer Dienstfahrt · *Notstandsgesetzgebung und APO* · *Erschöpfung und Krise* · *Israel* · *Ende der Bescheidenheit: Welche Rechte hat ein Autor? – Der Fall Defregger* · *Präsident des bundesdeutschen PEN* · Gruppenbild mit Dame · *Präsident des internationalen PEN*

»Ästhetische Identität soll dem Nichtidentischen beistehen, das der Identitätszwang in der Realität unterdrückt.«
Theodor W. Adorno

Wohin die durch eine verweigerte Auseinandersetzung mit der Vergangenheit unterdrückten Impulse führen könnten, hatte die Fantasie des Autors von *Billard um halb zehn* mit Johanna Fähmels Attentat auf den Verteidigungsminister des Jahres 1958 zeigen wollen. Was durch das Attentat vor Augen geführt werden sollte, war: dass aus Verdrängung auch Gewalt entstehen und wohin diese Gewalt führen kann. Böll thematisierte diese Frage also nicht erst in dem 1974 erschienenen Roman *Die verlorene Ehre der Katharina Blum*, sondern bereits 1959, auch wenn dieser Aspekt überlesen wurde.

Bölls persönlicher und politischer Widerstand gegenüber einer autoritär strukturierten Gesellschaft, einer sich aus eigenen Machtinteressen der Solidarität verweigernden Kirche und einer auf tradierte Tugenden und Werte ausgerichteten Bürgerlichkeit wurde in den 1960er-Jahren immer entschiedener und führte zu direkteren Formen des Einspruchs und Protestes.

Auch Bölls Verständnis von Kunst und Literatur wurde in diesen Prozess mit einbezogen. Seine Aussage: »Übertreibung ist die Definition der Kunst«[1] wurde zugespitzt, die Kunst erhielt im Prinzip der Grenzüberschreitung, des Zu-weit-Gehens, ihre widerständig provokante Aufgabe: Sie muss »zu weit gehen, um herauszufinden, wie weit sie gehen darf, wie weit die ihr gelassene Freiheitsleine reicht.«[2] Zum Ort dieser Selbstverständigung wurden Bölls Reden in Wuppertal: seine Dankesrede anlässlich der Verleihung des Eduard-van-der-Heydt-Preises am 24. Januar 1959, seine Laudatio bei der Verleihung des Eduard-van-der-Heydt-Preises an den Maler Wolfgang vom Schemm und den Komponisten Ingo Schmitt ein Jahr später sowie seine Festrede bei der Eröffnung des Wuppertaler Schauspielhauses am 24. September 1966.

Unmissverständlich brachte Böll in Wuppertal seine Überzeugung zum Ausdruck, dass die Kunst die einzige Möglichkeit sei, die in den gesellschaftlichen Konventionen sedimentierten Denkbahnen zu durchbrechen. Dabei rückte er das ureigenste Medium des Schriftstellers, die Sprache, mehr und mehr in den Mittelpunkt. Ausführlicher erläuterte Böll diese Auffassung in einem von Elisabeth Wyrambe am 24. März 1959 mit ihm für den Süddeutschen Rundfunk geführten Interview: »Ich würde sagen, daß ich die Verantwortung darin sehe für einen Schriftsteller, daß er die Sprache bewacht, daß er die Würde des Menschen verteidigt im Wort, ja, weil Menschen durch Worte zum Gegenstand der Politik werden, […]. Da sehe ich für einen Schriftsteller schon eine sehr große Verantwortung, diese Sprache zu hüten und sie auch zu reinigen, wenn Sie wollen.«[3]

Doch es ging ihm nicht nur um Sprache, sondern ebenfalls um Widerstand; auch und gerade in einer Demokratie. »[D]aß man auch in einer Republik oder einer Demokratie Widerstand entwickeln muß. Ich hatte den Gedanken des Widerstands wahrscheinlich in mir, aber er ist mir immer deutlicher geworden. Das verdanke ich sowohl Trott wie Warnach, in den Gesprächen, auch den Schriften – bis hin zu meinen paar Aktivitäten in der Friedensbewegung und der Verteidigung des Widerstands als nicht nur juristischem Begriff.«[4]

Der Ausgangspunkt dieser Überzeugung Bölls lag in den Begegnungen Walter Warnachs mit Werner von Trott zu Solz. Walter Warnach war in den 1950er-Jahren in Köln als Außenlektor der Verlage Patmos und Schwann tätig. In dieser Funktion hatte er Werner von Trott zu Solz' 1958 im Düsseldorfer Schwann-Verlag erschienenes Buch *Widerstand heute oder Das Abenteuer der Freiheit* betreut. Nach einem Treffen mit von Trott zu Solz an dessen Wohnsitz in Tutzing, bei dem es auch um die Idee einer Zeitschriftengründung ging, nahm Warnach Kontakt mit Böll auf. Die beiden hatten sich Mitte der 1950er-Jahre durch Vilma Sturm kennengelernt. Böll sollte als Mitstreiter für die Zeitschrift gewonnen werden. Dessen Interesse war rasch geweckt, zumal er im Jahr zuvor durch zwei in den *Frankfurter Heften* veröffentlichte Artikel auf Werner von Trott zu Solz aufmerksam geworden war. Erstmals konkretisiert wurde das Vorhaben in einem Gespräch zwischen Böll, Walter Warnach und Werner von Trott zu Solz im April 1959 in Köln. Später wurde der Kreis erweitert um den Grafiker HAP Grieshaber, den Warnach als Illustrator der Zeitschrift gewonnen hatte.

Den Mittelpunkt der Gruppe bildete zweifellos Werner von Trott zu Solz als Hauptherausgeber und Finanzier der bei Henry Goverts in Stuttgart angesiedelten Zeitschrift. Sein jüngerer Bruder Adam von Trott zu Solz gehörte zur Gruppe der am 20. Juli 1944 hingerichteten Widerstandskämpfer um Claus Schenk Graf von Stauffenberg. Werner von Trott zu Solz wurde 1931 Mitglied der kommunistischen Partei, konvertierte 1942 zum Katholizismus und war nach dem Krieg stellvertretender Leiter des Landesamtes für Flüchtlingsfragen in Hessen sowie Referent des groß-hessischen Ministerpräsidenten Karl Geiler. 1947 initiierte er die »Gesellschaft Imshausen«. Die Gründung war ein Versuch, in Anknüpfung an die Tradition der europäischen Widerstandsbewegung eine »neue Form des geistigen, gesellschaftlichen und politischen Lebens [...] zu entwickeln«.[5] Von Trott zu Solz vertrat die radikale Position eines Christentums, in dessen Zentrum die messianisch konzipierte Idee eines übernationalen Reiches stand. Darin erfüllte sich für ihn sowohl die Vorstellung eines Vaterlandes der Deutschen als auch ihr Reichsauftrag, dessen

Verfälschung zum Machtwerkzeug eines nationalen politischen Selbstbehauptungswillens im Dritten Reich zur Katastrophe geführt hatte. Durch die nach 1945 nicht realisierten Möglichkeiten drohte seiner Meinung nach ein gesellschaftlicher Neuanfang verloren zu gehen. »Ersatzvaterländer« wie »Familie«, »Imperium der Maschine«, der »Jahrmarkt NATO-Europas« oder »Kunst, Wissenschaft«[6] ständen jedoch der Entwicklung einer Lösungsbemühung entgegen, weil sie sich nicht den jeweiligen Spannungen und Widersprüchen aussetzen, um aus diesen Wege zu einer Verständigung zu entwickeln. Dem letzten Gedanken stand Böll näher als einer theologisch konzipierten Reichsidee, die ihm bereits seit den 1930er-Jahren sowohl aus seiner Lektüre Reinhold Schneiders als auch durch die damaligen Begegnungen mit Robert Gosche bekannt war. Von Trott zu Solz' Denken war für Böll das Beispiel für »eine andere deutsche Möglichkeit [...], die Möglichkeit einer Selbstbefreiung der Deutschen nach der militärischen Befreiung durch die Besatzungsmächte; eine Möglichkeit, Niederlage und Not, Schuld und neue Hoffnung nicht so leichtfertig, nicht so billig herzugeben für den Taumel bürgerlicher Täuschungen«. In diesem Sinne bildete er für Böll vor allem den Gegenpol zu Konrad Adenauer und dessen »bürgerliche[r] Menschenverachtung«.[7]

Worin die Gruppe über die Differenzen ihrer Vorstellungen hinaus letztlich übereinstimmte, war zum einen ein Grundverständnis der Geschichte und Entwicklung Deutschlands nach 1945 im Hinblick auf den Umgang mit der eigenen historischen Schuld und der dadurch verpassten Chance gesellschaftlicher Neuorientierung. Zum anderen teilten sie die Vorstellung, dass sich eine Gesellschaft, die sich auf der Grundlage des Christentums stehend sah, sich selbst nicht nur verleugnete, sondern auch antichristliche Züge annehmen würde, wenn christlich inspirierte Grundtopoi wie Mitmenschlichkeit oder Brüderlichkeit nicht zu gesellschaftlichen Kategorien gemacht, sondern denunziert würden, und »Armut« keine Zuwendung, sondern gesellschaftliche Ausgrenzung erfahre. Dies war als Fundamentalkritik an der Kirche zu verstehen, die aus eigenen Herrschafts- und Machtansprüchen ihre Grundwerte suspendiere und in der Übernahme gesellschaftlicher Identifikationsmuster mit einem Moral- und Normgefüge verquickt sei, dessen Zusammenspiel eine undurchschaubar und undurchdringlich werdende Gesellschaft hervorbringe.

Charakteristisch für Bölls zeitdiagnostische Verfahrensweise ist die 1961 publizierte Glosse *Hast Du was, dann bist Du was.* Darin greift er einen Hirtenbrief auf, in dem sich die katholische Kirche zur Fürsprecherin der an die Arbeitnehmerschaften gerichteten staatlichen Aufforderung macht, durch Kapitalbeteiligungen an ihren Betriebsstätten Besitz zu bilden. Dies würde »die soziale Ordnung im Volke wesentlich befestigen, die wirtschaftliche Kapitalbildung sichern, die Arbeiterschaft und *überhaupt* die minderbemittelten Volkskreise gesellschaftlich heben und in das Volksganze eingliedern«. Bölls Nachfrage fiel polemisch aus:

> »Sollte es tatsächlich möglich sein, daß Arbeiter und überhaupt Minderbemittelte gesellschaftlich gehoben, ins Volksganze eingegliedert werden müssen durch *Besitz?* [...] Es gibt ein sehr schönes Wort für minderbemittelt: arm, und einer der größten Heiligen, den dieses verruchte Abendland hervorgebracht hat, Franz von Assisi, war mit der Armut vermählt. Die Heiligsprechung des Habenichts von Assisi war wohl ein Irrtum.«[8]

Auch der Titel der Zeitschrift, *labyrinth*, brachte den Charakter der eigenen Epochenwahrnehmung kongenial zum Ausdruck: »*labyrinth* erschien uns als ein brauchbarer Mythos, um die Ausweglosigkeit und die Schwierigkeit, diese seltsame Entwicklung darzustellen, wo man eigentlich den Gegner nie sah, der sich auch nicht stellte, und wo man doch wie im Labyrinth, wenn man um eine Ecke kam, auf ihn stieß.«

Die Zeitschrift, deren erstes Heft im September 1960 auf den Markt kam, konnte sich allerdings nur zwei Jahre halten. Mit dem sechsten Heft im Juni 1962 wurde sie eingestellt. Das Ende des Projekts war nicht nur der schwierigen Finanzierung und dem zu geringen Abverkauf geschuldet. Dazu beigetragen hatte auch, dass keine Autoren gewonnen werden konnten, die aus den Zwängen ihrer

Arbeitswelt berichteten, um die Allgegenwärtigkeit der labyrinthischen Erfahrungen mitzuteilen. »Eines der Ziele der Zeitschrift war, nicht nur uns da auszudrücken und auszubreiten, das wäre ja töricht gewesen, sondern das Labyrinthische der Gesellschaft, der Welt, des Staates, in dem wir lebten, offenzulegen.«[9]

Wie das gemeint war, gehört zum Hintergrund eines Schreibprojekts, mit dem Böll am 3. März 1962 begonnen hatte und das gut ein Jahr später als *Ansichten eines Clowns* publiziert wurde. Er verwies später auf den Zusammenhang von Roman und Zeitschriftenprojekt, denn die im Herausgeberkreis geführten Gespräche seien »ein Anlaß zu diesem Roman gewesen«, »*ein* Detail vieler Zusammenhänge, gewiß das wichtigste, und möglicherweise war der Roman ein Versuch, die Zeitschrift auf andere Weise fortzusetzen«.[10]

In diese Zeitspanne fielen aber nicht nur die Arbeiten für die Zeitschrift, sondern auch andere Verpflichtungen und Einige Reisen. Böll verfasste neben kleineren Prosaarbeiten und Rezensionen auch ein Theaterstück. Er hatte in Köln damit begonnen und das Stück nach seinem Irland-Aufenthalt vom 31. Mai bis 31. August 1960 im September und November ausgearbeitet. Das Stück wurde zunächst in *labyrinth* abgedruckt. Während er in Irland war, beteiligte er sich an den Dreharbeiten eines für den WDR unter der Regie von Klaus Simon produzierten Dokumentarfilms über die Insel. Böll, der – wie schon erwähnt – die Drehbucharbeit übernommen hatte, begleitete das Aufnahmeteam an verschiedene Schauplätze Achill Islands. *Irland und seine Kinder* wurde eine weitere Hommage Bölls an Irland. Das nach der Rückkehr in Köln verfasste Drehbuch enthält Szenen, in denen das irische Leben in seinem besonderen Verhältnis zur Zeit zum Ausdruck kommt. Dargestellt wird eine Lebensform, für die Zeit kein mechanischer Arbeitstakt oder monotone Dauer ist, sondern als Augenblick, als Netz günstiger Gelegenheiten aufgefasst wird. »Wo die Zeit kein vernünftiges Gesicht hat, nur ein Herz, einen Rhythmus und eine Melodie, wo das Heu geschnitten und gehäuft ist und man sich nur noch die Sorge um trockenes Wetter macht, es einzubringen, wo man Pferde, die Kühe, die Schweine zum Markt bringt und sich – auch wenn man keine guten Geschäfte machte – erzählt, wie lustig es auf dem Markt gewesen sei.«[11]

Nach seiner Ausstrahlung am 8. März 1961 wurde *Irland und seine Kinder* als deutscher Beitrag für den »Prix Italia« in der Kategorie Dokumentarsendungen ausgewählt. Einen ähnlichen Erfolg hatte Böll als Drehbuchautor mit seinem 1969 ausgestrahlten Porträt Dostojewskis, ebenfalls eine WDR-Produktion. Bei den Dreharbeiten in St. Petersburg wurde er von Lew Kopelew als Übersetzer unterstützt. Es kam zu Komplikationen, da der WDR seinem Ko-Produzenten, der Staatlichen Film- und Fernsehagentur Nowosti, ein Vetorecht eingeräumt hatte. Bei der Abnahme des Films in Köln wollte der Vertreter der Agentur die Sendung verhindern, da ihm die Darstellung Leningrads sowie der Menschen nicht zusagte. Erst nachdem durch den WDR eine revidierte Fassung erstellt worden war, konnte der Film gesendet werden.

Nach seiner Rückkehr aus Irland Ende August 1960 führte Böll die Arbeit an seinem nach Jahren ersten Theaterstück *Ein Schluck Erde* zum Abschluss. In der Zeit nach einer atomaren Katastrophe existieren die Überlebenden inmitten einer endlosen Wasserwüste auf schmalen Klippen. In Kasten aufgeteilt leben sie unter einem Regime verabsolutierter Rationalität, deren Vertreter die »Kenner« und »Wisser« sind. Die unterste Kaste bilden die »Kresten«, Nachfahren der Christen, in denen sich noch die Reste eines an die natürlichen Lebensgrundlagen gebundenen, gegen die Tyrannei bloßer Rationalität immer wieder aufbegehrenden Bewusstseins erhalten hat. Es zeigt sich an ihrer Lust am zweckfreien Spiel mit den Gegenständen, die aus dem Wasser geborgen werden. Satirisch zugespitzt und als Gegenwartskritik eingesetzt werden dabei die durch Taucher aus dem Wasser geborgenen Relikte der untergegangenen Kultur wie beispielsweise ein Fernsehgerät, Werbeplakate oder ein Kühlschrank. Beim Bemühen, ihren Sinn zu erschließen, erweisen sich die Gegenstände durch ihre eigene Sinnleere jeder Interpretation dienlich. So gilt der geborgene Fernsehapparat ebenso als Vorrichtung für »Kleintierhaltung« wie als »Abfallkorb«. Dass eine Befreiung der Kresten aus ihrem unterdrückten Leben – sie leben eingesperrt in Käfigen

– möglich ist, symbolisiert ein Feuerzeug. Die Gegensätze sind deutlich: die Inhumanität einer kollektivierten Rationalität gegen die Humanität des unterdrückten Niederen, in dem jedoch der revolutionäre Keim eines Ausbruchs schlummert. Die Opposition der Welt der »Wisser« und »Kenner« und der Welt der »Kresten« wiederholt sich in der Sprachgebung des Stücks. Während die oberen Kasten in einer technisch-abstrakten Sprache reden, verwenden die »Kresten« ein den Oberen unverständliches Idiom. So steht »Möge« für Liebe, »die Möge loten« für küssen. Vor allem diese archaisiert wirkende Sprachgebung trug zur heftigen Kritik am Stück bei.

Ein Schluck Erde wurde unter der Regie von Karl-Heinz Stroux am 22. Dezember 1961 im Düsseldorfer Schauspielhaus uraufgeführt. Das Premierenpublikum reagierte verhalten bis ablehnend. Während die Schauspieler großen Beifall ernteten, wurde Böll, als er zum Schluss die Bühne betrat, mit einigen Buh-Rufen bedacht. Auch die Theaterkritik, die in den Tagen darauf in der regionalen und überregionalen Presse erschien, fiel überwiegend negativ aus. Nach nur drei Vorstellungen wurde *Ein Schluck Erde* abgesetzt. Böll hatte für die abstrakte Konstruktion seines Stücks keine den Bühnenerfordernissen entsprechende dramatische Form gefunden. Einen Misserfolg als Bühnenautor beschied ihm auch sein zweites, am 7. Oktober 1970 im Stadttheater Aachen uraufgeführtes Stück *Aussatz*. Gegenstand des Stücks ist die Aufklärung des Selbstmords eines jungen Kaplans, Bonifatius Christ. Im Zuge von Gesprächen wird deutlich, dass sein Freitod die Folge eines für ihn unlösbaren Konflikts zwischen der eigenen Glaubensüberzeugung und einer in Intrigen verstrickten Kirche war. Ausgelöst wurde sein Konflikt dadurch, dass Christ auf Druck eines Weihbischofs zur Durchführung der Konversion eines opportunistischen DDR-Spions, der nach seiner Einschleusung übergelaufen war, gedrängt wurde. Die Konversion erfolgte aus rein karrieretaktischen Gründen, um als Mitglied der CDU eine Parteikarriere zu machen. Die Entscheidung für die katholische Konfession wurde erwürfelt: gerade Zahl katholisch, ungerade Zahl evangelisch. Um die Aufklärung der tatsächlichen Motive des Suizids zu verdecken, die von einem Polizisten betrieben wird, dem jedoch im Verlauf der Ermittlungen vonseiten seiner Behörde weitere Untersuchungen untersagt werden, wird von kirchlicher Seite die Devise ausgegeben, Christ habe an Aussatz gelitten, was im Stück zur Erklärung der schnellen Einäscherung des Leichnams verwendet wird.

Bölls Popularität und Ansehen wurden durch diese Misserfolge nicht geschmälert. Das zeigt der Verkaufserfolg der 1961 von Kiepenheuer & Witsch herausgebrachten Sammlung *Reden, Aufsätze, Hörspiele* in einer Auflage von 100.000 Exemplaren. Außerdem erhielt Böll auch eine prominente Platzierung im Verlagsprogramm des im September 1961 startenden Deutschen Taschenbuch Verlags in München. Der aus dem Zusammenschluss von elf Verlagen entstandene und wesentlich von Joseph Caspar Witsch initiierte Taschenbuchverlag brachte als Nummer eins Bölls *Irisches Tagebuch* auf den Markt. Dass Böll inzwischen ein bekannter, öffentlich wahrgenommener Autor geworden war, fand seinen Ausdruck auch darin, dass ihm der *Spiegel* 1961 die Titelgeschichte »Brot und Boden« widmete.

Bei aller Prominenz und Präsenz im öffentlichen Leben gab es jedoch auch eine Seite des Engagements jenseits von Beobachtung und Aufmerksamkeit. Dazu zählte Bölls Einsatz als Fluchthelfer der tschechoslowakischen Pianistin Jaroslava Mandlova. Ihren Mann, Thomas Mandl, hatte er 1961 über den jüdischen Schriftsteller und Historiker H. G. Adler aus Prag kennengelernt. Böll und Adler verband seit den 1950er-Jahren eine durch Günter Eich angestoßene engere Korrespondenz. Adler sandte Böll Manuskripte zur Durchsicht und fragte ihn um Rat hinsichtlich ihrer Publikationsmöglichkeit bei Kiepenheuer & Witsch, erhielt von Böll aber auch Hinweise zur Bearbeitung. Böll wiederum rezensierte 1962 H. G. Adlers Deportationsgeschichte *Eine Reise*, die er in den »Frankfurter Vorlesungen« als Beispiel eines literarischen Textes anführte, der »als Ganzes eine Literatur der Sprachfindung« darstelle.[12] Zudem rezensierte Böll Adlers Studie zur Deportation der Juden und widmete ihm zu seinem 75. Geburtstag ein Gedicht.

H. G. Adler wiederum hatte Thomas Mandl während seiner Zeit in Theresienstadt unter seine Obhut genommen. Nachdem Adler den Kontakt zwischen Böll und Mandl hergestellt hatte, wohnte Mandl, der sich ein Jahr vorher von einer Reisegruppe in Ägypten abgesetzt hatte, zunächst einige Zeit bei Bölls und führte für Heinrich Böll kleinere Sekretariatsarbeiten aus. Mandls Frau hingegen lebte ohne Aussicht auf eine legale Ausreisemöglichkeit noch in der Tschechoslowakei. Sie entwickelten den Plan, Jaroslava Mandlova illegal über die Grenze zu schleusen. Nachdem verschiedene Möglichkeiten erwogen und wieder verworfen wurden – unter anderem in Kontakt mit Marcel Reich-Ranicki, als die Idee eines Fluchtweges über Polen besprochen wurde –, fiel die Entscheidung, die Aktion im Rahmen einer zuvor vom tschechoslowakischen Schriftstellerverband an Böll ergangenen Einladung durchzuführen und über Prag zu organisieren. Unter gegenseiter Verpflichtung höchster Verschwiegenheit wurden die Vorbereitungen getroffen. Beim Umbau von Bölls Citroën war der Zauberkünstler Alexander Adrion behilflich. Er konstruierte einen hinter den Rücksitzen herstellbaren Hohlraum, in dem Jaroslava Mandlova versteckt werden konnte. Alle Beteiligten waren sich des Risikos bewusst, nicht nur für den Fall, dass der Plan vorher bekannt geworden wäre. Die Sorge galt vor allem der Vorstellung, was wäre, wenn dieser illegale Grenzübertritt entdeckt würde. Abgesehen vom Presserummel reichte Bölls Prominenz aus, um politische Verwicklungen nicht auszuschließen, ganz abgesehen von den persönlichen Konsequenzen für alle. Trotz aller Bedenken endete die Aktion glücklich, als Annemarie, Heinrich und Raimund Böll mit ihrer ›versteckten‹ Begleitung am 26. Mai 1961 die tschechoslowakisch-deutsche Grenze passierten.

Nachdem alle wohlbehalten nach Köln zurückgekehrt waren, hieß es für Böll, erneut Reisevorbereitungen für einen längen Auslandsaufenthalt zu treffen. Er folgte der Einladung des Auswahlausschusses des Bundesinnenministeriums für die Deutsche Akademie Villa Massimo, ihn in Rom als Ehrengast der Deutschen Akademie im Studienjahr 1961 zu empfangen. Die gesamte Familie – Annemarie, Heinrich, Raimund, René und Vincent – reiste am 9. Juni 1961 nach Rom. Die erste Unterkunft, die sie nach Zwischenstopps in Verona, Bologna und Siena am 15. Juni 1961 in Rom bezogen – in die Villa durften nur der Stipendiat und seine Frau –, war ein von Ingeborg Bachmann vermitteltes deutsches Schwesternheim, Casa delle Suore dell Nostra Signora (Villa Maria Regina), in der Via della Camilluccia 867. Unterbrochen wurde der Rom-Aufenthalt durch eine Reise nach Jugoslawien vom 1. Juli bis 31. August. Zu den Stationen in Jugoslawien zählten nach kurzem Aufenthalt in Rijeka Tijesno, Stara Fužina und Ljubljana (Laibach), wo die Familie auf den slowenischen Intellektuellen Edvard Kocbek traf. Während des Aufenthalts in Ljubljana wohnte die Familie bei dem zu dieser Zeit abwesenden Übersetzer Bölls, Janez Gradišnik. Nach einem Zwischenhalt in Cattolica kehrte die Familie nach Rom zurück. Erneut war Ingeborg Bachmann hilfreich und besorgte eine Unterkunft in der Pensione Villa Massimo, Viale di Villa Massimo 13, unweit der deutschen Schule in der Via Savoia 15, die die Kinder während des Aufenthalts besuchten. Böll nutzte diesen zweiten Aufenthalt für einen kurzen Abstecher nach Assisi zwischen dem 23. und 25. Oktober 1961. Zwei Tage nach seiner Rückkehr fuhr die Familie wieder zurück nach Köln.

Während Bölls Reise steuerten die Ost-West-Spannungen politisch auf einen neuen Höhepunkt zu, der seinen Ausdruck im Bau der Berliner Mauer am 13. August 1961 fand. Böll, der sich an diesem Tag in Ljubljana aufhielt, erfuhr davon erst zwei Tage später, reagierte aber im Nachhinein mit einem an *Die Welt* gerichteten Leserbrief auf die Vorwürfe Georg Ramsegers. Dieser hatte in einem am 13. September 1961 in der *Welt* publizierten Beitrag moniert, dass vonseiten der Schriftsteller nicht hinreichend gegen den Mauerbau protestiert worden sei. Böll konterte:

> »Die Äußerungen von Schriftstellern zu politischen Ereignissen haben in der Bundesrepublik ein merkwürdiges Schicksal: Äußerungen gegen Atombomben, gegen das ›Zweite Fernsehen‹, gegen die Boykottierung französischer Schriftsteller durch den Staat werden – wie die Pressestimmen und die ironischen Kommentare bewiesen haben – bestenfalls als ein Ausdruck politischen Dilettantismus gewertet, bestenfalls. Von eben diesen Dilettanten – seltsamerweise nur von einer bestimmten Gruppe, deren ›allumfassende Menschenliebe‹ Ihnen anscheinend schon lange

ein Dorn im Auge ist – erwarten Sie offenbar eine bestimmte Stellungnahme in einer bestimmten Sache. Es überrascht mich, welchen Kredit Sie diesen Dilettanten mit einem Male zubilligen, welche Publizität, welche Wichtigkeit.«[13]

Fernab dieser tagespolitischen Interventionen reifte der Plan, ein neues literarisches Projekt in Angriff zu nehmen. Böll schrieb dazu an Joseph Caspar Witsch aus Rom: »Daß ich heftig arbeite, bedarf ja wohl keiner Betonung; nur (freut Euch nicht zu früh) zum *Schreiben* bin ich noch nicht gekommen: das wird in Köln geschehen, genauer gesagt: in Lövenich [...] Der Roman ist fertig, aber noch nicht *geschrieben* – immerhin wird er bis zum Mai–Juni 62 auch geschrieben sein.«[14] Mit dem Schreiben sollte es jedoch noch fast ein dreiviertel Jahr dauern. Erst während seines Irland-Aufenthalts im Juni und Juli 1962 gelang es ihm, sich konzentrierter dem Romanprojekt zuzuwenden. Allerdings konnte er die in Irland begonnene Arbeit in Köln wieder nicht kontinuierlich weiterführen.

Der Grund dafür war eine Reise in die Sowjetunion vom 27. September bis 15. Oktober 1962. Zusammen mit Rudolf Hagelstange und Richard Gerlach gehörte Böll zu den drei Autoren, die als Mitglieder der »Deutschen Akademie für Sprache und Dichtung, Darmstadt« als Delegation bundesdeutscher Schriftsteller im Rahmen des deutsch-sowjetischen Kulturabkommens den Besuch einer Delegation sowjetrussischer Schriftsteller im November 1961 erwidern sollten. Böll war für diese Reise unabdingbar. Die Publikation seiner Kurzgeschichten[15] sowie die Übersetzungen seiner Romane *Und sagte kein einziges Wort* (1957), *Das Brot der frühen Jahre* (1958), *Haus ohne Hüter* (1960) und *Billard um halb zehn* (1961) hatten ihn in der Sowjetunion zu einem der bekanntesten, anerkanntesten und meistverlegten westdeutschen Autoren gemacht. Empfangen wurden Böll, Gerlach und Hagelstange auf dem Moskauer Flughafen von Lew Kopelew, der Böll-Übersetzerin Ludmilla Tschornaja und dem russischen Germanisten Troper. Neben Lesungen auf ihrer Rundreise über Moskau, Tiflis und Leningrad stand die Teilnahme an einem vom Moskauer Institut für Weltliteratur organisierten Symposium über das Werk Leonhard Franks auf dem Programm, den Böll als »›eine einzigartige Erscheinung in der deutschen Literatur‹«[16] bezeichnete. Für eine nachhaltige Irritation sorgten während dieser Reise Berichte über eine Interviewäußerung Heinrich Bölls. Er sollte auf die Frage: »Was halten Sie gegenwärtig für das Wichtigste zur Erreichung des Friedens in Deutschland?«, geantwortet haben: »Als Schriftsteller und Bürger würde ich die Unterzeichnung eines Friedensvertrags begrüßen, der von der Sowjetunion vorgeschlagen wird.«[17] Eine Ergänzung zu dieser von den meisten Presseorganen veröffentlichten Darstellung fügte die *Frankfurter Freie Presse* hinzu. Böll habe gelegentlich eines Interviews mit der *Moskowskaja Prawda* geäußert, »als Schriftsteller und Staatsbürger würde er von ganzem Herzen den Abschluß eines Friedensvertrags mit zwei deutschen Staaten begrüßen. Ihre Existenz sei eine historische Tatsache. 95 Prozent aller Deutschen in der Bundesrepublik verstünden dies ebenfalls. Leider gebe es in der Bundesrepublik jedoch noch viele Leute, die die bestehenden Grenzen revidieren möchten.«[18] Nachdem seine Äußerung veröffentlicht worden war, dementierte Böll, man habe sie ihm in den Mund gelegt, protestierte offiziell beim sowjetischen Schriftstellerverband und erwog, seine Reise abzubrechen. Er blieb, brachte seinen Unmut über die fälschliche Berichterstattung aber auf einer von Kiepenheuer & Witsch kurz nach der Rückkehr organisierten Pressekonferenz in Köln, auf der er über die Reise berichtete, nochmals zum Ausdruck.[19] Neben diesem für Böll verdrießlichen Zwischenfall begründete die Begegnung mit Lew Kopelew eine lebenslange Freundschaft.[20] »Es war eine Freundschaft auf den ersten Blick.«[21] Bis zu seiner Ausbürgerung 1981 standen Lew Kopelew und Heinrich Böll, über die Treffen während Bölls insgesamt sieben Reisen in die Sowjetunion hinaus, in einem engen brieflichen Austausch. Es ging ihnen nicht nur um Fragen der Literatur und Politik, sondern vor allem um eine vertrauensvolle Kommunikation über die persönlichen Lebenssituationen. Über ihre erste Begegnung schrieb Böll am 8. Mai 1963 an Kopelew: »Ich denke oft an unser herzliches Gespräch und an den herzlichen Abschied, erzähle oft meiner Frau davon. Schade, dass so viel

Bitteres an Schwierigkeiten und Stacheldraht zwischen uns liegt, das Viele, das uns verbindet, ist so viel mehr als die überflüssigen Dinge, die uns trennen«.[22]

Kopelew wurde für Böll nicht nur ein Gesprächspartner in Fragen der klassischen und neueren russischen Literatur, der Kulturgeschichte des Landes und der Geschichte der deutsch-russischen Beziehungen. Er konnte vor allem ausführlich über die kulturpolitischen Entwicklungen sowie die Aktivitäten der mit ihm bekannten Dissidenten erschöpfend Auskunft geben. Lew Kopelew verfügte über vielfältigste freundschaftliche Kontakte; darunter zu Alexander Solschenizyn, zum Atomphysiker Andrej Sacharow, zur Gulag-Autorin Jewgenija Ginsburg, zur Schriftstellerin und Literaturkritikerin Lidija Tschukowskaja und zum Literaturwissenschaftler Efim Etkind. Kopelew bat um Hilfe für Kollegen und für Regimekritiker, stellte Listen mit Vorschlägen zusammen, welche russischen Autoren und Schriftsteller in die internationale Schriftstellervereinigung PEN aufgenommen werden sollten, um sie vor Lagerhaft, Psychiatrie oder Verbannung zu schützen. Oder er bat um Medikamente, die in der Sowjetunion nicht zu bekommen waren. Heinrich Böll und seine Familie organisierten Hilfe, schickten Bücher ebenso wie die angeforderten Medikamente nach Moskau, oder Böll schmuggelte Typoskripte in den Westen. Er korrespondierte seinerseits mit Politikern, vor allem ab den 1970er-Jahren mit Willy Brandt und Egon Bahr, die er um Unterstützung einer Einladung von Lew Kopelew und seiner Frau Raissa Orlowa oder des russischen Germanisten und Übersetzers Konstantin (Kostja) Bogatyrjows nach Westdeutschland ersuchte. Für den Transport von Briefen, Medikamenten etc. waren oftmals »Kuriere« aus dem diplomatischen Dienst oder Auslandskorrespondenten behilflich, unter ihnen in den 1970er-Jahren Fritz Pleitgen und Klaus Bednarz.

Die Auswirkungen des dreiwöchigen Aufenthalts in der Sowjetunion auf das zuvor begonnene Romanprojekt waren gravierend. Böll äußerte sich dazu 1975 im Gespräch mit René Wintzen:

»Ich erinnere mich, daß ich an einem Roman schrieb, als ich seinerzeit auf Bitten der Bundesregierung und der sowjetischen Regierung mit einer Delegation nach Moskau fuhr, und das paßte mir überhaupt nicht. [...] Der Druck wurde aber dann so stark, weil die ganze Delegation zu scheitern drohte, und es war der erste sogenannte Kulturaustausch, und alle sagten mir: Mein Gott, du mußt das machen, das ist wichtig, und der Beamte im Außenministerium sagte: Mein Gott, ohne Sie scheitert es usw. Ich habe mich also diesem Druck gebeugt, und praktisch ist daran eine große Erzählung gescheitert. Ich war die ganze Zeit über in der Sowjetunion sehr schlecht gelaunt und auch gereizt, aber das Buch war weg. Verstehen Sie, es ist nicht wichtig, ich habe dann ein anderes geschrieben, das hieß *Ansichten eines Clowns*.«[23]

Ende 1962 publizierte Böll eine Reihe von Kurzkommentaren, die die innenpolitischen Verhältnisse der Bonner Republik satirisch spiegeln sollten. Das Forum dazu hatte Rudolf Walter Leonhardt als Redakteur der *Zeit* geschaffen. In einer Serie von 19 »Briefen aus dem Rheinland«, die in der *Zeit* vom 21. Dezember 1962 bis zum 16. März 1963 unter dem Pseudonym »Lohengrin« veröffentlicht wurden, entfaltete Böll, neben zahlreichen auf Adenauer gemünzten Spitzen, ein Panorama satirischer Stellungnahmen gegenüber den »rheinischen« Zuständen von Politik, Christentum, Literaturkritik, Presse, polemisierte gegen die hohlen Phrasen politscher Sprache, die Nazi-Karrieren, den Konsum und den deutschen Snobismus. Eine weitere Zielscheibe der Kritik war der Anbiederungskurs der SPD als Oppositionspartei an politische Positionen der CDU: »Für die nächste Wahl schlage ich als Plakat vor: ›Wer SPD wählt, wählt CDU, wer CDU wählt, wählt nicht SPD.‹ Immerhin noch ein feiner Unterschied.«[24] Weniger satirisch, aber deutlich kritisch äußerte sich Böll zur SPD in seinem Essay *Was heute links sein könnte*, in dem er sein Misstrauen gegenüber Etikettierungen wie ›links‹ und ›rechts‹ artikulierte, die immer mehr verwischten, da sich die SPD in ihrem Verständnis als Volkspartei fortschreitend auf eine (imaginäre) politische Mitte zubewege:

»Es gibt so viele Mitten, die Mitte der Rechten, die Mitte der Linken, die Mitte des rechten Flügels der Linken und die Mitte des linken Flügels der

> Rechten. Es gibt auch eine heimatlose Linke, ohne Flügel. Die heimatlose Linke würzt das Feuilleton, rauft sich mit einer Art heimatloser Rechter. [...] Was links ist, bestimmt nicht die Linke, sondern die Rechte, und die Linke, in schnödem Opportunismus, rückt ihr nach, in plattem Erfolgsdenken, und ist nahe daran, den linken Flügel der Rechten zu überholen. Links und rechts sind nur Hilfsbezeichnungen, die jede Art der Täuschung in sich schließen. [...] Wir nähern uns dem Einparteiensystem.«[25]

Die Hauptarbeit galt jedoch dem Roman *Ansichten eines Clowns*, der zunächst in der *Süddeutschen Zeitung* in der Zeit vom 6./7. April bis 17. Mai 1963 vorabgedruckt wurde. Er war, wie Böll später seinen Schreibimpuls benannte, »Widerstand gegen die selbstgefälligen Kräfte und Gruppen, die zu ihrem unantastbaren Eigentum erklärten, zu ihrem *eigenen Besitz*, was man nicht besitzen kann wie etwas katasteramtlich Verbrieftes: Christentum und Demokratie«.[26]

Die Figur Hans Schnier verkörpert diesen Impuls des Widerstandes radikal subjektiv. Alles wird aus der Perspektive seines emotional bestimmten Widerstands gegen die gesellschaftlichen Verhältnisse erzählt. Er bedient sich des ganzen Registers individuellen Protests – wütend, provokant bis selbstmitleidig. In diesen Tonlagen konnten die subjektiv zugespitzten Reaktionen eines Einzelnen auf die von ihm empfundenen Zwänge zum Ausdruck gebracht werden. Dessen Kernfrage lautete, aufgrund welcher Legitimation Gesellschaft und Kirche Lebensentwürfe durch Ordnungen und Ordnungsprinzipien bestimmten, sich auf Normen und Konventionen beriefen, aber offenließen, wer diese eigentlich definierte. Wer bestimmte über Ordnungen? Wer herrschte über sie? – Fragen, die Böll in seiner Büchner-Preis-Rede 1967 noch einmal, an die Gesellschaft gerichtet, stellen würde.

Die Geschichte von Hans Schnier wird in der Ich-Form dargeboten und enthält Rückblenden in Monologform. Der Sohn einer wohlhabenden rheinischen Industriellenfamilie, von Beruf Pantomime, kehrt nach einem Bühnenauftritt in Bochum, bei dem er sich verletzt hat, an einem Märzabend des Jahres 1962 in seine Heimatstadt Bonn zurück, Bundeshauptstadt und Machtzentrum restaurativer Regierungspolitik. Verlassen hatte er die Stadt fünf Jahre zuvor, damals einundzwanzig, mit Marie Derkum, der Tochter eines einfachen Händlers, um mit ihr zusammenzuleben. Marie verlässt ihn nach einiger Zeit, da er nicht bereit ist, ihrem Wunsch nach einer Legitimierung der Verbindung zu folgen. Für Schnier bedarf die Liebe keiner institutionellen, weder kirchlichen noch staatlichen, Beglaubigung.

Marie heiratet Heribert Züpfner. Züpfner verkörpert die ideale Symbiose aus Kirche, Politik und Gesellschaft. Er ist Mitglied der CDU, erfüllt eine Funktion im Verband deutscher Katholiken und bewegt sich auf dem gesellschaftlichen Parkett der wirtschaftlich Erfolgreichen. Während das Ehepaar Züpfner sich auf der Hochzeitsreise in Rom befindet, verliert Schnier den Boden unter den Füßen und geht künstlerisch und ökonomisch immer mehr vor die Hunde. In Bonn angekommen, zieht er sich zunächst in seine Wohnung zurück und nimmt über das Telefon Kontakt mit einer Reihe von Personen auf, zum einen, um sich Geld zu beschaffen, zum anderen, um mit Marie in Verbindung zu kommen. Ohne Erfolg. Schnier geht zum Bahnhof, setzt sich auf die Treppenstufen des Haupteingangs und wartet, während er von den Passanten als Bettler angesehen wird, auf die Rückkehr von Marie.

Hans Schnier scheitert mit seiner hartnäckig verteidigten Auffassung der Liebe als ›gesetzloser‹ Verbindung von zwei Menschen, und seiner hartnäckigen Verteidigung des Sakraments der Ehe als einem nur kraft der Liebe wirklichen Versprechen, das durch keine kirchliche oder rechtliche Ordnung verwaltbar ist. Indem er sich einer Welt verwehrt, die von Macht, Herrschaft und Gewinnstreben geprägt ist, wird er zum Ausgegrenzten. Hans Schnier wird als Clown, als Künstler zum – nach Jean Starobinski – »Offenbarer, der das Menschengeschlecht zum bitteren Bewußtsein seiner selbst bringt.«[27]

Stärker als je zuvor wurde ein Roman von Böll Gegenstand heftiger Debatten. Gegen alle Konvention veröffentlichte *Die Zeit* mehrere Besprechungen. Zu Wort kamen neben Marcel Reich-Ranicki, der den Reigen eröffnete, Joachim Kaiser, Werner Ross, Walter Widmer, Ivan Nagel, Rudolf Augstein, Reinhard Baumgart und Rudolf Walter Leonhardt. »Der Roman versackt im Ressentiment«, urteilte Werner Ross, Reich-Ranicki sah Bölls »Sozialkritik totgelaufen«. Demgegenüber erkannte Joachim Kaiser den »Charme« des Romans gerade darin, »daß hier ein armer, unbeugsamer Außenseiter das Gefuchtel mit den großen Worten nicht mitmacht. [...] Hans Schnier besitzt einen nervösen Sinn für Phrasen.« Ähnlich urteilte Ivan Nagel, der die Stärke des Romans hervorhob, da Böll »dem eigenen gesellschaftsdiagnostischen Impuls« verbiete, »über die Grenzen der individuellen, ja privaten Erfahrung seines Helden hinauszugreifen«. In Wahrheit verleihe »solche Bescheidung der Böllschen Kritik am bundesrepublikanischen ›Establishment‹ eine Glaubwürdigkeit und Integrität, mit der es kein kulturkritisch gebildeter Zeitgenosse Bölls aufnehmen« könne.[28]

Damit war die Spannbreite der literaturkritischen Positionen abgesteckt. Kritische Stimmen zu *Ansichten eines Clowns* kamen jedoch auch noch aus einer anderen Richtung. Vehement beteiligten sich der katholische Klerus sowie die einschlägigen katholischen Presseorgane am Streit über Bölls Roman. Der Roman, so Jens Hoffmann, »belfert gegen alles und jedes, ohne vor gröbsten Klischees und Plattitüden zurückzuschrecken«, was umso peinlicher sei, als die Figur des Clowns so unglaubwürdig sei, »daß die Ansichten der Phantasiefigur und denen ihres Urhebers auf unbeachtliche Geringfügigkeiten zusammenschrumpften«.[29] Darüber hinaus veröffentlichte die Katholische Bischofskonferenz im September einen Hirtenbrief, in dem sie zur »ernste[n] Wachsamkeit« gegenüber Schriftstellern und Intellektuellen aufrief, die »häretischen Vorstellungen von der Kirche« anhingen, ein »wirklichkeitsfremdes Idealbild der Kirche« propagierten und »stets aufs neue ihre scharfe Kritik an allem, was kirchliche Hierarchie und Ordnung in Vergangenheit und Gegenwart betrifft«,[30] artikulierten.

Der Grund, warum die Amtskirche mit dieser Heftigkeit reagierte, lag auch darin, dass Bölls Roman eine von drei Publikationen war, die 1963 den Katholizismus einer heftigen Kritik unterzogen. Die beiden anderen waren Carl Amerys Streitschrift *Die Kapitulation oder Deutscher Katholizismus heute*, in der Böll durch ein Vorwort vertreten war, sowie Rolf Hochhuths Theaterstück *Der Stellvertreter*, das im Februar in Berlin von Erwin Piscator uraufgeführt worden war und die schweigende Haltung Roms gegenüber der Judenverfolgung durch Papst Pius XII. skandalisierte. Dass Böll mit den *Ansichten eines Clowns* seine von Ressentiment bestimmte Abrechnung mit dem deutschen Katholizismus vollzogen habe – das war der Grundtenor der katholischen Presse. Eine der Ausnahmen unter den kritischen Stimmen bildete Josef Pöppinghaus, der als Jesuit die *Ansichten eines Clowns* nicht als kirchenpolitischen Affront Bölls las, sondern als literarisches Zeugnis rezensierte, dessen Figuren immer eines leisten würden: »absoluten Widerstand, wo es um letzte Dinge geht: Liebe, Freiheit, Menschlichkeit, Gottes Gnade und Barmherzigkeit. Bölls Figuren sind Ausgelieferte, passen sich an die Nivellierung der Gesellschaft an, stehen in einer manipulierten Welt, sind unpathetisch und nüchtern. Aber in den Grundsituationen des Lebens leisten sie Widerstand!«[31]

Die Kritik schlug Böll allerdings nicht nur im bundesdeutschen Echo entgegen. Auch bei den Kulturfunktionären in der DDR stieß der Roman auf heftige Ablehnung, was eine Publikation verhinderte. Anlass war die sogenannte Erfurt-Szene. Hans Schnier reist in die DDR. Gegen den Wunsch der Kulturfunktionäre, die auf die Bundesrepublik zielenden Pantomimen auf die Bühne zu bringen, schlägt er vor, Pantomimen einzuladen, die der jeweils »eigenen Wirklichkeit entnommen seien«.

> »Ich sagte, ich könnte ja ein bißchen studieren und eine Nummer wie ›Sitzung des Kreiskomitees‹ vorführen oder ›Der Kulturrat tritt zusammen‹, oder ›Der Parteitag wählt sein Präsidium‹ – oder ›Erfurt, die Blumenstadt‹; es sah gerade um den Erfurter Bahnhof herum nach allem anderen, nur nicht nach Blumen aus – aber da stand der Hauptmacher auf, sagte, sie könnten doch keine Propaganda gegen die Arbeiterklasse dulden. Er war schon nicht mehr blaß, sondern richtig bleich – ein paar andere waren wenigstens so mutig, zu grinsen. Ich erwiderte ihm, ich sähe keine Propaganda gegen die Arbeiterklasse darin, wenn ich etwa eine leicht einzustudierende Nummer wie ›Der Parteitag wählt sein Präsidium‹ vorführte, und ich machte den dummen Fehler, Bardeidag zu sagen, da wurde der bleiche Fanatiker wild, schlug auf den Tisch, so heftig, daß mir die Schlagsahne vom Kuchen auf den Teller rutschte, und

> sagte: ›Wir haben uns in Ihnen getäuscht, getäuscht‹, und ich sagte, dann könnte ich ja abfahren, und er sagte: ›Ja, das können Sie – bitte, mit dem nächsten Zug.‹ Ich sagte noch, ich könnte ja die Nummer Aufsichtsrat einfach Sitzung des Kreiskomitees nennen, denn da würden ja wohl auch nur Sachen beschlossen, die vorher schon beschlossene Sache gewesen wären. Da wurden sie regelrecht unhöflich, verließen das Sälchen, bezahlten nicht einmal den Kaffee für uns.«[32]

Als Hauptkritiker Bölls in der DDR trat Alexander Abusch auf dem IV. Bundestag des Deutschen Kulturbundes auf. In seiner Rede betonte er, dass »Heinrich Böll neuerdings dem allgemeinen Druck des Antikommunismus in Westdeutschland nachgegeben« habe. Man müsse »diesen geistigen Abstieg des Heinrich Böll, der als humanistischer Schriftsteller einen Ruf verliert, mit Bedauern zur Kenntnis nehmen«. Für Abusch reihte Böll sich mit dem Roman in die Riege der Schriftsteller ein, die sich gegen Faschismus und Militarismus einsetzten. Sie »müssen doch endlich in ihrem ureigensten Interesse die Illusionen eines ›dritten Weges‹ begraben und sich rechtzeitig Rechenschaft ablegen, wie tief sie sich unter ihr eigenes Niveau begeben, wenn sie geistige Konzessionen an die antikommunistischen Hetzer gegen unsere Republik machen.«[33]

Die Weigerung, *Ansichten eines Clowns* in der DDR zu publizieren, überraschte Böll keineswegs. Sie galt ihm eher als gelungene Provokation seinerseits. Noch 1984 im Gespräch mit Wolfgang Niedecken erinnerte er sich: »Ich habe mal einen Roman geschrieben – vor langer Zeit –, der in den sozialistischen Staaten hätte mißverstanden werden können. Da habe ich extra eine Szene eingebaut, um das Erscheinen zu verhindern. Ganz bewußt.«[34] Böll verzichtete also lieber auf die Publikation als auf die Provokation, um sich jedweder Form der Instrumentalisierung und Vereinnahmung zu entziehen. Um zu verhindern, durch die Kulturpolitik der DDR funktionalisiert werden zu können, indem seine Kritik an Adenauer als Bestätigung des Urteils der DDR über die revanchistische Bundesrepublik genutzt werden konnte, hatte er bereits 1954 dem Erscheinen einer Lizenzausgabe von *Wo warst du, Adam?*, über die Friedrich Middelhauve mit dem Mitteldeutschen Verlag verhandelt hatte, nicht zugestimmt, da ihn Stephan Hermlins Novelle »Die Kommandeuse« in Heft 10 der Zeitschrift *Neue deutsche Literatur* verstimmt hatte. Die Protagonistin, die mutmaßliche KZ-Aufseherin Erna Dorn, beteiligt sich, nachdem sie in Halle aus dem Gefängnis befreit wurde, am Aufstand des 17. Juni 1953. Damit lag für Böll dieser Text auf »Parteilinie«, der zufolge der Aufstand ein »faschistischer Putschversuch« war. »[A]n dieser Erzählung«, so Böll in seinem Brief vom 26. November 1954 an den Verlag, »lässt sich zu deutlich erkennen, was staatlich gelenkte, vielleicht staatlich bestellte Literatur bedeutet.«[35]

Sich von keiner Seite instrumentalisieren zu lassen, weder in der DDR noch in der Bundesrepublik, bestimmte auch den Tenor eines Briefes, den Böll am 23. Januar 1961 an Stephan Hermlin schrieb und in dem er seine Teilnahme am DDR-Schriftstellerkongress, zu dem ihn Hermlin eingeladen hatte, absagte. Bölls Begründung: Seine Anwesenheit könnte missverstanden werden.

> »Nur müssen Sie wissen, und ich bitte Sie es auch Huchel und Anna Seghers zu sagen, daß ich mit vielen anderen hier des Edelkommunismus systematisch verdächtigt werde, daß Herr Schlamm das Wort vom Bölschewismus geprägt hat; daß man mich ganz bewußt in eine Ecke drängen will, in die ich tatsächlich nicht gehöre – und wenn ich nach Weimar käme, würde ich mich genau in die Ecke stellen, in die man mich haben will. [...] Ich kann mir nicht helfen. Lieber Hermlin, Sie und ihre Kollegen sind denn doch zu sehr Funktionär, Sie wären es nicht mehr, wenn Sie mit der gleichen Verve Ulbricht kritisieren könnten, wie wir A.[denauer] kritisieren, vielleicht möchten Sie U.[lbricht] nicht kritisieren – gut – aber das macht die Sache noch schlimmer.«[36]

Überaus kritisch reagierte Böll auch auf die Diskrepanz zwischen der kulturpolitischen Devise, der Künstler sei Teil der arbeitenden Bevölkerung, wie dies das Programm des Bitterfelder Weges als Leitlinie einer sozialistischen Kultur festhielt, und dem Verhalten der konformen Schriftsteller, die auf Privilegien nicht verzichten wollten. In *Gesamtdeutsches Jägerlatein. Merkwürdige Erfahrung während eines Besuches bei Kollegen in Ost-Berlin*, das auf ein Treffen mit Stephan Hermlin zurückging, brachte Böll seine Kritik unverhohlen zum Ausdruck. Ebenso unverhohlen reagierte Stephan Hermlin. Doch Böll wiederholte seine Kritik in einem späteren Brief. »Was ich über Privilegierte und Schmarotzer geschrieben habe, dem habe ich nichts hinzuzufügen: ich halte es für das Verhängnisvollste an der DDR, daß die sogenannte Intelligenz diese Privilegien annimmt; es ist eben doch eine Art der Bestechung.«[37]

Die Erfahrungen und Auseinandersetzungen nach der Veröffentlichung von *Ansichten eines Clowns* hatten für Böll noch einmal die Notwendigkeit gezeigt, seine Position, sein Selbstverständnis als Autor sowie die Grundlagen und Anliegen seiner Poetik darzulegen. Dies floss in eine Erzählung ein, die Böll in der Zeit vom 1. November 1963 bis Mitte Januar 1964 zu Papier brachte: *Entfernung von der Truppe*.

In zeitlich übereinandergelagerten Situationen vergegenwärtigt der Ich-Erzähler, Wilhelm Schmölders, rückblickend Stationen seiner Biografie, deren Kern der 22. September 1938 ist. An diesem Tag erfährt er »eine Art Wiedergeburt«. Schmölders entfernt sich aus der Truppe, in der er als Fäkalienträger schikaniert wurde. Seine Wiedergeburt bzw. seine Menschwerdung geschieht, als er an jenem Tag zu Hildegard, seiner Braut, fährt. »Ich war nicht erstaunt, über der Wohnungstür der Bechtolds ein Transparent zu erblicken mit der Aufschrift: ›Seht ihn! Wen? Den Bräutigam. Seht ihn! Wie? Als wie ein Lamm.‹ Als ich auf den Klingelknopf drücken wollte, […] öffnete Hildegard die Tür, fiel mir in die Arme, und aller schlimme Geruch war von mir genommen.«

Der Text schließt mit drei »Nachträgen« des Erzählers, die im Verlauf des Berichts als »feierliches Versprechen« angekündigt werden, eine »fix und fertige Moral« zu liefern, die »allen Interpreten vom Obertertianer bis zum Meisterinterpreten im Oberseminar Seufzen und Nachdenken ersparen wird«. Es sind »Umfassendes Geständnis«, »Moral« und »Interpretation«. Die »Moral«: »Es wird dringend zur Entfernung von der Truppe geraten.« Die nachfolgende »Interpretation« schließt dann aber mit der das Versprechen restloser Aufklärung konterkarierenden Frage, was der Erzähler mit seinem Erzählen beabsichtigt habe: »Der Erzähler verbirgt etwas. Was?«

Da sich Schmölders selbst als Neurotiker sieht und von seinem Schwiegersohn als »irgendetwas zwischen Schwachsinn und Asozialität« bezeichnet wird, gerät die ausgegebene Moral zur Aussage einer fragwürdigen Existenz. Das fordert den Leser zum Urteil darüber auf, ob sie Scherz oder Ernst ist. Die Antwort bleibt ihm überlassen. Dem Text kann er sie als Botschaft nicht entnehmen, er muss sich in seiner der einen oder anderen Richtung folgenden Auffassung von einer Gesinnungsvorgabe des Textes entfernen. Dieser Aufhebung von Eindeutigkeit entspricht die Form, in die Schmölders seine Erzählung kleidet. Was er gibt, sind nur »ein paar Striche, ein paar Punkte [...], die der Leser als Malvorlage für die Ausschmückung des Rohbaus jener Gedächtniskapelle verwenden mag, als die dieses kleine Erzählwerk gedacht ist: er darf es als Fresko oder als Sgraffito, auch als Putzmosaik auf die rohen Wände übertragen«.[38] In diesem Sinne war das Aufbrechen eines sowohl inhaltlich wie formal geschlossenen Erzählzusammenhangs in *Entfernung von der Truppe* auch eine ironisch-satirische Reaktion auf eine Form der Lektüre und Interpretation literarischer Werke, die sich rein auf den Inhalt fixieren.

Im unmittelbaren Anschluss an *Entfernung von der Truppe* begann Böll mit der Vorbereitung seiner Poetik-Dozentur in Frankfurt. Seine »Frankfurter Vorlesungen« hatten einen langen Vorlauf und forderten dem Stiftungsgremium der Dozentur einige Geduld ab. Wäre es nach den Wünschen des Stiftungskuratoriums gegangen, hätte Böll nach Ingeborg Bachmanns Vorlesung im Wintersemester 1959/60 im Zeitraum von Mai bis November 1960 sechs Vorlesungen sowie eine entsprechende Anzahl von Seminaren im Rahmen der zunächst vom Fischer Verlag getragenen Vorlesungen halten sollen. Er hatte zwar zugesagt, bat aber aus Gründen seiner Arbeitsüberlastung, die Dozentur auf das Wintersemester 1961/62 oder das folgende Sommersemester zu verschieben. Friedrich Neumark, Rektor der Johann Wolfgang Goethe-Universität und Gremiumsmitglied der mittlerweile vom Suhrkamp Verlag finanzierten Poetik-Dozentur, wandte sich erst Anfang Januar 1962 wieder an Böll mit dem Vorschlag Wintersemester 1962/63. Böll nahm die Dozentur wieder an, ersuchte aber erneut um eine Verlegung auf das Sommersemester 1963. Im April 1962 übermittelte er erstmals das Rahmenthema der Vorträge: »Versuche zu einer Ästhetik des Sozialen innerhalb der Literatur«. Schließlich bat er erneut um die Verschiebung der Vorlesungen um ein weiteres Jahr, da ihm sein Arzt Erholung verordnet habe. Für diese Erholung war ein Irland-Aufenthalt von Ende April bis Anfang September geplant. Die Kurzfristigkeit von Bölls Absage führte dazu, dass im Wintersemester 1962/63 die Dozentur ausfiel. Am 1. Februar 1964 teilte Böll der Universität mit, dass er am 13. Mai mit den Vorlesungen beginnen könne, als Vorlesungstitel schlug er »Zur Ästhetik des Sozialen in der erzählenden Prosa« vor. Doch erst im April reichte er die endgültige Formulierung ein: »Zur Ästhetik des Humanen in der Literatur«.

Mit der konkreten Ausarbeitung der Vorlesungen begann Böll Anfang Februar 1964 – nicht ohne die Gelegenheit zu nutzen, sich mit Marie Luise Kaschnitz zu treffen. Sie hatte die Poetik-Vorlesungen im Sommersemester 1960 gehalten. Auf Einladung der Literarischen Gesellschaft Köln las sie im Wallraf-Richartz-Museum Texte aus ihrem Werk. Stets von der Frage begleitet, wie er seinem Literaturverständnis eine dem akademischen Forum angemessene Form geben könne, ging Böll die Aufgabe an. Seine Poetik-Dozentur begann am 13. Mai 1964 in Hörsaal IV der Johann Wolfgang Goethe-Universität zu Frankfurt mit einem emphatischen Bekenntnis zur Zeitgenossenschaft, durch die er an das von seiner »Generation Erlebte, Empfundene« gebunden sei, jenseits jedweder Form von Anpassung ans Hier und Jetzt. Anschließend skizzierte er sein Vorhaben, anhand einiger Thesen und Themen den Grundriss einer »Ästhetik des Humanen« zu entwerfen, die ihr Profil in der Hinwendung auf die gesellschaftlichen Erscheinungsweisen des Humanen ausbilden sollte, in einer Orientierung auf das »Alltägliche, das eigentlich das Soziale und Humane ist«: Nachbarschaft, Heimat, Wohnen, Essen, Trinken, Geld, Liebe, Religion. Es ist das Spektrum der sinnlichen Erfüllung menschlicher Existenz. Dabei bildete die Präsenz dieses Alltäglichen für Böll den Gradmesser, an dem sich die Humanität einer Gesellschaft bemessen lassen muss: »Die Worte

›sozial‹, ›human‹ […] werden in unserer Gesellschaft vermieden, unterdrückt, lächerlich gemacht: sie sind gesellschaftsunfähig, asozial, wenn sie ohne Anhängsel auftreten, ohne wissenschaftliche Deckung, wie sie in Worten wie Soziologie und Humanismus vorhanden ist, ohne politische Deckung, wie sie in einem Wort wie Sozialismus geboten wird.« Worauf Böll mit dieser Bemerkung zielte, wird an der Polarität von Abstraktion und Konkretion, die ihr zugrunde liegt, und der Wertung, die diese Pole bei ihm finden, deutlich. Literatur bringt, was von der ›wissenschaftlich gedeckten‹ Klassifikation nicht erfasst und damit zum »Ungedeckten« wird – eben das Einzelne und Konkrete – zur Erscheinung. Das Kleine wird zum Exempel für das Ganze. Insofern hat Böll den Vorwurf des Provinzialismus zurückgewiesen. Im Provinziellen, dem Kleinen, so Böll, zeigen sich die Verhältnisse nicht nur des Großen, sondern hier finden auch die dem Großen widerständigen Gesten ihren Ausdruck. Dabei verwirklicht sich das, was Böll als das Menschliche bezeichnet; dies geschieht in den vielfältigsten Erscheinungsformen des Alltäglichen, im Beieinandersein unterschiedlichster Lebensformen, in den Möglichkeitsformen eigenen, anderen und gegenseitigen Verhaltens, das nicht durch vorgegebene Normen, Wertgefüge, Klassenzugehörigkeit geteilt und gegeneinander aufgestellt ist. Es ist die Vision einer Nachbarschaft und Heimat, gewonnen aus den Schrecken ihrer Zerstörung. »Jeder Mord, jede verabreichte Prügel, jeder Fußtritt – alles auf Befehl – ist eine ganze Provinz zerstörter Nachbarschaft, verletzten Vertrauens.« In der Vision eines Miteinander-Seins, das sowohl Weltvertrauen und Welttreue ermöglicht als auch eine Form praktizierter Solidarität gegen die geforderten Verhaltensformen bedeutet, lag für Böll, was er für die Zeit nach der nationalsozialistischen Diktatur als Aufgabe der Literatur und als Forderung an den Schriftsteller bestimmte – als »Suche nach einer bewohnbaren Sprache in einem bewohnbaren Land«.

Bereits in seinem »Bekenntnis zur Trümmerliteratur« hatte er die Literatur als Erinnern und Bewahren lebensgeschichtlicher und existentieller Erfahrungen gekennzeichnet. In den »Frankfurter Vorlesungen« führte er diese Bestimmung fort, indem er der Literatur die

Aufgabe zusprach, dem gesellschaftlich ausgeschlossenen und abgegrenzten Individuellen Ausdruck zu verleihen. Gegen die Analyse der gegebenen Verhältnisse setzte er die Einbildungskraft, die das gesellschaftlich Verfehlte in der von ihr »geschaffenen Wirklichkeit« erkennbar macht, eine mit den Mitteln der Literatur geschaffene Wirklichkeit. Denn: »Ein Autor nimmt nicht Wirklichkeit, er hat sie, schafft sie, und die komplizierte Dämonie auch eines vergleichsweise realistischen Romans besteht darin, daß es ganz und gar unwichtig ist, was an Wirklichem in ihn hineingeraten, in ihm verarbeitet, zusammengesetzt, verwandelt sein mag. Wichtig ist, was aus ihm an geschaffener Wirklichkeit herauskommt und wirksam wird.«[39]

In einer Vorstufe der vor den »Frankfurter Vorlesungen« publizierten Glosse »Gesinnung gibt es immer gratis«, die in überarbeiteter Form in die Vorlesung aufgenommen wurde, bezog sich Böll auf Paul Klee, indem er dessen Satz »Kunst gibt nicht das Sichtbare wieder, sondern macht sichtbar« zur Illustration seiner Auffassung von geschaffener Wirklichkeit heranzog: »[W]enn ein Leser in einer Prosa Wirklichkeit[s]treue und Lebensnähe entdeckt, so sei ihm mit einer Abwandlung eines Spruches von Paul Klee gesagt: Literatur ist nicht Wirklichkeit, sie schafft Wirklichkeit.«[40]

Die Poetik-Dozentur endete, trotz Siegfried Unselds Hoffnung auf einen zwischenzeitlich vorgesehenen fünften Vortrag, nach der vierten Vorlesung am 8. Juli 1964. – »Angegriffen vom Universitätsprinzip gab er vorzeitig auf und zog sich erschöpft nach Irland zurück«,[41] kommentierte der *Wiesbadener Tagesspiegel* den frühzeitigen Abschluss.

Die von Böll als extrem empfundenen Belastungen der Vorbereitung, der ersten Lesung und überhaupt die Unsicherheit, wie das bereits Ausgeführte in den bis Ende Mai noch nicht ausgearbeiteten Stunden weitergeführt werden solle, hatten kurz vor der zweiten Vorlesung (27. Mai 1964) sowohl den Verzicht auf eine fünfte Vorlesung als auch die Entscheidung herbeigeführt, sich sofort danach nach Irland zurückzuziehen. So hielt sich Böll bereits einige Tage in Irland auf, als am 18. Juli der Bericht über die »Frankfurter Vorlesungen« im *Wiesbadener Kurier* erschien.

Befreiung durch Rückzug – das entsprach in der aktuellen Situation genau jener Verhaltenslogik, die sich bereits in den Jahren zuvor, nach der Publikation von *Haus ohne Hüter* oder *Ansichten eines Clowns,* gezeigt hatte. Eine unmittelbare Auswirkung zeitigte Bölls Rückzugsimpuls in der bereits nach wenigen Tagen in Irland verfassten Absage seiner Teilnahme an der Tagung der Gruppe 47 im September im schwedischen Sigtuna. Zwar hatte er am 11. Juni Hans Werner Richter in seiner ersten Reaktion auf dessen Einladung zum Gruppentreffen auf eine zeitliche Kollision des Treffens mit seinem Irland-Aufenthalt verwiesen und damit seine Teilnahme zumindest mit einem Fragezeichen versehen, eine Woche später dann aber doch mitgeteilt, dass er kommen werde, mit dem Flugzeug und direkt von Dublin aus. Eben dies teilte Böll auch der schwedischen Journalistin Sigrid Kahle, die ihn im Mai interviewt hatte, am 22. Juni mit. »Ich habe Richter geschrieben und ihn gebeten, Sie doch einzuladen – und mich selbst entschlossen, doch hinzufahren! Wir werden uns also […] in Sigtuna wiedersehen«.[42] Vier Wochen später kippte die Entscheidung:

> »Lieber Hans-Werner, heute schrieb ich an Korlén, daß ich's sehr wahrscheinlich doch nicht schaffen werde. Ich habe eine ziemlich böse Augengeschichte – aber schlimm, viel schlimmer: ich bin krank. Ich würde Dich und einige andere wahnsinnig gern einmal wiedersehen. Muß es Schweden sein? Und soviel publicity? Ich muß mich wohl für ein ganzes Jahr zurückhalten. Versuche mich zu verstehen – es hat keinerlei ›gruppen-politische‹ Gründe. Ich muß das Gefühl haben, für ein Jahr Ruhe zu haben. Privat: jederzeit und alles – aber öffentlich: unmöglich.«[43]

Am Tag darauf schrieb er in einem fast erlösten Tonfall an Annemarie Böll, die mit den Kindern erst Anfang August nach Irland nachreisen sollte: »Ich bin doch sehr froh, dem deutschen Trubel entronnen zu sein – habe auch meine Teilnahme an dem 47er Treffen in Stockholm abgesagt, ich kann einfach keinerlei publicity ertragen, will auch für eine Weile nichts hören.«[44]

Beide Schreiben teilen das Motiv der Ruhe und eine reaktiv auf die Ansprüche und Verpflichtungen der vergangenen Monate ausgerichtete Publicity-Aversion. Das Begehren nach Ruhe bedeutete den Wunsch nach einer Zeit rein literarischer Produktivität. Zum Zündfunken einer Abwehr, die dann die Rückzüge veranlasste, konnte alles werden: die unaufschiebbar gewordene Erledigung der Korrespondenz, die Einlösung eingegangener Verpflichtungen, Massen (immer mit Misstrauen beäugt) und nicht zuletzt das Spiel öffentlicher Aufmerksamkeitserregung. Dabei folgten Reiz und Reaktion einer ganz eigenen Dialektik, in der zu existieren Böll bereits 1948 Axel Kaun hingewiesen hatte. »Ich kann Ihnen nur sagen: wenn ich arbeite, wirklich arbeite, dann arbeite ich rasend. Und wenn ich einmal wirklich Zeit hätte, ›richtig‹ zu arbeiten, würde es wahrscheinlich nichts.«[45]

Jedenfalls nutzte Böll die Zeit in Irland, die er bis zur Ankunft der Familie Anfang August und dann wieder ab Anfang September bis zu seiner Rückkehr nach Köln am 10. Oktober allein verbrachte, für die vom Suhrkamp Verlag übernommene Übersetzung von George Bernhard Shaws *Cäsar und Cleopatra* und zwei Erzählungen von Jerome David Salinger.

Wie sehr ihn nach seiner Rückkehr nicht nur die Empfindungen seiner individuellen Unverträglichkeit der Verhältnisse prägten, sondern als Leiden am Ungenügsamen seinen Blick weiterhin bestimmten und sich schließlich mit einer Skepsis über die Zuverlässigkeit und Stabilität der Verhältnisse paarten, machen seine Äußerungen an Sigrid Kahle deutlich: »Ja, ich bin wirklich krank, vielleicht nur, weil ich mich mitten in einer kranken Welt ›gesund‹ fühle. Es ist sehr kompliziert.« Dieser innere Zustand bestimmte seine Sicht auf die Bundesrepublik. »Ich glaube, es hat sich nicht viel geändert in unserer Gesellschaft seitdem: der Faschismus ist ohne Reue, ohne Buße, ohne Einsicht in die deutsche Demokratie eingegangen. Inzwischen habe ich auch Melitta Maschmann gelesen: entsetzlich! *Nichts*, *nichts* von wirklicher Einsicht! Das Buch hätte, mit einigen kleinen ›Änderungen‹, auch 1944 erscheinen können: blind, vollkommen blind.«[46]

Mit seinem Resümee der Lektüre von Melita Maschmanns *Fazit. Kein Rechtfertigungsversuch* – Maschmann schildert darin ihren

Werdegang von der Hitler-Jugend zur BDM-Pressereferentin der Reichsjugendführung – bestätigte sich Böll gewissermaßen selbst noch einmal den eigenen Eindruck, mit dem er jüngst, in der ersten Frankfurter Vorlesung, die Entwicklung der Bundesrepublik herausgestellt hatte, indem er davon sprach, dass in der gesellschaftlichen Entwicklung der unmittelbaren Nachkriegszeit wie auch bis *dato* noch »Schuld, Reue, Buße, Einsicht [...] nicht zu gesellschaftlichen Kategorien geworden (seien), erst recht nicht zu politischen«.[47] Nach wie vor sah er in der Bundesrepublik ein Land, das sich gesellschaftlich wie politisch weigerte, Gesichtspunkte aufzunehmen, die zu einer Neugestaltung der Verhältnisse zu führen vermocht hätten, zu einem Abbau von Obrigkeitsstaatlichkeit und Gehorsam, basierend auf geschichtlichen Lernprozessen. Umso entschiedener hielt Böll daran fest, die Entwicklung der Bundesrepublik mit moralischen Kategorien zu begleiten und Fragen moralischen Verhaltens als Teil der politischen Entwicklung zu erachten. Doch wie er sie jetzt wahrnahm, erschien ihm die Bundesrepublik weiterhin wie ein fremdes Land, dem augenblicklich nur Skepsis entgegenzubringen war. Davon bildete auch und gerade die Politik keine Ausnahme, insbesondere nicht die der SPD.

Dieser gegenüber zurückhaltend verhielt sich Böll dann auch, als im Frühjahr 1964 erste Überlegungen zur Bundestagswahl des folgenden Jahres dazu führten, Autoren, Schriftsteller und Künstler als Wahlkampfhelfer der SPD zu gewinnen. Bereits im März hatte Böll – wie neben ihm weitere Autoren aus dem Kreis der Gruppe 47 – eine entsprechende Einladung von Konrad Jule Hammer, dem Leiter des Berliner Büros Willy Brandts, erhalten. Vorgesehen war ein Treffen in Berlin.

Böll sagte ab mit dem Hinweis, durch die Vorbereitung der »Frankfurter Vorlesungen« zeitlich gebunden zu sein, aber durchaus mit einer gewissen Offenheit gegenüber dem Anliegen: »nicht aus Prinzip nicht! – sondern weil ich mitten in der Vorbereitung für meine Frankfurter Vorlesung stecke und genau Ende April ein paar Verabredungen hier habe«.[48]

Seine Entscheidung sollte sich ändern, als das während des Berliner Treffens verabredete Projekt einer zunächst mit Walter Jens als Herausgeber geplanten publizistischen Wahlhilfe für die SPD, gedacht in Anlehnung an den 1961 von Martin Walser herausgegebenen Band *Die Alternative oder Brauchen wir eine neue Regierung? oder Keine Alternative*, im November Konturen gewann, dann jedoch mit Hans Werner Richter als Herausgeber. Vorgesehen war diesmal, anders als 1961, dass nicht die Politik der SPD als die bestmögliche Alternative propagiert werden sollte, sondern von den mehrheitlich aus dem Kreis der Gruppe 47 beitragenden Autoren jetzt ein alternativloses Votum als *Plädoyer für eine neue Regierung* zu verfassen sei: in Form individuell porträtierter SPD-Politiker als Garanten einer besseren Politik. Statt also »pauschal das Unbehagen an der Politik des vollständigen Versagens der Regierungen Konrad Adenauers und Ludwig Erhards zu artikulieren«, sollten nun potenzielle Regierungsbildner wie Gustav Heinemann, Carlo Schmid, Alex Möller, Helmut Schmidt, Fritz Erler, Herbert Wehner, Karl Schiller oder Willy Brandt von Schriftstellern und Literaten wie Dieter Wellershoff, Paul Schallück, Carl Amery, Jürgen Becker, Günter Grass, Rolf Hochhuth, Walter Jens oder Peter Weiss empfohlen werden. »Diese Porträts wollen«, wie Hans Werner Richter im Vorspann der Publikation die Absicht formulierte, »nicht nur als Empfehlung für den einzelnen Porträtierten verstanden sein, sondern auch als ein Akt der politischen Selbstverständigung«.[49] Dabei sollte diesmal der Eindruck vermieden werden, so die in der allerersten Planungsphase ausgegebene Parole, dass die Wahl der SPD anstatt einer Entscheidung für die CDU/CSU und FDP ein lediglich kleineres Übel darstelle. Wirklich gelungen erschien dies der zeitgenössischen Rezeption allerdings nicht. »Das Ungenügen an der Opposition, der leise Unmut über das Schielen um fast jeden Preis nach dem Mitregieren schlägt sich selbst bei den SPD-Getreuen unter den Porträtisten als Verdrossenheit, halbherzige Zustimmung (›Wenn schon, denn schon‹) nieder.«[50]

Mit dem Plan vertraut gemacht und damit zur Mitarbeit eingeladen hatte Hans Werner Richter Böll am 3. Dezember 1964:

> »[I]ch habe mir lange überlegt, ob man die SPD bei dieser Bundestagswahl unterstützen soll oder nicht. Ich bin – trotz mancher Bedenken – zu der Ansicht gekommen, man soll. Es muß zu einer Ablösung kommen. Natürlich gibt es dann vorerst nur eine atmosphärische Veränderung. Das ist schon viel. Und was dann wird, weiß man nicht. Trotzdem [...] Du wirst unter Umständen sagen ›Persönlichkeitskult‹. Aber ich meine es anders. Man sollte zeigen, dass die SPD eine regierungsfähige Mannschaft hat, die nach meiner Ansicht besser ist als die der CDU. Das natürlich mit den Vorbehalten, die uns zustehen.«

Richter schlug Böll vor, ein Porträt über den von der SPD als Außenminister vorgesehenen Fritz Erler zu schreiben; er könne sich aber auch einen anderen »Ministeranwärter« aussuchen. »Fühle Dich durch diese Frage aber nicht bedrängt. Wenn Du ›Nein‹ sagst, bin ich nicht böse. Es gibt – und ich weiß es – auch stichhaltige Argumente gegen ein solches Taschenbuch. Trotzdem, Du wirst verstehen, daß ich Dich gern dabei hätte.«[51]

Als den Autor Richters Einladung zur Mitarbeit erreichte, hatte sich allerdings über Bölls Verhältnis zur SPD bereits ein Schatten gelegt. Sein Vorbehalt bezog sich auf den Kurswechsel der SPD in Fragen der allgemeinen Wehrpflicht sowie ihr Bekenntnis zur Westintegration und zur Nato.

Böll sah den Wandel der SPD nach deren Godesberger Programm nicht grundsätzlich anders als Theo Pirker in seiner 1964 publizierten Studie *Die SPD nach Hitler*:

> »Mit der Verabschiedung des Godesberger Programms hatte die SPD programmatisch aufgehört, eine antikapitalistische, sozialistische oder radikaldemokratische Partei zu sein. Sie war entschlossen, auf der Ebene der etablierten Verhältnisse und der etablierten Ideologie die Macht in dieser etablierten Ordnung zu erobern. Die programmatische und pragmatische Bejahung des bestehenden gesellschaftlichen Systems erschien ihr als Voraussetzung dafür, um mit einigermaßen gleichen Chancen auf dem Markte der Stimmenwerbung auftreten zu können.«[52]

Infolge des Gemeinsamkeitskurses der SPD mit der von der CDU/CSU geführten Bundesregierung galt die SPD in den Augen Bölls nicht mehr als Vertreterin einer anderen Politik. Der Unterschied zur Politik der CDU war ihm lediglich mit dem schwachen Komparativ der »besseren« Politik apostrophierbar. Das aber bedeutete für ihn nichts anderes, als dass die SPD die Maßstäbe ihrer politischen Ziele nicht mehr in der Auseinandersetzung ihrer eigenen Wertgrundsätze mit den Gegebenheiten und Erfordernissen der Zeit gewann. Ihre Politik drohte mehr und mehr durch das christdemokratisch-konservative Lager bzw. durch die Vorstellungen der CDU/CSU bestimmt zu werden. Letztlich wertete Böll alle Unternehmungen und Entscheidungen der SPD, durch die sie sich als Volkspartei profilieren und ihre Regierungsfähigkeit zum Ausdruck bringen wollte, als Anbiederungspolitik an die gegebenen politischen Verhältnisse. Gerade ihr von politischem Kalkül regiertes Verhalten im Zusammenhang mit der Bundespräsidentenwahl 1964 hätte dies noch einmal vor Augen geführt.

Für die Bundespräsidentenwahl am 1. Juli 1964 votierte die SPD unter Verzicht eines eigenen Kandidaten geschlossen für eine Wiederwahl Heinrich Lübkes, der als Befürworter einer Großen Koalition bekannt war, bereits im ersten Wahlgang. Die Betonung, die SPD enthalte sich dabei jedes parteitaktischen Kalküls, ihr Verzicht auf einen eigenen Kandidaten sei vielmehr ein Ausweis ihrer staatstragenden Verantwortung, wurde öffentlich kritisiert. »Solches Eigenlob, man habe allen koalitionspolitischen Eigennutz hinter sich gelassen, paßt schlecht zu dem Schauspiel einer um eigene Kandidaten beschämend verlegenen Partei, und schon gar nicht dazu, daß die SPD ihre höchst koalitionspolitischen Hintergedanken im Hinblick auf die Regierungsbildung im Herbst 1965 so unverhohlen zwischen den Zeilen deutlich werden läßt.«[53]

Danach war es der 16. Ordentliche Parteitag in Karlsruhe, der für Böll einen weiteren Tiefpunkt in seinem Verhältnis zur SPD bedeutete. Unter dem Titel »Erbe und Auftrag« bot die Partei vom 23. bis 29. November 1964 in der Schwarzwaldhalle in Karlsruhe für ihn wie auch für den Berichterstatter der *FAZ* das Bild einer Partei »keimfreien Wohlverhaltens und klug gesteuerter Einigkeit, das Bild einer Stromlinienpartei. Die Nähe der Macht ist unverkennbar.«[54] Ähnlich kritisch resümierte Rolf Zundel in der *Zeit*: »Die Verständigung von unten nach oben funktioniert nicht mehr. Es wird auch hier mehr dekretiert als diskutiert. Der Parteitag in Karlsruhe hat gezeigt: die SPD ist wirklich eine Regierungspartei geworden.«[55] Sinnfälliger konnten für Böll die Auswirkungen der Öffnung der SPD nach rechts nicht werden als durch das Kongresstransparent, das Deutschland, flankiert von großformatigen Porträts Erich Ollenhauers und Kurt Schumachers, in den Grenzen von 1937 zeigte – das Bekenntnis zur Nicht-Anerkennung der Oder-Neiße-Linie. Es brauchte noch ein Jahr, bis die SPD ihre Haltung zur Grenzfrage änderte. Jetzt aber galt für Böll die SPD als »bürgerlich nationalistische Idiotenpartei«.[56] Mit deutlichem Verweis auf den erst wenige Tage zuvor beendeten Parteitag eröffnete Böll seine Absage an Hans Werner Richter.

> »[I]ch nehme an, Du hast nicht ernsthaft mit einer Zusage von mir gerechnet. Ich habs bedauert, dass ich nicht nach Berlin kommen, Dich und andere Freunde sehen und sprechen konnte. […] Nein, ich sage nicht – was Deinen Plan betrifft ›Persönlichkeitskult‹, sondern schlicht: nein. Begründung: der ›Parteitag der Zuversicht‹, (mein Gott, wie kommen die Leute bloss auf solche Parolen?) war sozusagen der Schwanengesang der deutschen ›Linken‹, die ja eigentlich schon 1914 gestorben ist, als die SPD ihr patriotisches Herz entdeckte.«[57]

»Einen Parteitag der Zuversicht und der Entschlossenheit nannte Willy Brandt das Karlsruher Treffen«[58] – Böll erschien das als »[s]chnöder Opportunismus«, ein Vorwurf, von dem er nur einige auszunehmen bereit war wie Fritz Erler oder Gustav Heinemann. Dennoch sah er sich außerstande, über Fritz Erler, den er letztlich wieder als Befürworter der Wiederaufrüstung bzw. der NATO erachtete, ein Porträt zu verfassen, das für die Wahlwerbung der SPD genutzt werden könnte. »Mein Gott, ist es so schwer, einzusehen, dass einer, der sozusagen von Kopf bis Fuss gegen die CDU ist, nicht für die SPD sein muss? Die einzige Möglichkeit wäre eben Parteispaltung: den linken Flügel der CDU mit dem linken Flügel der SPD (der kleiner ist als der der CDU) – alles andere ist Persilreklame!«[59]

Kritisch erschien für Böll der Öffnungskurs der SPD nach rechts gerade auch im Blick darauf, dass sich durch die Gründung der Nationaldemokratischen Partei (NPD) in Hannover Anfang November erneut zeigte, dass die Strömungen reaktionär-konservativen Denkens in der Bundesrepublik keineswegs überwunden waren. Für ihn blieb es dabei: Was eine Alternative zur etablierten Parteienpolitik bilden könnte, war die Vision einer Parteienabspaltung mit einem daraus hervorgehenden Bündnis der linken Flügel.

Sich wie Günter Grass gänzlich an eine Partei zu binden, das war für Böll keine Option. Ihm ging es um die Bewahrung der unabhängigen Position eines sich in alle Richtungen zur Kritik frei entschließenden Urteilens. Schließlich hatte er mit *Entfernung von der Truppe* offen dafür plädiert, sich jeglicher Konformität zu enthalten. Dabei nahm er die Kritik an der individuellen Haltung als bloß individualistische Marotte oder Arroganz eines moralistisch imprägnierten Geistes durchaus in Kauf.

Dennoch hielt Böll in der zu dieser Zeit geführten Korrespondenz einen, wenn auch in enge Grenzen gesetzten Spielraum für seine Beteiligung am Wahlkampf für die SPD offen; er wollte sich jedenfalls nicht sofort sperren. Für ein ihn überzeugendes Motiv für eine Wahlhilfe wären seine Vorbehalte kein unüberwindliches Hindernis gewesen. Doch ein überzeugendes Motiv, sich für eine Partei zu engagieren, die ihm in fast allen Fragen eine politische Enttäuschung bereitete, fehlte. Abgesehen davon konnte er nicht wirklich daran glauben, dass einer konkreten Wahlkampfbeteiligung Erfolg beschieden sein würde.

Seine Argumente gegen die SPD, aber auch die Einschätzung der Wahlkampfbeteiligung einiger Autoren aus der Gruppe 47 schnürte Böll noch einmal zusammen, als er Mitte Mai 1965, nach einem Gespräch mit dem Herausgeber des noch bei Kiepenheuer & Witsch erscheinenden *Merkur*, Hans Paeschke, begann, seine kritische Perspektive auf die Gruppe 47 in einem Artikel zu entfalten, der im August-Heft des *Merkur* erschien.

Nahm Böll darin auf die aktuelle Situation Bezug, charakterisierte er die Wahlkampfhilfe für die SPD als »peinliche Annäherung«, als

»Sträußchen binden« oder schlichtweg als »albern«. Die wie aus einem Wörterbuch der Entgleisungen entnommenen Bezeichnungen mussten in ihrer Kritik heftiger und provokanter wirken als jede, wie spitz und angriffslustig auch immer vorgetragene Schelte. Böll hielt der Gruppe 47 die Wirkungslosigkeit des eigenen Verhaltens für eine fragwürdige Sache spiegelnd entgegen. »Die Gruppe ist also ganz und gar ungefährlich. Das Peinliche an der von ›ihrer‹ (ich muß die Anführungszeichen noch einmal in Erinnerung bringen) Mehrheit im Augenblick vollzogenen Annäherung an die SPD: diese Annäherung wird der SPD kaum mehr als 25 Stimmen einbringen, sie möglicherweise mehr kosten.«[60]

Das Thema der Beteiligung am Wahlkampf war immer noch nicht abgeschlossen, als Böll am 19. August 1965 von einer am 20. Juli angetretenen Reise in die Sowjetunion zurückkehrte. Im Gegenteil, das Thema holte ihn auf der Reise ein, die privat war und zugleich dafür genutzt wurde, erste Vorbereitungen für ein Projekt zu treffen, das ihn 1966 mehr und mehr zur Beschäftigung mit der Person und dem Werk des seit den 1930er-Jahren hochgeschätzten und für Bölls erste literarische Versuche vorbildhaft gewesenen Autors Fjodor M. Dostojewski führen sollte. Es war ein Brief Ingeborg Bachmanns, der Böll in der Sowjetunion gewissermaßen in die bundesrepublikanische ›Wahlwirklichkeit‹ zurückholte, in dem Ingeborg Bachmann mit Blick auf die anstehenden Wahlen Böll dazu aufforderte, sich zwecks einer allseits gewünschten Hilfe, die sie in Gesprächen wahrgenommen habe, mit Günter Grass in Verbindung zu setzen.

Aber selbst dieser Versuch wurde von Böll mit keinem Hilfeversprechen erwidert. »Von fern, von hier aus macht die Bundesrepublik einen so finstern Eindruck, daß ich's kaum ausdrücken kann, und wir verließen sie mit dem Eindruck, daß die SPD die niederträchtigste Partei sei, denn sie hatte sich gerade von einer Äußerung, die Grass getan hatte, distanziert, öffentlich.«

Wie sehr Böll das Verhalten der SPD in Rage versetzt hatte, verdeutlicht der Furor, der hinter der nicht weniger unprekären wie in dieser Form sicherlich auch überzeichnenden Analogie steckte, die jegliche Aktivitäten für die SPD mit einem fehlgeleiteten, nahe an der Grenze zur Blindheit stehenden Idealismus in Verbindung setzte.

> »Ich verstehe Grass und die anderen ›Jungen‹, sie wollen sich engagieren, etwas tun, aber ich sehe darin nicht viel mehr als in dem Wunsch vieler junger Deutscher, die sich 1933 engagierten, die etwas tun wollten – sehr ehrenhaft, sehr redlich – wirklich, aber doch nicht für diese Partei! Die Herrn Erler hat und Herrn Jaksch etc.! Ich werde alles, alles gegen die CDU tun und sagen, auch öffentlich, wenn ich Gelegenheit habe, aber für die SPD nein – ich halte das für Selbstmord, durchaus jenem vergleichbar, den so viele Deutsche verübten, weil sie 1933 politisch für etwas sein wollten, nicht immer dagegen etc. [...] Natürlich werde ich Grass schreiben, oder ihn anrufen, sobald ich zurück bin – am 20.8. – und mir anhören, wozu er mich ›gebrauchen‹ kann, aber ich bin immer immer weiter nach links geraten, nach links gekommen, wohl weiter als Du und ich kann für diese bürgerlich nationalistische Idiotenpartei nichts tun.«[61]

Als Böll wieder in Köln war, hatte sich Grass bereits schriftlich gemeldet und die Bitte ausgesprochen, trotz aller Vorbehalte eine Beteiligung nochmals zu bedenken, da sein Auftreten eine Unterstützung der SPD bedeuten würde. Böll reagierte rasch und antwortete noch am Tag seiner Ankunft. »Ich will Ihnen nur rasch schreiben, daß ich Sie gern sehen und sprechen würde, um Ihnen zu erklären, daß ich alles, alles gegen die CDU zu tun bereit bin – aber nichts für die SPD. Genügt das nicht? Ich verstehe sehr gut, daß Sie sich für [sie] engagieren – glaube aber, daß man die SPD zwingen müßte, sich klar festzulegen, daß sie nicht in eine große Koalition geht!«[62]

In der Tat traf sich Böll am 26. August in Düsseldorf mit Günter Grass nach dessen Wahlkampfrede. Eine Annäherung der Positionen brachte ihr Zusammentreffen jedoch nicht. Grass hatte Böll nicht zu einer Wahlkampfbeteiligung bewegen können. Entsprechend schrieb Böll am 2. September 1965 an ihn:

> »Lieber Grass, reiflich und reichlich habe ich überlegt: dieses Weihnachtsgeschenk kann ich nicht geben. Sie bekommen ein anderes! Nein, es ist doch alles zu verschwommen und außerdem wird man Sie nach dem 19.9. verraten – sehr schade, ich hätte Ihnen gewünscht, daß Sie sich für eine weniger verschwommene und weniger verräterische Sache enga-

gieren. Ich glaube nach dem 19.9. wird es keine Opposition mehr geben – für mich jedenfalls nur noch Widerstand! Sehr herzlich Ihr Heinrich Böll.«[63]

Die Wahlen vom 19. September 1965 brachten der SPD eine Niederlage und bestätigten die bestehende Regierungskoalition von Christdemokraten und Liberalen unter Ludwig Erhard, dessen Wahl zum Kanzler am 20. Oktober 1965 erfolgte. Hatte unter den Autoren und Schriftstellern bisher eine gewisse Solidarität bestanden, entbrannte nun eine öffentlich geführte Auseinandersetzung. Günter Grass polemisierte in seiner Rede anlässlich der Entgegennahme des Georg-Büchner-Preises am 9. Oktober 1965 gegen die Autoren, die sich einem Engagement im Wahlkampf entzogen hatten. Namentlich nannte er Böll. »Im Chor der Redner vermißte ich Stimmen. Wo sind sie geblieben, denen vor Jahren noch das politische Dauerengagement einigen Nachtprogrammflair verliehen hatte? Wo, Alfred Andersch, hat Ihre beredte Entrüstung die Milch der Reaktionäre gesäuert? Wo, Heinrich Böll, hat Ihr hoher moralischer Anspruch die bigotten Christen erbleichen lassen?«[64]

Nachdem Böll Auszüge aus der Rede von Günter Grass im *Kölner Stadt-Anzeiger* gelesen hatte, schrieb er an Grass. Privat, wie er ausführte, da er die von ihm als demagogisch empfundene Frage von Grass nicht öffentlich beantworten wollte. Nicht, wie er meinte, aus Zurückhaltung, sondern weil er eine unnötige Publizität durch eine Veröffentlichung entstehen sah.

›Wortführer eines politischen Engagements‹, ›hoher moralischer Anspruch‹ – Grass hielt Böll vor, was dieser in seiner Antwort nachdrücklich von sich gewiesen hatte. Dass Grass, in Kenntnis dieser Zurückweisung, sich dennoch darauf bezog, zeigt die Enttäuschung, die er wegen Bölls Weigerung empfunden haben muss, sich nicht wie er engagiert in die Wahlkampfarena begeben zu haben.

Wenige Wochen nach der Bundestagswahl reiste Böll nach Berlin, um an der Tagung der Gruppe 47 im Literarischen Colloquium vom 19. bis 21. November 1965 teilzunehmen. Nach bereits mehreren Jahren Abwesenheit war dies Bölls letzte Teilnahme. Als ihm Hans

Werner Richter die Einladung für das folgende, in Princeton geplante Treffen im Februar zusandte, sagte Böll ab. Neben dem Hinweis, dass er die Arbeit an seiner Erzählung *Ende einer Dienstfahrt* nicht unterbrechen wolle, war der maßgebliche Grund ein politischer:

> »Das allerwichtigste aber: Die Vorstellung, dass die Bundesrepublik – was unvermeidlich ist – aus unserem Besuch dort politisch Kapital schlagen wird, verschafft mir eine Gänsehaut! Denn, wenn wir auch dort unsere ›ach so bewährten kritischen‹ Texte vorlesen, gerade dadurch verschaffen wir diesem Land ja in den USA den Ruf eines freien Landes! Eine fürchterliche Vorstellung! Das einzige, das ein Schriftsteller hier tun kann: den außenpolitischen Kredit der Bundesrepublik in den USA (in dem einzigen Land, wo sie diesen Kredit geniesst!) abbauen, abbauen! [...] Ich denke, wir sollten, wenn überhaupt weitergetagt werden soll, im nächstbesten elenden Bundeskaff tagen! Noch eins: die Zeit der Opposition ist vorbei, die Zeit des Widerstands gekommen: lasst also endlich und endgültig Eure Finger von dieser miesesten aller Parteien: der SPD.«[65]

Dass die Zeit des Widerstands gekommen war, zeigte sich für Böll nicht nur mit Blick auf die SPD, sondern auch im massiven Ansehensverlust der Regierung von Ludwig Erhard. Zu diesem Verlust trug nicht zuletzt das angespannte Verhältnis der bundesdeutschen Autoren, Schriftsteller und Intellektuellen zur Regierungspolitik einiges bei. Gerade Erhard hatte durch seine konfrontative Abwehrhaltung gegen kritische Äußerungen für eine krisenhafte Zuspitzung gesorgt. Als Rolf Hochhuth und Günter Grass, neben anderen, Erhards Positionen kritisierten, reagierte er mit ausfälligen Titulierungen. Schriftsteller und Intellektuelle denunzierte er als »Pinscher«, als »Banausen und Nichtskönner, die über Dinge reden, von denen sie einfach nichts verstehen«. Oder er sprach von einem »gewissen Intellektualismus, der in Idiotie«[66] umschlage.

Aber nicht allein die Intellektuellenkritik führte zum Prestigeverlust Erhards. Es war vor allem der Streit über die ökonomische und politische Ausrichtung seiner Regierungspolitik. Zum Fiasko wurde sie, als sich nicht nur erste Anzeichen einer Rezession ankündigten, sondern auch seine Deutschland- und Ostpolitik in die Krise geriet. Letztlich ließ der öffentlich ausgetragene Streit um seine Person und die Fortsetzung seiner Kanzlerschaft eine, so Hans Magnus Enzensberger, »panikartige Stimmung aufkommen«.[67]

Vor diesem Hintergrund hielt Böll am 24. September 1966 seine Rede »Die Freiheit der Kunst« anlässlich der Eröffnung des Wuppertaler Schauspielhauses. Auch für ihn hatte sich die Erhard-Krise zu einer strukturellen Krise zugespitzt, deren weitere Eskalation zu der von ihm befürchteten Großen Koalition und damit zum Verlust der Opposition im Parlament führen könnte. »Ich erblicke den Staat im Augenblick nicht. [...] Dort, wo der Staat gewesen sein könnte oder sein sollte, erblicke ich nur einige verfaulende Reste von Macht, und diese offenbar kostbaren Rudimente von Fäulnis werden mit rattenhafter Wut verteidigt. Schweigen wir also vom Staat, bis er sich wieder blicken läßt.« Dies sagend, appellierte Böll aber an sein Publikum, das, was fehle, zu fordern, also die Ordnung anzumahnen, die im Repräsentanzverlust der Politik mit verloren gegangen sei. Widerstand sei geboten, da auch ein »politischer Messias« kommen könne, »klug genug«, die in der Gesellschaft lebende Sehnsucht nach Ordnung irrezuleiten, indem er, was der Staat »nicht mehr bietet«, auf die Kunst und die in ihr gelegene Ordnung ablenke. Die Gesellschaft solle sich nicht mit Kunst abspeisen lassen, sondern die fehlende gesellschaftliche Gestaltung einfordern, denn sie brauche, was die Kunst durch die Eigengesetzlichkeit ihrer formsprachlichen Mittel habe: Ordnung. Insofern könne ihr Ordnung nicht gegeben werden, ebenso wenig wie ihr Freiheit gegeben werden könne, da sie, die Kunst, die »einzig erkennbare Erscheinungsform der Freiheit auf dieser Erde« sei. »Es kann ihr einer die Freiheit nehmen, sich zu zeigen – Freiheit *geben* kann ihr keiner.«[68]

Die Empörung über Bölls Festrede war groß. »Mit schockierenden Aussagen über Sinn und Freiheit der Kunst sowie über das Verhältnis von Kunst und Staat überfiel der Schriftsteller Heinrich Böll am Sonnabend in Wuppertal ein festlich gestimmtes Auditorium«.[69] Entsprechend froh war man, dass Heinrich Lübke zum Festakt noch nicht erschienen war und erst abends zur Aufführung von Lessings *Nathan der Weise* eintraf.

Auch Hans Werner Richter war irritiert, verfiel aber gegenüber der Kritik, die Böll die Abschaffung des Staates vorwarf, ins Gegenteil: »Böll ruft nach dem Staat. Mehr Staat? National-Bolschewismus? Was will er eigentlich, der Böll? Ich glaube, er weiß es selbst nicht. Mal mehr Staat, mal weniger Staat, mal gar keinen Staat. Ist es seine Aufgabe, nach einem Mehr an Staat zu schreien? Das soll er den Rechten überlassen. Aber er hat sich nicht einmal dagegen verwahrt, ein ›Linker‹ zu sein.«[70]

Unterdessen bewegte Böll weiter die Frage, welche gesellschaftliche Wirkung Kunst angesichts der »kompletten Nettigkeit der Gesellschaft« ihr gegenüber, die wie eine »Gummizelle« sei, überhaupt noch habe. Er beschäftigte sich mit den Provos in Amsterdam, die als Protest gegen die repressiven Formen der Gesellschaft Happenings als direkte Provokation mit der Öffentlichkeit auf die Straße brachten. Gleichfalls setzte er sich mit der Protestkunstform des Happenings auseinander bzw. dem mit dieser Aktionskunst unternommenen Versuch, gesellschaftliche Veränderungen herbeizuführen. Die »Erkenntnis«, so Bölls Fazit, »daß alle Kunst von dieser so fassungslosen wie unfaßbaren Gesellschaft ernst genommen wird, brachte mich auf die Idee, daß Kunst, also auch Happening, eine, vielleicht die letzte Möglichkeit sei, die Gummizelle durch eine Zeitzünderbombe zu sprengen oder den Irrenhausdirektor durch eine vergiftete Praline außer Gefecht zu setzen; ich entschied mich zu einer Kombination von vergifteter Praline und Zeitzünderbombe.«

Aus diesem Zusammenhang ging die Erzählung *Ende einer Dienstfahrt* hervor, die vom 18. August bis 27. September in der *Süddeutschen Zeitung* teilweise vorabgedruckt wurde. Die Erzählung setzt eine Verhandlung vor dem Amtsgericht der kleinen rheinischen Gemeinde Birglar in Szene. Verhandelt wird gegen den Kunsttischler Johann Gruhl und seinen Sohn Georg. Die gegen sie erhobene Anklage: einen Jeep der Bundeswehr in Brand gesteckt zu haben, mit dem Georg Gruhl, der kurz vor seiner Entlassung aus dem Militärdienst stand, zuvor noch unterwegs war. Zu der von ihnen als

»Happening« deklarierten Aktion, und damit zu der vor dem Gericht verhandelten Anklage, führt die in den Aussagen und Befragungen während der Verhandlung deutlich werdende Vorgeschichte: Johann Gruhl, der durch unerwartet hohe Steuerlasten in wirtschaftliche Schwierigkeiten geraten ist, verliert, als auch noch sein Sohn zur Bundeswehr einberufen wird und damit als Mitarbeiter ausfällt, seinen ganzen Besitz. Während Johann Gruhl also einen finanziellen Zusammenbruch erleidet, erfährt sein Sohn bei der Bundeswehr, auf welche absurde Weise die Steuern, die die Existenz seines Vaters bedrohen, ausgegeben werden. Bereits mehrmals musste er, wie bei seiner »letzten Dienstfahrt«, einen neuen Jeep sinnlos herumfahren, um den für die anstehende Inspektion vorgeschriebenen Kilometerstand des Fahrzeugs zu erreichen. An diesem Punkt erfolgt für die Gruhls der Umschlag: Sie verbrennen den Jeep auf offenem Feld. Aufgrund der Ansicht, mit ihrem ursprünglich ausgeübten Kunsthandwerk dem Wirtschaftsprozess erlegen zu sein, ändern Johann und Georg Gruhl ihr künstlerisches Verfahren: Sie ›ge-stalten‹ nicht mehr, sondern ›ent-stalten‹ – Verbrennungsakt als Happening. Eine Deklaration, die im Verhandlungsgeschehen zur ausführlichen Erörterung gelangt. Die Berichterstattung über den Prozess wird jedoch angesichts der Brisanz, Kunst als Möglichkeit politischer Aktion zu sehen, unterbunden.

In einem kurz nach der Veröffentlichung verfassten Entstehungsbericht, der zugleich einen kleinen Werkstattbericht über seine Arbeitsweise darstellte, beschrieb Böll den Konstruktionsprozess seiner *Dienstfahrt*-Erzählung als »Bombenpraline«. »Diese Bombenpraline mußte also klein, handlich, verschluckbar sein – und jetzt fing ich an zu planen, was ich gewöhnlich in Form einer abstrakten Aquarellskizze tue, weil eine solche Skizze es ermöglicht, die Sache auf einen Blick zu sehen.«[71]

Wie bei seinen Romanen bediente er sich auch hier zur intermedialen Übertragung des Sprachlichen ins Bildhafte einer Schemaskizze, um die Textzusammenhänge und Wechselbeziehungen illustrativ zu vergegenwärtigen. Im Fall des zu *Ende einer Dienstfahrt* geschaffenen Aquarells ging diese bildhaft-visuelle Beschäftigung so

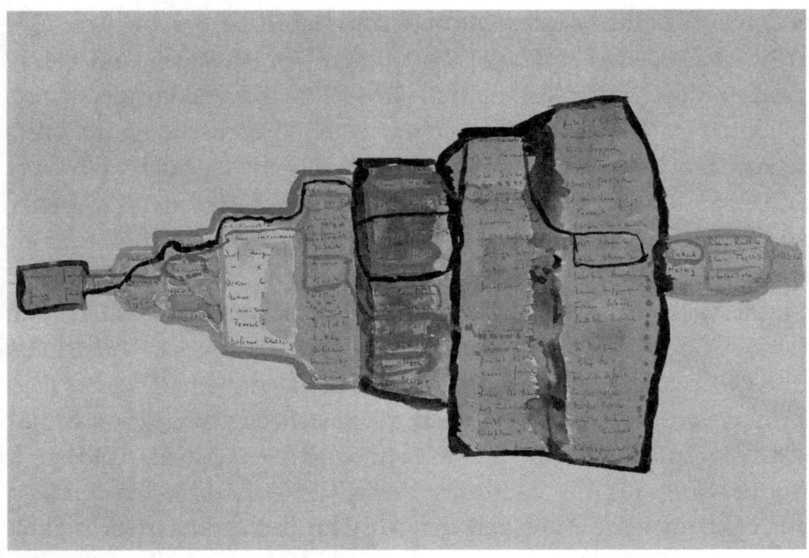

Schema der Erzählung Ende einer Dienstfahrt; *Aquarell über Kugelschreiber und Bleistift auf Zeichenpapier; 42 x 29,7 cm.*

weit, dass sie, durch ihre eine »Bombenpraline« konnotierende Darstellung gegenüber ihrer Textgrundlage zu einer Verselbstständigung führte und zu einem spielerisch-interpretativen Umgang mit dem eigenen Text wurde. Gemeinsam ist allen Schemata, dem für Bölls ersten Roman *Wo warst du, Adam?* angefertigten ebenso wie denen, die zu *Billard um halb zehn* oder *Ansichten eines Clowns* angelegt wurden, dass sie als Instrumentarium verstanden wurden, die kompositionellen Zusammenhänge des sich zeitlich nacheinander entfaltenden Erzählgeschehens in ein räumlich organisiertes Ineinandergreifen linearer, farbiger und struktureller Elemente zu übersetzen, um in der Übersetzung der miteinander verbundenen Elemente die Gesamtheit des kompositorischen Gefüges visuell zu prüfen.

Einen Monat, nachdem Böll in seiner Wuppertaler Rede über die Freiheit der Kunst den Repräsentanzverlust des Staates moniert hatte, erklärte die FDP durch einen Mehrheitsbeschluss am 27. Oktober 1966 ihre Regierungskoalition mit der CDU/CSU aufgrund von Differenzen in Haushaltsfragen für beendet. Nachdem auch die Koalitionsverhandlungen über eine Neuauflage der Regierungsbildung zwischen Christdemokraten und Liberalen gescheitert waren, trat die CDU/CSU mit der SPD in Verhandlungen über die Bildung einer Großen Koalition. Damit war für Böll die politische Bankrotterklärung endgültig und seine Wuppertaler Vision Wirklichkeit geworden. Am 1. Dezember 1966 wurde Kurt Georg Kiesinger vom Deutschen Bundestag zum Kanzler gewählt, Willy Brandt zum Vizekanzler und Außenminister. Mit am Tisch saß Franz Josef Strauß als Finanzminister. Durch die neu gebildeten Mehrheitsverhältnisse, durch die die CDU/CSU und die SPD insgesamt 447 Sitze erhielten – gegenüber 49 Sitzen der FDP – war eine parlamentarische Opposition de facto nicht mehr vorhanden. Durch die Regierungsbildung von SPD und CDU/CSU wurde für Böll zum Faktum, was er noch im Jahr zuvor als Schreckensszenario entworfen hatte, nämlich: »absolute politische Promiskuität«.[72] Was bei dieser Regierungsbildung jedoch den von ihm später immer wieder benannten Skandal darstellte, war, dass mit Kiesinger jemand an die Spitze der Regierung kam, der 1933 in die NSDAP eingetreten war und über eine Nazi-Vergangenheit verfügte. »Wie konnte ein Mann mit seiner Vergangenheit«, empörte sich Böll 1969, »Bundeskanzler werden? Das läßt sich nicht ohne einen ernsten Grund erklären: den völligen Mangel an kritischem Bewußtsein bei den deutschen Massen, die Bewunderung, die sie für ›die da oben‹ empfinden. Die Entheiligung der Christdemokratie hat inzwischen begonnen.«[73] Zu einem besonders öffentlichkeitswirksamen Eklat um Kiesinger und seine Vergangenheit kam es am 7. Juli 1968, als die französische Journalistin Beate Klarsfeld Kiesinger auf dem Parteitag der CDU in Berlin ohrfeigte und ihn mehrfach als »Nazi« beschimpfte. Beate Klarsfeld wurde sofort verhaftet und noch am gleichen Tag durch ein Schnellgericht zu einem Jahr Haft ohne Bewährung verurteilt. Böll schickte ihr Rosen ins Gefängnis, was wiederum Günter Grass rügte. Bölls Blumenaktion war spontan und dadurch begründet, dass Beate Klarsfeld durch ihre Tat bewirkte, was in Bölls Intention lag, aber wirkungslos blieb, nämlich eine Skandalisierung der Vergangenheitskontinuitäten. Da sie in Bölls Augen für ihre Handlung unverhältnismäßigen Konsequenzen ausgesetzt wurde, war der übermittelte Blumenstrauß der Impuls einer Solidarisierung. Dass ihn Günter Grass dafür rügte, empfand Böll wiederum als schulmeisterliche Reaktion und Ausdruck einer Zeigefinger-Manie der Deutschen, auf die er allergisch reagierte.

Durch ihre erstmalige Regierungsbeteiligung 1966 sah die SPD in der Großen Koalition ihre Chance, aus der Opposition herauszutreten und Politik mitgestalten zu können. Umgekehrt setzte die CDU auf die Durchsetzung verschiedener Beschlüsse, die eine Zweidrittelmehrheit erforderten, bisher aber nicht hatten verabschiedet werden können. Einig wurde die Koalitionsregierung darin, die seit 1958 kontrovers diskutierten und umstrittenen Notstandsgesetze zu verabschieden. Mit der geplanten Verfassungsänderung, die die alliierten Vorbehaltsrechte im inneren oder äußeren Krisenfall ablösen und die Souveränität der Bundesrepublik komplettieren sollten, wurde eine fehlende parlamentarische Opposition überdeutlich. Das löste auch bei den Schriftstellern und Intellektuellen, die sich im Wahlkampf für die SPD eingesetzt hatten, tiefe Verbitterung aus. Ein Großteil von ihnen ging auf Distanz zur SPD – zumal rein rechnerisch auch eine sozialliberale Koalition aus SPD und FDP möglich gewesen wäre.

Der entstandene Mangel an parlamentarischer Opposition führte nun mehr und mehr dazu, dass die sich seit Anfang der 1960er-Jahre aus der Auseinandersetzung um eine Demokratisierung der Hochschulen entwickelnde Protestbewegung zu einer die Bundesrepublik insgesamt kritisch begleitenden Instanz entwickelte: nämlich zu der im Wesentlichen von der Studentenbewegung getragenen außerparlamentarischen Opposition (APO) mit ihren aus den USA stammenden Formen spontanen Protests wie Sit-in oder Teach-in.

Die APO, die nie als geschlossene Formation existierte und nur in punktuellen Aktionsbündnissen zutage trat, gewann eine sowohl quantitativ als auch qualitativ größere Bedeutung, nicht zuletzt durch viele Autoren und Intellektuelle, die sich aufgrund der neuen

Heinrich Böll, 1966

parlamentarischen Situation der APO als zugehörig erklärten. Neben dem allgemeinen Ziel der Gesellschaftsveränderung einte die APO 1966 auch das Aufkommen des Rechtsradikalismus, der sich im Zulauf für die rechtsradikale Nationaldemokratische Partei (NPD) zeigte. Örtliche Aktionskomitees bildeten sich zwischen November 1966 und Februar 1967 bereits in 80 Städten, Ende 1967 gab es sie in 150 Städten. Mit dem Ziel gesellschaftlicher Aufklärung nahm die APO politische Diskurse auf und versuchte, insbesondere gegen den stetig wachsenden Einfluss der Springer-Presse und deren einseitige Berichterstattung, eine politische Gegenöffentlichkeit aufzubauen. Dazu gehörte auch, die noch existenten Tabus im Umgang mit dem Dritten Reich zu durchbrechen und zu einem zentralen Diskussionspunkt zu erheben.

Böll verfolgte die studentischen Proteste mit großer Aufmerksamkeit. Einerseits verstand er mehr als jeder andere die Forderungen der Studenten nach Aufklärung und Diskussion der NS-Vergangenheit der Väter- und Müttergeneration. Nicht zuletzt der Eichmann-Prozess 1961 hatte diese Fragen aufgeworfen. Der Prozess, bei dem auch für Böll nicht nur »Eichmann allein dort vor Gericht« stand, sondern die nicht zufällige »Geschichte, die ihn an jene Stelle trug«[74] mit all den »Indifferenten«, die widerstandslos jeden Befehl, der für Böll ebenfalls vor Gericht stand,[75] ausführten. Seine Aversion gegen jene Untertänigkeit, die einen Eichmann hervorgebracht hatte, war die Basis des Verständnisses, mit dem er dem Aufbegehren der Studenten aufgeschlossen begegnete. Darüber hinaus unterstützte er die studentische Kritik an den hierarchischen Strukturen der Hochschulen sowie die Einforderung eines Mitspracherechts bei den Inhalten des Studiums. Als zu Ostern 1969 der studentische Protest in Köln eskalierte, äußerte sich Böll in einem im *Kölner Stadt-Anzeiger* veröffentlichten Artikel über seine Vorstellungen zum Verhältnis Universität/Studenten und Gesellschaft:

> »Die Universität ist schließlich nur ein Modell unseres Gesellschaftssystems, ein auf extreme Weise überfälliges. Die Arroganzstruktur von oben nach unten und die Ressentimentsstruktur von unten nach oben, sie gelten auch für andere Partien unserer Gesellschaft, die alle hierarchisch sind. […] Unsere Gesellschaft ist eine Repräsentationsgesellschaft von absurder Lächerlichkeit – und es ist gut, daß da, wo sie sich bisher am feierlichsten repräsentiert hat, an der deutschen Universität, die Unruhe ausgebrochen ist.«[76]

Der außerparlamentarische Protest kulminierte in einem von Gewalt gekennzeichneten Ereignis, das in aller Schärfe die Kluft zwischen der Gesellschaft, ihrer polizeilichen Exekutive und den Studenten offenlegte. Bei einer Demonstration gegen den Staatsbesuch des persischen Schahs Reza Pahlewi am 2. Juni 1967 wurde in Berlin der 26-jährige Germanistikstudent Benno Ohnesorg bei Auseinandersetzungen zwischen bestellten Pro-Schah-Demonstranten und Gegnern von dem Polizisten Karl-Heinz Kurras erschossen. Der Tod Ohnesorgs löste eine neue Mobilisierungsdynamik und Politisierung aus, die sich auch gegen die manipulative Macht des Springer-Konzerns richtete, dem vorgeworfen wurde, durch seine auf Schlagzeilen fokussierte Berichterstattung zu Polarisierung und Eskalation, zu politischer Unmündigkeit beizutragen.

Dies war der zeitgenössische Hintergrund, vor dem Böll den renommiertesten Literaturpreis der Bundesrepublik, den Georg-Büchner-Preis der Deutschen Akademie für Sprache und Dichtung Darmstadt, erhielt. In seiner im Oktober 1967 gehaltenen Dankesrede *Georg Büchners Gegenwärtigkeit* zog er Parallelen von der gegenwärtigen innenpolitischen Situation der Bundesrepublik zu Büchners Engagement. Er zitierte aus einem Brief Büchners vom 5. April 1833 an seine Familie: »›Meine Meinung ist die: Wenn in unserer Zeit etwas helfen soll, so ist es Gewalt. Wir wissen, was wir von unseren Fürsten zu erwarten haben. [...] Man wirft den jungen Leuten den Gebrauch der Gewalt vor. Sind wir denn aber nicht in einem ewigen Gewaltzustand‹«. Diese Betonung der Aktualität trat noch deutlicher durch den Vergleich hervor, das gegenwärtige Zusammenspiel von Gesellschaft und Regierung zeige sich wie eine moderne Variante des Feudalsystems. Böll kam auch auf den erschossenen Studenten Benno Ohnesorg zu sprechen, dessen Tod er als »Mord durch die Staatsgewalt« verurteilte, während er die studentischen Demonstrationen verteidigte.

> »Wer will sich da wundern, wenn Studenten, denen ein neues Bewußtsein zuwächst, diesem Protokoll auf die einzig mögliche Weise zuwiderhandeln: durch Unruhe und eindeutig formulierte Ablehnung. Wie sollen sie zu einer Höflichkeit verpflichtet sein, die dieses mysteriöse Protokoll ihnen durch Polizeigewalt aufzwingen möchte? [...] Wie anders als durch Unruhen, eindeutig formulierten Widerspruch, in Kleidung und Haarwuchs sollten sie sich Ausdruck verschaffen, da ihnen das Wählerkreuzchen, mit dem Verantwortung delegiert wird und das keine andere Wahl mehr läßt, nicht genügen kann.«[77]

Kurze Zeit nach der Entgegennahme des Georg-Büchner-Preises klärte sich der bereits über Wochen und Monate hin angeschlagene Gesundheitszustand Bölls. Noch kurz zuvor hatte er an Jenny Aloni geschrieben, er sei in »einer Weise erschöpft«, dass seine Ärzte sich dazu veranlasst gesehen hätten, ihm »ein halbes bis ein Jahr absolutes Stillhalten« zu verordnen.[78] Dass die Erkrankung schwerwiegender war als vermutet, stellte sich heraus, als er Anfang Dezember die Diagnose einer schweren Leberentzündung und einer Diabeteserkrankung erhielt. Über sechs Wochen war Böll ans Bett gefesselt. Alle Verpflichtungen wurden abgesagt. Unmöglich wurde auch die Teilnahme an irgendeiner anlässlich seines 50. Geburtstags geplanten Feierlichkeit. Eine Ehrung legte indes Kiepenheuer & Witsch mit dem von Marcel Reich-Ranicki herausgegebenen Band *In Sachen Böll. Einsichten und Ansichten* vor. Freunde, Weggefährten, Kritiker kamen zu Wort, die in divergenten Perspektiven kritisch wie zustimmend Bölls Werk würdigten.

Nachdem die Leberentzündung abgeklungen war – die Diabetes machte lebenslang die entsprechenden Rücksichtnahmen erforderlich, was bei den Reisen der kommenden Jahre nicht immer einfach war –, fuhren Annemarie und Heinrich Böll am 24. Januar 1968 zunächst für zwei Wochen nach Monte Grotto und anschließend nach Meran. Von Monte Grotto aus berichtete Böll Rolf Schroers über sein Befinden. »Mir geht's ›chemisch‹ besser, fast gut, aber die psychischen und spirituellen Folgen einer, dieser so lange nicht erkannten (über ein Jahr!) Krankheit werde ich wohl für 1–2 Jahre nicht los, wenn überhaupt! Es ist wie in einem Tunnel. Schlimm, mein Lieber.«[79]

Im gesundheitlichen Kollaps Bölls 1967 kulminierte eine jahrelange physische und psychische Überforderung. Gesundheitliche Ausfälle, Erschöpfungszustände, die der Tribut einer permanenten Kräfteabforderung waren, hatte es in den Jahren zuvor immer wieder gegeben. Nicht zuletzt die Frankfurter Poetik-Dozentur 1964 musste mehrfach krankheitsbedingt verschoben werden. Auch die in Amiens 1940 zugezogene Ruhr-Erkrankung brach immer wieder auf. Was gegenüber den früheren Erkrankungen jetzt, 1967, einen Unterschied machte, lag in den Auswirkungen, die seine Erkrankungen generell auf sein Lebensempfinden hatten. Eindrücklich schilderte er Lew Kopelew am 23. Juli 1968:

> »Euch geht's wahrscheinlich wie uns; ein bißchen ›verschlissen‹ sind wir, und bedenkt man die Zeit, in die wir hineingeraten sind, so ist es kein

> Wunder: *vor* 33 die Wirtschaftskrise, *davor* Inflation, dann *nach* 33 das, worüber man nicht zu sprechen braucht unter Freunden, Krieg, Nachkrieg, Arbeit, Arbeit, und immer irgendwie gehetzt – eigentlich sind wir ja kaum je zur Ruhe gekommen. Ich denke mir, daß meine schwere Erkrankung auch eine Art Lebenserschöpfung war. Nun geht's mir besser, es kommen nur Tage und Wochen dazwischen, in denen ich völlig apathisch bin und mich morgens kaum aufrappeln kann.«[80]

Dabei war Bölls »Lebenserschöpfung« sicherlich der Ausdruck einer von seiner melancholischen Grunddisposition imprägnierten Selbstwahrnehmung und Welterfahrung, die sich bereits in den Kriegsbriefen ausgesprochen hatte. Aber sie war auch der Boden, auf dem die von Böll sowohl gegenüber Lew Kopelew als auch gegenüber anderen Briefpartnern vielfach erwähnten Zeiten der Apathie nicht nur intensivierter erlebt, sondern sich in den folgenden Jahren in mitunter depressiven Phasen zuspitzen konnten. Die Möglichkeit, sich zurückzuziehen – es sei denn, etwaige Verpflichtungen ließen das nicht zu –, bot das bäuerliche Anwesen in Langenbroich, das Annemarie und Heinrich Böll im März 1966 erwarben und, nachdem einige Renovierungs- und Umbaumaßnahmen durchgeführt worden waren, im April 1966 bezogen. Dabei blieb Langenbroich nicht der Rückzugsort bzw. die Alternative zur Stadt, sondern wurde mehr und mehr zum Lebensmittelpunkt Annemarie und Heinrich Bölls.

Die 1960er-Jahre waren aber auch auf privater Ebene mehr als anstrengend. Die Auseinandersetzungen unter den Brüdern Heinrich, Alfred und Alois gewannen an Schärfe. Offen zutage traten sie nach Viktor Bölls Tod im November 1960. Konflikte, die aus Rücksicht auf den Vater bis dahin eher kleingehalten wurden, kamen nicht nur offener hervor, sondern eskalierten zuweilen, sodass Böll über die Folgen der »destruktiven« Lebenshaltung seiner Brüder klagte. Zwischen Alfred und Heinrich waren es hauptsächlich ihre diametral entgegenstehenden politischen Auffassungen, die in eine gegenseitige Kommunikationsverweigerung mündeten. So wollte der eine, wenn überhaupt, mit dem anderen eigentlich nur noch übers Wetter reden. Als Alfred dann zur politischen »Prominenz des

Zentrums«[81] gezählt wurde und sich 1975 als Kandidat bei der Landtagswahl in NRW aufstellen ließ, war auch dieses Thema vorbei. Dagegen wollte Alfred Böll die literarische Produktion des Jüngeren am liebsten gar nicht erst zur Kenntnis nehmen. »In politischen Fragen gibt es zwischen den Brüdern manchmal Schwierigkeiten«,[82] lautete dann auch die unter ein Foto Alfred Bölls gesetzte Bildunterschrift von Giselher Schmidt in einem Artikel im *Kölner Stadt-Anzeiger.*

Heftiger jedoch war der 1966 kulminierende Streit zwischen Heinrich und Alois Böll. Den Eskalationspunkt bildete ein Artikel über Alois Böll im *Kölner Stadt-Anzeiger.* Anlass des Artikels war der von Alois Böll mit Fritz J. Raddatz vereinbarte Plan, eine Sammlung mit Klingelpütz-Geschichten im Rowohlt-Verlag herauszugeben. Seine literarische Neigung hatte Alois Böll, nachdem er 1958 seine Schreinerei aufgegeben und seitdem im Bühnenbetrieb des WDR tätig war, zuvor bereits mit der Publikation von zwei kleineren Texten in der Zeitschrift *twen* unterstrichen. Doch nicht daran entzündete sich der Streit der Brüder. Es waren die für Heinrich Böll als Affront empfundenen Bemerkungen im Text. »›Das Schlimme ist: Ich sehe wie der Künstler aus und Heini wie der Schreiner.‹« Die untergründige Spitze dieses Satzes war sicherlich noch mit Ironie zu überlesen. Heftiger getroffen sah sich Heinrich Böll, wenn sein Bruder ihn an die Gesellschaft »verloren« sah, seitdem sich Bölls »Ruf als erfolgreichster deutscher Nachkriegsautor gefestigt« habe und er die »ganze Gesellschaft, glaube ich, nicht mehr abschütteln« könne. »Er sitzt tief drin.« Ganz und gar verärgert war Böll durch die Bemerkung, dass er in der gemeinsamen Zeit der Schillerstraße ihm, Alois, jedes Manuskript gezeigt hätte, aber »ab 53, als er auszog, nicht mehr«. Eine Bemerkung, die den Eindruck einer undankbaren Abkehr von einem Bruder auslöste, der ihn zuvor als Aushilfskraft beschäftigt hatte – »Damals war er Hilfsschreiner bei mir« –, jetzt aber vergesse Böll durch den eigenen Erfolg seinen Bruder.[83] Heinrich Böll, der auf den Artikel aufmerksam gemacht worden war, reagierte erbost und verteilte seinen Zorn: auf seinen Bruder und auf den *Kölner Stadt-Anzeiger,* der diesen Zwistigkeit andeutenden Bemerkungen ein öffentliches Forum bot. In einem Schreiben an Joseph Caspar Witsch ging er auf beide Aspekte ein: »Ich glaube, Annemarie hat in der St. Anz-Affäre den, was meinen Bruder betrifft, einzig wahren Satz gesprochen: dass er krank, schwer krank sei. Was an diesem Dreck Übelkeit verursacht, ist also der St. Anz. und ich bitte Dich herzlich, allen Abteilungen in Deinem Haus striktestens zu verbieten, irgendwelche Abdruckrechte meiner Arbeiten – und wären es nur Zeilen – an den Verlag DuMont-Schauberg zu vergeben.«[84] Diese Reaktion ließ es an Eindeutigkeit und Klarheit nicht fehlen. Die Frontenziehung nach außen war deutlich. Doch sehr viel schwieriger, unangenehmer und belastender war der Umgang mit Konflikten, die sich unter den Brüdern, innerfamiliär, ergaben. Wie schwierig es tatsächlich war, das zeigt zuletzt, mit welcher Hilfskonstruktion ein Konflikt abgefedert wurde, um eine direkte Konfrontation und ihre möglichen Konsequenzen zu vermeiden. Es bedurfte des Zauberworts ›krank‹, verstanden als Appell an die eigene Nachsicht, Rücksicht und christliche Nächstenliebe, um alle vor einer Eskalation und ihren Folgen zu bewahren. Dennoch: Wie konfliktreich das Verhältnis der Brüder untereinander auch sein mochte, die Frage der Solidarität blieb unberührt. Außer Frage stand für Annemarie und Heinrich Böll auch, dem Bruder bzw. Schwager wie zuvor eine monatliche finanzielle Unterstützung zukommen zu lassen. Gegenüber dem je auf seine Weise schwierigen Verhältnis zu seinen Brüdern war die Beziehung Bölls zur Schwester Mechthild, die 1954 mit Annemarie und Heinrich Böll in die Belvederestraße gezogen war, vertrauensvoll. Tief betroffen waren beide daher, als mit Mechthild Böll die »einzige und älteste wirklich Vertraute«[85] im Juni 1972 an den Folgen eines Hirnschlags starb.

Bölls Krankheit, vor allem aber deren immer wieder in depressive Zustände führende Folgen waren eine Belastung, die für ihn umso schwerer wog, als sie ihn in einer Phase der politischen Entwicklung der Bundesrepublik traf, die in besonderer Weise von Unruhen und Protesten geprägt wurde. Die Kankheit schloss ihn von jeglicher aktiveren Rolle weitgehend aus, nicht nur aufgrund des konkreten physischen Zustands, sondern vor allem infolge der durch die

Krankheit hervorgerufenen Apathie und des Verstummens. Trotz allem bedeutete das nicht, dass Böll – wie schwer es ihm auch immer fiel – sich des Engagements enthielt, wenn es sich als notwendig erwies, Einsatz zu zeigen. Nachdem es zu einer weiteren Eskalation des Konflikts zwischen der Studentenbewegung und der Springer-Presse kam, am 11. April 1968 Rudi Dutschke in Berlin durch ein Attentat lebensgefährlich verletzt wurde und die *Bild*-Zeitung aufgrund ihrer Hetzkampagnen gegen die Studenten für den von Josef Bachmann begangenen Anschlag mitverantwortlich gemacht wurde, kam es noch am Abend des 11. April sowie in den folgenden Ostertagen zu großen Demonstrationen und Aktionen gegen die Springer-Presse. Neben Walter Jens, Eugen Kogon, Golo Mann, Theodor W. Adorno und Alexander Mitscherlich zählte Böll zu einem Kreis von 14 Persönlichkeiten, die wenige Tage nach dem Attentat auf Dutschke die Demonstrationen der APO in einer Erklärung verteidigten. Mit der Unterzeichnung der »Erklärung der Vierzehn« in der *Zeit*, die das Attentat auf Dutschke als Ergebnis der gezielten Diffamierung seitens der Springer-Presse bezeichnete, positionierte sich Böll erstmals öffentlich gegen die Springer-Presse.

Präsenz zeigte er gleichfalls in der Debatte über die Notstandsgesetzgebung. Im September 1966 hatte er seinen Beitritt zum Kuratorium »Notstand der Demokratie« erklärt und an dessen Frankfurter Kongress gegen die geplante Verfassungsänderung zur Regelung des ›inneren und äußeren Notstandes‹ teilgenommen. Als sich 1968 die Verabschiedung der Notstandsgesetze abzeichnete, schloss er sich öffentlich der außerparlamentarischen Gegenbewegung an. Im Mittelpunkt der öffentlichen Kritik standen vor allem die für den ›inneren Notstand‹ geplanten Regelungen, die als antidemokratisch, antihuman und friedensgefährdend bezeichnet wurden. Dieses Instrument schien den Griff nach der Diktatur zu ermöglichen. Gegner der Notstandsgesetze zogen Parallelen zu dem von den Nationalsozialisten missbrauchten Ermächtigungsgesetz von 1933, das die rechtliche Grundlage der nationalsozialistischen Diktatur gebildet hatte. Die Notstandsgesetzgebung konnte also zur Unterdrückung jeglicher Form von Opposition genutzt werden.

Auf der Abschlusskundgebung am 11. Mai 1968 in Bonn, an der über 60.000 Demonstranten teilnahmen, hielt Böll die Rede »Radikale für Demokratie«. Er mahnte die mangelnde Aufklärung der Öffentlichkeit an und kritisierte die Dehnbarkeit der in der Gesetzesvorlage verwendeten Begriffe: »Was ist ›drohende Gefahr‹? Bedroht sind wir immer. Was ist ›Zustand äußerer Gefahr‹? [...] Was sind ›Militärisch bewaffnete Aufständische‹?« Gleichzeitig wandte er sich direkt an die SPD:

> »Ob nicht die Ablehnung dieser Gesetzesvorlage für die SPD die letzte Chance ist, sich aus der tödlichen Umarmung zu befreien und sich bis zur nächsten Wahl zu erneuern? [...] Ein Gesetz ist außerdem so gut oder so schlecht wie die Regierung oder das Parlament, von denen es angewendet wird, und es bedarf wohl keiner besonderen prophetischen Begabung, um für die Bundestagswahl 1969 einiges Finstere vorauszusehen. Es ist eine letzte Chance für die SPD, diese Gesetze gemeinsam mit der Opposition zu verhindern und wieder zu sich zu kommen.«[86]

Die Notstandsgesetze wurden am 30. Mai 1968 mit großer Mehrheit durch den Bundestag verabschiedet. Dass die Entwicklung weniger finster verlief als von Böll erwartet, zeigte dann nicht nur das letztlich für die SPD nicht desaströse Ergebnis der Bundestagswahl. Auch die Wahl Gustav Heinemanns zum ersten sozialdemokratischen Bundespräsidenten der Bundesrepublik am 5. März 1969 konnte als Vorzeichen eines politischen Wandels gedeutet werden. Im Gegensatz dazu stand ein Ereignis, das die Erwartungen eines politischen Aufbruchs beendete. Im Frühjahr 1968 nahm unter Generalsekretär Alexander Dubček das Programm der tschechischen Kommunistischen Partei, eine weitgehende Demokratisierung und Liberalisierung von Staat und Gesellschaft im Rahmen einer sozialistischen Ordnung herbeizuführen (»Sozialismus mit menschlichem Antlitz«), Konturen an. Im August reisten Annemarie und Heinrich Böll mit ihrem Sohn René auf Einladung des tschechoslowakischen Schriftstellerverbandes in die ČSSR nach Prag. Einen Tag nach ihrer Ankunft erlebten sie das gewaltsame Ende des ›Prager Frühlings‹. In der Nacht zum 21. August 1968 marschierten Truppen des Warschauer Pakts in die ČSSR ein. Die Situation schilderte Böll in seinem im *Spiegel* veröffentlichten Artikel »Der Panzer zielte auf Kafka. Vier Tage in Prag«.[87]

Als im Jahr darauf der Wahlkampf für die auf den 28. September 1969 festgelegte Bundestagswahl begann, bat Günter Grass als führender Kopf der Sozialdemokratischen Wählerinitiative (SWI) Böll um Unterstützung für Willy Brandt. Im Juni antwortete Böll ihm: »öffentliche Veranstaltungen: nein. Fernsehdiskussion, über jedes Thema, das Sie unterbringen können: ja. Hinzu kommt, dass ich, was getan werden kann, besser in meinem Stil und auf meine Art tue: bisher hat das, glaube ich, auch politisch gar nicht schlecht ›gewirkt‹.«[88]

Die einzige direkte Unterstützung, die Böll im Wahlkampf für die SPD leistete, war ein »Offener Brief an eine deutsche Frau« (abgedruckt in der *Zeit* und in *dafür*, Wahlkampfzeitung des SWI), in dem er sich an die katholischen Wählerinnen der CDU/CSU wandte und dafür warb, bei der Wahl »das Kreuzchen anderswohin zu machen«.[89] Einige Leserinnen reagierten darauf mit Zuschriften an *Die Zeit*, in denen sie sich eine Einmischung Bölls in ihre Wahlentscheidung verbaten. Größere Reaktionen löste der Brief nicht aus.

Die Wahl erbrachte keine eindeutige Entscheidung. Lediglich die SPD, die mit dem Wahlslogan »Wir schaffen das moderne Deutschland« angetreten war, gewann Stimmen hinzu und kam mit 42,7 Prozent erstmals seit 1949 über die 40-Prozent-Marke. Während die CDU/CSU nur leichte Stimmenverluste zu verbuchen hatte und 46,1 Prozent erreichte, verlor die FDP dramatisch, ihr Anteil sank von 9,5 auf 5,8 Prozent. Mit Spannung wurde der Stimmenanteil der neonazistischen NPD erwartet, die mit 4,3 Prozent zwar an der 5-Prozent-Hürde scheiterte, aber immerhin von 1,4 Millionen Bundesbürgern gewählt worden war.

Noch in der Wahlnacht bekundeten Willy Brandt und Walter Scheel als Vorsitzende von SPD und FDP die Absicht einer gemeinsamen Regierungsbildung, die, nach zwanzig Regierungsjahren von CDU/CSU, zur ersten sozialliberalen Koalition auf Bundesebene führte. Für Böll verband sich damit die Hoffnung auf eine grundsätzliche Änderung deutscher Politik, deren Berechtigung ihm durch Willy Brandts Satz aus der ersten Regierungserklärung, »Wir wollen mehr Demokratie wagen«, gegeben schien.

Das Jahr 1969 hielt weitere Ereignisse bereit: eine Reise nach Israel, die Gründung des Verbandes Deutscher Schriftsteller (VS) und der Fall des Münchener Weihbischofs Matthias Defregger.

Bereits 1966 hatte Böll konkrete Pläne für eine Israel-Reise. Er arbeitete zu diesem Zeitpunkt an der *Dienstfahrt*-Erzählung. Die Reise musste aus gesundheitlichen Gründen um ein halbes Jahr verschoben werden, auf den 4. bis 14. Juni 1967. Heinrich Böll befand sich bereits auf dem Weg, als der israelische Botschafter zum Abbruch der Reise aufforderte, da die bereits im Frühjahr zugespitzte Situation im Nahen Osten am 5. Juni 1967 eskalierte. Mit einem Überraschungsangriff der israelischen Luftwaffe auf Ägypten brach der Sechstagekrieg aus. In den israelischen Medien sah sich Böll heftiger Kritik ausgesetzt. Auf den Punkt brachte die Kritik der Journalist Erich M. Lehmann in seinem in der israelischen Tageszeitung *Jedioth Chadashot* publizierten offenen Brief: »Ich würde nie und nimmer wagen, eine pro-israelische Stellungnahme des Katholiken Böll zu erwarten, wenn ich nicht aus Ihren Werken wüsste, wie kritisch Sie dem Dogma und der Politik der katholischen Kirche gegenüber stehen. […] Ihr stets waches Interesse an Israel war in meinen Augen ein Teil dieses ›Nonkonformismus‹, der Ihren Ruhm sogar in der Sowjetunion begründete. Warum schweigen Sie jetzt?«[90] Böll reagierte mit einer am 5. Juni 1967 ebenfalls im *Jedioth Chadashot* veröffentlichten Stellungnahme. »Nicht ich habe die Reise abgesagt, die mich unmittelbar in den Krieg hineingeführt hätte, sondern der Botschafter Ihrer Regierung legte mir dringend nahe, sie zu verschieben. Nach einiger Überlegung fand ich, daß er mich richtig beraten hatte. Denn was hätte ich in Israel während der Kriegswoche tun sollen? Ich bin zum Soldaten so ungeeignet wie zu irgendeiner moralischen Unterstützung kämpfender Truppen.« Er ergänzte: »Ich glaube, aus jeder Zeile, die ich veröffentlicht habe, ergibt sich – wenn auch nicht proklamativ und schon gar nicht propagandistisch – auf wessen Seite ich stehe.«[91]

Der Israel-Besuch fand dann später statt: Böll absolvierte, begleitet von seiner Frau Annemarie, in der Zeit vom 11. bis 25. Mai 1969 ein überwiegend offizielles Programm. Einen Tag nach seiner Ankunft diskutierte er in der Jerusalemer Universität mit Studenten über die politische Situation Deutschlands. Danach las er in Haifa auf Einladung der Vereinigung ehemaliger Kölner und Rheinländer im Beth Rothschild aus seinen Texten. Auf seiner nächsten Station in Tel Aviv hielt er den Vortrag »Mitgefangen« im B'nai-B'rith-Haus.

> »Wir leben, Sie und ich, Sie in einer extrem gefährdeten Gegenwart, ich in einer Gegenwart, die alles Vergangene enthält. Ich weiß nicht, wer die barbarischen Wortbildungen ›Bewältigung der Vergangenheit‹ und ›Wiedergutmachung‹ zu verantworten hat. Ich erkläre mich unschuldig an diesen Wortbildungen, unschuldig auch daran, sie benutzt zu haben. Ich glaube nicht, daß zwischen einem Deutschen und einem Juden meines Alters je Unbefangenheit entstehen kann. Es mag Freundschaft möglich sein, Vertrautheit – Unbefangenheit nicht.«[92]

Zu den weiteren offiziellen Programmpunkten zählten ein Treffen mit Israels Außenminister Abba Eban und dem Erziehungsminister Salman Arane. Den privaten Teil der Reise nutzte Böll für Besuche bei Jenny Aloni und ihrer Familie sowie für ein längeres Gespräch mit dem israelischen Literatur-Nobelpreisträger Samuel J. Agnon. Der Besuch Jenny Alonis gehörte für Böll zu den erfreulichsten Begegnungen der Reise. Jenny Aloni, 1917 in Paderborn geboren und 1939 nach Palästina ausgewandert, hatte Heinrich Böll durch Vermittlung der ehemaligen Deutschlehrerin Alonis, Margarete Zander, 1959 kennengelernt. Zander, die nach Publikationsmöglichkeiten für Aloni suchte, wandte sich damals an Böll, offenkundig in Kenntnis seiner Aktivitäten im Rahmen der Gründung der »Germania Judaica«. Böll war von den Texten Alonis beeindruckt und nutzte die Gelegenheit, auf einer Veranstaltung der »Germania Judaica« am 5. November 1959 im Kulturzentrum der Kölner Synagoge vor 700 Zuhörern einen Brief Jenny Alonis sowie zwei Gedichte von ihr zu lesen. Ein erstes Treffen fand, wiederum auf die Initiative Margarete Zanders zurückgehend, im Rahmen einer Deutschlandreise

Jenny Alonis im November 1959 in Köln statt. Weitere Besuche Alonis in der Domstadt folgten 1962, 1966 sowie im Juli 1970. Böll seinerseits begegnete der Autorin in Israel 1972 und 1974 im Rahmen der in Jerusalem durchgeführten PEN-Konferenz.

Darüber hinaus führten Böll und Aloni in einem sehr freundschaftlich geprägten Briefwechsel ihren Dialog fort. Sie tauschten politische Argumente über die Entwicklung und Situation Israels, über die deutsch-israelischen oder die deutsch-jüdischen Beziehungen ebenso aus wie über ihre Arbeit oder ihre persönliche Situation. In gänzlicher Offenheit schrieb Böll dabei nicht nur über seine vor dem Besuch 1969 diagnostizierte Krankheit (Diabetes und Leberentzündung) und ihre Folgen – »im Herbst wurde ich schwer, schwer krank (innen, innen, liebe Jenny)«[93] –, auch später vertraute er der Freundin seine Selbstzweifel, Bedrängnisse und Erschöpfungszustände an. Es waren gerade diese tief persönlichen Beziehungen, die, wie Böll in einem Brief an Lew Kopelew bekannte, bei allen Belastungen, Krankheiten, Kämpfen und Anfeindungen halfen, Krisen durchzustehen. »[I]ch sage es Dir offen, manchmal, oder meistens, ist es nur der Gedanke an Euch alle, Eure Freundschaft [...], die mich aufrechterhält.«[94]

Erschöpft kehrten Annemarie und Heinrich Böll aus Israel zurück. An eine Erholung war jedoch nicht zu denken. Unmittelbar nach der Reise begann der Umzug von der Belvederestraße in Müngersdorf in die Hülchrather Straße 7 im Agnes-Viertel der Nordstadt. Das Ehepaar wollte wieder ins Stadtzentrum zurück. »Ihr müsst uns ja für recht schnöde halten, dass wir so lange nichts von uns hören lassen«, schrieb Böll am 29. August 1969 an Jenny Aloni. »Die Ursache des langen Schweigens ist mit einem Wort genannt: Umzug. [...] Du kannst Dir vorstellen, was es bedeutet, aus einem *Haus* in eine *Wohnung* zu ziehen, aus einem Haus, in dem wir 15 Jahre lang gewohnt haben, regelrecht ›gegluckt‹ haben.«[95]

Noch vor der Israel-Reise hatte sich Böll zur Unterstützung einer Initiative bereit erklärt. Die Idee zur Initiative stammte von Dieter Lattmann, der im April 1968 zum Präsidenten der »Vereinigung der deutschen Schriftstellerverbände« gewählt worden war. Die Vereinigung bildete den Dachverband der Schriftstellerverbände, die sich ab 1945 in den einzelnen Besatzungszonen und dann in den Bundesländern der Bundesrepublik in der Nachfolge des von den Nationalsozialisten verbotenen »Schutzverbandes der Schriftsteller« gegründet hatten. Dieter Lattmann trat sein Amt mit dem Vorhaben an, durch eine Fusion mit dem Kritiker- und Übersetzerverband eine Organisation schaffen zu können, die politisch einflussreich genug wäre, den gravierenden Mängeln bei der Existenzsicherung freier Schriftsteller, Übersetzer und Kritiker entgegenzuwirken. Gedacht war unter anderem an die Abschaffung der Umsatzsteuerpflicht sowie an Verbesserungen des Urheberrechts. Im Jahr 1968 rangierten die Autoren in der Einkommensstatistik mit durchschnittlich 800 DM im Monat in der niedrigsten Einkommensstufe. Hinzu kam, dass sie als freie Autoren fiskalisch wie Kleinunternehmer behandelt wurden, also der Einkommensteuer unterlagen und darüber hinaus ihre Krankenvorsorge und Alterssicherung selbst zu tragen hatten. Ihre Publikationen waren zwar durch das Urheberrecht geschützt, aber dies war ein sozial gebundenes Recht: Die öffentlichen Interessen hatten Vorrang gegenüber dem Individualschutz des Urhebers, sodass beispielsweise für Abdrucke von Texten in Schulbüchern weder die Zustimmung des Autors erforderlich war noch ein Abdruckhonorar gezahlt werden musste.

Lattmanns Engagement führte im Januar 1969 zum Gründungsbeschluss des »Verbandes Deutscher Schriftsteller«. Als Tagungsort der ersten Versammlung am 8. Juni 1969 wurde Köln gewählt. Die Entscheidung nutzte den Vorteil, dass in Köln wegen des europäischen Dramatikertreffens mit der Anwesenheit zahlreicher Schriftsteller gerechnet werden konnte und darüber hinaus durch die in der Domstadt ansässigen Rundfunk- und Fernsehanstalten, allen voran der Westdeutsche Rundfunk, eine öffentlichkeitswirksame Berichterstattung über die momentane Situation von Schriftstellern und Autoren erzielt werden konnte. Bölls Rede auf der Gründungsversammlung im Gürzenich war, wie vielfach bei seinen Reden, schon Programm. Er rief zum »Ende der Bescheidenheit« auf und formulierte damit eine Kampfansage gegen einen Staat, dem der Schriftsteller, so Böll, nichts verdanke, der Staat jedoch den Autoren »eine Menge; mag er also darauf gefaßt sein, daß er uns nicht länger auf dem Umweg über einen Pseudo-Individualitätskult zerspalten und zersplittert halten und einzeln abfertigen kann«.[96]

Bölls Rede wurde – und damit ging die Strategie auf, Köln als Öffentlichkeit schaffenden Ort gewählt zu haben – sowohl im Fernsehprogramm des WDR als auch von fünf Rundfunkanstalten übertragen und zudem im *Spiegel* vom 9. Juni 1969 abgedruckt. Der »Verband Deutscher Schriftsteller« konnte sich mit einem Schlag als *die* Interessensvertretung der Autoren etablieren. Als am 21. November 1970 der 1. Schriftsteller-Kongress des neuen Verbandes in Stuttgart vor 4.000 Zuhörern stattfand, waren nicht nur 250 Autoren und 150 Journalisten anwesend. Neben Böll, der seine Rede über »Die Einigkeit der Einzelgänger« hielt, und Günter Grass trat auch Bundeskanzler Willy Brandt auf.

Unmittelbar nach seiner Beteiligung an den Gründungsaktivitäten des Verbandes konzentrierte sich Bölls öffentliches Engagement auf einen im *Spiegel* vom 4. August 1969 publik gemachten Skandal der katholischen Kirche, bei dem es sich um die NS-Vergangenheit des Münchener Weihbischofs Matthias Defregger handelte. Defregger, seinerzeit Hauptmann der deutschen Wehrmacht, hatte am 7. Juni 1944 in Filetto, einem italienischen Abruzzen-Dorf, als Vergeltung für einen Partisanenüberfall, bei dem ein deutscher Soldat ums Leben gekommen war, die Erschießung aller 17 männlichen Bewohner des Dorfes befohlen. Erstmalig wurde durch die *Spiegel*-Veröffentlichung einem hohen katholischen Würdenträger eine solche Tat nachgewiesen. Das für Böll Entscheidende in den darauf folgenden öffentlichen Diskussionen, an denen er sich als häufig gefragter Interview-Partner beteiligte, war die Tatsache, dass die führenden Bischöfe alles zu unternehmen suchten, jegliche Schuld von Defregger abzuweisen. Er sei, so die *Münchener Kirchenzeitung* dezidiert, »in juristischer und moralischer Hinsicht«[97] unschuldig. Eine Feststellung, die für Böll belegte, dass die Amtskirche weder an ethischen noch an moralischen Fragen interessiert war, sondern ein an reinem Machterhalt orientierter Interessensverband. »Ich glaube,

[…] dass das Dilemma, in dem sich die Kirchen heute offensichtlich befinden, zum Teil auch zurückzuführen ist darauf, dass die Lehre, die sie verkündet haben, in ihrem Mund und immer wieder, einem Zweck untergeordnet, dienstbar gemacht, geradezu verfault, verkümmert ist, unglaubwürdig geworden ist.«[98] *Die Sprache der kirchlichen Würdenträger* – so der Titel einer Fernsehdokumentation Bölls 1971 – werde immer hohler und nichtssagender. Der Fall Defregger bildete für ihn ein letztes Glied in einer Kette von Fehlentwicklungen innerhalb der katholischen Kirche, was ihn dazu bewog, von diesem Jahr an keine Kirchensteuer mehr zu zahlen, solange das Bundesverfassungsgericht nicht entschieden habe, ob die staatliche Erhebung der Kirchensteuer mit dem Grundgesetz zu vereinbaren sei. Der Fall Defregger wurde damit zum Ausgangspunkt einer Entwicklung, an deren Ende Annemarie und Heinrich Böll im Januar 1976 ihren Austritt aus der katholischen Kirche erklärten.

Böll hatte sich im Fall Defregger deutlich als zeit- und kirchenkritischer Autor exponiert. Im Jahr darauf war seine Rede bei der »Woche der Brüderlichkeit« erneut Anlass einer länger anhaltenden öffentlichen Kontroverse. »Schwierigkeit mit der Brüderlichkeit« wurde am 10. März 1970 live in der ARD übertragen. In Anwesenheit von Bundespräsident Heinemann sowie Vertretern von Kirche und Gesellschaft verabschiedete sich Böll – zumindest in diesem Augenblick – mit seinem Beitrag als Festredner einer bundesrepublikanischen Gesellschaft, die sich zwar christlich definiere, deren konkretes Verhalten aber rein profit- und interessenorientiert sei und deshalb mit Begriffen wie »Brüderlichkeit« und der mit ihr gemeinten gesellschaftlichen Solidarität nichts mehr anzufangen wisse. »Wäre es nicht sinnvoller, hier Namenlose über ihre Umwelt sprechen zu lassen, die in den meisten Fällen laut auflacht, wenn ein Wort wie Brüderlichkeit auch nur fällt? Etwa ein junges Ehepaar mit kleinen Kindern und knappem Einkommen über seine Erfahrungen bei der Wohnungssuche berichten zu lassen«.[99] Die Rede löste derart heftige Reaktionen aus, dass noch zwei Wochen später die *Kölnische Rundschau* unter dem Titel »Wie recht hat eigentlich Böll?« kontroverse Meinungen über Sinn und Formen von »Brüderlichkeit« auf fast einer ganzen Druckseite wiedergab.

Dass die Distanzierung gegenüber bestimmten gesellschaftlichen Veranstaltungen keine Preisgabe seines Engagements in gesellschaftspolitischen Fragen war, zeigte sich im Frühjahr 1970, als Böll seine Kandidatur für die Wahl zum Präsidenten des westdeutschen PEN-Zentrums anmeldete. Dazu aufgefordert hatte ihn zuletzt Ingeborg Drewitz, indem sie Böll nachdrücklich darum bat, dem schon vor zwei Jahren laut gewordenen Wunsch nach einer von ihm getragenen Präsidentschaft nachzukommen. Am 17. April 1970 wurde Böll, der bereits 1955 in den PEN-Club gewählt worden war, aber nie an einer Tagung teilgenommen hatte, Präsident des westdeutschen PEN-Zentrums. Erwartet wurde von ihm, die mit der Gründung des VS verbundene Aufbruchstimmung nun auch auf den PEN zu übertragen. Entsprechend programmatisch äußerte Böll, dass der PEN »kein Veteranenclub sein« dürfe. Damit war ein Motiv aufgenommen, das auf eine Reform der Charta des internationalen PEN zielte und nun Gegenstand zahlreicher Interviews wurde. Den Diskussionsrahmen bildete ein Treffen im Rijnhotel in Arnheim am 19. September, zu dem der Generalsekretär des niederländischen PEN, Otto Dijk, Vertreter des deutschen und des niederländischen PEN eingeladen hatte, um eine Neuformulierung der 50 Jahre alten PEN-Charta anzustoßen. Neben Heinrich Böll nahmen an diesem Gespräch als weitere Mitglieder des westdeutschen PEN Hans Bender, Hilde Domin und Wilhelm Unger teil. Das Ergebnis der Diskussionen war die Bildung eines Gremiums, bestehend aus je fünf niederländischen und deutschen PEN-Mitgliedern, unter ihnen Böll, das auf dem Kongress des internationalen PEN in Dublin 1971 Revisionsvorschläge unterbreiten sollte. Bölls Standpunkt zu dieser Reform war eindeutig:

> »Was heute die Welt und die Literaturen voneinander trennt, ist nicht mehr der klassische Nationalismus, eher ein ideologischer Imperialismus, dessen Front mitten durch den internationalen und durch die nationalen P.E.N.-Clubs geht. Es kommt da immer wieder zu deklamatorischen Konfrontationen moralischer Art, zu Vorwürfen, Dementis – eine

> unfruchtbare Methode, der ein unterschiedliches Verständnis des Wortes Freiheit zugrunde liegt. In einer möglichen Neufassung der ersten beiden Punkte der Charta sollte eine neue Definition von Internationalität versucht werden.«[100]

Seine Vorstellung einer solchen Definition deutete Böll bereits in einem Gespräch mit Klaus Rainer Röhl an. Ansatz war die unterschiedliche Wahrnehmung der Proteste gegen den Vietnamkrieg und die Verfolgung sowjetischer Autoren: »[D]ie Proteste von Schriftstellern und westlichen Linken gegen die Verhaftung von Daniel und Sinjawski und gegen Vietnam kommen ja aus einem Geist. Das hat man hier nicht kapiert. Man hat im Osten nur unsere Proteste gegen Vietnam wahrgenommen und hier nur unsere Proteste gegen die Verhaftung von Daniel und Sinjawski.«[101] Diesen Ansatz einer Überwindung der Teilung der Kritik behielt Böll in seiner weiteren Amtszeit bei.

Böll leitete als Präsident die Jahrestagungen in Nürnberg (15.–18. April 1971) und Dortmund (6.–8. April 1972). Nachdem er sein Amt in Dortmund an Hermann Kesten übergeben hatte, leitete er für den westdeutschen PEN noch die anlässlich der Olympischen Spiele in München durchgeführte PEN-Tagung im September 1972 in Köln zum Thema »Sport und Nationalismus«. Die Abgabe des Amtes war nicht nur ein aus der Arbeitsüberlastung heraus notwendig gewordener Schritt. Böll befreite sich, jenseits allen Engagements, das ihn zur Übernahme des Amtes bewogen hatte, damit auch von den zahlreichen Sitzungen und administrativen Aufgaben. Eine besondere Eigenschaft, die ihn als Präsident auszeichnete, attestierte ihm ein Artikel in der *Zeit:* »Vor allem jedoch hat Böll eine Fähigkeit, die unbezahlbar ist, wo Temperamente und Überzeugungen, Fraktionen und Generationen oft recht heftig aufeinanderzuprallen drohen. [...] Er saugt Aggressionen auf wie ein Schwamm und vernichtet sie dann in sich selber.«[102]

Anfang Mai 1970 begann er mit ersten konzeptionellen Überlegungen für ein neues Romanprojekt. »[I]ch will mich an eine große Arbeit machen und brauche ein paar Monate Luft vor mir«.[103] Vier

Jahre nach dem Erscheinen des letzten größeren Prosatextes, *Ende einer Dienstfahrt*, und sieben Jahre nach *Ansichten eines Clowns* durchbrach er die in den Jahren zuvor dominant gewordenen publizistischen Arbeiten und widmete sich seiner eigentlichen Profession, der Literatur. Die Datierungen, mit denen Böll seine Konzepte, Entwürfe und Manuskripte versah, belegen den Beginn einer Arbeit mit dem Titel *Günstlinge des Schicksals*. Weitere Planungen zeigen, dass das Projekt auf vier größere Kapitel angelegt war, darunter ein Kapitel, das den Titel *Abfall* tragen sollte. Nachdem Böll das ursprüngliche Vier-Kapitel-Konzept im Herbst 1970 verwarf und sich auf die Ausarbeitung des *Abfall*-Kapitels beschränkte, entstand zwischen Dezember 1970 und Januar 1971 die Rohfassung. Ihr folgte nach einer intensiven Zusammenarbeit mit Annemarie Böll und Dieter Wellershoff, Lektor bei Kiepenheuer & Witsch, die letzte Fassung. Der Vorabdruck erschien ab Mitte Juli 1971 in der *Frankfurter Allgemeinen Zeitung*, die Buchpublikation folgte im August unter dem Titel *Gruppenbild mit Dame*. Kurz nach seiner Auslieferung an den Buchhandel führte der Roman die Bestsellerlisten an. Böll ergriff dieses Mal nach Erscheinen eines Romans, wie sonst oft, nicht die Flucht, sondern gab zahlreiche Interviews, in denen er sich zum Roman äußerte. Bei aller unterschiedlichen Bewertung des Romans im Einzelnen war sich die Literaturkritik in einem Punkt einig: Der Roman gestalte ein Panorama deutscher Zeitgeschichte, das in der Wahl seiner Figuren und der zeitgeschichtlichen Aspekte Bölls aufklärerischen und damit politischen Absichten den ihnen literarisch adäquaten Ausdruck verleihe.

Ein als »Verf.« auftretender Erzähler arrangiert aus den anhand seiner Recherche gefundenen Zeugenaussagen, Berichten, Dokumenten und Briefen das Lebensporträt einer Frau, »die die ganze Last dieser Geschichte zwischen 1922 und 1970 mit und auf sich genommen hat«.[104] Aus den von ihm ermittelten Aussagen und Fakten wird die Lebensgeschichte der zum Zeitpunkt der Recherche 48-jährigen Leni Gruyten, verh. Pfeiffer: 1922 als Tochter des Bauunternehmers Hubert Gruyten und seiner Frau Helene geboren, wird Leni in einer Klosterschule erzogen, ist darüber hinaus Mitglied im Bund deutscher Mädel und heiratet nach einer flüchtigen Liebesbeziehung Alois Pfeiffer. Die Ehe währt drei Tage, da Alois Pfeiffer nach der Heirat zum Kriegseinsatz beordert wird. Er stirbt an der Ostfront. Leni selbst wird in den Kriegsjahren dienstverpflichtet und Ende 1943 zur Arbeit in der Kranzbinderei Walter Pelzers eingesetzt. Hier lernt sie den sowjetischen Kriegsgefangenen Boris Koltowski kennen. Beide verlieben sich ineinander. Ihre gemeinsamen Treffen, deren Aufdeckung eine Todesstrafe für Boris, für Leni die Einlieferung in ein KZ zur Folge gehabt hätte, ermöglichen die Fliegerangriffe in den letzten Kriegsmonaten. Unbemerkt von anderen finden sie sich unter anderem in den zu einigen Familiengrüften gehörenden Kapellen zusammen, kurz vor Kriegsende »unter katakombenartigen Umständen« in einem von Pelzer angelegten »Gruftsystem«. Boris wird nach Kriegsende bei einem abendlichen Spaziergang von einer amerikanischen Militärstreife verhaftet, die ihn für einen deutschen Soldaten hält, da er nicht nur eine deutsche Uniform trägt, an die er bei einem Schanzeinsatz gekommen war, sondern auch »blöderweise das deutsche Soldbuch in der Tasche« hat. Nach dem Krieg erfährt Leni, dass Boris in ein französisches Lager verbracht worden war und in einem Bergwerk bei Lothringen ums Leben kam. Ihren gemeinsamen Sohn Boris erzieht sie daher allein. Dieser sitzt jedoch wegen mehrfacher Fälschung von Wechseln im Gefängnis. Mit seiner Fälschungsaktion wollte er seiner Mutter helfen, da ihr die Zwangsräumung ihrer Wohnung droht. Leni hatte sich einer Angleichung der Mieten an die Marktbedingungen verweigert und war so selbst in wirtschaftliche Not geraten. Betrieben wird die Zwangsräumung durch die verwandtschaftlich mit Leni verbundenen Brüder Kurt und Werner Hoyser, die das Haus angesichts eines zu erwartenden Erlöses von 500.000 DM veräußern wollen. Dieser Verkauf setzt aber voraus, dass Leni »exmittiert« werden muss. Leni selbst widersetzt sich jeglicher Immobilienspekulation, vermietet vielmehr einige Zimmer ihrer Wohnung an Personen, auf die die Gesellschaft – wie auf sie selbst auch – abfällig herabschaut. Von einem ihrer Mieter, dem türkischen Gastarbeiter Memet Sahin, erwartet sie zudem ein Kind.

Heinrich Böll, 1971

Um ihren Zwangsauszug zu verhindern, wird ein ›Hilf-Leni-Komitee‹ gegründet, das durch die Organisation einer Straßenblockade eine Anfahrt der Möbeltransporter zum Haus Lenis durch Wagen der Müllabfuhr unmöglich macht.

Unter den Romanfiguren Heinrich Bölls ist Leni wohl die eigensinnigste. Sie folgt nicht nur in der Einrichtung ihrer Lebensverhältnisse einzig sich selbst, sie verweigert sich zudem jeglicher Anpassung an die ihre Umgebung bestimmenden Normen und Ansprüche gesellschaftlicher Konformität. In keiner anderen Szene des Romans kommt dies deutlicher zum Ausdruck als in der »Stunde der Tasse Kaffee«. Leni schenkt, gegen alle bestehenden Verbote, 1944 Boris in der Kranzbinderei aus ihrer Kanne eine Tasse Kaffee ein und überreicht sie ihm. Boris wird die Kaffeetasse jedoch aus der Hand geschlagen. Unbeirrt hebt Leni die Tasse wieder auf, spült sie aus – »sie spülte sie, als wär's ein heiliger Kelch« –, schenkt neuen Kaffee ein und überreicht die Tasse Boris erneut.

> »Niemand konnte das, was sie tat, anders auslegen: als reine naive Menschlichkeit, und die war zwar Untermenschen gegenüber verboten, und doch, wissen Sie: das sah ja sogar ein Kerl wie der Kremp, daß Boris ein Mensch *war*: er hatte ja Nase und zwei Beine und sogar ne Brille auf der Nase, und er war sensibler als die ganze Mischpoke da zusammen. Der Boris wurde einfach durch Lenis mutige Tat zum Menschen gemacht, zum Menschen erklärt – und damit hatte es sich.«[105]

Die »Stunde der Tasse Kaffee« übersetzt ins Bild, was Böll mit dem Titel seiner Erzählung *Entfernung von der Truppe* programmatisch anzeigte, und was, auf eine Kurzformel gebracht, nichts anderes meinte als: Leni praktiziert Menschwerdung als Regelbruch durch Eigensinn.

Die Aufnahme des Romans war – wie immer – zwiespältig. Karl Korn hatte in seiner Ankündigung des Vorabdrucks in der *Frankfurter Allgemeinen Zeitung* von einem »reifen Meisterwerk« gesprochen, von einem »großen Wurf, der das gesamte vorangehende schriftstellerische Werk« aufnehme und »auf eine höhere Ebene« hebe. Sein Fazit: »vermutlich Bölls bedeutendstes Buch«.[106] Im *Spiegel* reagierte Reinhart Baumgart reservierter, monierte, dass hier »so gar nichts Rundes« entstehen wolle, »keinerlei Kunstwerk«.[107] Auch Joachim Kaiser sah sich nicht imstande, Endgültiges über Bölls *Gruppenbild mit Dame* zu formulieren. In seiner umfangreichen Besprechung, in der er die stilistischen und kompositorischen Stärken und Schwächen des Romans diskutierte, resümierte er, *Gruppenbild mit Dame* wirke »wie ein langer, Wagen für Wagen vorbeirollender Güterzug«, bei dem jeder Wagen beladen sei »mit ironischen, fiktiven, dokumentarischen Erinnerungspartikeln und Visionen«, was zwei Gründe haben könne: Entweder dehne sich der Roman über das Gewollte hinaus aus oder der Kritiker habe trotz »sorgfältiger Lektüre die Formwahrheit des Ganzen nicht kapiert. Was ihm vielleicht in einigen Jahren leid«[108] tun würde. Von keinem

Heinrich Böll, 1971

Selbstzweifel berührt urteilte Marcel Reich-Ranicki demgegenüber, dass *Gruppenbild mit Dame* das »umfassendste und auch tatsächlich reichhaltigste Buch« Bölls sei, jedoch auch sein am »wenigsten ehrgeiziges Werk [...]. Ungeniert und ohne Skrupel reihte er viele einzelne Stücke aneinander«. Insbesondere Leni, »die so wenig begreift und so viel fühlt«, galt Reich-Ranicki als »fatales deutsches Mädchenideal«, als der »offenbar ewig deutsche Kitsch«. Sein Resümee war eindeutig: »Noch nie hat ein deutscher Klassiker so schlampig geschrieben wie diesmal Heinrich Böll.«[109] Helmut Heißenbüttel hingegen urteilte, Böll habe mit *Gruppenbild mit Dame* etwas erreicht,

> »was in der deutschen Literatur der letzten zehn Jahre immer wieder angestrebt worden ist, vor dem aber die ambitiösen Versuche Max

> Frischs oder Alfred Anderschs oder Uwe Johnsons (um nur drei Namen zu nennen) gescheitert sind und vor dem manche Jüngere wie etwa Rolf Dieter Brinkmann oder Günter Herburger in eine neue Subjektivität ausgewichen sind und wozu auch möglicherweise Wolfgang Koeppen bisher keine Lösung gefunden hat: den beispielhaften sozialen und politischen Roman dieser Epoche, entwickelt aus seinem Material selbst.«[110]

Schon stand Böll ein weiteres Mal eine größere Aufgabe bevor: Er wurde auf der Tagung des internationalen PEN im irischen Dún Laoghaire auf Vorschlag des westdeutschen PEN-Zentrums zu dessen Präsident gewählt. Die Briefwahl ergab zunächst ein Patt der Stimmen von 16 zu 16 zwischen dem bisherigen Präsidenten, dem französischen Lyriker Pierre Emmanuel, und Böll. In einem zweiten Wahlgang fiel die Entscheidung der Delegierten aus 45 Ländern mit 22 zu 18 Stimmen zugunsten Bölls aus. Seine Wahl war vor allem auf die Unterstützung der osteuropäischen PEN-Zentren und des PEN-Zentrums der DDR zurückzuführen, die sich von Böll – im Gegensatz zu seinem Vorgänger – eine Präsidentschaft erwarteten, die sich über die ideologischen Grenzen hinwegsetzen würde.

Böll trat sein Amt als Präsident des internationalen PEN mit dem Anspruch an, den in seinem Sinne internationalen Geist des PEN umzusetzen und »unabhängig von den politischen oder diplomatischen Übereinkünften der großen Mächte zu handeln«.[111] Dies geschah mit der für ihn nicht einfachen Einschränkung, als Präsident des internationalen PEN institutionell reagieren zu müssen, d. h. nicht mehr nur mit der eigenen Stimme, sondern unter Berücksichtigung der zuständigen Gremien.

Zu den herausragenden Aktivitäten während Bölls internationaler Präsidentschaft zählte sein Engagement für die PEN-Organisation »Writers in Prison«, dem Einsatz für Schriftsteller, die in ihren Ländern der Zensur und Verfolgung ausgesetzt waren. Das Mittel, dessen sich Böll, neben direkten, aber inoffiziellen Kontakten zur Bundesregierung, bediente, waren öffentlich wirksam platzierte Resolutionen. So im Falle eines Protests an die Adresse der griechischen Regierung gegen die Härte ihres Vorgehens anlässlich einer Studentendemonstration, bei der auch der griechische Schriftsteller und Präsident des nationalen PEN, Jean Coutsocheras, misshandelt wurde.

Gleichfalls legte Böll nach Sacharows Hilferuf an ihn als PEN-Präsidenten Einspruch gegen die Beschuldigungen im Fall des inhaftierten sowjetischen Historikers Andrej Amalrik als einen »unzulässigen Anschlag gegen die intellektuelle Freiheit«[112] ein. Das Sekretariat des internationalen PEN hatte darauf umgehend mitteilen lassen, dass Böll, der sich gerade auf Reisen befand, sich in seiner Eigenschaft als Präsident des internationalen PEN-Clubs für Amalrik einsetzen werde. Das führte zu einer scharfen Entgegnung der amtlichen Nachrichtenagentur *TASS*. Die *TASS* wandte sich gegen Bölls Vorwürfe, die Kulturpolitik der UDSSR lege der Förderung kultureller Kontakte viele Hindernisse in den Weg. Die Verfolgung sowjetischer Intellektueller brachte Böll bei einem Treffen am 11. September 1973 in Bonn mit Bundeskanzler Willy Brandt zur Sprache. Ein weiterer Ansprechpartner war UN-Generalsekretär Kurt Waldheim, dem gegenüber sich Böll als Präsident besorgt über die zunehmende Verfolgung chilenischer Schriftsteller, unter ihnen Pablo Neruda, äußerte.

In seiner Abschiedsrede auf der Tagung des internationalen PEN in Ohrid im Mai 1974 wies Böll noch einmal nachdrücklich auf die nach einem Beschluss des internationalen PEN vom niederländischen PEN-Zentrum 1970 gegründete »Foundation P.E.N. Emergency Fund« hin, die eng mit dem »Writers in Prison«-Komitee zusammenarbeite. Entscheidend war für ihn, dass mit den in diesen Fonds eingehenden Spendengeldern, die zur finanziellen Unterstützung verfolgter oder inhaftierter Autoren und ihrer Familien eingesetzt wurden, Ansätze einer direkten und praktischen internationalen Solidarität verbunden waren, die das »heuchlerische Konzept der Nichteinmischung« auf ihre Weise durchdringen könnten. Böll selbst spendete dem »Emergency Fund« einen Teil des mit der Verleihung des Nobelpreises für Literatur 1972 verbundenen Preisgeldes.

7 Heinrich Böll unter den Deutschen (1972–1979)

Ein Artikel und seine Folgen: »Soviel Liebe auf einmal« · Nobelpreis für Literatur · Die verlorene Ehre der Katharina Blum · *Meinungsfreiheit contra Persönlichkeitsschutz: die Kontroverse mit Matthias Walden und dem Sender Freies Berlin · Zwischen erzwungener und gesuchter Medialität · Terrorismusdebatten · Der »Deutsche Herbst« 1977 ·* Fürsorgliche Belagerung

»Noch ein Jahrhundert Zeitungen – und alle Worte stinken.«
Friedrich Nietzsche

Das Jahr 1971 endete mit einer Empörung Bölls, das neue begann mit einer Empörung über ihn. Den Ausgangspunkt bildete ein Banküberfall auf die Bayerische Hypotheken- und Wechselbank am 22. Dezember 1971 in Kaiserslautern. Was diesen von den insgesamt 321 Banküberfällen des Jahres 1971 unterschied, war der Tod des Polizisten Herbert Schoner. »Bankraub: Polizist erschossen/ Eine Witwe und zwei Kinder bleiben zurück« titelte die *Bild*-Zeitung am Tag darauf. Und in drei über der Balkenüberschrift fett gedruckten Zeilen war zu lesen: »Baader-Meinhof-/Bande/ mordet weiter«. Diese Täterfeststellung stand im offenen Widerspruch zu der im Artikel wörtlich zitierten Äußerung des leitenden Ermittlers der Kaiserslauterner Kriminalpolizei Hermann Rauber. Ihm zufolge war die Zuschreibung des Überfalls in Richtung Baader/Meinhof kein gesichertes Ermittlungsergebnis, sondern zu diesem Zeitpunkt eine auf Indizien gestützte Ermittlungsoption: »Wir haben zwar noch keine konkreten Anhaltspunkte, daß die Baader-Meinhof-Bande für den Überfall verantwortlich ist. Aber wir ermitteln selbstverständlich in dieser Richtung.«[1] Im Kontext dieser Aussage lösten jene drei sich über jegliche Rechtspraxis hinwegsetzenden Titelzeilen Bölls Empörung aus, als er am 24. Dezember 1971 die *Bild*-Zeitung vom Vortag las. Er entschloss sich ohne Zögern zu einer Reaktion und begann nach einem noch am selben Tag mit Rudolf Augstein geführten Telefonat mit seinem Artikel. Nach einem die Arbeitsphasen von Konzeption, Ausarbeitung und Reinschrift in weniger als zwei Tagen durchlaufenden und damit auch nach Maßstäben einer routinierten Schreibpraxis ambitioniert raschen Schreibprozess übermittelte Böll bereits am 26. Dezember den mit »Soviel Liebe auf einmal« überschriebenen Text per Einschreiben mit der Bitte nach Hamburg, daran ohne Rücksprache keinerlei Änderungen vorzunehmen: »Ich habs gut überlegt, gründlich überarbeitet, mehrmals neu ›gefasst‹, und ich entdecke nichts zu Beanstandenes mehr – vielleicht aber Sie und Ihre Redaktion.«[2] Am 10. Januar 1972 publizierte der *Spiegel* den Artikel unter dem ohne Bölls Kenntnis redaktionell zugespitzten und durch die alleinige Nennung des Vornamens irritierenden Titel »Will Ulrike Gnade oder freies Geleit?«

Böll verfasste seinen Artikel zu einem Zeitpunkt, als die Fahndungsaktionen nach den Mitgliedern der im Mai 1970 gegründeten »Roten Armee Fraktion« (RAF) ebenso wie die Berichterstattung über sie einen ersten Höhepunkt erreicht hatten. Es herrschte die Atmosphäre einer Gefährdungslage von Staat und Gesellschaft, die sich in Projektionen eines unmittelbar bevorstehenden gesellschaftlichen Umsturzes durch terroristische Gewaltakte niederschlug. Dies wurde nicht zuletzt durch Verlautbarungen der RAF selbst geschürt, wie etwa dem im April 1971 in Umlauf gebrachten und im September im Berliner Verlag Klaus Wagenbach erschienenen *Konzept Stadtguerilla* oder dem im *Spiegel* im Juni 1970 veröffentlichten Interview mit Ulrike Meinhof: »… und natürlich kann geschossen werden«.[3]

Den faktischen Hintergrund von Bölls Artikel bildeten die Ereignisse zwischen September 1970 und Oktober 1971: Fünf der Roten Armee Fraktion (RAF) zugeschriebene Banküberfälle, acht Verhaftungen von mutmaßlichen Mitgliedern sowie zwei Tote: die als Terroristin gesuchte Petra Schelm und der Polizist Norbert Schmidt. »Die Eskalation der Fahndung nutzten allen voran die Springer-Blätter, um ihren Lesern eine Gangsterhatz anzukündigen – auf die ›gefährlichsten Terroristen, die es je in der Bundesrepublik gegeben hat‹ (›WamS‹)«. Dadurch sei, wie der *Spiegel* die *Frankfurter Rundschau* zitierend weiter ausführte, »eine Art Psychose« in der »Bevölkerung bewirkt« worden: »›Verdächtigung Unschuldiger, falsche Alarme, Verwirrung und Unsicherheit‹, so schilderte die ›Süddeutsche Zeitung‹, was da angerichtet worden war. Auch Nollau fragte sich, ›welche Motive die [gemeint sind die ›Springer-Blätter‹] wohl haben, das so hochzuspielen‹.«[4] In vollem Einklang mit dem Tenor der überregionalen Berichterstattung nutzte auch der *Kölner Stadt-Anzeiger* am 8. Dezember 1971 eine Äußerung des nordrhein-westfälischen Ministerpräsidenten Heinz Kühn als Titelüberschrift: »Er befürchtet verzweifelten Endkampf«, und zitierte dessen Aufforderung an die RAF: »Legt die Waffen aus der Hand.«[5] Vier Tage zuvor hatte es in Berlin einen weiteren Toten gegeben: Georg von Rauch. Der 24-jährige Philosophiestudent, Mitglied der zur anarchistischen Gruppierung »Blues« zählenden »Tupamaros Westberlin« (in der zeitgenössischen Berichterstattung jedoch der RAF zugeordnet), war am 4. Dezember 1971 zusammen mit Michael »Bommi« Baumann, Hans Peter Knoll und Heinz Brockmann von zwei zivilen Polizeibeamten bei einer Fahrzeugkontrolle gestellt worden. Während Brockmann floh und von einem der beiden Beamten verfolgt wurde, forderte Hans-Joachim Schulz, Kriminalhauptmeister der Berliner Polizei, von Rauch, Baumann und Knoll auf, sich mit erhobenen Händen und ihm zugewandten Rücken an eine Hauswand zu stellen. Kurz darauf fielen Schüsse. Georg von Rauch brach tödlich getroffen zusammen; wie sich herausstellte, durch einen aus drei Meter Entfernung aus der Waffe von Schulz abgegebenen Schuss. Schulz selbst wurde von einer Kugel verletzt. Baumann und Knoll konnten entkommen. Zu den zum Zeitpunkt von Bölls Artikel ungeklärten Umständen des Geschehens gehörte, dass bei Georg von Rauch keine Waffe gefunden wurde. Dies rückte die Angabe der Behörden, infolge des Verhaftungsversuchs sei ein Schusswechsel von Baumann, Knoll und von Rauch ausgegangen, ins Zwielicht. Aber dies war nicht der einzige Umstand, der den Eindruck einer Verschleierung der Tatsachen seitens der Polizei erweckte. Befördert wurde dieser Eindruck durch die ungeklärte Anwesenheit von vier Bediensteten des Verfassungsschutzes am Tatort. Als unglaubwürdig wurde dabei die Stellungnahme von offizieller Seite angesehen, dass es sich lediglich um ein Überwachungskommando gehandelt habe, das unbewaffnet und nicht aktiv an den Vorkommnissen beteiligt gewesen sei. Zu einem gegenteiligen Ergebnis kam ein von studentischer Seite einberufener Ausschuss, der den Vorfall aufklären sollte. Diesem Ausschuss zufolge sei es zwischen Schulz und vier Männern, die sich auf der anderen Straßenseite befunden hätten, zu einem Schusswechsel gekommen. Als einer der Verfassungsschützer Schulz als Kriminalbeamten erkannt hätte, wäre nämlich der Ruf gefallen: »Günter, du schießt ja auf die eigenen Leute.«[6]

Als die Auseinandersetzung um seinen *Spiegel*-Beitrag bereits voll entfacht war, kam Böll mehrfach auf den Tod Georg von Rauchs zu sprechen, den er im Artikel zwar zweimal erwähnt hatte, allerdings ohne auf die Umstände näher einzugehen. Er ließ in seinen Äußerungen keinen Zweifel darüber aufkommen, dass die Vorgänge des 4. Dezember 1971 zu den konstitutiven Voraussetzungen seines Artikels zählten. In einem am 28. Januar 1972 im Fernsehmagazin »Titel, Thesen, Temperamente« ausgestrahlten Gespräch mit Iring Fetscher hob Böll nachdrücklich hervor, bei der Niederschrift des Artikels »ganz unter dem Eindruck der Berichterstattung über die Erschießung Georg von Rauchs« gestanden zu haben, wobei er auch jetzt noch, Wochen später, »an der Rechtstaatlichkeit dieses Vollzugs zweifle«.[7] Für ihn demonstrierte der Tod Georg von Rauchs die Folgen eines durch die publizistische Hetze erzeugten Erfolgszwangs, der auch die Maßnahmen der Polizei bestimmte. Insofern hatte die mit dem Artikel verknüpfte Absicht Bölls, vor den möglicherweise tödlichen Auswirkungen der durch die mediale Hysterisierung »überreizten Situation«[8] zu warnen, einen aktuell beziehungsreichen Hintergrund – und dies in zweifacher Hinsicht. Zum einen lagen die Ereignisse in Berlin nur wenige Wochen vor der Ausgabe der *Bild* und ihrer Artikelüberschrift, zum anderen stellten die Vorkommnisse in Berlin den jüngsten Kulminationspunkt einer Gewaltgeschichte dar, deren Ursprung Böll in der systematischen Verhetzung der Studentenproteste seit 1968 sah. Dass er diesen für seine Wahrnehmung der Situation relevanten Hintergrund im Artikel nicht erwähnt hatte, zählte er im Nachhinein zu den Schwächen seines Beitrags: »Schwächen, weniger in dem, was drin steht, als in dem, was nicht drin steht; es fehlt eine umfassende Studie über die Eskalation: von der Erschießung Benno Ohnesorgs bis zum Attentat auf Dutschke.«[9]

Böll verschränkte in der Namensreihe Benno Ohnesorg – Rudi Dutschke – Georg von Rauch zweierlei: das Bild einer autoritär verfestigten Gesellschaft, die jegliche Form des Protestes, jegliches Suchen nach Alternativen in den bestehenden gesellschaftlichen Verhältnissen nur als Angriff auf ihre Ordnung wahrzunehmen und als kriminell zu denunzieren in der Lage war. Und zweitens den Blick auf eine Geschichte öffentlicher Gewalt, die von den hetzerischen Kampagnen vor allem der Springer-Presse und ihrer denunziatorischen Sprache mitgeschrieben wurde. Ein Fall »öffentlichen Mordes durch die Staatsgewalt«,[10] so Böll 1967 in seiner Büchner-Preis-Rede, bildete den Anfang, als der Student Benno Ohnesorg am 2. Juni 1967 während der Demonstration anlässlich des Besuchs des persischen Schahs Mohammed Resa Pahlewi in Berlin von dem Polizeibeamten Karl-Heinz Kurras erschossen wurde. Dem folgte die Übertragung der den Schlagzeilen der Springer-Medien eigenen Gewalt in das von Josef Erwin Bachmann auf Rudi Dutschke verübte Attentat am 11. April 1968. Hinzu kam schließlich der Tod Georg von Rauchs. Böll befürchtete, nicht zuletzt durch die Fraglichkeit der Umstände, das Abgleiten in eine nicht mehr kontrollierbare Gewaltspirale und ein politisches Versagen von Parlament und Regierung. Gestützt auf einen historischen Bezug zur NS-Zeit, dessen Vergegenwärtigung er auch in Richtung der parlamentarischen Vertreter und der Regierung als notwendig erachtete, klagte er angesichts der Situation um sich greifender Hetze eine gesellschaftspolitische Kurskorrektur ein. Unmittelbar in Richtung der Parlamentarier warf Böll die Frage auf, ob sie, selbst zum Teil ehemals Verfolgte und Gegner des nationalsozialistischen Systems, vergessen hätten, »was sich hinter dem reizenden Terminus ›auf der Flucht erschossen‹ verbarg? Wollen sie in dieser überreizten Situation, in dieser gegenseitigen Verhetzung, die Entscheidung ganz allein den Polizeibeamten überlassen, die verstört und überarbeitet sind und – hier mag's angebracht sein – auf eine psychologisch gefährliche Weise frustriert?«

Ausgelöst von einer in seinen Augen von der Springer-Presse betriebenen Hetze, die in der Titelzeile der *Bild* vom 23. Dezember 1971 einer »Aufforderung zur Lynchjustiz« gleichkam, formulierte Böll, provoziert und selbst provozierend im Einzelnen, mit seinem Artikel eine an die Springer-Presse adressierte Kampfansage. Sie war offenkundig von der Einschätzung bestimmt, dass eine Titelzeile dieser Art eine Interpretationsklammer bilde, die jegliche Berichterstattung und Meinungsäußerung in den von ihr suggestiv determinierten und dirigierten Deutungsakt einhole und damit für die Bildung des öffentlichen Bewusstseins maßgeblich sei. Und dies verbunden mit der Gefahr, dass sich Politik wie exekutive Organe von einem auf »die Quantität von Erfolg und Popularität«[11] fixierten Journalismus hysterisieren ließen und zunehmend in die Fahrwasser der medialen Hetze geraten könnten. Bölls Kampfansage war insofern der Versuch einer gegen die journalistische Demagogie der Springer-Presse gerichteten Kampagne. Denn die Gesuchten zu »Verfolgten und Denunzierten« und damit zu Zielen einer öffentlichen Hetzjagd zu machen, gefährde gerade das, was zu verteidigen vorgegeben würde: die Prinzipien des Rechtsstaates. »Die Bezeichnung Rechtsstaat wird fragwürdig, wenn man die gesamte Öffentlichkeit mit ihren zumindest unkontrollierbaren Instinkten in die Exekutive einbezieht.« Bölls Sicht zufolge ging es um die Gefahr einer Suspension des Politischen und Rechtlichen durch den Gebrauch medialer Macht, die sich der Öffentlichkeit und ihrer konservativen Mentalitätsmuster zur Verfolgung eigener Interessen manipulativ bediene. Damit geriet nicht nur der Springer-Konzern, sondern auch die deutsche Mentalität in den Fokus der Aufmerksamkeit – von Böll illustriert am Beispiel einer Fernsehsendung wie »Aktenzeichen XY – ungelöst« und ihrem quotensteigernd instrumentalisierten Voyeurismus. Letztlich attackierte er anhand dieses Ausgriffs auf die Fernsehlandschaft der Deutschen auch ein deutsches Mentalitätsmuster: im Gehäuse eigener Selbstzufriedenheit nicht nur seine historische Erfahrung zu vergessen, sondern auch in seiner zur Mitleidlosigkeit erstarrten Selbstgefälligkeit, im ›Es-musste-ja-so-kommen‹ den Zeigefinger des Besserwissens bestätigt zu finden, dass alles Abweichen von der fraglos vorgegebenen Ordnung im Scheitern ende.

»Muß es so kommen? Will Ulrike Meinhof, daß es so kommt? Will sie Gnade oder wenigstens freies Geleit? Selbst wenn sie keines von beiden will, einer muß es ihr anbieten. Dieser Prozeß muß stattfinden, er muß der lebenden Ulrike Meinhof gemacht werden, in Gegenwart der Weltöffentlichkeit. Sonst ist nicht nur sie und der Rest ihrer Gruppe verloren, es wird auch weiter stinken in der deutschen Publizistik, es wird weiter stinken in der deutschen Rechtsgeschichte.«[12] Das war ein Appell an eine Böll bislang fehlende öffentliche Nachdenklichkeit, ein Aufruf zu kritischer Distanz gegenüber den Ereignissen, um einen Reflexionsprozess über Ursachen und Folgen in politischer Hinsicht zu initiieren, anstatt die Selbstgefälligkeit in den eingerichteten Verhältnissen und die Arroganz eigener Unfehlbarkeit zu pflegen. Die damit aufgeworfene Frage, ob sich die freiheitlich-demokratische Grundordnung so unfehlbar darstellen könne, dass »keiner sie in Frage stellen darf«, machte Bölls Artikel und letztlich ihn selbst zu einer »einzigartige[n] Provokation«.[13]

Von Böll aber war an diesem 10. Januar 1972 nicht nur zu lesen. In seiner Eigenschaft als Präsident des internationalen PEN war er im Politik-Magazin *Panorama* im Gespräch mit Peter Merseburger über die Verurteilung des sowjetischen Schriftstellers und Dissidenten Vladimir Bukowski zu sehen. Bukowski war nach jahrelangen Repressionen am 4. Januar 1972 in Moskau zu sieben Jahren Gefängnis und fünf Jahren Verbannung verurteilt worden. Böll, seine bevorstehende Reise in die Sowjetunion vor Augen, verwies zum einen darauf, als PEN-Präsident nicht ermächtigt zu sein, eine öffentliche Stellungnahme zu Bukowski abzugeben, da dies in den Bereich der Gremien des PEN fiele, zum anderen, dass er die Form einer öffentlichen Verlautbarung auch nicht als ein dienliches Mittel seinerseits ansähe, die Situation Bukowskis zu verbessern, was einzig auf anderen Wegen zu versuchen sei. Das Erscheinen des *Spiegel*-Artikels und Bölls Fernsehauftritt am gleichen Tag war Zufall; ein folgenreicher, wie sich erweisen sollte. Die Verquickung des *Spiegel*-Artikels – dem Tenor der konservativen Presse zufolge die Verteidigung Ulrike Meinhofs – und des *Panorama*-Interviews – derselben Presse zufolge die Enthaltsamkeit des Engagements im Fall Bukowski – gehörte rasch zum Standard der gegen Böll aufgebauten Front. Hinzu kam, dass ein am 29. Dezember 1971 von Hanjo Kesting mit Böll im Norddeutschen Rundfunk geführtes Interview am 10. Januar 1972 in der Sendung »Kurier am Mittag« ausgestrahlt wurde. In diesem Gespräch nahm Böll Stellung zum Fall Arnfried Astel, dem durch den Intendanten des Saarländischen Rundfunks Franz Mai aufgrund seiner als zu politisiert erachteten Programmausrichtung fristlos gekündigt worden war. – Morgens, mittags, abends Böll mit kritischen Kommentaren zur bundesdeutschen Wirklichkeit, das war zu viel.

Die Auseinandersetzung entwickelte sich alsbald zu einer aggressiv geführten Kampagne gegen Böll. Den Auftakt bildeten *Die Welt* mit Rudolf Krämer-Badonis Artikel »Bewaffnete Meinungsfreiheit« und die *Bild*-Zeitung unter der Überschrift »Narren, Hofnarren, blutige Narren: Sie sagen ›befreien‹, sie meinen ›zerstören‹«. Die *Bild*-Zeitung reagierte drastisch: »Im jüngsten ›Spiegel‹ verteidigt der Schriftsteller Heinrich Böll die Baader-Meinhof-Bande, während er gleichzeitig die Berichterstattung der BILD-Zeitung angreift. In der Sache hat Böll unrecht, wie gerade die letzte Entwicklung zeigt. Böll, dieser christliche Dichter, bedient sich im ›Spiegel‹ einer Sprache, die Gemeinschaftswerk Karl-Eduard von Schnitzlers und Joseph Goebbels sein könnte.«[14] Mit zu den Ersten, die ihr

Unverständnis über Bölls Artikel artikulierten, zählte auch Innenminister Hans-Dietrich Genscher. Bei der Vorstellung des Jahresberichts 1969/70 des Bundesamtes für Verfassungsschutz auf Bölls Artikel angesprochen, bewertete er den Beitrag als eine Verharmlosung der Aktivitäten »dieser Bande« und stellte Bölls Meinung, »›daß der Kern der Gruppe […] nur noch aus sechs Mitgliedern bestehe‹«, infrage, wobei, wie im Bericht eigens hervorgehoben wurde, Genscher den »Ausdruck Baader/Meinhof-Bande, wie er sagte, ausdrücklich als einen kriminalistischen Begriff« benutze.[15]

Bölls *Panorama*-Interview spielte erst in einem Artikel von Hans-Erich Bilges »Heinrich Böll und die ›Freiheit der Arroganten‹«, den am 12. Januar 1972 die *Welt* publizierte, eine Rolle, allerdings ohne eine Verbindung zum Meinhof-Artikel zu schlagen. Umgekehrt publizierte die *Süddeutsche Zeitung* einen Artikel von Olaf Ihlau, der auf den *Spiegel*-Aufsatz Bezug nahm, ohne jedoch auf das Merseburger-Interview einzugehen. Gegeneinander ausgespielt wurden Bölls Äußerungen zuerst von Bayern aus, im *Bayern-Kurier* durch Wilfried Scharnagels Artikel »Demaskierter Böll« am 15. Januar 1972: »Ein linker Biedermann hat sich demaskiert. Seit Montag dieser Woche – mit dem Erscheinen des ›Spiegel‹ und der neuesten Sendung von Merseburgers ›Panorama‹ – hat Heinrich Böll die von ihm oft und gern usurpierte Rolle als politisch-moralische Oberinstanz in der Beurteilung bundesrepublikanischer Zeitläufe verwirkt.« Da fehlte dann auch weder die Anspielung, Böll habe den Verkauf seiner Bücher in der Sowjetunion durch einen Protest im Fall Bukowskis nicht gefährden wollen, noch die Andeutung der späterhin im Sympathisanten-Begriff manifest gewordenen Unterstellung, dass »Bölls Meinhof-Plädoyer im ›Spiegel‹ […] den ideologisch-intellektuellen Hintergrund für die Ansicht der Polizei [liefere], die Baader-Meinhof-Bande könne sich nur dank umfänglicher Unterstützung gutbürgerlicher Kreise so lange der Freiheit erfreuen«.[16] Einen Tag nach Wilfried Scharnagel legte Hans Habe in der *Welt am Sonntag* mit der Aufforderung »Treten Sie ab, Herr Böll« nach:

> »Böll, eine Mischung aus Albert Schweitzer, Schwejk und Fritz Teufel, spielt die Rolle des Biedermanns, teils des Brandstifters. [...] Es sei ›dringlich‹ geworden, sagte Böll in London, daß der PEN zur Umweltverschmutzung Stellung nehme. Aber von der intellektuellen Umweltverschmutzung der Sowjets will Moskaus westlicher Liebling, der sich, wie die Amerikaner sagen würden, als ›Goodie-Goodie‹ ausgibt, als ein Hans-Wohltäter-in-allen-Gassen, nichts wissen. [...] Sibirien ist eine kalte Zone, sie läßt ihn kalt. Doch kann der Präsident auch anderes. Ein paar Tränen hat er schon übrig, der zum westlichen Popanz hinaufgelobte Bestseller-Autor, und diese vergießt er im Monopol-Nachrichtenmagazin für Ulrike Meinhof. [...] Der internationale Präsident vertritt die Freiheit der Terroristin Meinhof. Die Freiheit des Intellektuellen Bukowski vertritt er nicht. [...] Faschismus wäre es, wenn Präsident Böll auf seinem Posten verharrte.«[17]

Einen in die gleiche Stoßrichtung zielenden Angriff Habes publizierte die *Welt am Sonntag* am 30. Januar 1972: »Habe: ›Böll hat sein PEN-Amt mißbraucht‹«. Daraufhin attackierte Böll Habe in dem in der *Süddeutschen Zeitung* publizierten Artikel »Man muß zu weit gehen« scharf. Es folgte ein Leserbrief von Habe: »Ein Rückzug in Richtung Piedestal«. Gleichfalls in einem, einen Tag vor seiner Abreise in die Sowjetunion verfassten Leserbrief an die *Süddeutsche Zeitung* verwahrte sich Böll gegenüber dem Vorwurf einiger Vertreter der Jungen Union, die Bundesrepublik mit der NS-Diktatur gleichgesetzt zu haben.

Eine um mehr Sachlichkeit bemühte Erwiderung erschien im *Spiegel* am 24. Januar 1972, ein Beitrag des nordrhein-westfälischen Ministers für Bundesangelegenheiten Diether Posser. Allerdings geriet Possers Sachlichkeit, die sich auf eine juristische Klärung der Begriffe »Gnade« und »freies Geleit« konzentrierte, zur Disziplinierung eines für Böll juristisch nicht fixierbaren Sprachgebrauchs. Darüber hinaus erhob auch Posser den Vorwurf, Böll verharmlose die Aktivitäten bzw. übernähme allzu leichtfertig die Sichtweise der Mitglieder der Baader-Meinhof-Gruppe und fürchte zu Unrecht, sie seien einer totalen Gnadenlosigkeit ausgeliefert. Die Ursache sah er darin, dass Böll einem juristisch nicht haltbaren Gebrauch der Begriffe »Gnade« und »freies Geleit« erliege. Böll entgegnete mit dem

Hinweis auf sein anderes Wortverständnis als Schriftsteller. »Ich bin Schriftsteller, und die Worte ›verfolgt‹, ›Gnade‹, ›Kriminalität‹ haben für mich andere Dimensionen, als sie notwendigerweise für einen Beamten, Juristen, Minister und auch für Polizeibeamte haben. [...] Ich gebe gern zu, daß ich das Wort ›verfolgt‹ nicht mit dem juristischen Terminus ›gesucht‹ gleichzusetzen vermag, daß ich es auch existentiell und mit einem Anhauch von Metaphysik verwende.«[18] Gemeint war dies als Einspruch und Entgegensetzung zu einer rein rechtsfunktionalen Limitierung des semantischen Gehalts von »Gnade«.

Im Gegensatz zu Possers Bemühungen, zur Sachlichkeit in der Auseinandersetzung beizutragen, erklärte Ulrich Frank-Planitz, Chefredakteur der Wochenzeitung *Christ und Welt*, ebenfalls am 24. Januar 1972 in einem von der ARD ausgestrahlten Tagesschau-Kommentar des Südwestfunks, Böll zum Anwalt Baader/Meinhofs. »Inzwischen hat sich der Literaturpräsident zum Anwalt der anarchistischen Gangster aufgeschwungen und für sie freies Geleit bis zum Gerichtssaal gefordert.« Da über die Gewaltbereitschaft der »Gruppe« auch durch deren jüngste Verlautbarungen kein Zweifel bestehen könne und auf »silbernem Tablett servierte Einladungen zum Prozeß [...] allenfalls als Schwächefall des verhaßten ›Bullenstaats‹ ausgelegt« würden, wäre es für »ihre Salonanarchistischen-Sympathisanten [...] an der Zeit, ihre Hilfestellung zu beenden. Denn die revolutionäre Utopie, die hier geträumt wird, kann tödliche Folgen haben.«[19] Böll reagierte mit einem Telegramm an den ARD-Intendanten Helmut Hammerschmidt, das in Kopie an die Deutsche Presse-Agentur (dpa) ging. Aufgrund der »faschistisch-verleumderischen Tendenz des Kommentars von Herrn Planitz in der gestrigen Tagesschau« erklärte er seine Mitarbeit beim Südwestfunk für beendet. »Ich nehme an, daß Ihnen die Aufkündigung eines Mitarbeiters als Salonanarchist ins Konzept paßt.«[20] Ebenfalls per Telegramm – und ebenfalls an die dpa – reagierte Fritz Niehus, Pressesprecher des Süddeutschen Rundfunks. Er nehme befremdet zur Kenntnis, dass Böll offensichtlich nicht bereit sei, einem Kommentator die »Meinungsfreiheit zuzubilligen, die er für sich selbst in Anspruch« nehme.[21] Böll erklärte daraufhin in einem allerdings nicht abgeschickten Brief an den Leiter der Pressestelle des Südwestfunks, er habe durch seine Entscheidung lediglich seine eigene Meinungsfreiheit eingeschränkt. Eine Kopie des Briefes übergab er dem Kölner Büro der dpa. In einem mit Axel Buchholz geführten Interview über die Kündigung beim Südwestfunk am 25. Januar 1972 erläuterte Böll, warum er den Beitrag von Ulrich Frank-Planitz als »verleumderisch faschistisch bezeichnet« hatte:

> »[I]ch finde in einer Anstalt des öffentlichen Rechtes eine solche Methode untragbar, und da ich ein freier Schriftsteller in einer freien Gesellschaft bin, suche ich mir die Leute, mit denen ich arbeite, aus und schließe den Südwestfunk aus. [...] Ich bin bereit zuzugeben, daß man diesen Aufsatz kritisieren kann, daß man darüber streiten kann, sehr lange, aber nicht auf diese Weise, indem man ihn verkürzt, und zwar mit faschistischen Methoden verkürzt, indem man Ausdrücke gebraucht, die ich kenne aus meiner Jugend. Der Ausdruck Salon-Anarchist ist entsprechend dem Salon-Bolschewiken, der ein beliebtes Mittel der Nazipresse war. Der Ausdruck Literaturpräsident ist entweder der Ausdruck eines Analphabeten, der also über etwas spricht, was er nicht kennt, oder eine Diffamierung, denn es gibt keine Literaturpräsidenten auf der Welt.«[22]

Zwei Tage nach dem Kommentar von Frank-Planitz nannte der Moderator des ZDF-Magazins Gerhard Löwenthal Böll und andere Linksintellektuelle »Sympathisanten dieses Linksfaschismus« und behauptete, »die Bölls und Brückners und all die anderen sogenannten Linksintellektuellen sind nicht einen Deut besser als die geistigen Schrittmacher der Nazis.«[23] Böll erklärte daraufhin in einem Interview mit der Züricher *Weltwoche*, er erwäge eine Klage gegen Löwenthal. Zugleich zog er jedoch, um Politiker wie Willy Brandt und Walter Scheel nicht zu kränken, seinen Entschluss zurück, nicht mehr als »deutscher Kulturexport dienen zu wollen«.[24] Nachdem es zu einer Auseinandersetzung zwischen Redakteuren des ZDF über die Äußerungen Löwenthals gekommen war, distanzierte dieser sich am 18. Februar 1972 von seinen Äußerungen und erklärte, er habe Böll nicht als »Nazi oder Kommunist«[25] verdächtigen wollen. Gleichfalls am 26. Januar und ebenfalls im ZDF sagte Rudolf Woller, Chefredakteur des ZDF, in der Spätausgabe der Nachrichten in einem Kommentar über Böll: »Er wird nicht müde, diesen unseren Staat als das gesetzgewordene Böse zu diffamieren. Er möchte anderen, die anderer Meinung sind, mit dem Urteil ›faschistisch‹ den Mund verbieten.« Es sei Bölls »Dilemma«, sich nicht mehr »verständlich« machen zu können. »Moralisten mit einseitiger Moral erreichen das Gewissen eines Volkes nicht mehr. Er, der mit seinen Büchern in Ost und West Millionen verdient haben dürfte – spürt er noch die Verantwortung des Wortes?«[26]

Böll beabsichtigte, auch auf Woller zu reagieren, verfasste einen entsprechenden Brief an den Intendanten des ZDF, Karl Holzamer, unterließ die Absendung dann jedoch wegen seiner bevorstehenden Reise in die Sowjetunion. Das Motiv seiner Reaktionen auf Frank-Planitz, Löwenthal und Woller lag nicht allein im Protest gegenüber der diffamierenden Weise, in der sich die drei auf ihn bezogen, sondern auch im Medienformat. Deutlich brachte er dies in seinem Schreiben an Holzamer zum Ausdruck. »[D]as ZDF ist kein Privatunternehmen wie irgendeine Springerzeitung: Die ARD ist eine Anstalt des öffentlichen Rechts, und es besteht ein Unterschied zwischen dem miesen Gequatsche in Herrn Boenischs (und Springers) Sentimentalitäts- und Lügenpostille und den Kommentaren in Anstalten des öffentlichen Rechts.«[27] Gegenüber privatwirtschaftlich agierenden Zeitungen und ihren Interessen, die er auf unverkennbare Weise bei der Springer-Presse feststellen würde, insofern sie krankhaft auf ihn reagiere, hätten, so Böll, in rechtlichen Anstalten »Nachrichtensendungen einen quasiamtlichen Charakter«, was bedeute, dass sie »in einer ganz anderen Verpflichtung«[28] stünden. Einer kritischen Anmerkung unterzog er auch den Abdruck von Fernsehkommentaren, wobei er auf die Interpretationswerte von Bildlichkeit und Sprachlichkeit abstellte, die durch Tonlage und Mimik die Aussage mitbestimmten und das Wie des Gemeinten zum Ausdruck bringen würden: »in der Sprache, die ich bei der Deutschen Wehrmacht lernte, ausgedrückt: die ›Fresse‹ und ›die Schnauze‹. Jene beiden letzteren ›Argumente‹ sind nicht wiederherzustellen, und so klingt ein peinlicher, sogar ein faschistischer Kommentar, wenn jemand ihn, irgendjemand mit einer menschlichen Stimme vorliest, ganz anders, als er in Wirklichkeit am Tatort geklungen hat.«[29]

Was in Bölls Reaktionen ebenfalls mitschwang, war die Befürchtung, dass gerade infolge der bereits seit Längerem geführten Diskussion über den sogenannten Radikalenerlass nach der Fahndungshysterie um die Baader-Meinhof-Gruppe eine »zweite Einschüchterungswelle«[30] entstanden sei. Am 28. Januar 1972 wurden die zwischen Bundeskanzler Willy Brandt und den Regierungschefs der Länder verabredeten »Grundsätze über die Mitgliedschaft von Beamten in extremen Organisationen« verabschiedet. Insofern zählten die »Bestrebungen des Radikalen- und Extremistenbeschlusses« im Ganzen zu einer von Böll befürchteten »Anti-Intellektuellen-Bewegung«.[31]

Ungeachtet dessen schien die Auseinandersetzung um ihn Ende Januar 1972 abzuklingen. Dann aber publizierte Dolf Sternberger in der *Frankfurter Allgemeinen Zeitung* am 2. Februar 1972 seinen Beitrag »Böll, der Staat und die Gnade«. Es war wie ein Neustart, da Sternberger auf einer anderen Ebene ansetzte: Nachdem das, was gegen Bölls Artikel vorgebracht werden konnte, vorgebracht worden war, rückte er Böll als Person in den Fokus: »Reden wir nicht mehr von Baader und Meinhof, von Gruppe oder Bande! Reden wir von Heinrich Böll!« Sternberger stellte den Autor in die Ecke eines sich selbst stilisierenden Märtyrers, der sich »gern als bedrängt, bedrückt, zu Unrecht angegriffen, beinahe als verfolgt« fühle, gleichwohl er überall diskutiert werde, im *Spiegel* oder der *Süddeutschen Zeitung* publiziere. Dennoch bilde er sich ein, »ringsum nur beleidigt und verleumdet zu werden. Es ist kein Größenwahn, was ihn ergriffen hat, sondern ein Kleinheitswahn, aber ein großer. Er kündigt einem Sender die Mitarbeit auf, worin ein Kommentator ihn ein bißchen kritisiert hat, und er straft Zeitungen, in denen ein anderer seiner Kritiker etwas künftig schriebe, mit dem Entzug seiner eigenen Beiträge.«[32] Böll schrieb am 2. Februar 1972 an Karl Korn:

> »Bitte. Ohne mich. […] Was habe ich getan? Was kann ich dazu, daß solch ein harmloser Artikel in diesem Land einen solchen Wirbel verur-

> sacht? In den ersten 14 Tagen war die Eskalation ausschließlich auf Seiten der Springerpresse, und ich genoß die unaussprechliche Ehre, bei 40 % der westdeutschen und 80 % der Berliner Presse als eine Art Vollidiot oder Super-Anarchist gepriesen zu werden. Soweit so gut, so liberal und so pluralistisch, wie man sich wünschen mag. Erst nach 14 Tagen meldeten sich ein paar vorsichtige liberale Stimmen – und natürlich schlug ich gegen Springer zurück, hätte ich das nicht tun sollen angesichts des tödlichen Schweigens der Liberalen? [...] Und wer eskaliert jetzt, wer muß und muß unbedingt auch noch seine Stimme und natürlich gegen mich und in der FAZ an ›prominenter‹ Stelle erheben? Herr Sternberger. [...] Und wer macht hier wen zum ›Märtyrer‹? Ich etwa mich selbst? Ich habe ganze Verrisswellen über mich ergehen lassen, ohne das Maul aufzumachen, aber hier geht es nun wirklich um Politik, unmittelbar. [...] Es ist hoffnungslos, absurd, hundsgemein – in einem Land sich auch nur ›halbwegs zu engagieren‹, in dem Sternberger und Woller verbündet sind, und in dem beide die Macht haben, von ihrer ›Meinungsfreiheit‹ Gebrauch zu machen. In diesem Land werde ich von meiner Meinungsfreiheit vorläufig keinen Gebrauch machen. Nun fällt die ganze katholische Provinz-Karnickel-Presse hinterher, diese feigen Schweine haben doch nur auf ein Signal gewartet. Also bitte: Halali!«[33]

Das Halali wurde tatsächlich geblasen. Die Personalisierung der Auseinandersetzung setzte sich nach dem *FAZ*-Artikel Sternbergers fort. In unverhohlen denunziatorischer Rhetorik hatte die *Bild*-Zeitung wiederholt von »haßerfüllte[n] Attacke[n]«[34] Bölls gesprochen. Günter Zehm steigerte dies am 7. Februar 1972. Nachdem er Böll generell eine »luzide Kommunikationsbereitschaft«, die eigentlich vom Schriftsteller zu erwarten sei, absprach, wandte er sich in persönlich diskreditierender Weise dem Auftreten Bölls sowie seinem Erscheinungsbild zu: »Schon die Äußerlichkeiten des öffentlichen Auftritts verraten Wurstigkeit und habituelle Verachtung des Publikums. Vor die Kamera gefläzt im verschwitzten Kleinbürgerlook, blubbert man irgendwelche ›Statements‹, die man vierundzwanzig Stunden später widerruft, um sie achtundvierzig Stunden später dann doch zu bestätigen«. Zugleich führte er Bölls Dialekt als Negativum an: »das alles im knüppeldicken Dialekt, der im Kontext wie ein Hohn auf die deutsche Hochsprache wirkt und den Hörer immer wieder auf den Gedanken bringt, hier handle es sich um eine karnevalistische Veranstaltung – es geht jedoch um Leben und Tod von Terroristen, Polizisten, Dissidenten. Die Affäre Böll und ihre publizistische Begleitmusik haben gezeigt, wie weit diese groteske Entwicklung in unserem Land schon gediehen ist.«[35]

Dass trotz allem noch eine Steigerung möglich war, nämlich pointiert intellektuell diffamierend, bewies nicht nur die *Neue Zürcher Zeitung* am 31. Januar 1971, die Böll eine »erschreckende Verwirrung des Denkens« attestierte.[36] Auch Herbert Kremp sprach in der *Welt* am 4. Februar 1972 von einem »Skandal der Geistesverwirrung«. Zu diffamieren war wohl auch die Absicht Rudolf Krämer-Badonis, wenn er nicht nur »Bölls Moral« ansprach, um die es »überhaupt schlecht« stehe, sondern Böll als jemanden bezeichnete, der über Wochen die »miese Charakterkombination Haß, Lüge, Hetze«[37] bieten würde.

Bölls Intention, zur Deeskalation beizutragen, die medial geschürte Hysterie zu stoppen, misslang nicht nur; sein Deeskalationsversuch wurde zu einer Eskalation, deren Gegenstand bald seine Person bildete. »Ich weiss nun nicht, wie sich die ganze Polemik weiterentwickeln wird«, schrieb er am 3. Februar 1972 kurz vor seiner Abreise nach Moskau an Rudolf Augstein: »[W]as mich stutzig macht: dass dieser Artikel – wie gut schlecht oder anfechtbar er nun sein mag – einen *solchen* Wirbel verursachen konnte. Darin liegt einerseits ein Trost: es zeigt, wie harmlos die Probleme der BRD zu sein scheinen (vergleichen Sie damit die britischen oder irischen Sorgen) – anderseits beunruhigt mich dieser ›Wirbel‹ als Phänomen.«[38]

Am 7. Februar 1972 reiste Böll, begleitet von seiner Frau Annemarie, zunächst nach West-Berlin, wo er sich mit Walter Höllerer, Günter Grass und Hans Werner Richter traf, dann am 10. Februar weiter nach Ost-Berlin. Neben einem Treffen mit Anna Seghers und Stephan Hermlin gehörte zum offiziellen Programm ein mehrstündiges Gespräch mit Hans Kamnitzer, Präsident des PEN-Zentrums der DDR bzw. ein Gespräch in erweiterter Runde am 14. Februar. Von Kamnitzer begleitet besuchte Böll die Gräber von Bertolt Brecht,

Johann Georg Friedrich Hegel und Johann Gottlieb Fichte auf dem Dorotheenstädtischen Friedhof. Darüber hinaus nutzte er den Aufenthalt für private Verabredungen mit Wolf Biermann und seiner Frau Eva-Maria Hagen, mit Stefan Heym, Günter Kunert, Jurek Becker sowie Gerhard Wolf, den er als Rundfunkmitarbeiter kennengelernt hatte, und Christa Wolf, der er auf dieser Reise erstmals begegnete. Am 15. Februar 1972 wurde die Reise fortgesetzt. Nach zwei Jahren des ausschließlich brieflichen Kontakts wurde er am Moskauer Flugplatz freudig von Lew Kopelew und Raissa Orlowa-Kopelew erwartet. Die nächsten Tage waren ausgefüllt mit dem Wiedersehen alter Bekannter und mit neuen Begegnungen. Dazu gehörte die erste Begegnung mit Alexander Solschenizyn, entgegen allen Versuchen von offizieller Seite, ein Zusammentreffen der beiden zu verhindern. Darüber hinaus besuchte Böll das Atelier des Malers Boris Birger, traf sich mit Konstantin Bogatyrjow, Jewgenija Ginzburg, Josif Brodskij und Efim Etkind, der ihn während des Abstechers nach Leningrad, Tiflis und Jalta begleitete. »Die Sowjetunion war ein Trauerfall und Trauerspiel«, berichtete Böll seinem amerikanischen Freund Theodore Ziolkowski später. »[I]mmer hin und hergerissen zwischen den wirklichen Freunden und den Offiziellen, manchmal übrigens buchstäblich *gerissen*, Krach, Szenen – und mitten drin der hochnervöse, durch dauernde Beobachtung kranke und doch auf eine wunderbare Weise ruhige Solschenizyn.« Am 14. März reisten Annemarie und Heinrich Böll weiter nach Prag zu Treffen mit Schriftstellerkollegen wie Bohumil Hrabal und Pavel Kohout. »In Prag wieder Trauerspiel«, so Böll in seinem Reiseresümee an Ziolkowski, »die fast hoffnungslose Lage der ungeheuer tapferen Autoren, die in der Bevölkerung einen ungeheuren Rückhalt haben, der sie gleichzeitig stützt und auch verpflichtet.«[39] Im gleichen Sinne schrieb er Günter Grass von seinem Prager Aufenthalt: »Die Situation ist unverändert, Friedhofsstille – nicht, wie immer wieder geschrieben wird – Schreib-, sondern natürlich Publikationsverbot. Ich traf auch Hrabal. Alle schreiben sehr fleißig. Alle meinten: möglichst keine Provokation, da die Regierung sehr unsicher ist und man nicht weiß, wie sie reagieren könnte.«[40]

Über Wien, wo Böll sich am 22. März 1972 noch mit der Solschenizyn-Übersetzerin Elisabeth Markstein traf, kehrte das Ehepaar nach Köln zurück. Viel Zeit, sich von den Strapazen der Reise zu erholen, blieb jedoch nicht. Die in Dortmund vom 6. bis 8. April 1972 geplante Jahresversammlung des PEN-Zentrums stand an – für Böll die letzte seiner Amtszeit als Präsident. Er leitete dort eine öffentliche Veranstaltung zur Frage »Politisierung der Literatur«. Zum neuen Präsidenten wurde auf dieser Versammlung Hermann Kesten gewählt.

Bei Böll mussten Befürchtungen aufkommen, als wenige Wochen später, am 1. Juni 1972, also an dem Tag, an dem im Zuge einer Großfahndung Andreas Baader, Jan-Carl Raspe und Holger Meins in Frankfurt verhaftet wurden, auch sein Wohnsitz in Langenbroich ins Fadenkreuz der Ermittlungen geriet. Offensichtlich mutmaßend, er könne weiteren Terroristen Zuflucht gewährt haben oder diese sich bei ihm versteckt halten, postierten sich unter der Leitung des Chefs der Dürener Polizei, Helmut Conrads, Polizeikräfte vor Bölls Haus und im Dorf. In seiner »Eigenschaft als Präsident des Internationalen P.E.N-Clubs« wandte sich Böll am 5. Juni 1972 an Bundesinnenminister Hans-Dietrich Genscher und bat um Aufklärung über die »Aktion«, die

> »am 1.6.72 gegen 16.00 Uhr um mein Haus und um das Dorf herum, in dem mein Haus liegt, durchgeführt wurde. Ungefähr 12–15 schwerbewaffnete Beamte, teils in Civil, teils in Uniform umstellten mein Haus, drangen in meinen Garten ein und – wie ich später von Dorfbewohnern erfuhr – staffelten sich zu einem Sicherheitscordon, der sich bis zum zwei Kilometer entfernten Nachbardorf hinzog. Zwei Kriminalbeamte baten um Einlaß; als ihn dieser von meiner Frau gewährt worden war, baten sie, mich sprechen zu dürfen und forderten mich dann auf, ihnen unsere Gäste vorzuführen. [...] [I]ch erlaubte den Herren Zutritt in unser Wohnzimmer. Dort wurden unsere Gäste – Frau Cordelia Spaemann und Herr Professor Dr. Robert Spaemann von der TH Stuttgart – aufgefordert, sich auszuweisen. [...] Als Präsident des Internationalen P.E.N. Clubs [...] fühle ich mich verpflichtet, Sie um Aufklärung darüber zu bitten, auf Grund welcher Vermutungen, Verdächtigungen, möglicherweise Denunziationen eine solche Aktion zustande kommen kann, die,

> zurückhaltend ausgedrückt, nicht nur ein wenig zu groß angelegt war, auch einen Verdacht zurückließ, den Sie möglicherweise aufklären können. Wenn also die Sicherheit der Bundesrepublik Deutschland durch ein paar aufklärende Worte Ihrerseits nicht gefährdet wird, bitte ich um diese Aufklärung.«[41]

Hans-Dietrich Genscher reagierte mit einem mehrfach in der Tagespresse abgedruckten Schreiben. Unter anderem verwies er dabei auf einen am 1. Juni bei der Kölner Polizei eingegangenen Hinweis, der »auf die Absicht von Bandenmitgliedern hindeutete, eventuell auch in Ihrem Haus Zuflucht zu suchen. Als außerdem gegen 15.30 Uhr des bewußten Tages festgestellt wurde, daß ein Taxi eine männliche und eine weibliche Person an Ihren Wohnort gefahren und beide – wie sich später herausstellte – bei Ihrem Haus abgesetzt hatte, hielt es der zuständige, den Einsatz leitende Polizeibeamte für notwendig, die Identität der beiden Personen festzustellen.« Genscher betonte, es sei nicht darum gegangen, Böll zu verdächtigen: »Sie werden es mit uns [...] für selbstverständlich halten, daß angesichts der Schwere der den Mitgliedern der Baader-Meinhof-Bande zur Last gelegten Verbrechen und angesichts der von ihnen ausgehenden Bedrohung des Lebens völlig Unbeteiligter die Polizei allen, auch den kleinsten und unwahrscheinlichsten Hinweisen nachgehen muß.«[42]

Mit Kopien seines Schreibens hatte Böll zuvor die Landeszentren des PEN informiert; ebenfalls Bundespräsident Gustav Heinemann, der mit seiner Frau Hilda gerade Urlaub in der Schweiz machte. Heinemann antwortete: »Was wir uns ausmalten, war dieses: wir wären an diesem 1. Juni ebenfalls Ihre Hausgäste gewesen, als die Polizei an- und einrückte! Leider haben Sie uns zu diesem Staatsakt nicht rechtzeitig eingeladen! Das wäre doch großartig gewesen.«[43] Es mag Gustav Heinemanns Wunsch gewesen sein, Böll mit seiner ironisierenden Antwort zu beschwichtigen; die seit Wochen anhaltende Kampagne hatte jedoch ihre Spuren hinterlassen, Böll zugesetzt, betroffen, empfindlich und mißtrauisch gemacht. Seine Nerven lagen blank. »Ich kann in diesem Lande, in diesem gegenwärtigen Hetzklima nicht arbeiten«, so Böll in einem mit Ulrich Potthast am 12. Juni geführten Interview. »Und in einem Land, in dem ich nicht arbeiten kann, kann ich auch nicht leben. Das macht mich wahnsinnig, ewig, ewig mich gehetzt zu fühlen, denunziert zu fühlen und ewig gezwungen zu sein: dementieren, Presseerklärungen. Ich hab kein Büro wie Herr Genscher und andere Herrn. Nicht, ich bin ein Schriftsteller.« Gegenüber Ulrich Potthast erläuterte er noch einmal die Umstände und relativierte dabei in manchen Punkten seine Reaktion im Brief an Hans-Dietrich Genscher, verwies aber vor allem auf den entscheidenden Punkt, die Aktion als Ausdruck und Folge der wochenlangen Verhetzung interpretiert zu haben. »Nur beim Nachdenken über diesen Vorgang sah ich einen Zusammenhang mit den Verdächtigungen, Denunziationen zum Teil im Parlament, im Bundestag, in der Presse, in Kommentaren, wie sie seit Januar 72 gegen mich laufen. Deshalb bat ich um Aufklärung. […] Ich hab ja die Aktion über mich ergehen lassen, habe mich nicht beschwert, sondern ich bitte um Aufklärung über den Hintergrund, über den Denunziationshintergrund, der mein Haus verdächtig macht. Das ist es.«[44]

Noch unter dem Eindruck der Langenbroich-Aktion zog Böll gegenüber Günter Grass seine Beteiligung an einer »katholischen Wählerinitiative« zurück, zu der Grass für die regulär 1973 anstehende Wahl des Deutschen Bundestages angeregt hatte. »[N]icht endgültig, nur vorläufig, sie bezieht sich auf den gegenwärtigen Stand der öffentlichen Auseinandersetzung um jene undefinierbare und bisher undefinierte Gruppe, die man ›Linksintellektuelle‹ nennen mag«. Dabei hatte er ihm wenige Tage nach seiner Rückkehr aus der UdSSR zugesagt und sich bereit erklärt, sich im Wahlkampf für Willy Brandt, aber nicht für die Regierung, zu der Hans-Dietrich Genscher gehörte, einzusetzen. Damit hatte Böll auf einen Brief von Veronika Schröter und Günter Grass vom 5. März 1972 geantwortet, in dem er zu einem Treffen der Sozialistischen Wähler-Initiative (SWI) eingeladen worden war, um speziell die Fragen einer Einbindung der katholischen Wählerschaft zu erörtern. Böll führte seine Beweggründe ausführlich aus:

»Die CDU/CSU und alle ihre publizistisch einflußreichen Helfer (die SPD hat deren offenbar keine) versuchen – und mit Erfolg – diese Regierung und diesen Staat von all jenen ›Linksintellektuellen‹ zu trennen, die alles tun, getan haben und tun würden, um eine neue Regierung Brandt zu ermöglichen, nicht weil Willy Brandt das kleinere Übel, sondern weil er die einzige Möglichkeit ist. Was seine Person betrifft, habe ich keinen Zweifel, aber seine Regierung? Sein Kabinett, seine Helfer (wie Herr Kühn), sie lassen die Intellektuellen alle in jene Ecke drängen, in der ich (ausgerechnet ich – und ich muß mich, wenn ich die Sache objektiv sehen will, als Beispiel nennen) immer wieder mehr oder weniger offen als Helfershelfer, ideologisch oder intellektuell, der Bombenleger genannt werde. Die Eskalation dieser Denunzierung ist in vollem Gang [...] Nein, lieber Günter Grass, ich wäre bereit, für Willy Brandt alles zu tun, aber ich kann nichts für seine Regierung tun, die die ganze demagogische Scheiße bis in die letzte Provinzecke durchsickern läßt.«

Die Hetzkampagne gegen Böll zeigte Auswirkungen bis hinein in sein soziales Umfeld in Langenbroich, wie er Grass mitteilte: »Etwas noch veranlaßt mich zur Zurücknahme meines Versprechens: es ist diesen Leuten gelungen und wird ihnen weiterhin gelingen, mich derart verdächtig zu machen, daß ich keine einzige katholische Wählerstimme einbringen kann. Ich merke es hier im Dorf schon heute: bisher habe ich mich mit den Leuten ganz gut verstanden – aber schon tritt Kühle ein«. Gleichzeitig kritisierte er Grass und dessen Solidaritätsbekundung: »Damit wir uns nicht mißverstehen: ich verlange keine Solidarität, und erst recht keine von der herablassenden, zeigefingerschwenkenden Art, wie Sie sie in Ihrem Artikel in der SZ vom 5/6.2.72 geäußert haben. [...] Wenn Sie irgendetwas für mich tun wollen, veranlassen Sie Herrn Genscher, Anklage gegen mich zu erheben, falls er glaubt, ich habe mich schuldig gemacht.« Auch wenn Böll offensichtlich intensiv über diesen Schritt nachgedacht hatte, fiel ihm die Entscheidung nicht leicht. »Entbinden Sie mich also bitte von meinem Versprechen; ungern und äußerst selten bitte ich darum.«[45]

Bölls Einschätzung der von der CDU/CSU betriebenen und immer ihn einbeziehenden Denunzierung der »Linksintellektuellen« bestätigte sich rasch in einer Bundestagsdebatte über Fragen der inneren Sicherheit am 7. Juni 1972. Gleich zwei Abgeordnete der CSU meldeten sich mit Böll kritisch kommentierenden Äußerungen zu Wort. Zunächst Oskar Schneider: »Hätte Herr Böll nicht besser daran getan, im Falle Solschenizyn und seinen verfolgten Freunden, wie im Falle Bukowsky, zu fragen, was wir verlören, gäbe es diesen Staat mit seinen sozialen, wirtschaftlichen und kulturellen Möglichkeiten nicht mehr? Hier hätte Herr Böll seine liberale [...], seine freiheitliche Gesinnung unter Beweis stellen können. Er hat geschwiegen.« Schließlich warf er ihm indirekt sogar Feigheit vor: »Vermutlich hat er nicht den Mut gefunden, Unrecht Unrecht zu nennen, obwohl er in dem hohen Amte eines PEN-Präsidenten steht. Wer die Wahrheit über unseren Staat und unsere Gesellschaft derart in Frage stellt, entstellt sie im Bewußtsein der Leser, und er zerstört damit den inneren Frieden«.

In der Bundestagsdebatte äußerte sich ebenfalls der CDU-Abgeordnete Friedrich Vogel: »Es geht vor allem auch um diejenigen, die durch Wort und Tat den geistigen Hintergrund geschaffen haben und noch schaffen, von dem aus politische Gewaltkriminalität in unserem Lande glorifiziert und mystifiziert und vielfach sogar gerechtfertigt wird. Das habe ich gemeint, als ich neulich von den ›Bölls und Brückners‹ gesprochen habe, die das Wasser abgeben, in dem die Fische herumschwimmen.«[46] Neben diesen öffentlichen Vorführungen Bölls als ›Sympathisant‹ der Baader-Meinhof-Gruppe, als ›Ziehvater des Terrorismus‹ sowie einer Vielzahl anonym zugesandter Drohungen und Beschimpfungen erreichten ihn auch zahlreiche Briefe der Zustimmung. Auf Initiative des Verlags Kiepenheuer & Witsch wurde eine zur Solidarität aufrufende Unterschriften-Aktion durchgeführt, die von 156 Persönlichkeiten des kulturellen und öffentlichen Lebens unterzeichnet wurde: »Die Gruppe um Andreas Baader und Ulrike Meinhof ist zerschlagen. Aber die Treibjagd geht weiter. Nicht auf einen Brandstifter oder Bombenleger, sondern auf den Schriftsteller Böll, der es gewagt hat, öffentlich (im *Spiegel* vom 10. Januar 1972) vor den gefährlichen Folgen der demagogischen Berichterstattung und Panikmache der Springer-Presse zu warnen«.[47]

Unterdessen zeichnete sich auf der politischen Ebene eine Entwicklung ab, die letztlich zu einer vorzeitigen Bundestagswahl im Herbst 1972 führte. Nachdem am 23. April 1972 der FDP-Bundestagsabgeordnete Wilhelm Helms seinen Austritt aus der FDP-Fraktion erklärt hatte und damit die Stimmenmehrheit der Koalition im Parlament auf eine Stimme schrumpfte, kam es zu einem konstruktiven Misstrauensantrag der Opposition gegen Willy Brandt, der allerdings scheiterte. Spätestens jedoch nach der Verabschiedung der Ostverträge am 17. Mai 1972 – bei Stimmenthaltung der CDU/CSU-Opposition – wurde klar, dass es eine Lösung der Pattsituation im Parlament nur durch Neuwahlen geben könne (der SPD-Abgeordnete Müller war am 16. Mai 1972 aus der Fraktion ausgeschlossen worden).

Bis Mitte Oktober 1972 waren sich CDU/CSU-Politiker noch sicher, die Bundestagswahlen am 19. November 1972 mit einer absoluten Mehrheit gewinnen zu können. Die Gemeindewahlen in Hessen und Niedersachsen am 22. Oktober 1972 brachten aber vor allem der SPD überraschende Zugewinne, selbst in den CDU/CSU-Hochburgen. Demoskopen kamen zu dem Ergebnis, dass die SPD am 19. Oktober – zum ersten Mal in der Geschichte der Bundesrepublik – stärkste Fraktion im Bundestag werden und die SPD/FDP-Koalition insgesamt gestärkt aus den Bundestagswahlen hervorgehen würde. Angesichts dieser Entwicklung hatte sich Böll entschlossen, sich für die Wahl Willy Brandts einzusetzen – sowohl als Redner, aber auch publizistisch wie etwa mit seinem Essay »Über Willy Brandt«. Neben einem von ihm und Annemarie Böll gezeichneten Flugblatt – »Wir wählen Willy Brandt und unterstützen seinen Wahlkampf« – beteiligte sich Böll mit Reden oder Diskussionsbeiträgen als Mitglied der Wählerinitiative »Bürger für Brandt«. So war er unter anderem beim Auftakt des Wahlkampfes am 29. September 1972 in Essen mit der Veranstaltung »Experten gegen Strauß/Barzel« dabei, einige Tage später in Kleve und Geldern sowie in Bonn und am 12. Oktober auf dem außerordentlichen Parteitag der SPD in Dortmund. Unterbrochen wurde dieser Einsatz durch eine Reise mit Annemarie und René zu Vincent nach Israel, der seinen Wehrersatzdienst dort ableistete, und zu der die drei am 14. Oktober 1972 aufbrachen. Die erste Station sollte Rom mit einem Besuch Ingeborg Bachmanns sein, gefolgt von einem Aufenthalt in Athen und der Weiterreise nach Israel. Dabei wurde vor allem ein Tag in Athen geschichtsträchtig, der 19. Oktober 1972. Böll erreichte telegrafisch die Nachricht, dass ihm von der Schwedischen Akademie für sein literarisches Werk der Nobelpreis für Literatur zuerkannt worden sei. Diese Auszeichnung bedeutete die Anerkennung der literarischen Leistungen des – neben Günter Grass – gesellschaftlich wie politisch exponiertesten Vertreters der deutschen Nachkriegsliteratur. Einer der ersten Gratulanten war Bundespräsident Gustav Heinemann, der in seinem Glückwunschschreiben Bölls Bücher und Schriften als Zeugnisse des Mahnens gegen Gewalt und Unterdrückung sowie als Plädoyer für den Frieden bezeichnete. Im Gegensatz zu Heinemann und vielen anderen werteten CDU/CSU und Springer-Presse die Preisverleihung an Böll als eine Art Verschwörung der Sozialistischen Internationale. Zitiert wurde Franz Josef Strauß mit der Bemerkung, es sei bezeichnend, »daß dieser Preis wenige Wochen vor den Wahlen zum Deutschen Bundestag einem erklärten Parteigänger der SPD verliehen wurde«.[48] Böll schrieb später darüber an Alfred Andersch: »[I]ch bin oder war schon eitel genug – jetzt geht meine Eitelkeit eher zurück. Ich kann Dir kaum sagen, wie froh ich war und bin nach dem ›Stockholmer Ereignis‹ – das Jahr 72 war ja ein Schmäh-Jahr. […] Am meisten gefreut habe ich mich über die Glückwünsche von Euch allen, Autoren, […]. Angst habe ich vor dem Neid nicht der Menschen, sondern der ›Götter‹!«[49]

Ungeachtet dessen setzten Annemarie, Heinrich, René und Vincent ihre Reise fort. Nach ihrer Ankunft in Jerusalem am 26. Oktober besuchten sie Jericho, Ramallah und Ramat Rahel, stets darauf bedacht, dem durch die Zuerkennung des Nobelpreises entstandenen Rummel zu entgehen – was zuletzt nur durch eine Flucht in die Wüste gelang, wie Böll an Theodore Ziolkowski schrieb, »with hired care round Sinai, herrlich, mit René und Vincent und Annemarie regelrecht 5 Tage versteckt«.[50] Nach Besuchen der Städte Eilat, Sham el Sheikh und Abu Rodeis, der Besichtigung Askalons und Herzlyas sowie des Kibbuz Sde Nehemia wurde es am 5. November 1972 wieder offiziell. Böll traf Vizepremier Jigal Allon, die Schriftstellerkollegen Amos Oz und Moshe Tavor sowie die israelische Ministerpräsidentin Golda Meir, die »uns unbedingt sehen« wollte; »A great Woman! Außerdem raucht sie mehr als ich! Wenn ich 3 Zigaretten rauche, raucht sie 5!«[51] Bei ihrer Begegnung stellte Böll in Aussicht, die nächste internationale Tagung des PEN in Israel stattfinden zu lassen.

Nach der Rückkehr, jetzt als Nobelpreisträger für Literatur, setzte Böll in Beckum sowie in Köln seinen Wahleinsatz – unterbrochen von einem eintägigen Aufenthalt in Berlin anlässlich der Jahrestagung des PEN – fort, verfasste für die SPD-Wahlzeitung den Beitrag »Luft in Büchsen« und unterstützte die von Grass organisierte Sozialdemokratische Wählerinitiative (SWI), indem er das Typoskript und den handkorrigierten Fahnensatz seiner Erzählung *Entfernung von der Truppe* zur Versteigerung überließ; den Zuschlag erhielt für 10.000 DM das Heinrich-Heine-Institut in Düsseldorf.

Die Wahlen im November 1972 bestätigten die sozial-liberale Koalition, die SPD stellte nach ihrem außerordentlichen Wahlerfolg zum ersten Mal die größte Fraktion im Parlament. Böll berichtete resümierend an amerikanische Freunde: »Es war die erfreulichste Erfahrung des Wahlkampfes, daß alle Intellektuellen, Maler, Bildhauer, alle, fast geschlossen und energisch hinter Brandt standen, und was da in den kleinen Provinzstädten an jugendlichem Elan investiert worden ist! Ich denke, es ist das große Verdienst von Günter Grass, der diese Art von Initiative regelrecht erfunden hat und viele viele, zuletzt hunderte Gruppen mobilisiert hat.«[52]

In dieser Zeit griff Böll eine im Zusammenhang mit dem internationalen PEN zentrale Frage auf, zu der ihn Herbert Mitgang von der *New York Times* im Oktober angeregt hatte: die Situation inhaftierter Schriftsteller. In seinem in der *New York Times* veröffentlichten Artikel »A Plea for Meddling« thematisierte er die Menschenrechte in Zeiten der seit Anfang der 1970er-Jahre einsetzenden ›Entspannungspolitik‹, wobei sich der Terminus »Entspannung« im Wesentlichen auf die verbesserten Wirtschaftsbeziehungen der Machtblöcke untereinander bezog. Böll forderte dazu auf, das Gebot der Nichteinmischung in die inneren Angelegenheiten eines anderen Staates zu durchbrechen, da zu den ›inneren Angelegenheiten‹ stets auch die Menschenrechte gehörten, die jedoch, um die wirtschaftlichen Beziehungen nicht zu gefährden, stets stillschweigend übergangen würden. »Das Gerede von der unteilbaren Freiheit wird zur Farce, wenn die Heuchelei der Nichteinmischung aufrechterhalten, von Industriellen am Profit gemessen wird.« Böll war sich bewusst, dass sein Appell, die Menschenrechte nicht hinter den Interessen der Ökonomie verschwinden zu lassen, als Idealismus einiger »nützlicher Idioten« seitens der Politik abgetan werden würde. Dennoch hielt er an seinem Konzept fest: »Wir Autoren sind die geborenen Einmischer, wir mischen uns ein […]. Das klingt idealistisch, ist es aber nicht. Einmischung ist die einzige Möglichkeit, realistisch zu bleiben«.[53]

Nach all diesen Turbulenzen wurde es 1973 ruhiger; offizielle Auslandsaufenthalte wechselten mit privaten Reisen. Zu seinen offiziellen Auftritten zählte die Tagung des PEN in Schweden und die Entgegennahme der Ehrendoktorwürde des Trinity College in Dublin, der Technischen Universität Aston, Birmingham, sowie der Brunel Universität in Uxbridge.

Am 2. Mai 1973 hielt Böll in Stockholm seine Nobelpreisvorlesung »Versuch über die Vernunft der Poesie«. Sein Interesse galt der Rationalität des Ästhetischen als Kritik der »Vernunft unserer Provenienz«, also einer instrumentellen Vernunft, die in ihrer zweckhaften Orientierung identifizierend und abstrahierend verfährt und von ihm als »Unterwerfungsinstrument« bezeichnet wurde. Während »Politiker, Ideologen, Theologen und Philosophen« darauf zielten, »restlos Lösungen« zu bieten, »fix und fertig geklärte Probleme«, sei es die Pflicht des Schriftstellers, in die Zwischenräume, die die stets vorhandene Diskrepanz zwischen Ideal und Wirklichkeit, Theorie und Praxis biete, einzudringen, wissend, dass »wir nichts rest- und widerstandslos klären können«. In der Vorlesung bezeichnete Böll das, was sich seiner vollständigen theoretischen Erfassbarkeit entzog, als »Rest«. »Es wird immer ein Rest bleiben, mag man ihn

Unerklärtheit nennen, Geheimnis meinetwegen, es bleibt und wird bleiben ein wenn auch winziger Bezirk, in den die Vernunft unserer Provenienz nicht eindringt.« Der von Böll aufgezeigte »Rest« wird zum Zeichen einer Vernunft, die ihre Bestimmungen nicht als »die« Bestimmungen gegenüber dem Wirklichen, sondern als Intervention gegen letzte Interpretationen aufbietet und ›abschließende‹ Bestimmungen unterläuft. Auch sein Standpunkt zum Thema Widerstand wurde von ihm ein weiteres Mal formuliert: »Kein Autor kann vorgegebene oder vorgeschobene Teilungen und Urteile übernehmen, und es erscheint mir als beinahe selbstmörderisch, wenn wir immer noch und immer wieder die Teilung in engagierte Literatur und die andere überhaupt diskutieren. Die Stärke der ungeteilten Literatur ist […] die Internationalität des Widerstands, und zu diesem Widerstand gehört die Poesie, die Verkörperung, die Sinnlichkeit, die Vorstellungskraft und die Schönheit.«[54]

In seiner Arbeit blieb Böll auf kleinere Publikationen beschränkt, maßgeblich bedingt durch seine Tätigkeit als Präsident des internationalen PEN. Dass er dennoch eine öffentliche Stimme blieb, zeigte sich in seiner Unterstützung vielfältiger Resolutionen und Appelle, die er unterzeichnete. Die öffentliche Funktion als kritischer Intellektueller, die ihm zugesprochen und von ihm auch wahrgenommen wurde, unterstrich und dokumentierte nachdrücklich die einzige größere Publikation des Jahres, als Kiepenheuer & Witsch die Sammlung *Neue politische und literarische Schriften* vorlegte.

Doch mit Beginn des Jahres 1974 setzte sich die Hetze, Denunziation und öffentliche Diffamierung fort. Nachdem am 4. Februar 1974 in Hamburg im Zuge von Fahndungsaktivitäten nach Mitgliedern der RAF bei der Durchsuchung einer konspirativen Wohnung von der Polizei Waffen und zahlreiche Ausweispapiere sichergestellt wurden, unter denen sich der Wehrpass Raimund Bölls sowie abgelaufene Pässe seiner Frau Lila befanden, wurden Annemarie und Heinrich Böll am 7. Februar 1974 durch den Anruf eines Bekannten darüber informiert, dass in der zum Springer-Konzern gehörenden *Berliner Zeitung* auf der Titelseite in großen Lettern ein Artikel mit »Haussuchung beim Sohn des Nobelpreisträgers Böll« überschrieben sei: »Unter größter Geheimhaltung drangen Beamte des Staatsschutzes gestern Vormittag in die Wohnung des 26-jährigen Raimund Böll in der Bonner Straße in Köln ein. Mit einem Durchsuchungsbefehl [...]. Die Polizei vermutet, daß die Papiere den Bandenmitgliedern zur Verfügung gestellt wurden«. Das Skandalon des Artikels lag – neben der Verbreitung angeblich polizeiinterner Vermutungen über eine aktive Unterstützung von Terroristen – in dem Umstand, dass die Hausdurchsuchung sowie das Verhör von Raimund und Lila Böll zwar geplant waren, aber bei Erscheinen der Tageszeitung noch gar nicht stattgefunden hatten, sondern erst am Nachmittag des 7. Februar 1974 durchgeführt wurden. Über die Umstände berichtete Böll seinem Rechtsanwalt und H. G. Adler:

> »Wenige Tage, bevor Solschenizyn bei mir eintraf, hat man in Köln Raimund und Lilas Wohnung (in deren *Abwesenheit!*) heimgesucht: Tür aufgebrochen, mit scharfen Schäferhunden, 3 Dutzend schwerbewaffneten Polizeibeamten, Kriminalkommissaren und Staatsanwälten. Anlaß: man hatte irgendwo in Hamburg Ausweise von ihnen in einer BM-Wohnung gefunden. Diese Sache war nach zehnstündigem Verhör rasch aufgeklärt. Außerdem hatten die beiden eine ihnen unbekannte junge Frau in ihre Wohnung eingelassen, ihr sogar (siehe ›Gruppenbild‹!) *Kaffee* angeboten – die sich als ehemalige BM-Verschwörerin herausstellte. Die Polizei hatte diesen Besuch fotografisch festgehalten und die genaue Uhrzeit (12.40–14.20) notiert! Durch eine gezielte Springer-Indiskretion war diese Haussuchung schon einen Tag früher gemeldet – und aus ›größter Geheimhaltung‹ wurde ein wahres Fest für die Pressefotografen, die in gleicher Anzahl wie Polizeibeamte an diesem Ereignis teilnahmen, und da Rai und Lila kurz nach Beendigung der Durchsuchung ihrer Wohnung dort auftauchten, wurden sie entsprechend als ›abgeführte Schwerverbrecher‹ fotografiert. Es war schon gemein, und die Springerpresse sparte dann auch nicht mit den scheußlichsten Denunziationen [...]! Nun, Sie werden verstehen, daß ich der Sensationen müde bin!«[55]

Die Kampagne ging weiter. Am 12. Februar 1974 publizierte die *Bild*-Zeitung unter der Überschrift »Böll Junior läßt in Köln Puppen köpfen« einen Artikel, der Raimund Böll, der als freischaffender Bildhauer lebte, in klarer Absicht als »brotlose[n]« Künstler bezeichnete, der Maschinen baue, »in denen Menschen geköpft und erschlagen« würden.[56] Dass diese Form medialer Hetze kurz unterbrochen wurde, war dem Umstand geschuldet, dass Alexander Solschenizyn zu Böll kam. Nach seiner Verhaftung in Moskau am 12. Februar 1974 und angesichts der am nächsten Tag erfolgenden Ausbürgerung aus der UdSSR wurde er in die Bundesrepublik ausgeflogen und hatte den Wunsch geäußert, zunächst seinen Freund Böll besuchen zu wollen. »Mitten in diese Affäre [um Raimund Böll] hinein«, schrieb Böll 1984 rückblickend, »kam der Besuch meines Freundes Alexander Solschenizyn! – und das paßte nun gar nicht, weder ins Bild noch in *Bild* – und dann auch noch – und das nach Solschenizyns Besuch – die Katharina Blum«.[57]

Nach Solschenizyns Abreise nahm Böll unter dem Eindruck des Umgangs der Springer-Presse mit seinem Sohn und dessen Frau sowie der Erfahrungen der offenkundigen Zusammenarbeit von Polizei und Presse die Arbeit an seiner Erzählung über die »unbedeutende« Hausgehilfin Katharina Blum, die in die Schlagzeilen einer Zeitung gerät, auf.

Die Erzählung wäre damit eine zeitgeschichtliche Auseinandersetzung mit der journalistischen Praxis, für die die *Bild*-Zeitung das Beispiel lieferte, und setzte die Kritik fort, die spätestens mit der 1968er-Bewegung gegen das einflussreichste Massenblatt der Bundesrepublik und seinen Verleger ins Feld geführt wurde. Es traten jedoch die Vorgänge um Bölls Sohn Raimund und dessen Frau Lila hinzu. Entsprechend rasch wurde in der Kritik, die je nach politischer Ausrichtung fasziniert zustimmend bis schroff ablehnend ausfiel, die Interpretationsperspektive favorisiert, Böll habe sich an Springer wegen der 1972er-Kampagne und nach der Pressehetze gegen ihn rächen wollen. Am 8. August 1974 schrieb Böll an den Herausgeber des *Spiegels* Rudolf Augstein als Antwort: »›Rache‹ ist bei ›Katharina B.‹ nach meiner bescheidenen und möglicherweise falschen Schätzung nur zu 5–6 % im Spiel, und diese Rache beruht wiederum […] auf Einbeziehung meiner Familie, bzw. deren Benutzung als Vehikel gegen mich. [...] In ›Bild‹ vom 12.2.74 stand ein hundsgemeiner Artikel über die Kinder – als Schlußsatz, daß Raimunds Wohnung nur 600 Meter Luftlinie vom BDI Gebäude entfernt liegt (in dem eine Bombe hochging). Diese Zeile erforderte Rache!«[58]

Die 27-jährige Katharina Blum lernt am 20. Februar 1974, am Abend von Weiberfastnacht, auf einer Party einen jungen Mann kennen. Ludwig Götten ist Bundeswehrdeserteur, der den Regimentssafe ausgeraubt hat und zu diesem Zeitpunkt schon von der Polizei observiert wird. Er wird verdächtigt, einen Mord und einen Bankraub begangen zu haben, wurde aber noch nicht verhaftet, da die Polizei vermutet, er stehe mit Anarchisten in Verbindung. Diese Verdächtigungen erweisen sich im Verlauf der Erzählung als unbegründet. Katharina und Ludwig verlieben sich spontan ineinander und verbringen die Nacht in Katharinas Wohnung, die am nächsten Morgen von der Polizei gestürmt wird. Ludwig hat sich aber bereits mit Hilfe Katharinas durch das Belüftungssystem des Gebäudes entfernt und versteckt sich in einem abgelegenen Haus. Katharina wird zum Verhör abgeführt und gerät von da an in die Schlagzeilen der ZEITUNG und der SONNTAGSZEITUNG, die sich des Falles annehmen. Die Kampagne der ZEITUNG gegen Katharina erreicht ihren Höhepunkt, als ihre Mutter, die nach einer Operation auf der Intensivstation eines Krankenhauses liegt, stirbt. Von der ZEITUNG wird die Schuld daran Katharina zugeschrieben, weil die Kranke angeblich »den Schock über die Aktivitäten der Tochter nicht überlebte«. Da einer der Reporter, Werner Tötges, behauptet, bei Katharinas Mutter gewesen zu sein und Katharina diesen Besuch als Ursache für den Tod ansieht, bestellt sie Tötges zu einem Exklusiv-Interview zu sich und erschießt ihn. Auf diese Weise stellt sie für sich ihre Ehre wieder her.

Böll und sein Verlag rechneten nach dem Erscheinen von *Die verlorene Ehre der Katharina Blum* mit einer einstweiligen Verfügung des Springer-Konzerns, der nach geltendem Recht eine Streichung des Hinweises auf die *Bild*-Zeitung hätte erreichen können. Eine solche Klage erfolgte zwar nicht, der Konflikt schwelte jedoch weiter.

Ungeachtet der Springer-Kampagne hatte Joseph Beuys am 21. Februar 1974 im Namen des ein Jahr zuvor gegründeten Vereins »Freie Internationale Hochschule für Kreativität« in Düsseldorf zu einer Pressekonferenz in der Düsseldorfer Kunstakademie eingeladen. Vorgestellt wurde die von Beuys initiierte Hochschule, zu deren Kollegium auch Heinrich Böll gehören sollte. Das Kollegium bewegte die Frage nach Gegenwart und Zukunft einer Gesellschaft, die die Potenziale von Kreativität, Fantasie und Intelligenz in allen ihren Gestaltungsfeldern – Recht, Politik, Wirtschaft und Wissenschaft – unausgeschöpft lässt, ihnen nicht zur Artikulation verhilft und so die Entdeckung der »›Kreativität des Demokratischen‹ unterbleibt und aufs »bloße Delegieren von Entscheidung und Macht reduziert«.[59] Böll erklärte auf der Pressekonferenz, dass er an der Initiative gerne als Dozent für »Wörtlichkeitslehre« tätig werden würde, diesen Programmteil hatte er in den von Beuys vorgestellten Lehrplan eingebracht. Gemeint war damit der Versuch, das Vokabular bestimmter Gesellschaftsbereiche zu vergleichen bzw. auf Artikulationsdifferenzen hinzuweisen sowie Artikulationshilfen vor Gericht als Gutachter für ›Wörtlichkeit‹ anzubieten. Auch könne er sich vorstellen, einen »Lehrstuhl für Höflichkeit« zu etablieren.

Als Präsident des internationalen PEN leitete Böll die Tagung im jugoslawischen Ohrid vom 17. bis 23. Mai 1974. Im Rahmen der Tagung wurde ein Treffen mit Staatschef Tito auf dessen Landsitz Karadjordjevo organisiert, um die Lage der in Jugoslawien inhaftierten Intellektuellen zu erörtern. »Tito sagte etwas vorwurfsvoll«, wie Per Wästberg, der spätere Präsident des internationalen PEN, festhielt, »Aber diese Schriftsteller kenne ich ja gar nicht«. Daraufhin antwortete Böll, dass dies wohl jeder Staatschef von den meisten Schriftstellern seines Landes sagen würde. »Um so weniger Grund«, so Böll, »sie einzusperren, wenn sie ganz unbekannt sind«.[60]

Am 9. November 1974 starb der inhaftierte Terrorist Holger Meins an den Folgen eines Hungerstreiks. Einen Tag später wurde in Berlin der Kammergerichtspräsident Günter von Drenkmann von Terroristen ermordet. Böll bezog gegen die Tat in einem Interview mit der *Frankfurter Rundschau* vom 14. November 1974 eindeutig Stellung und warnte vor den Folgen. Dem Bericht der ARD-Tagesschau am 21. November über den Staatsakt aus Anlass der Beisetzung von Drenkmanns folgte ein Beitrag des Chefkommentators Matthias Walden des Senders Freies Berlin, einem ständigen Mitarbeiter des Springer-Organs *Die Welt*. Walden, der in seinem Kommentar auf die Ursachen terroristischer Gewalttaten zu sprechen kam, bezichtigte namentlich Böll als denjenigen, der durch seine ›Sympathiebekundungen‹ für die Gewalttäter den »Boden der Gewalt gedüngt« habe. Zum Beleg zog er Zitate heran, in denen Böll den Rechtsstaat als »Misthaufen« bezeichnet und den Staat beschuldigt habe, Terroristen »in gnadenloser Jagd« zu verfolgen. Die in den Ausführungen weder textlich nachgewiesenen noch datierten Zitate hatte Walden verfälschend der von Böll am 24. September 1966 im Wuppertaler Schauspielhaus gehaltenen Rede »Die Freiheit der Kunst« entnommen, zum anderen Bölls Essay »Soviel Liebe auf einmal. Will Ulrike Meinhof Gnade oder freies Geleit?« sinnentstellend entlehnt.

Den Vorwurf, Böll habe den Staat als »Misthaufen« bezeichnet, hatte Walden allerdings bereits in einem nach Bölls Büchner-Preis-Rede publizierten Artikel über das, wie er schrieb, »neurotische Unbehagen«, das durch die Generationen ziehe, Böll schon seinerzeit fälschlicherweise zugeschrieben. »Heinrich Böll bezeichnete den Staat der Bundesrepublik als einen Misthaufen. Andere Repräsentanten deutscher Gegenwartsliteratur nannten den Tod des Studenten Ohnesorg einen politischen Mord, der von den Regierenden mutwillig verschuldet wurde.«[61] Böll hatte vom Tod Ohnesorgs als Fall eines »öffentlichen Mordes durch die Staatsgewalt« gesprochen. Der Ausdruck »Misthaufen« schien sich bei Matthias Walden unlöslich mit Böll verbunden zu haben. In einem Rückblick aus dem Jahr 1984 sagte Böll dazu: »Was ich nicht einfach und klaglos über mich ergehen lassen wollte, war die Tatsache, daß hier in einem Medium öffentlich-rechtlicher Art von einem Springer-Journalisten Springer-Rache an mir vollzogen wurde; immer noch bin ich davon überzeugt, daß da geplant, gezielt in die *Bildlichkeit* der Berichterstattung hinein – und das war das Entscheidende – als einziger Name mein Name ›gepflanzt‹ wurde, der ja nicht nur mein Name, auch der meiner Familie ist.«[62] An Reinhold Neven Du Mont schrieb Böll am 22. November 1974: »[W]enn Sie den Kommentar von Herrn Walden nur *lesen*, werden Sie das Ausmaß der Denunziation nicht ermessen können. Das muß man buchstäblich *gesehen* haben: die Trauerfeier für Herrn von Drenkmann, dann der Kommentar, in dem mein Name als einziger fiel, mit dem Uralt-Zitat aus dem Jahre 1966.« Böll schlug vor, ein Schmerzensgeld einzuklagen in Höhe von einer Million und auf einen Widerruf zu verzichten. »Ich glaube, lieber Herr Neven, wir müssen diesmal wirklich ›zuschlagen‹, gegen den SFB: die Sender sollen einen Schrecken bekommen über ihre Kommentatoren.«[63]

Da für Böll der SFB, repräsentiert durch dessen Intendant Barsig, für die Tatsache, den Inhalt und die Folgen des Kommentars einzustehen hatte, schickte Bölls Kanzlei einen Abmahnbrief an den Sender mit Frist 4. Dezember und einer Schmerzensgeldforderung in Höhe von 100.000 DM. Dem Kommentar folgte ein jahrelanger Rechtsstreit. Die vor der 28. Zivilkammer am 26. Februar 1975 mit eigenem Vortrag Bölls verhandelte Klage wurde laut Urteil vom 26. März 1975 jedoch zurückgewiesen. Bei der mündlichen Verhandlung benannte Böll die Gründe seiner Klage: »[E]s besteht für mich nicht einmal die Andeutung eines Zweifels, daß die Nennung meines Namens in diesem Kommentar eine exakt geplante und exakt mit den Mitteln der Tatsachenfälschung ausgeführte Schmähung war.«[64] Darüber hinaus seien die verwendeten Zitate weder datiert noch platziert sowie die auf den Rechtsstaat bezogene Bezeichnung »Misthaufen« eine glatte Fälschung.[65]

Gut zwei Wochen nach Matthias Waldens Fernsehkommentar reiste Böll, begleitet von Annemarie und René, nach Berlin zum Festakt der Verleihung der Carl-von-Ossietzky-Medaille der Liga für Menschenrechte. Die im August bekannt gegebene Übergabe sollte am 8. Dezember stattfinden, zusammen mit der Vergabe des Preises an Helmut Gollwitzer für das Jahr 1973. Nachdem Klaus Schütz, SPD, als Regierender Oberbürgermeister Berlins zu einem Empfang eingeladen hatte, wandte sich Heinrich Lummer, CDU-Fraktionsvorsitzender im Berliner Senat, am 2. Dezember 1974 brieflich an

Schütz und erklärte die Absage der Teilnahme der CDU. Bereits zwei Tage später erfuhr die Öffentlichkeit nicht nur die Nachricht vom Boykott durch die CDU, sondern es wurden auch Auszüge aus Lummers Brief bekannt, in dem er Böll und Gollwitzer als Repräsentanten derjenigen bezeichnete, die »zu jenen gehörten, ›die in unserem Land die Saat der Gewalt gepflegt und kultiviert haben, die jetzt ihre erschreckenden Blüten treibt‹«.[66] Böll reichte eine einstweilige Verfügung gegen Lummer ein, scheiterte aber, da sich das Landgericht auf die Berliner Verfassung berief, die einem »Abgeordneten Straffreiheit für Äußerungen garantierte, die er als Parlamentarier macht. Lummer erklärte gegenüber der Berliner Morgenpost, er halte seine Behauptung aufrecht. ›Wenn jemand die staatliche Autorität, die allein den Terror bekämpfen kann, so nachhaltig wie Böll untergräbt, trägt er mittelbar dazu bei, daß die Saat der Gewalt aufgeht.‹«[67]

In seiner Eröffnungsrede schnitt Klaus Schütz gleichfalls das Thema Terrorismus an. Zum einen warnte er vor dessen »falscher Beurteilung«. In Terroristen seien keine Freiheitskämpfer zu sehen, sondern Mörder und Gewalttäter, die die »Menschenrechte und Grundrechte mit Füßen« treten würden. Zum anderen stellte er – zweifelsohne auf Böll und Gollwitzer gemünzt – die Frage, ob sich mancher nicht selbst fragen müsse, inwiefern er durch sein Verhalten, durch Opportunismus oder »sogar durch Sympathie-Erklärungen oder durch mißverständliche Bekundungen Beihilfe im weitesten Sinne dieses Wortes geleistet« habe bzw. alles dafür getan habe, um »labile und zum Haltlosen neigende junge Menschen« abzuhalten und sie an ihre »Verantwortung in dieser Gesellschaft« zu erinnern. »Dieser Rechtsstaat«, so Schütz, und das war direkt an Böll adressiert, sei »kein verfaulender Rest von Macht, sondern eine freiheitliche Grundordnung, die sich […] bisher als stark und widerstandsfähig erwiesen« habe.[68] Böll reagierte noch während des Empfangs empört und warf Schütz vor, zu denunzieren. Den Eklat nutzte Peter Boenisch in der *Bild* zu einem weiteren diffamierenden Ausfall gegenüber Böll, indem er ihn als »Heinrich-mir-graut-vor-dir«, der alles wisse, könne und über alles rede, apostrophierte und als politischen Hysteriker bezeichnete. »Wird seine politische Hyste-

Heinrich Böll, Oktober 1982

rie immer wieder junge Leute anstecken? Wird sein politischer Verfolgungswahn zum Alibi für ihre Wahnideen?«.[69] Boenischs *Bild*-Kolumne erschien einen Tag, nachdem Heinrich und René Böll nach Israel zur 39. Tagung des internationalen PEN aufgebrochen waren, auf dem Böll am 16. Dezember seine Eröffnungsrede »Ich bin Deutscher« hielt.

Böll bezeichnete in seiner Rede das 20. Jahrhundert als »Jahrhundert der Vertriebenen und Gefangenen« und äußerte bezogen auf den israelisch-palästinensischen Konflikt, »daß der, der die Vertreibung und die Angst vor ihr kennt, in den grausamen Zwang« gerate, andere auf der »Suche nach einer neuen Heimat« vertreibe und diese damit in jenen Zustand versetze, dem er gerade entgangen sei«.[70] Dies hatte verärgerte Reaktionen zur Folge. Der an Böll gerichtete Vorwurf zielte auf eine in dieser Aussage versteckte Kritik an der israelischen Siedlungspolitik. In einem offenen Brief kritisierte Erich Gottgetreu, Redakteur der *Israel-Nachrichten*, dass Bölls Diktum, »Völkerwanderung [sei] immer auch Völkerverdrängung«, die Frage der »zionistischen Schuld oder Unschuld an dem bisher ungelösten arabisch-palästinensischen Flüchtlingsproblem« impliziere.[71] Am 7. Februar 1975 erschien in den *Israel-Nachrichten* Heinrich Bölls Antwort. »Ich würde mir nie anmaßen, Konflikte und Spannungen, die im Lande selbst, in Israel ausgesprochen und ausgetragen werden, als Ausländer an- oder auszusprechen. Das gleiche gilt für die arabischen Länder; ich wünschte mir nur, daß es auch dort dieses von Ihnen angesprochene ›Leiden‹ an den Umständen gäbe und eine ›Literatur des schlechten Gewissens‹«.[72] Heinrich Böll bat Erich Gottgetreu, eine weitere Korrespondenz nicht in einem Organ der Springer-Presse zu veröffentlichen.

1975 publizierte der konservative Soziologe Helmut Schelsky seine einflussreiche Studie *Die Arbeit tun die anderen. Klassenkampf und Priesterherrschaft der Intellektuellen*, in der er dem Kampf um »den in der Geschichte Europas uralten Widerstreit von weltlicher und geistlicher Herrschaft in einem modernen Gewande« nachging und dessen Neuauflage er in der Studentenbewegung auszumachen glaubte. Schelsky diagnostizierte in der von ihm kritisch gesehenen Herrschaft der Intellektuellen die Gefahr der Entstehung einer neuen »Heilsreligion«. Am 9. Februar 1975 veröffentlichte die *Welt am Sonntag* unter dem Titel »Die Demaskierung des Heinrich Böll« Auszüge aus der Streitschrift. Für Schelsky stand Heinrich Böll beispielhaft für den in seinem Sinne neuen Intellektuellen-Typus; entsprechend porträtierte er ihn als machtbewussten »Kardinal« einer moralistischen Gesellschaftsopposition, die »ein emotionales, parteiliches und unklares Verhältnis zur Gewalt« definiere. Böll sei sowohl in seiner »›Herrscher‹-Attitüde« wie auch in seinem »missionarischen Leidensdrang« die »repräsentative Figur« schlechthin, sodass man ihn »als Kardinal und Märtyrer zugleich in der Gemeindebildung der neuen sozialen Heilsbewegung« bezeichnen könne. Schelskys Porträt von Böll als intellektuellem Hohepriester war indes nicht nur eine personalisiert zugespitzte konservative Intellektuellenkritik, sondern er griff Böll darüber hinaus persönlich an, indem er ihm sowohl »Publizitätshunger« als auch ein »professionell-egoistisches Geltungsbedürfnis«[73] unterstellte, das Bölls Anti-Springer-Engagement begründe und letztlich seinen Anspruch auf das Meinungsmonopol zeige.

In einem biografisch wie werkgeschichtlich ausgreifenden Gespräch mit Christian Linder, das Anfang März 1975 geführt und unter dem Titel »Drei Tage im März« noch im gleichen Jahr publiziert wurde, griff Böll Schelskys Kritik auf. Er wandte sich dabei gegen die Art und Weise, wie ein Bild von ihm kreiert werde, das ihn in die Rolle einer politisch-moralischen Instanz dränge, die er für sich nie beansprucht habe. Insofern sei er Schelsky sogar in gewissem Sinne dankbar, denn er habe dieses Bild zerstört. Nur solle sich Schelsky »gleichzeitig überlegen, wie solche Bilder entstehen« würden bzw. wie ein »Mensch, der eigentlich nur ein Schriftsteller« sei, in eine solche »Rolle gedrängt werden kann« oder »aufgefordert« werde, sie zu übernehmen. »Ich habe sie nicht übernehmen wollen. Mein Fehler mag sein, dass ich mich nicht in die Rolle eines Kardinals und Märtyrers habe drängen lassen, aber in die Rolle desjenigen, der hin und wieder Zeitgeschehen kommentiert, und zwar auf seine Weise – und dann entstehen solche Instanzen.« Nicht er als Person müsse Schelsky beunruhigen, sondern der Umstand, dass es »zu dieser Entwicklung« gekommen sei, insofern ein oder mehrere Schriftsteller die ihnen zugesprochene Autorität nicht einfach hingenommen hätten. »Da ist also etwas leer oder hat sich entleert. Da wird Autorität oder Einfluss von anderen nicht ausgeübt. Und diese Autorität wird dann einfach fast automatisch auf diese paar Leute übertragen, die sich hin und wieder zu Problemen äußern.« Der zur Aufmerksamkeit eigentlich aufrufende Punkt sei letztlich der, »dass relativ unzuverlässige Kräfte wie Schriftsteller, wie Intellektuelle überhaupt an die Stelle moralischer Autoritäten gelangt sind. Das ist doch das Interessante.«[74]

Im Jahr 1975 war Böll ein weiteres Mal Gesprächspartner eines gleichfalls Biografie wie Werk umfassenden Dialogs. Initiiert und geführt von René Wintzen, den Böll bereits anlässlich der ersten deutsch-französischen Schriftstellertreffen in den 1950er-Jahren kennengelernt hatte, entstand an drei über das Jahr verteilten Treffen, das letzte im November, die wohl umfassendste Selbstauskunft Heinrich Bölls. Auch wenn er zwei Jahre später in einem Schreiben an den amerikanischen Germanisten Robert C. Conard gegenüber der Vorbereitung und dem Gesprächsverlauf Vorbehalte zum Ausdruck brachte. »Leider war der Interviewer nicht sehr sensibel, auch wenig informiert, und es kam zuviel über das deutsch-französische Verhältnis hinein, dessen politische und geschichtliche Dimension mir natürlich klar ist, das aber für mich als Person – als westdeutscher Katholik – nie problematisch war«.[75]

Neben diesen beiden großen Werkstattgesprächen, die ein Novum in der Werkbiografie Bölls bildeten, erhielt das Jahr 1975 auch in anderer Hinsicht einen besonderen Akzent. Gleich drei Filmproduktionen wurden auf der Grundlage von Bölls literarischer Arbeit begonnen: *Die verlorene Ehre der Katharina Blum*, *Gruppenbild mit Dame* und *Ansichten eines Clowns.*

Gefördert durch den Westdeutschen Rundfunk konnten Volker Schlöndorff und Margarethe von Trotta im Februar 1975 die Dreharbeiten zu *Die verlorene Ehre der Katharina Blum* aufnehmen. Seinen Anfang hatte das Projekt im Herbst 1974 genommen, nachdem die Bemühungen, *Gruppenbild mit Dame* zu verfilmen, aus finanziellen Gründen unterblieben. Böll sendete Schlöndorff ein handkorrigiertes Fahnenexemplar der Erzählung und schrieb in einem beiliegenden Brief: »Lieber Schlöndorff, lesen Sie das mal. Das könnte etwas für Sie sein. Machbar und auch nicht so teuer wie Gruppenbild …«[76] Am Drehort Köln diente vor allem das Uni-Center in Köln-Sülz durch seine anonymen Hochhauswohnblocks als Kulisse, vor der Angela Winkler als Katharina Blum und Mario Adorf als Kommissar Beizmenne agierten. Als offizieller Beitrag der Bundesrepublik Deutschland wurde der Film bei den Filmfestspielen in San Sebastian im August 1975 uraufgeführt; gleichzeitig mit der Frankfurter Buchmesse startete der Film am 10. Oktober 1975 in neun Kinos. Unter der Regie von Vojtech Jasny begannen im gleichen Jahr die Dreharbeiten zu *Ansichten eines Clowns.* Seit 1971 hatten Jasny und Böll, immer wieder durch andere Projekte unterbrochen, am

Heinrich Böll, Rheinpromenade Köln, 1971

Drehbuch gearbeitet. Als Jasnys Verfilmung dann mit Helmut Griem als Hans Schnier und Hanna Schygulla als Marie Derkum am 14. Januar 1976 in den Kinos startete, konnte er den Erfolg, den Schlöndorff mit der »Katharina«-Verfilmung erzielt hatte, aber nicht erreichen.

Im Januar 1976 erklärten Annemarie und Heinrich Böll ihren Austritt aus der katholischen Kirche. Damit war für beide eine längere Diskussion abgeschlossen. Begonnen hatte sie seinerzeit am

Verhalten der Kirche im Fall Defregger. Hinzu kam, dass Böll schon seit Längerem die öffentliche Diskussion um die Kirchensteuer suchte, da er es als inakzeptabel empfand, die von ihm kritisierten politischen und gesellschaftlichen Einflussnahmen der Kirche durch die Entrichtung der Kirchensteuer zu unterstützen. Bereits im Dezember 1970 hatte er seinen Anwalt beauftragt, gegen die Kirchensteuerbescheide eine Verfassungsbeschwerde einzulegen. In Erwartung der Entscheidung des Bundesverfassungsgerichts wurde daraufhin eine vom Generalvikariat Köln angedrohte Pfändung zunächst ausgesetzt. Laut Urteilsspruch des Karlsruher Gerichts im April 1971 unterlag Böll, da ein grundgesetzwidriger Zwang nicht vorliege, weil ein Kirchenaustritt jederzeit die Möglichkeit biete, sich der Zahlung zu entheben. Da Böll nicht austreten wollte, aber auch nicht zahlte, erwirkte die Erzdiözese erneut einen Pfändungsantrag beim Finanzamt Köln. »Jetzt hat der Kölner Katholik erreicht, was er wollte«, so ein *Spiegel*-Kommentar. »Damit, meint Böll, könne er klarmachen, daß in der Kirche ›eine Art brutaler Zuhälter-Alternative gilt: zahlen oder raus. Und ich zeige den Leuten, daß man sich dagegen auch wehren kann‹«.[77] Am 6. Januar 1976 formulierten Annemarie und Heinrich Böll ihren am 9. Januar 1976 amtlich vollzogenen Austritt: »Wir erklären hiermit unseren Austritt aus der römisch-katholischen Kirche in ihrer Eigenschaft als Körperschaft des öffentlichen Rechts.«[78] Anders als zuvor die Auseinandersetzung um die Kirchensteuerzahlung wurde der Kirchenaustritt öffentlich. Böll erwähnte diesen Schritt erstmals in einem 1979 mit Werner Koch geführten Gespräch.

Ein Projekt, das Ende 1975 aufgenommen worden war, begleitete Böll bis in den Herbst 1976. Nach den beiden Verfilmungen im Vorjahr wurde ein weiterer Roman Grundlage einer Spielfilmproduktion: *Gruppenbild mit Dame*. Bis zum Beginn der Dreharbeiten in Berlin war Böll vor allem durch seine Mitwirkung an dem von Milo Dor übernommenen Drehbuch intensiv mit dem Projekt verbunden. Entsprechend bestimmten Treffen mit ihm und Aleksandar Petrovic als Regisseur des vom ZDF unterstützten Filmprojekts in Paris, Köln und Langenbroich seine Arbeit.

Im Juni 1976 kündigten sich außerdem die ersten Anzeichen des Wahlkampfes zur Bundestagwahl im Oktober an. Es war die erste Wahl nach Willy Brandts Rücktritt infolge der Guillaume-Affäre im Mai 1974 und der Übernahme der Kanzlerschaft durch Helmut Schmidt. Hatte die Wertschätzung von Brandts moralischer Integrität und die Überzeugungskraft seiner politischen Position Böll seinerzeit dazu bewogen, sich im Wahlkampf zu engagieren, war er diesmal nicht bereit, sich in gleicher Weise für Helmut Schmidt einzusetzen, was Schmidt durchaus registrierte. »Ein Teil der Brandt zugetanen Autoren und Publizisten« habe ihm, so Schmidt, die Ausrichtung auf ein pragmatisch-politisches Handeln angekreidet, »einige sogar mit Bitterkeit, darunter wohl auch Grass und Böll«.[79] Böll konzentrierte sich stattdessen auf die Wahlkampfstrategie der CDU/CSU und kontrastierte ihren Slogan »Freiheit oder Sozialismus« mit der Frage, für wen und wofür Freiheit hier gefordert und verteidigt werde. Diese Frage stand für ihn nicht nur im Kontext von Besitzstandsdenken, sondern auch im Kontext der Einschüchterung von Kritik als weiterhin wirksame Folge des Radikalenerlasses und der Gewalt gesellschaftlicher Herrschaftsmechanismen.

Im Spätsommer 1976 stellten Heinrich Böll, Günter Grass und Carola Stern sowie Tomas Kostas als Vertreter der Europäischen Verlagsanstalt und Heinrich Vormweg als Redakteur die Zeitschrift *L'76. Demokratie und Sozialismus* vor. Deren Vorbild war die nach dem Einmarsch der Warschauer-Pakt-Truppen in Prag 1968 eingestellte Zeitschrift des tschechoslowakischen Schriftstellerverbandes *Literární Listy*. Dem Projekt lag die Vorstellung eines Periodikums zugrunde, das einerseits der Diffamierung des demokratischen Sozialismus durch die Gleichsetzung mit dem Kommunismus in der DDR entgegenarbeitete und andererseits den Emigranten aus Osteuropa eine Publikationsmöglichkeit für ihre alternativen Perspektiven bot.

Wie wenig abstrakt die Rede über die Gewalt von Herrschaftsmechanismen war, wurde sichtbar, als Wolf Biermann nach einem Konzert in Köln am 13. November 1976 unter dem Vorwand, seine Auftritte im Westen hätten einer gegen die DDR gerichteten Propaganda Vorschub geleistet, aus der DDR ausgebürgert wurde. Am 19. November folgte eine Pressekonferenz im Kölner Hotel Mondial mit Wolf Biermann, Günter Wallraff, Reinhold Neven Du Mont und Heinrich Böll auf dem Podium. Im Anschluss an die Ausbürgerung wurde in Berlin das »Schutzkomitee für Sozialismus und Freiheit« mit dem Ziel gegründet, sich für die Sicherheit kritischer Bürger in der DDR einzusetzen. Zu den bekanntesten Mitgliedern des Schutzkomitees gehörten neben Heinrich Böll Max Frisch, Helmut Gollwitzer, Robert Jungk sowie Otto Schily als Rechtsanwalt. Das Komitee bemühte sich um diejenigen Schriftsteller und Intellektuellen, die sich mit Biermann nach dessen Ausbürgerung solidarisch erklärt hatten und infolge dessen Repressalien ausgesetzt waren – bis hin zu Verhaftungen wie im Fall des Schriftstellers Jürgen Fuchs oder zum Hausarrest wie bei Robert Havemann.

Den Abschluss des Jahres bildete ein längeres Gespräch mit Heinrich Vormweg zum Thema »Wie sollen wir überhaupt leben?«. Unmittelbar darauf reiste das Ehepaar Böll in die Schweiz und blieb dort bis zum 30. August 1977. Böll musste seine Diabetes-Erkrankung erneut klinisch behandeln lassen. Nach einem vierwöchigen Aufenthalt Bölls in der Arlesheimer Lukas-Klinik mieteten sie sich in den Ortschaften Bärenwil und Langenbruck ein.

Wie wenig die staatlichen Beschlüsse in der Bekämpfung des Terrorismus fruchteten und tatsächlich Sicherheit boten, erwies sich 1977, als trotz aller Maßnahmen im April Generalbundesanwalt Siegfried Buback und sein Fahrer Wolfgang Göbel sowie im Juli der Vorstandsvorsitzende der Dresdner Bank Jürgen Ponto erschossen wurden. Hanns Martin Schleyer, Präsident des Bundesverbandes der Deutschen Arbeitgeberverbände, wurde am 5. September 1977 in Köln entführt, vier seiner Begleiter starben dabei. Schleyers Entführung sollte vor allem der Befreiung der im April 1977 wegen vierfachen Mordes zu lebenslanger Freiheitsstrafe verurteilten Terroristen Andreas Baader, Gudrun Ensslin und Jan-Carl Raspe dienen. Die unmittelbar nach der Entführung Schleyers vehement einsetzende öffentliche Auseinandersetzung mit dem Thema Terrorismus führte zu innenpolitischen Verwerfungen. Da half auch nicht, dass auf Bitten der Landesregierung von Baden-Württemberg Pfarrer Heinrich Albertz, Heinrich Böll, der Theologe Helmut Gollwitzer und Bischof Kurt Scharf einen vielfach abgedruckten Aufruf an die Entführer richteten: »Wir appellieren an die Entführer von Hanns Martin Schleyer: Seien Sie sich klar, daß weiteres Töten alles vernichtet, was Sie erreichen wollen, und unabsehbare Folgen für unser ganzes Land haben wird, auch für Ihre Freunde in den Gefängnissen! Lassen Sie Menschlichkeit über Ihre Planung siegen und geben Sie das mörderische Tauschgeschäft von Menschenleben gegen Menschenleben auf!«[80] Dieser Appell führte zu höhnischen Kommentaren wie dem des CSU-Abgeordneten Carl-Dieter Spranger: Wenn eine Woche nach der Schleyer-Entführung Wegbereiter des Terrorismus »wie Böll, Gollwitzer und andere« die Terroristen um Ruhe bäten, müsse man feststellen, dass »auch diese Herren, ohne deren Reden und Handeln die Bedrohung des Terrorismus von heute nicht denkbar wäre«,[81] nichts hinzugelernt hätten.

Zu der von Spranger angeschlagenen Tonlage passte, dass der Ruf nach der Todesstrafe wieder laut und in Teilen der rechten Presse die Aussetzung der Grundrechte für die Sympathisanten gefordert wurde. Dabei schlug der Pegel der Diffamierungen Bölls und die damit erzeugte Stimmung so weit aus, dass in Würzburg eine Aufführung der Theaterfassung von *Die verlorene Ehre der Katharina Blum* verschoben werden musste und an einer Münchener Schule die Lektüre der Erzählung abgebrochen wurde. In einem Bericht der *Zeit* über die Entführung Schleyers wurden Schaulustige am Tatort zitiert: »›Kopf ab‹ – ›Die Polizisten sollten mal beim Böll nachsehen, die sitzen da und trinken zusammen Kaffee‹«.[82]

Günter Grass stellte sich vor Böll und sprach von einer »Hexenjagd« gegen Intellektuelle und Männer der Kirche. »Ich halte es für eine Schande, daß ein Mann wie Böll, ein Nobelpreisträger, in der aktuellen Situation nicht den Schutz des Bundespräsidenten erfährt«.[83] Zudem wurden ständig, unter anderem in der *Welt* und der *Bild*-Zeitung, Distanzierungen der »Sympathisanten« von den Verbrechen der Terroristen gefordert. Böll bezog in einem Fernsehgespräch mit Klaus Bresser eindeutig Stellung: »Ich brauche mich nicht von Terror und Mord zu distanzieren, weil ich mich nie damit identifiziert habe. Dieses unsinnige Ansinnen, ›jetzt muß er sich aber distanzieren‹, ist ja schon eine Erscheinungsform der Perversität. [...] Wer auch nur fünf Zeilen außer diesen zehn Zeilen, die immer wieder zitiert werden, von mir gelesen hat, wird mir nicht unterstellen, daß ich je Mord und Terror und ähnliche Dinge auch nur andeutungsweise gebilligt habe.«[84]

In der Situation halfen auch demonstrative öffentliche Treffen wie das von Willy Brandt mit Böll am 13. September 1977 und andere Solidaritätsbekundungen nichts – in dieser Stimmung wurde jeder differenzierte Gedankengang in eine Unterstützung der Terroristen umgedeutet, und der Verdacht, mögliche Unterstützer von Verbrechern zu sein, erneut auf die Familie Böll ausgedehnt – eine Form von Sippenhaftung wurde Praxis. So am 27. September 1977, als durch einen Anruf der Polizei mitgeteilt wurde, dass am Martin-Luther-Platz in der Kölner Südstadt drei Männer beobachtet worden seien, die Langwaffen bei sich trügen. Sofort wurde ein Gebäudekomplex mit zahlreichen leerstehenden Wohnungen umstellt, in dem sich auch die Wohnung und das Atelier von René Böll und seiner zu dieser Zeit schwangeren Frau Carmen-Alicia befanden. Über die Art der Durchsuchung des Gebäudes wurde widersprüchlich berichtet. Böll schrieb später an seinen Anwalt:

> »[E]s kam zu jener schon fast lebensgefährlichen Stimmung nach der Schleyer-Entführung, in der sich Handwerker weigerten, unseren defekten Badezimmer-Boiler zu reparieren, in der meine Sekretärin auf das übelste angepöbelt wurde, in der schließlich auf den anonymen Anruf eine Hausdurchsuchung stattfand; obs 35 oder nur, wie zugegeben 18 Polizisten waren, ist uninteressant jedenfalls standen Scharfschützen auf den Dächern der umliegenden Häuser und es wurde ›nicht‹, wie polizeiamtlich später behauptet und vom Polizeipräsidenten und Landesinnenminister ›bestätigt‹ – es wurde ›nicht‹ ein Häuserblock, sondern ein Gebäudekomplex – Vorderes erstes und zweites Hinterhaus – durchsucht, und es wurde in diesem leerstehenden Komplex ›nur‹ die Wohnung meines Sohnes durchsucht, ein Atelier im Obergeschoß, eine Tischlerwerkstatt im Erdgeschoß in denen sich je 50 Terroristen leicht hätten versteckt halten können, wurden ›gar nicht‹ betreten; erst Wochen später

> erfuhr ich, daß man wenige Tage später unser Haus in einem Kölner Vorort durchsucht hat, in dem wir seit 8 Jahren nicht mehr wohnten, und es kam dann jene Hetzwelle, während derer u.a. Gäste sich bei einem Wirt darüber beklagten, daß er uns überhaupt bediene – und das in unserer Nachbarschaft auf dem Lande. Ich habe das in einem anderen Zusammenhang ›zerstörte Nachbarschaft‹ genannt«.[85]

Die Angriffe auf Böll riefen – wie bereits 1972 – eine Welle von Solidaritätsbekundungen hervor. Im *Berliner Tagesspiegel* sowie einen Monat später im *Hamburger Abendblatt* erschien unter der Überschrift »Lehrer wenden sich an die Öffentlichkeit« eine halbseitige Anzeige mit annähernd 1.000 Unterschriften als Ausdruck der Verbundenheit mit den angegriffen Intellektuellen insgesamt. »Wir wenden uns, vor allem aus unserer Verantwortung als Lehrer und Erzieher der jüngeren Generation, gegen alle Versuche, diejenigen in die geistige Nähe des Terrorismus zu rücken, die in Wort und Schrift sich das Recht auf Kritik nicht nehmen lassen, die sich für die Freiheit des Andersdenkenden einsetzen. Jede Literatur muß verkümmern, wenn sie dieses fundamentalen Rechts nicht mehr gewiß sein kann.«[86]

Als sich in den folgenden Verhandlungen zwischen den Schleyer-Entführern und dem Bundeskabinett zeigte, dass die Regierung sich nicht auf die Forderungen der Erpresser einlassen werde, wurde am 13. Oktober die deutsche Lufthansamaschine ›Landshut‹ auf dem Rückflug von Palma de Mallorca von vier arabischen Terroristen entführt. Als die Maschine am 18. Oktober in Mogadischu/Somalia von einer Einheit des Bundesgrenzschutzes (GSG 9) gestürmt wurde und die Geiseln befreit werden konnten, nahmen sich wenige Stunden später Andreas Baader, Jan-Carl Raspe und Gudrun Ensslin in ihren Zellen in Stuttgart-Stammheim das Leben. Einen Tag später wurde Hanns Martin Schleyer erschossen im Kofferraum eines Autos im Elsass aufgefunden. Am gleichen Tag beschloss das Bundeskabinett, bis 1981 zusätzlich 870 Millionen DM für die Bekämpfung des Terrorismus aufzuwenden.

Zwei Tage vor der Erstürmung der ›Landshut‹-Maschine hatte Helmut Schmidt Heinrich Böll, Max Frisch, Siegfried Lenz und

Siegfried Unseld zu einem Meinungsaustausch über die durch den Terrorismus und die terroristischen Gewaltakte entstandene Situation ins Bundeskanzleramt eingeladen. Im Mittelpunkt des Gesprächs habe, wie der damalige Bundesminister für Arbeit und Soziales, Herbert Ehrenberg, in Gesprächsnotizen festhielt, vonseiten der Schriftsteller vor allem die »große Besorgnis [...] vor einem ›geistigen‹ Rechtsruck der deutschen Bürger« gestanden. Insbesondere habe sich Böll »von boykottähnlicher Feindschaft einfacher Bürger, seiner Nachbarn, umgeben« gefühlt und die »Ausbreitung dieser Tendenzen« befürchtet. Demgegenüber billigten alle Teilnehmer »die Haltung der Bundesregierung in den Entführungsfällen und bekundeten Dankbarkeit für das Eintreten des Bundeskanzlers für kritische Offenheit gegenüber dem Staat«. Ehrenberg vermerkte abschließend, der Kanzler möge in seinen kommenden Reden deutlich machen, »dass auch die Kritiker dieses Staates wissen müssen, dass entgegen altliberalen Vorstellungen zur Zeit nicht der Schutz des Bürgers vor staatlichen Übergriffen im Vordergrund stehe, sondern die Aufgabe des Staates, die Bürger vor den Rechtsbrüchen einzelner Bürger zu schützen«.[87]

Am 21. Dezember 1977 wurde Böll sechzig Jahre alt. Mit den Feiern erreichte auch die Solidarisierung ihren Höhepunkt: Der Rat der Stadt Köln richtete einen großen Empfang aus, den Böll als besonderes Zeichen der Verbundenheit verstand. Zudem erschienen die ersten fünf Bände der Werkausgabe, *Romane und Erzählungen*, im Verlag Kiepenheuer & Witsch. Das folgende Jahr wurde für Böll, wie für viele andere Betroffene der zurückliegenden Hetzkampagne, thematisch durch die Aufarbeitung des »Deutschen Herbstes« bestimmt. Er beteiligte sich zunächst an Diskussionen wie »Die Bundesrepublik Deutschland: Ideale Demokratie oder Polizeistaat?«, verfasste Essays und begann das Thema auch literarisch zu bearbeiten. Noch im Herbst 1977 hatten sich verschiedene Filmemacher (Rainer Werner Fassbinder, Alexander Kluge, Volker Schlöndorff u. a.) an die Realisierung eines Filmprojekts mit dem Titel *Deutschland im Herbst* begeben. Böll schrieb eine Szene in Anlehnung an die verschobene Theateraufführung von *Die verlorene Ehre der Katha-*

rina Blum in Würzburg, die Volker Schlöndorff filmisch umsetzte: *Die verschobene Antigone.* Damit griff er die Selbstzensur auf, die sich bei den öffentlich-rechtlichen Medien unter dem Eindruck der Entführung Schleyers und der allgemeinen Stimmung breitgemacht hatte. In einem Fernsehstudio sitzt eine Filmkommission aus staatlichen und kirchlichen Vertretern, die eine Neuinszenierung der (klassischen) *Antigone* des Sophokles genehmigen soll. Der Stoff erscheint aber zu aktuell, und die Ausstrahlung wird auf unbestimmte Zeit verschoben. Die Szene endet mit der Bemerkung eines der Kommissionsmitglieder an den Regisseur: »Ich möchte noch hinzufügen, daß es eine sehr gute Inszenierung ist, sehr gut – nur nicht der rechte Zeitpunkt sie zu senden.«[88]

Im März 1978 publizierte die Münchener *TZ* Antworten auf eine von ihr durchgeführte Autorenumfrage »Sechs prominente Autoren haben große Pläne«. Böll wies in seiner Antwort auf ein neues Buchprojekt hin – eine erste konkrete Äußerung zum Roman *Fürsorgliche Belagerung*, der im Herbst 1979 erschien. Zum Thema seines von der Kritik überwiegend ablehnend aufgenommenen Romans äußerte er sich aufschlussreich in einem Gespräch »Über Phantasie« mit dem Schriftstellerkollegen und Freund Siegfried Lenz 1982:

> »In dem einen Roman, den du erwähnt hast *[Fürsorgliche Belagerung]*, war für mich Sicherheit – innere Sicherheit, äußere Sicherheit, physische Sicherheit, metaphysische Sicherheit das Thema. Das hat mich einfach beschäftigt, und ich habe es an verschiedenen Gruppen der Gesellschaft, die miteinander verflochten sind, darzustellen versucht. Ich weiß nicht, ob es geglückt ist. Bewachte, Überwachte, Bewacher, Sicherheitsgeschädigte. Leute, die Nachbarn der Opfer dieser ganzen Sicherheitsmaßnahmen sind. Das war eine abstrakte Vorstellung, klar: Sicherheit, und dann die vier von Sicherheit betroffenen Gruppen. Das wollte ich vermitteln. Aber nicht im Sinne eines moralischen Appells, sondern nur im Sinne des Aufmerksam-Machens auf die Gefahr eines totalen Sicherheitsdenkens. Wobei ich überzeugt bin, ziemlich überzeugt, nicht ganz, daß es keine Sicherheit gibt.«[89]

Unter den verschiedenen Auswirkungen von Sicherheitsmaßnahmen wird das Personal der *Fürsorglichen Belagerung* »verstört« und

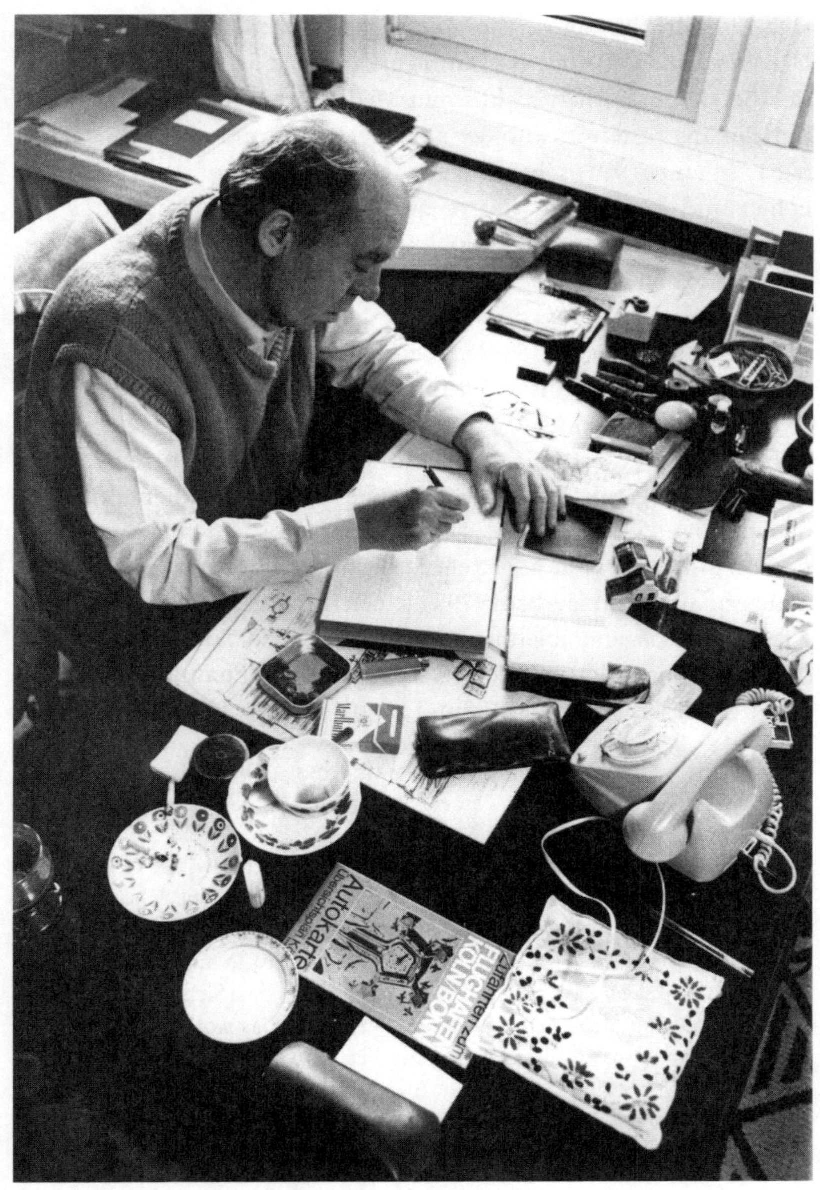

Heinrich Böll in Bornheim-Merten, 1983

gerät in einen Zustand, der für Heinrich Böll der Auflösung der Gesellschaft als »Gemeinschaft« gleichkommt. Sie geraten in »Angst« (eine Vokabel, die 107-mal im Roman verwendet wird). Zudem wirkt sich die Be- und Überwachung in der Zerstörung der Nachbarschaft aus. Das Ziel totaler Sicherheit verkehrt sich ins Gegenteil. Mit der Angst der Menschen wird ein vielfältiges Misstrauen Mitmenschen gegenüber geweckt, dessen Valenzen im Roman in der 104-fachen Verwendung des Adjektivs »nett« eingeholt werden. Das Adjektiv spiegelt die Verunsicherung auf der sprachlichen Ebene des Personals, denn »die Begriffe nett und Nettigkeit sagten nichts, nicht das geringste über das, wozu ein Mensch fähig sei«.[90]

Gerade die Verwendung des Wortes »nett« griffen Marcel Reich-Ranicki *(Frankfurter Allgemeine Zeitung)* und Wolfram Schütte *(Frankfurter Rundschau)* auf, um daran ihre den Roman und seinen Autor disqualifizierende Kritik festzumachen. Unter den Überschriften »Nette Kapitalisten und nette Terroristen« und »Lauter nette Menschen« monierten und werteten sie die »Sprachlosigkeit« des Romanpersonals als eine Ausdrucksschwäche Bölls. Die von ihm als unangemessen empfundene Kritik veranlasste Böll, in einer improvisierten Rede, die er auf dem Verlagsfest zum Erscheinen des Romans hielt, mit einem ironischen Seitenhieb auf den Hauptvorwurf zu reagieren: »Ein paar sehr nette Leute hier haben mich gebeten, ein paar Worte zu sagen. Wenn ich sage ›nett‹, dann meine ich natürlich wirklich nett, richtig nett, oder wie man heute sagt: echt nett.« Mit seinem Beitrag gab er eine kleine Sprachphilosophie in nuce, in der er über den bedeutungsdifferenzierenden Gebrauch und die sprachlichen Valenzen eines Wortes reflektierte, da »man wissen muß, was ein Wort möglicherweise für Ausdrucksvarianten hat. Und sich überlegen muß, daß etwas so Nichtssagendes wie ›nett‹ möglicherweise vielsagend wird.«[91]

Nachdem die Auseinandersetzungen um den Roman abgeklungen waren, reisten Annemarie und Heinrich Böll nach Ecuador, um sich dort mit ihren Söhnen und deren ecuadorianischen Frauen Carmen-Alicia Böll und Teresa Böll zu treffen, die zu Besuch bei ihren Familien waren. In Ecuador traten bei Böll allerdings massive gesundheitliche Schwierigkeiten auf: Der klimatische Wechsel verursachte Probleme in den durch die jahrelange Diabetes angegriffenen Gefäßen des rechten Beines. Sie konnten durch eine Operation vor Ort so weit behoben werden, dass Annemarie und Heinrich Böll am 12. Januar 1980 zurück nach Deutschland fliegen konnten.

8
Widerstand als Freiheitsrecht (1980–1985)

Krankheit · Widerstand in der Demokratie · Dialog mit den Erinnerungen · Der Ehrenbürger · Sympathie für die Grünen · Bild, Bonn, Boenisch · Frauen vor Flußlandschaft · *Tod Heinrich Bölls*

»Das Leben wird vorwärts gelebt, aber rückwärts verstanden.«
Sören Kierkegaard

Nach einem von schwierigen Umständen begleiteten Flug – Böll konnte nur liegend transportiert werden – trafen Annemarie und Heinrich Böll am 13. Januar 1980 wieder in Deutschland ein. Auf direktem Weg wurde Heinrich Böll vom Köln-Bonner Flughafen in die Aggertalklinik in Engelskirchen eingeliefert. Nach einem gut viermonatigen Aufenthalt – mit zwei Operationen am 18. Januar und 25. März – konnte er die Klinik am 5. Mai 1980 wieder verlassen. Nach wenigen Tagen in Köln zog sich das Ehepaar nach Langenbroich zurück. Es folgten abgeschiedene Wochen, in denen sich Böll von den physischen Folgen der operativen Eingriffe erholte. Auch seine durch die Amputation des rechten Vorfußes bedingten Gehschwierigkeiten minderten sich, sodass zum Ende des Jahres ein längerer Kuraufenthalt in Frankreich möglich schien. Da nach mehrfachen Kontrollbesuchen in der Aggertalklinik auch keine medizinischen Einwände bestanden, konnte die Reise am 26. November 1980 begonnen werden. Nach einem kurzen Besuch bei Raimund und seiner Frau Heidi im schweizerischen Hochwald erreichten Annemarie und Heinrich Böll am 2. Dezember Menton an der Côte d'Azur. Die Stadt war nicht nur ein Zufluchtsort vor den Wintermonaten in Langenbroich, sondern auch eine Art Befreiung aus der dort empfundenen Enge. Die Reise an die Côte d'Azur bedeutete einen Rückgewinn an physischer Mobilität, aber vor allem eine Auseinandersetzung mit den inneren Folgen der Krankheit. Erst Menton gewährleistete, was dazu notwendig war: Abstand vom täglich-allzutäglichen Gemenge erfreulicher und unerfreulicher Ereignisse. Zu den unerfreulichsten zählte dabei der durch einen angetrunkenen 19-Jährigen herbeigeführte Scheunenbrand auf dem Hofgelände in Langenbroich in der Nacht des 31. Juli 1980, der zwar rasch bemerkt und von der Feuerwehr gelöscht werden konnte, aber bis zur Feststellung des jugendlichen Täters neben dem Schrecken auch die Befürchtung eines Brandanschlags geweckt hatte. Der Besuch Helmut Schmidts hingegen am 11. August 1980, der sich gelegentlich seiner Rundfahrt durch das westfälische Braunkohlerevier bei Bölls angesagt hatte, zählte zu den erfreulichen Ereignissen. Ihm nachfolgend vielleicht auch der Wunsch Heinrich Vormwegs, Böll für ein Gespräch zum Thema Jugend nicht nur zu bewegen, sondern dieses am 17. Oktober 1980 auch mit ihm zu führen. Und schließlich die nach langwierigen Bemühungen von Marion Gräfin Dönhoff und Böll erreichte Bewilligung der sowjetischen Behörden, Lew Kopelew und Raissa Orlowa ein auf ein Jahr befristetes Ausreisevisum in die Bundesrepublik auszustellen. Lew Kopelew und Raissa Orlowa trafen am 12. November 1980 auf dem Köln-Bonner Flughafen ein, empfangen von René und Vincent Böll. Wie trügerisch die Freude war, stellte sich Ende Januar 1981 heraus, als dem Ehepaar über Bölls Sekretariat durch die sowjetische Botschaft ihre Ausbürgerung mitgeteilt wurde. Aber das war zu diesem Zeitpunkt noch Zukunft.

Was auch geschah – für Böll geschah es in einer als fremd erlebten und fremd bleibenden Wirklichkeit, der sich seine innerlich erlebte Wirklichkeit bis ins Physische hinein versagte. »Mühsam lerne ich wieder schreiben – im Sinne des ABC-Schützen, nicht des Autors – nach einem schlimmen, sehr schlimmen Jahr. […] Oft bin ich nahe der Resignation, noch näher der Verzagtheit.«[1] Wie bereits 1967 verweisen die kurz vor dem Jahreswechsel 1980/81 an Hartmut von Hentig gerichteten Zeilen darauf, wie eng für ihn physische Krisen und psychische Lähmung miteinander verflochten waren und als tiefer Einschnitt in alle Lebensäußerungen empfunden wurden. »[I]ch warte drauf«, so Böll seinerzeit an Jenny Aloni, »daß ich Leib, Seele und Geist wieder beisammen bekomme! Es sieht so aus, als müsste ich lange, lange drauf warten. [...] selbst das Schreiben als *manueller Vorgang* fällt mir noch schwer – ganz zu schweigen vom ›anderen‹ Schreiben.«[2] Auch jetzt, 1980, war für Böll der Weg aus der mit vielen Zweifeln behafteten Situation erst nach langwierigen Verzögerungen denkbar. »Ich denke, ich hoffe«, schrieb er Hentig, »in einem ½ Jahr wieder ›bei mir‹ zu sein – bin es noch nicht!«[3] Dass es bei aller Verzagtheit angesichts der gesundheitlichen Krise zu keinem völligen Stillstand der literarischen Produktivität kam und das Schreiben sogar zu ihrer Überwindung beitrug, verdankte sich dem Umstand einer kurz vor dem Brief an Hentig aufgenommenen Arbeit an *Was soll aus dem Jungen bloß werden? Oder: irgendwas mit Büchern*. Zu diesem Projekt hatte ihn ausgerechnet Marcel Reich-Ranicki angeregt. »[E]r rief mich an und fragte mich, ob ich nicht an der Serie ›Meine Schulzeit im Dritten Reich‹ mitarbeiten wolle; obwohl ich seit seinem letzten Verriss nichts mehr mit ihm zu tun haben wollte, sagte ich zu, weil mich das Thema reizte, auch, weil dieses Thema mich aus psychischen Tiefen und Untiefen nach meiner schweren Krankheit herauszuholen geeignet war. Tatsächlich hat mir diese Arbeit [...] sehr geholfen, sie hat mich befreit.«[4]

Abgesehen von einer für die Zeitschrift *L'80* übernommenen und über den August hin verfassten Besprechung der Aufsätze und Reden Axel Springers *Aus Sorge um Deutschland. Zeugnis eines engagierten Berliners*,[5] die Mitte 1980 jedoch nicht mehr als eine Episode der in Langenbroich verbrachten Wochen bildete und auch nicht den Wiedergewinn der literarischen Produktion im eigentlichen Sinne bedeutete, führte der den Erinnerungen an die Schulzeit der Jahre 1933 bis 1937 gewidmete Schreibprozess nicht nur zur Wiedererlangung der literarischen Produktivität. Auch der im Schreiben zurückgelegte Weg der Selbstvergewisserung trug dazu bei, jenes ›Bei-mir-Sein‹ wieder zu erreichen, das er als Ziel seines Denkens und Hoffens angedeutet hatte. »Ich habe in diesem Jahr viel Zeit gehabt, nicht nur nachzudenken, auch mich in meine Kindheit und Jugend zurück zu versenken, in dieses explosiv gemischte Milieu aus kleinbürgerlich – proletarisch – bohemien – diese 3 Elemente geraten immer wieder und immer noch in- und aneinander! Dazu das Religiöse und diese immerwährende Impfung mit Metaphysik!«[6] Damit waren die Lebenselemente und die Perspektiven benannt, die Bölls Verhältnis zur Realität und damit die Perspektiven seiner literarischen Arbeit von seiner inneren Wirklichkeit her bestimmten. Diese innere Wirklichkeit war für seine Unruhe ausschlaggebend, wenn sie auf Verhältnisse traf, die ihr ein Reglement überstülpen wollten.

Böll war, wie er Karl Korn schrieb, Reich-Ranicki für diese Anregung dankbar. Als er das Manuskript Reich-Ranicki zusandte und angesichts des für den Zeitungsdruck zu großen Umfangs selbst den Vorschlag machte, einen Textblock für die Publikation in der *Frankfurter Allgemeinen Zeitung* herauszunehmen, musste er nach der Drucklegung im April 1981 feststellen, dass Reich-Ranicki deutlich redaktionell eingegriffen hatte. Aus der Dankbarkeit wurde ein handfestes Zerwürfnis. »Kaum etwas – ganze Verrisswellen einbegriffen! – hat mich so mitgenommen wie diese Barbarei.«[7] Reich-Ranicki hatte auf mehreren Ebenen ohne Abstimmung in den Text eingegriffen, so beispielsweise von Böll gesetzte Anführungszeichen aufgehoben und damit die von ihm ursprünglich ausgezeichneten Wendungen als Ausdruck Bölls erscheinen lassen: »›[D]ekadente‹ Literatur – ›national zuverlässige Gelände‹, das sind keine Ausdrücke von mir, sondern Nazi-Zitate – und die Weglassung der Anführungszeichen grenzt schon an Fälschung.« Nahezu unerträglich jedoch war die Tilgung der auf Paul von Hindenburg bezogenen Passagen, zählte doch für Böll gerade Hindenburg mit zu den Hauptverantwortlichen für Hitlers Machtergreifung. »[E]s mag Ihrer Auffassung entsprechen, daß Sie Hindenburg für unwichtig halten: *meine* ist es nicht, und es ist schon mehr als eine bloße Manipulation, weil meine Ihrer Auffassung nicht entspricht, den Hindenburg herauszuoperieren.« Um jeglichem Missverständnis vorzubeugen, seine Verärgerung könne sich auf einen von Reich-Ranicki eigenmächtig entschiedenen Auffassungsstreit beziehen, setzte Böll hinzu: »*Vor*

Lew Kopelew, Heinrich Böll, Annemarie Böll und Boris Birger an Pasternaks Grab bei Moskau, 1979 (v. l. n. r.)

allem: es interessiert mich nicht, ob Sie Hindenburg für unwichtig halten (übrigens spielen Marionetten oft genug eine Hauptrolle – und eine *Rolle* hatte Hindenburg), es ist völlig gleichgültig; meine Ansicht, mein Eindruck als junger Mensch war anderer Art, und das drücke ich in meiner Arbeit aus. Darin – in diesem Eingriff – sehe ich eine Manipulation, keine begründbare Streichung mehr.«[8] Reich-Ranickis Eingriff bildete für Böll ein Skandalon, das er nicht gewillt war, allein mit diesem auszutragen. Neben Freunden und Bekannten informierte er auch Rudolf Walter Leonhardt über den Eklat, woraufhin *Die Zeit* den Text zum Abdruck brachte, bevor er in Buchform im Lamuv-Verlag erschien. Damit publizierte René Bölls Verlag nach einem 1979 herausgebrachten Kurzgeschichtenband einen weiteren Text Heinrich Bölls. Nach und nach wurde René Böll in den 1980er-Jahren zum zweiten Verleger seines Vaters und nahm in sein Verlagsprogramm vor allem das Frühwerk auf, dessen Rechte zuletzt vom Gertraud-Middelhauve-Verlag verwaltet worden waren, neben anderen von Klaus Staeck gestalteten Ausgaben. Unter anderem publizierte er das zwischen Heinrich Böll und Lew Kopelew geführte Gespräch »Warum haben wir aufeinander geschossen?«, das 1979 in Moskau von Klaus Bednarz moderiert und aufgezeichnet worden war. Es wurde ergänzt um ein zweites Gespräch, das am 4. April 1981 in den Verlagsräumen geführt worden war und unmittelbar an den ersten Teil des ›west-östlichen‹ Austauschs über die jeweiligen Kriegserfahrungen anknüpfte.

Nicht als historische Erfahrung, sondern als gegenwärtig empfundene Bedrohung gehörte der Krieg zu den das Jahr 1981 bestimmenden Diskussionsthemen. Die Aufrüstung wurde zum zentralen Streitpunkt, der Böll in den folgenden Jahren immer wieder zu öffentlichen Auftritten bewog, so auch zu seiner Teilnahme an der für den 10. Oktober 1981 organisierten Protestkundgebung in Bonn. Vor dem Hintergrund des von der NATO gefassten Doppelbeschlusses, der Abrüstungsverhandlungen bei einer gleichzeitigen Nachrüstung vorsah und eine Reaktion auf die von der UdSSR betriebene Modernisierung ihrer Raketen darstellte, hielt Böll vor 300.000 Menschen, die sich im Hofgarten der Bonner Universität versammelt hatten, seine Rede »Gegen die atomare Bedrohung gemeinsam vorgehen«.[9] Der Auftritt wurde durch René Böll vermittelt, der seinerseits von Mitarbeitern der Aktion Sühnezeichen/Friedensdienste, mit denen er als Verleger zusammenarbeitete, auf die Mitwirkung Heinrich Bölls angesprochen worden war. Neben Böll sprachen der evangelische Theologe Heinrich Albertz, der SPD-Politiker Erhard Eppler, William Born von der FDP, der Politikwissenschaftler Alfred Mechtersheimer, die Grünen-Politikerin Petra Kelly, Georg Benz von der IG-Metall, der Zukunftsforscher Robert Jungk, die evangelische Theologin Uta Ranke-Heinemann sowie die amerikanische Bürgerrechtlerin und Witwe Martin Luther Kings, Coretta King. An der Veranstaltung beteiligte sich ebenfalls der US-amerikanische Sänger Harry Belafonte. Die Friedensdemonstration war für Böll nicht nur aufgrund der überwältigenden Anzahl der Teilnehmer bedeutsam:

> »Da waren ja fast nur junge Leute, die auf eine schändliche Weise diffamiert wurden in verschiedenen Kommentaren. Ich habe sie mir genau angesehen, soweit das Auge reichte im Hofgarten. Ich habe mir viele Fotos und viele Filme, soweit sie überhaupt gezeigt wurden, angesehen. Und das hat mich tatsächlich mit einer auch politischen Hoffnung erfüllt. So ungenau manches sein mag, was sich da grün, alternativ, traditionell, oder nur anti nennt, sehe ich da eine große Hoffnung, die sich fast täglich bestätigt. Und die in den Medien fast gar nicht auftaucht. Da liegt dann wieder die große Heuchelei darin, daß man ungeheuer scharf ist auf das Gespräch mit der Jugend, aber sie möglichst draußen hält«.[10]

Am 20. Dezember 1981 wurde in Polen durch General Wojciech Jaruzelski das Kriegsrecht verhängt. Ein »Militärrat der nationalen Rettung« übernahm die Regierung, beendete den Demokratisierungsprozess und verbot jede Aktivität der im September 1980 gegründeten Gewerkschaft »Solidarnosc«. Führende Gewerkschafter wurden verhaftet, etliche Menschen verschwanden in Internierungslagern. Sämtliche Nachrichtenverbindungen mit dem Ausland wurden unterbrochen. Damit hofften die kommunistischen Machthaber, die Freiheitsbewegung, die sich um die freie Gewerkschaft »Solidarnosc« gruppierte, zerschlagen zu können. Die Reaktionen seitens der Politik in der Bundesrepublik waren zurückhaltend. Befürchtet wurde, dass als Folge einer offenen Unterstützung der in Polen aufkommenden demokratischen Bewegung eine Gefahr für die guten Beziehungen zur Sowjetunion bestünde. Daraufhin organisierten Heinrich Böll, der aus Leningrad stammende Professor Efim Etkind und der in Köln lebende polnische Historiker Juliusz Stroynowski am 22. Dezember 1981 eine Pressekonferenz in Bonn, in der an erster Stelle Bölls Kritik an der nach seiner Meinung in der Bundesrepublik zu beobachtenden Zurückhaltung gegenüber den Ereignissen in Polen stand. Eine weitere Aktion bildete ein von Böll verfasster und von Siegfried Lenz, Wolf Biermann und Sarah Kirsch am 27. Dezember 1981 mit unterzeichneter Aufruf zur Solidarität mit Polen. Schließlich wandte sich Böll am 28. Dezember 1981 mit einem neben ihm von Elias Canetti, Friedrich Dürrenmatt und Max Frisch mit unterzeichneten Telegramm an Wojciech Jaruzelski, in

Heinrich Böll im Gespräch mit Schülern, 1982

dem er seine Sorge um den Gesundheitszustand von Adam Michnik und Jacek Kuron Ausdruck verlieh und Jaruzelski zur Auskunft über deren Verbleib und ihre Behandlung aufforderte.

Öffentliche Auftritte, Statements, Resolutionen, Aufrufe sowie zahlreiche Interviews zu sowohl tagespolitischen Fragen wie auch zu zeitübergreifenden Themen – zunehmend prägten diese auf Präsenz und Unmittelbarkeit hin ausgerichteten Formen gesellschaftlicher Anteilhabe in den 1980er-Jahren nicht nur Bölls Zeitgenossenschaft, sondern auch das öffentliche Bild über ihn, das ihm mehr und mehr die Konturen einer moralischen Instanz verlieh. Böll nutzte die damit verbundene mediale Präsenz der Einschätzung folgend, dass »Geschriebenes und Gesprochenes nicht so durchdringen«[11] würde wie das persönliche Erscheinen bei Veranstaltungen, Kundgebungen und Demonstrationen. Im Grunde brachte er damit nicht mehr und nicht weniger als die Praxisseite seines Selbstverständnisses zum Ausdruck, als souveräner Bürger sein Freiheitsrecht wahrzunehmen, Widerstand öffentlich zu artikulieren. Praxis in diesem Sinne war, durch öffentliche Auftritte den Denunziationen der Bürger- und Protestbewegungen durch die konservative Presse, jene würden die freiheitlich-demokratische Grundordnung gefährden, entgegenzutreten. Seiner Meinung nach gefährde Widerspruch nicht die Demokratie, sondern sei Ausdruck dafür, »von der Demokratie Gebrauch zu machen«.[12] Seine Beteiligung an der von der »Aktion für mehr Demokratie« organisierten Großveranstaltung in der Essener Gruga-Halle »Verteidigt die Republik« sowie seine Teilnahme an der sogenannten Prominentenblockade vom 1. bis 3. September 1983 vor dem US-amerikanischen Raketenstützpunkt in Mutlangen sind Zeichen dieser Haltung. Darüber hinaus verstärkte sich bei Böll der Impuls, sich exponiert gegen die seinem Eindruck nach Anfang der 1980er-Jahre aufgekommene Ansicht zu stellen, die »Zeit der *Humanität* sei vorbei, die Zeit des Mitleidens sei vorbei«. Dagegen vertrat er seine Auffassung des zeitkritischen Gehalts von Mitleid als Widerstand gegen Gleichgültigkeit, Konformitätszwänge und Interessenspolitik, den er im Grundriss einer »Poesie des Tuns« verankerte. Dabei orientierte er sich am Wortsinn des griechischen Verbs ›poiein‹. »Ich möchte darauf hinweisen, daß das griechische Wort, von dem das Wort *Poesie* abstammt: ›poiein‹, sehr viele Bedeutungen hat. [...] Die wichtigsten Bedeutungen haben mit *Machen* zu tun und mit *Tun*, etwas tun.«[13] Für Böll verkörperte Rupert Neudeck diesen Widerstand mit seiner Initiative »Ein Schiff für Vietnam«. Insofern unterstützte Böll Neudeck 1982 nicht nur ideell und durch seine Prominenz bei der Gründung der Hilfsorganisation »Komitee Cap Anamur/Deutsche Notärzte e. V.«, sondern auch finanziell. Als Böll 1984 anlässlich der Verleihung des Jens-Bjørneboe-Preises des Odin Teatret in Dänemark aufgefordert wurde, einen Vorschlag zu machen, wem das mit dieser Auszeichnung verbundene Preisgeld zukommen solle, nannte er spontan Rupert Neudeck, ein Mensch, wie er an den künstlerischen Leiter des Odin Teatret schrieb, »der sich verzehrt in Hilfsaktionen (boat people, Notärzte für Vietnam und Afrika) und der es nicht leicht hat, gegen Bürokratie und Stumpfheit anzugehen«.[14]

Öffentlich eigenes Engagement zu zeigen, wie Böll dies bei der Friedensdemonstration im Oktober in Bonn bzw. durch sein Eintreten für Polen im Dezember 1981 gezeigt hatte, und damit andere zu eigenem Widerstand zu ermutigen – dies war die Leitlinie seines Engagements in den 1980er-Jahren. Und dies nicht nur trotz der sich zunehmend verschlechternden eigenen Gesundheit infolge seiner Diabetes-Erkrankung, sondern auch trotz eines Schicksalsschlages. Denn privat war das Jahr 1982 für Annemarie und Heinrich Böll sowie die Familie vom Tod des Sohnes Raimund überschattet. Ende 1975 war bei ihm eine Krebserkrankung diagnostiziert worden. Nach einer rasch folgenden Operation in Köln hatte er sich, den Hinweisen von Freunden der Familie folgend, für eine Weiterbehandlung in der in Arlesheim gelegenen anthroposophisch orientierten Lukasklinik entschieden. Nachdem deutlich wurde, dass seine Erkrankung eine langfristige Therapie notwendig machte, entschloss er sich zu einem dauerhaften Aufenthalt in der Schweiz und lebte mit seiner zweiten Frau Heidi Böll-Haas, die er zu Beginn seines Aufenthalts in Arlesheim kennengelernt hatte, in Hochwald. Im Juli 1982 verschlechterte sich sein Zustand jedoch so sehr, dass er zur Weiterbehandlung in die Paracelsus-Klinik in Bad Liebenzell-Unterlengenhardt eingeliefert werden musste. Raimund Böll starb am 1. August 1982. Nichts hinterließ bei Heinrich Böll so tiefe Spuren.

Raimund Böll hatte sich während seines Schweizer Aufenthalts intensiv mit der Anthroposophie Rudolf Steiners auseinandergesetzt, vorwiegend mit Steiners Kunstbegriff, aber auch mit dessen allgemeineren Anschauungen über den Menschen als Teil der Schöpfung und der daraus abgeleiteten Verantwortung des Menschen für den Erhalt der natürlichen Grundlagen des Lebens. Heinrich Böll blieb die anthroposophische Ideenwelt fremd; gleichwohl hatte Raimund immer wieder zu Diskussionen herausgefordert und seine Anschauungen eines Wandels im Umgang mit der Natur radikal vertreten und eingefordert. Es blieb durch seinen Tod eine unausgetragene Auseinandersetzung, die die Trauer um den »Verlust des irdischen Raimund«[15] noch verstärkte und in der Erinnerung an ihn weiterwirkte. »Alles, was ich sage, tue, schreibe, ist jetzt von Rai be-

Heinrich Böll, Mai 1982

stimmt – ich hoffe, ich mache, wenn nicht alles, so doch einiges richtig.«[16] Folgt man Bölls Briefen, dann entwickelten sich die Erinnerungen zum Dialog, in dem das eigene Tun und Lassen einer Art Gedankenprobe unterworfen wurde: »Und alles, was ich tue, geschieht in seiner Gegenwart, die alles prüft – und verwirft. Ich arbeite jetzt fleißig, manchmal in geradezu fast barbarischer Eile und bis zur Erschöpfung, wie auch Raimund manchmal arbeitete.«[17] Dieser Dialog geriet zuweilen auch zur Bloßlegung und zum Eingeständnis der eigenen Schwächen: »Ich hasse eigentlich Öffentlichkeit und muß doch hinein, um etwas zu bewirken – und dann kommt sie: die Eitelkeit – immer wieder beschämend, fast unvermeidlich – und doch!«[18] Es gab, wie Böll noch 1984 an Heidi Böll-Haas schrieb, kein »›Darüberkommen‹«, wobei er nicht nur den Tod Raimunds meinte, sondern auch den Tod des 1946 kurz nach der Geburt gestorbenen Sohnes Christoph: »[O]ft genug, im Gedanken an die beiden Söhne, ist mir das Leben unerträglich – zu schwer.«[19]

Am 21. Dezember 1982 beging Heinrich Böll seinen 65. Geburtstag. Für den bundesdeutschen Fernsehzuschauer war dies ein Ereignis, auf das er sich durch eine am Vortag im ZDF gesendete Hommage von Bölls gutem Freund Vojtech Jasny vorbereiten konnte – sofern er um 23 Uhr noch wach war. Für Jasny war Böll »der größte lebende Deutsche, ein hervorragender Schriftsteller und ein großartiger Mensch. Die Freundschaft mit ihm war eines der schönsten Kapitel meines Lebens. Böll hat aus mir einen besseren Menschen gemacht«.[20] Aus gleichem Anlass hatte der Rat der Stadt Köln, auf der Grundlage eines von den Fraktionen von SPD, CDU und FDP einmütig getroffenen Vorschlags, den Entschluss gefasst, Böll das Ehrenbürgerrecht der Stadt Köln zu verleihen. Die endgültige Entscheidung sollte am 25. November 1982 durch den Kölner Stadtrat getroffen werden, gestützt auf eine zuvor im Hauptausschuss des Rats abgestimmte Vorlage des Urkundentextes. Der dem Rat übermittelte Text löste jedoch eine Kontroverse aus, da die Formulierungen, die Böll als »meisterhaften Erzähler und Schriftsteller von internationalem Rang« und zugleich als »mutigen Verteidiger der Freiheit und der freien Meinungsäußerung« sowie als »kritischen und engagierten Beobachter gesellschaftlicher Fehlentwicklung«[21] charakterisierten, von den Ratsmitgliedern der CDU abgelehnt wurden. Die christlich-demokratische Fraktion war lediglich bereit, den »meisterhaften Erzähler und Schriftsteller von internationalem Rang« zu ehren. Böll lehnte dies als nur »halbe« Ehrung ab. Per Telegramm an den Kölner Oberbürgermeister Norbert Burger erklärte er seinen Verzicht auf die Verleihung: »Lieber Herr Burger, nach Bekanntwerden der einschränkenden Begründung muß ich, um der Stadt Köln und mir weitere Peinlichkeiten zu ersparen, die mir zugedachte Ehrung ablehnen. Stop. Auch Autoren und ihr Werk sind unteilbar wie die Freiheit selbst. Eine halbe Ehrung kann ich nicht als solche verstehen, da sich in ihr eine halbe Diffamierung verbirgt. Mit Dank für

Ihre Bemühungen/16. 11. 1982 Heinrich Böll.«[22] In Kenntnis des von Böll erwogenen Verzichts bemühte sich Norbert Burger um die Ausarbeitung eines die strittigen Formulierungen umgehenden, Bölls gesellschaftliches Engagement aber nicht übergehenden Textes, der dann im Rat der Stadt mit einer Gegenstimme und drei Enthaltungen aus den Reihen der CDU-Fraktion verabschiedet und von Böll akzeptiert wurde. In der Verleihungsurkunde heißt es: »Mit respektvoller Anerkennung [...] u. in herzlicher Verehrung des Menschen Heinrich Böll verleiht der Rat der Stadt Köln Ihnen, dem Literatur-Nobelpreisträger, dem meisterhaften Erzähler u. Schriftsteller von internationalem Rang, in Würdigung Ihrer Person sowie der Spannweite Ihres literarischen Werkes und Ihres gesellschaftlichen Engagements, das auch in Ihren Werken zum Ausdruck kommt, das Höchste, das diese Stadt zu vergeben hat: das Ehrenbürgerrecht Ihrer Vaterstadt Köln«.[23]

In seiner Dankesrede am 29. April 1983 ging Böll auf die Diskussion ein:

> »Es gab – als diese Ehrung im Rat beraten wurde – ein paar Kontroversen und Mißverständnisse, die ich nicht umgehen, sondern ansprechen möchte. Und zwar nicht, um hier Retourkutschen zu befrachten und zu bemannen, sondern um auf eine generelle Verkennung der Literatur zu kommen, denn ich möchte die Damen und Herren, die da gar nicht – oder nur zögernd – dieser Ehrung zugestimmt haben, nicht anklagen, eher verteidigen. [...] Was ich nicht begriffen habe, was mich deshalb natürlich auch nicht kränken konnte, war der Versuch, den sogenannten Erzähler von dem anderen zu trennen, der da gelegentlich Aufsätze schreibt, Kritiken, den man gelegentlich reden hört, ganz abgesehen davon, daß auch Aufsätze, Kritiken und Reden Literatur sind. Wenn sie schon ärgerlich sind, ist es gerade das Literarische an ihnen, sagen wir meinetwegen das Poetische daran, das Gefährliche, eben weil es aus der routinepolitischen Sprache sich abhebt und eingeht. Davon abgesehen, finde ich, wenn ich in mich gehe, den sogenannten Erzähler, wenn man schon von Ärger und Gefahren spricht, gefährlicher und ärgerlicher als den anderen. Deshalb habe ich diese Trennung nicht verstanden.«[24]

Wenige Wochen nach der Bekanntgabe der Verleihung der Kölner Ehrenbürgerschaft war Böll am 9. Februar 1983 durch Ministerpräsident Johannes Rau in der Düsseldorfer Staatskanzlei der Professorentitel des Landes Nordrhein-Westfalen verliehen worden – in Wahlkampfzeiten. Im Mittelpunkt von Bölls Rede stand eine Äußerung von Franz Josef Strauß, die durch einen Bericht in der *Frankfurter Rundschau* vom 31. Januar 1983 über einen kulturpolitischen Kongress der CSU zwei Tage zuvor weithin Verbreitung gefunden hatte. »Strauß warf der ›liberal-sozialistischen Koalition‹ vor, daß unter ihrer Herrschaft eine ›kulturelle Ermattung‹ und ›kulturelle Entartung‹ eingetreten sei. Bei der von der Linken vorangetriebenen ›unterschwelligen Kulturrevolution‹ sei an den Schulen die ›große Kultur zugunsten einer Afterkultur vernachlässigt‹ worden.«[25] Böll reagierte:

> »Das Wort Entartung taucht auf im politischen Vokabularium. Ein Wort, das nun wirklich befrachtet ist mit soviel Schrecken, mit soviel Blut, in die demagogisierte Szene des Wahlkampfs zu werfen, das hat mich wirklich sehr beunruhigt. […] Ich möchte die Gelegenheit wahrnehmen als Autor, der sich als Erbe der Entarteten betrachtet, auf diese Gefahr aufmerksam zu machen […] Und ich glaube, daß die Nachkriegsliteratur – das ist ein großes Wort – unartig ist, daß meine Freunde in dieser Literatur alle unartige Schriftsteller sind, daß sie alle auf dem Erbe beruhen, das einmal als entartet in die Emigration getrieben wurde.«[26]

Unmittelbar nach Bölls Hinweis auf die Äußerungen von Franz Josef Strauß reagierte Edmund Stoiber, Generalsekretär der CSU. Einem Bericht des *General-Anzeigers Bonn* zufolge wies Stoiber Bölls Äußerung als heuchlerischen Angriff auf den CSU-Vorsitzenden und bayerischen Ministerpräsidenten zurück und unterstellte ihm die krampfhafte Suche nach einem Anlass für seine verbalen Attacken, mit denen er sich als SPD-Wahlkampfagitator ausweisen wolle. Dies war eine schon seit Jahren auch als Verunglimpfung nicht mehr gültige Titulierung für Bölls stets auf Willy Brandt bezogene, nicht aber der SPD geltende Wahlkampfbeteiligung. Zu sehr hatte sich für Böll die SPD seit Beginn der ersten Amtsperiode von Willy Brandt verändert. Hatte Brandt zu Anfang noch das ›große Gespräch‹ als ständigen Dialog zwischen den Intellektuellen und der Regierung proklamiert und auch geführt, so trat spätestens mit Brandts Rücktritt infolge der Guillaume-Affäre und Übernahme der Regierungsgeschäfte durch Helmut Schmidt Ernüchterung ein, denn unter Schmidt fand der Austausch, wie Böll ihn sich vorstellte, nicht statt. Fortan blieben Wahlkampfreden wie die für Willy Brandts Ostpolitik aus.

Stattdessen trat Böll bei der Vorstellung des Buches der grünen Bundestagskandidatin Petra Kelly – *Um Hoffnung kämpfen. Gewaltfrei in eine grüne Zukunft* –, zu dem er das Vorwort geschrieben hatte und das im Lamuv Verlag erschienen war, auf einer Pressekonferenz im Restaurant Tulpenfeld im Bonner Regierungsviertel auf. Dies wurde in der Tagespresse als Signal seines Eintretens für die Grünen bei der Bundestagswahl am 6. März 1983 gewertet. »Der Schriftsteller und Nobelpreisträger Heinrich Böll will sich im Bundestagswahlkampf für die Grünen einsetzen. Böll sagte am Donnerstag in Bonn, ›Ich tue alles, um die Grünen in den Bundestag zu hieven‹«. Böll begründete seinen Entschluss mit dem Hinweis, er verfolge bereits seit Langem mit Aufmerksamkeit und Sympathie die Aktivitäten der Grünen. Sein besonderes Interesse sei dabei auf die Ideen und Vorschläge der Grünen im wirtschaftlichen Bereich gerichtet, da er nirgendwo sonst ein für ihn so einleuchtendes Programm zur Kenntnis genommen habe. Mit den Grünen werde für ihn die Bundesrepublik regierbarer. Als skandalös hingegen bezeichnete er den Umgang der etablierten Parteien mit den Vertretern der Grünen, worin er eine Denunziation vieler Umweltschützer sehe. Schließlich merkte er an, dass seine Unterstützung Grünen gelte, was jedoch nicht als Engagement gegen die SPD missverstanden werden sollte. In einem anderen Zusammenhang bemerkte Böll zum Auftreten der Grünen, dass sie all das repräsentieren und zum Ausdruck bringen würden, was die großen Parteien versäumt hätten. »Ich empfinde Umweltschützer als konservative, also bewahrende Menschen. Die Konservativen, die sich selbst so nennen, sind die eigentlichen Zerstörer durch ihre blinde Progressivität, Wachstum und dergleichen. […] Der konservative Teil der ›Grünen‹ also hat das übernommen, was die Konservativen versäumt haben. Der linke Flügel der ›Grünen‹ hat das übernommen, was die linke SPD versäumt oder nicht durchgesetzt hat.«[27]

Die Grünen erzielten bei den nach der ›Wende‹ im Oktober 1982 auf März 1983 vorgezogenen Wahlen einen Stimmenanteil von 5,6 Prozent und zogen damit erstmals in den Deutschen Bundestag ein. Unmittelbar nach der Wahl richtete sich Rainer Barzel, Minister für innerdeutsche Beziehungen, mit dem Böll seit Mitte der 1970er-Jahre in gelegentlichem Kontakt stand, in einem Brief an Böll, in dem er sich über die mit den Grünen in den Bundestag Einzug haltenden Formen beklagte. Böll antwortete am 16. März 1983:

> »Lieber Herr Dr. Barzel, ›ganz persönlich und privat‹ auch möchte ich Ihnen auf Ihren Brief, die Grünen betreffend, antworten. Sie überschätzen nicht nur meinen Einfluss auf dieselben, auch meinen Ehrgeiz, Einfluss zu nehmen. Wenn man mich um Rat fragt, werde ich diesen erteilen, aber ich sehe keinen Grund, mich als Ratgeber anzubieten oder gar aufzudrängen. Ich finde – soweit ich das, aus zweiter Hand informiert, also aus Presse, Rundfunk, Fernsehen, beurteilen kann –, dass man etwas allzu herablassend mit dieser neuen Gruppe im Parlament umgeht, geradezu skandalös finde ich, wie man ihnen die praktische Arbeit erschwert (Räumlichkeiten etc.). Als ›Souverän‹, Wähler also, erstaunt mich einigermaßen, dass man offenbar nicht darauf vorbereitet war, eine neue Gruppierung im Parlament entsprechend zu empfangen. Die ›Grünen‹ sind die absolut legale Vertretung einer, wenn auch nicht genau definierbaren, aber doch bestimmten Gruppe von Wählern (welche Partei könnte schon genau definieren, von wem sie warum gewählt worden ist!), die einen anderen als den bisher im Parlament bestimmten Stil wollen. Sie haben, finde ich, nicht nur Ambiente und Auftreten, auch Inhalte. Ihre Form ist von ihren Inhalten bestimmt, es ist ihr Stil, der manches erstarrte Ritual auflockern könnte. […] Im übrigen sind die Abgeordneten – da sie ja alle im ›gesetzlichen Mindestalter‹ stehen, erwachsene Menschen, von denen ich hoffe, dass sie Primäres nicht an Sekundärem scheitern lassen. Wenn man mich um Rat fragt, werde ich ihn in diesem Sinne erteilen.«[28]

In negativer Hinsicht hielten die Wahlen ein Ereignis bereit, das Böll nur mit Entsetzen zur Kenntnis nehmen konnte: die Ernennung des Chefredakteurs der *Bild*-Zeitung, Peter Boenisch, zum Regierungssprecher der in den Wahlen bestätigten Koalition aus CDU/CSU und FDP. Die ›Wende‹, die mit dem Auszug der FDP-Minister aus der sozial-liberalen Koalition im September 1982 begann und sich nach der Wahl Helmut Kohls zum Bundeskanzler am 1. Oktober 1982 vollzogen hatte, war für Böll mit der Ernennung von Peter Boenisch als Regierungssprecher nun komplett: *Bild* regierte mit. Und das in den Augen Bölls durch einen Springer-Journalisten, der in den Kampagnen der 1970er-Jahre mit seinen *Bild*-Kolumnen gegen Böll und seine Familie Stimmung gemacht hatte. Er ging in seiner Reaktion so weit, von allen Einladungen absehen zu wollen, um nicht »mit Herrn Boenisch evtl. an einem Tisch zu sitzen: was dieses Schwein mir angetan hat, könnte ich vergessen, im Rahmen böser gegenseitiger Polemik, aber was er meiner Familie angetan hat – vor allem meinem verstorbenen Sohn [Raimund], nicht«.[29] Die Auseinandersetzung mit Boenisch führte zu einem zwischen Heinrich und René Böll verabredeten Buch-Projekt, das über Boenischs Funktion im Medienbetrieb aufklären sollte. Entsprechend stellte Böll ausgewählte *Bild*-Kolumnen Boenischs zusammen, die er mit eigenen Kommentaren versah. Das im September 1984 im Lamuv Verlag erschienene Buch *Bild, Bonn, Boenisch* wurde zu Bölls eigener Überraschung ein hunderttausendfach verkaufter Bestseller.

Wie bereits 1981 unterstützte Böll auch 1983 die am 22. Oktober des Jahres auf der Bonner Hofgartenwiese durchgeführte Abschlusskundgebung der »Aktionswoche« gegen die Stationierung amerikanischer Mittelstreckenraketen in Europa. Dazu aufgefordert hatte ihn der damalige Geschäftsführer der Aktion Sühnezeichen/Friedensdienste, Volkmar Deile. In seiner Anfrage entwarf Deile als Perspektive auf den von Böll erbetenen Beitrag, dass er »vor allem den Gesichtspunkt der Friedensbewegung in der Bundesrepublik« berücksichtigen möge, die Probleme, »die zu unserer Friedensbewegung geführt haben und die in Zukunft die Arbeit der Friedensbewegung bestimmen sollen«.[30] In seinem Brief erwähnte er darüber hinaus, dass auch ein »Vertreter der eigenständigen Friedensarbeit in der DDR« sprechen solle. Dieser Hinweis mag der Grund für Bölls Schritt gewesen sein, mit dem DDR-Bürgerrechtler und Schriftsteller Jürgen Fuchs Kontakt aufzunehmen. Wie aus einem auf den 12. Oktober 1983 datierten Schreiben von Fuchs hervorgeht, hatte

Heinrich Böll in Bornheim-Merten, 1983

Bölls Sekretärin Renate Grützbach mit Jürgen Fuchs telefoniert und ihm Bölls Wunsch übermittelt, etwas zur DDR sagen zu wollen. Über Fuchs erhielt Böll daraufhin ein »Grußwort an jene, die gegen die neuen amerikanischen Raketen demonstrieren«, dem ein Begleitschreiben des Schriftstellers Lutz Rathenow beilag, in dem er erläuterte, dass der Text von Vertretern verschiedener Friedenskreise – genannt werden Rostock, Schwerin und Berlin – verfasst und mit mehreren anderen abgestimmt worden sei. Der Text gäbe insofern ein Meinungsspektrum wieder, das auch in der DDR gegen alle die herrsche, die sämtliche Widersprüche unter den Teppich der Geheimdiplomatie zu kehren beabsichtigten.[31] Zum Abschluss seiner Rede las Böll einige Passagen des Grußwortes vor.

Mit Beginn des Jahres 1984 intensivierte Böll die Arbeit an einem bereits 1981 unter dem Arbeitstitel *Blaukrämer* begonnenen Typoskript, das er im Mai 1985 mit der Korrektur der letzten Fahne abschließen sollte: *Frauen vor Flußlandschaft* – ein Versuch, in einer Innenansicht das Machtgefüge der Bonner Republik zu behandeln, einer Macht, die für Böll immer eindeutiger erkennbar im Hintergrund ausgeübt wurde, mit dem Ergebnis, dass »die, die uns regieren, nicht immer die sind, ›die uns beherrschen‹«.[32] Der Roman ist sein ›Fazit‹ der politischen Geschichte der Bundesrepublik 40 Jahre nach Kriegsende. *Frauen vor Flußlandschaft* reflektiert mittels Dialogen sowie Selbstgesprächen, in denen die »*innere* Beschaffenheit der auftretenden Personen, ihre Gedanken, Lebensläufe, Aktionen« vorgestellt werden, über zwölf Kapitel hinweg die durch Intrigen, Machtspiele, Finanzskandale (in Anspielung auf die Flick-Affäre) und Urkundenfälschungen gekennzeichnete politische Szene der Regierungsstadt Bonn in den 1980er-Jahren. Der Roman ist angesiedelt im Milieu einflussreicher Politiker-, Bankiers- und Industriellenfamilien. Die Gespräche der Romanfiguren verlaufen über den Zeitraum von zwei Tagen und Nächten. Reaktionen und Gesten werden durch regieartige Einschübe moderiert und kennzeichnen die Fiktion so als Figurenspiel, womit im Roman auf die Fiktionalität der Deutungen der Wirklichkeit hingewiesen wird. Eingerahmt werden die Gespräche durch die Schilderung einer Reihe von Ereignissen: Abhalten einer Messe zum Gedenken des über fünfzehn Jahre zuvor gestorbenen Politikers Erftler-Blum, der Sturz des Ministers Hans Günther Plukanski, als bekannt wird, dass er im Zweiten Weltkrieg polnischen Partisanen deutsche Waffen verkauft hatte, die Einsetzung seines Nachfolgers Fritz Blaukrämer sowie die Ablehnung eines politischen Amtes durch Heinrich von Kreyl. Als eigentliche Macht steht hinter der aus Aristokraten und opportunistischen Aufsteigern zusammengesetzten Gesellschaft die Gewalt der Finanzwelt, die im Roman durch Heinrich von Kreyl, den Referenten Plukanskis, als »Gottesgnadentum des Geldes« apostrophiert wird. Der Protagonist dieser die gesellschaftliche ›Wirklichkeit‹ bestimmenden Sphäre ist der Bankier Schwamm. Eine zentrale Stellung nehmen in den Gesprächen die Frauenfiguren ein, zum einen Erika Wubler, die Frau des Juristen Hermann Wubler, die durch ihre Entscheidung, nicht an dem Hochamt teilzunehmen, mit der Vergangenheit bricht und den »Dienst als Bilderbuchdemokratin« verweigert. Zum anderen Elisabeth Blaukrämer, die sich weigert, die in die Gegenwart hineinreichenden Kontinuitäten des Dritten Reichs zu übersehen. Auch Eva Plint, die davon träumt, in ein von ihr ideal entworfenes Kuba auszuwandern, ist zu nennen, sowie Katharina Richter, die Geliebte Karl von Kreyls und Haushaltshilfe in der Familie Wubler, die an einer Doktorarbeit über »Gewinnmaximierung in der Dritten Welt«[33] arbeitet. Es war die Frage: »Wer beherrscht uns, wer regiert uns, wer beherrscht die, die uns regieren?«,[34] die nicht neu, aber, so sah es die Rezeption, von einem resignierten Böll noch einmal gestellt wurde. Doch es war nicht der resignierende, verzweifelte Böll, sondern ein Böll, der »re-signierte«, also ebenso wieder bezeichnete wie dadurch auch wieder erinnerte, der *Frauen vor Flußlandschaft* verfasst hatte.

Der 8. Mai 1985 als Jahrestag des Kriegsendes forderte noch einmal Böll als vielfachen Interviewpartner. Sein letztes Gespräch führte er am 16. Juni 1985 mit Margarete Limberg für den Norddeutschen Rundfunk. Thema war die innenpolitische Situation der Bundesrepublik Deutschland von ihrer Gründung bis in die Gegenwart. Vier Tage nach diesem Interview wollten Annemarie und Heinrich Böll noch einmal für einige Tage verreisen. Das Ziel war relativ nah gelegen: Schevenigen. Der Aufenthalt sollte jedoch auf acht Tage begrenzt sein, da sich Böll zunehmend schlecht fühlte. Nachdem beide am 29. Juni 1985 nach Langenbroich zurückgekehrt waren, wurde für Böll einige Tage später ein erneuter Krankenhausaufenthalt notwendig. Bis zur Durchführung einer weiteren Operation konnte Böll die Aggertalklinik am 15. Juli für ein paar Tage verlassen. Als Annemarie Böll am frühen Morgen des 16. Juli nach kurzer Abwesenheit Heinrich Bölls Schlafzimmer wieder betrat, fand sie ihren Mann tot auf. Da sich außer ihr niemand in Langenbroich aufhielt, benachrichtigte sie zunächst René Böll, Bölls Sekretärin Renate Grützbach sowie den mit dem Ehepaar Böll langjährig be-

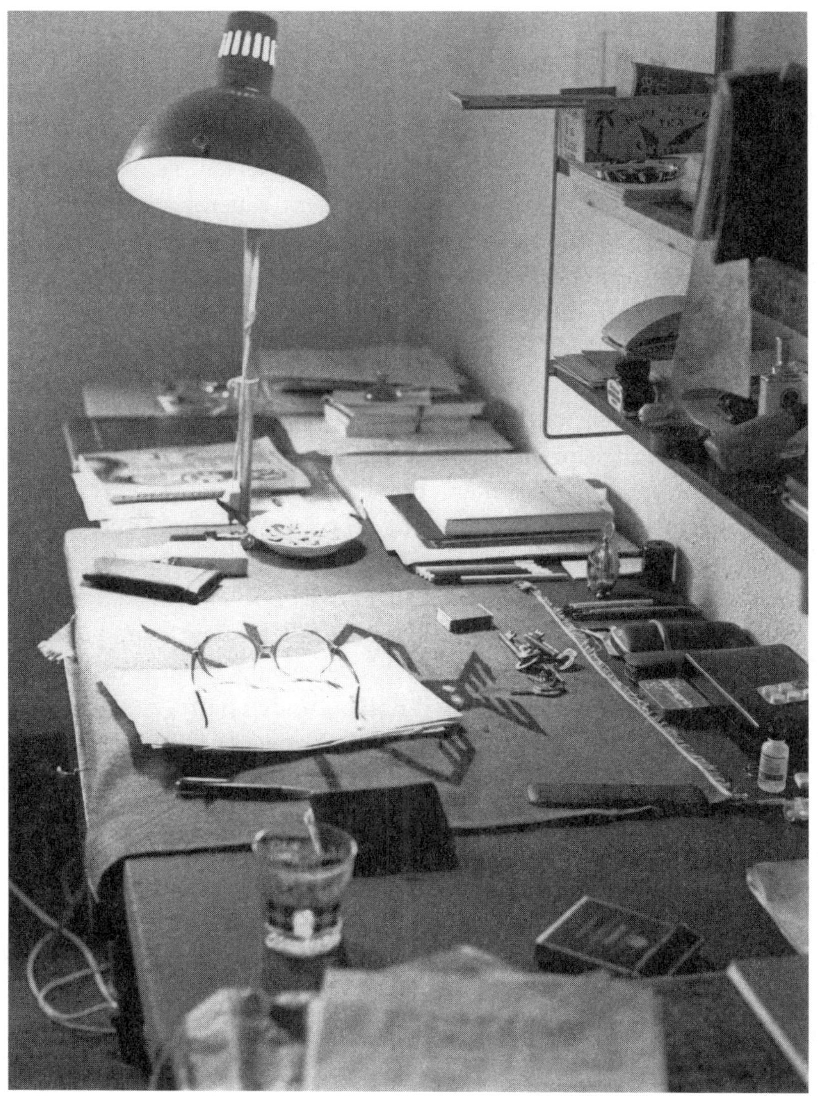

Heinrich Bölls Schreibtisch in Langenbroich

kannten Pfarrer Herbert Falken, der in unmittelbarer Nähe des Böll-Hauses ein Atelier bewohnte.

Unter großer Anteilnahme der Bevölkerung, von Kollegen und Politikern, unter ihnen Bundespräsident Richard von Weizsäcker, wurde Böll am 19. Juli 1985 in Bornheim-Merten, seinem letzten Wohnort, beigesetzt. Angeführt wurde der Trauerzug von der Musikgruppe Rigo Winterstein sowie von Romani Rose, dem Vorsitzenden des Zentralrats deutscher Sinti und Roma, den Carmen-Alicia und René Böll um diese Möglichkeit angesprochen hatten.

Bevor Böll auf dem Mertener Friedhof kirchlich bestattet werden konnte, war eine Hürde zu bewältigen, die durch den Austritt aus der »Körperschaft der katholischen Kirche« 1976 geschaffen worden war: Es fehlte die Voraussetzung einer kirchlichen Beisetzung. Laut einer zuvor an Herbert Falken vom Generalvikariat des Erzbistums Köln übermittelten Presseerklärung sei die Gewährung eines kirchlichen Begräbnisses dennoch möglich, da die dazu »geforderten Zeichen der Umkehr« gegeben seien. »Heinrich Böll hat vor seinem Tod einen befreundeten Priester um das kirchliche Begräbnis gebeten. Dieser Priester hat ihn auch kirchlich versehen.« Da sich im Todesaugenblick niemand bei Heinrich Böll befunden hatte, kann sich die Behauptung, es habe Zeichen der Umkehr gegeben, auf keine konkrete Situation des 16. Juli 1985 beziehen. Auch Herbert Falken nicht, der in seiner am 21. Juli 1985 in Schevenhütte gehaltenen Rede trotzdem davon sprach, neben dem »sterbenden Böll« [!] die Bibel gefunden zu haben, das heißt das Zeichen der Umkehr.[35] Insofern waren die sich auf diesen Umstand beziehenden Pressemitteilungen schlichtweg entgegen den Tatsachen formuliert. Ungeachtet dieser Umstände und angesichts des Wunsches von Annemarie und René Böll nach einer kirchlichen Bestattung war zwischen Herbert Falken und dem Generalvikariat eine Regelung gefunden worden, die ein kirchliches Begräbnis ermöglichte.

Die Reaktionen der nationalen und internationalen Presse, von Politikern und Kollegen waren einhellig: Mit Heinrich Böll sei ein Autor gestorben, der wie kein zweiter das literarische Gewissen Deutschlands verkörpert habe. Auf den Punkt brachte dies Fritz J.

Raddatz, der seinen in der *Zeit* publizierten Nachruf mit der Überschrift »Der Tod einer Instanz« versah. Nahezu sämtliche Nachrufe hielten diese an Bölls moralische Integrität anknüpfende Tonlage bei und bestätigten, dass er es vermocht habe, die Position des ›unabhängigen Intellektuellen‹ im Deutschland der Nachkriegszeit auszufüllen und so das »Gewissen der Nation« zu werden – eine Zuschreibung, die Böll vehement abgelehnt hatte.

> »Man hat also den geradezu lebensgefährlichen Begriff des ›Gewissens der Nation‹ gebildet, ohne zu bedenken, daß das Gewissen einer Nation zunächst ihr Parlament ist, – die Legislative und die Exekutive sind das eigentliche Gewissen der Nation. Dann kommt hinzu die öffentliche Meinung, d.h. die Zeitungen, die Medien aller Art, und innerhalb dieses selbstverständlichen Zusammenwirkens spielen natürlich die Intellektuellen eine wichtige und notwendige Rolle. Die Rolle – sagen wir mal – des Wächters, der Wachsamkeit, des ›Gewissens der Nation‹ und wie dieser ganze Unsinn heißt, den ich lebensgefährlich finde, auf sie allein zu verlegen, d.h. eigentlich, die Öffentlichkeit in den Zustand der Gewissenlosigkeit zu versetzen. Da sehe ich eine Gefahr […].«[36]

Dies war ein Appell an den Einzelnen, eine Ermutigung zur Behauptung der eigenen Stimme wider die Gegebenheiten – ein Aufruf zum Eigensinn mithin, auf dem er bestand und den er beharrlich verteidigte.

Zeittafel

1917 Heinrich Böll wird am 21. Dezember in Köln, Teutoburger Straße 26, geboren.

1924–1928 Besuch der katholischen Volksschule in Köln-Raderthal.

1928–1937 Besuch des staatlichen humanistischen Kaiser-Wilhelm-Gymnasiums in Köln.

1929 Im Zuge der großen Weltwirtschaftskrise muss Bölls Vater das Wohnhaus verkaufen.

1935 Erste Schreibversuche: Gedichte und kurze Erzählungen.

1937 Heinrich Böll legt im März das Abitur ab und beginnt in der Buchhandlung Math. Lempertz in Bonn eine Lehre, die er wenig später wieder abbricht.

1938 Im November wird Heinrich Böll zum Arbeitsdienst eingezogen.

1939 Im April immatrikuliert sich Böll an der Universität zu Köln. Im Herbst erhält er den Einberufungsbescheid zum Militärdienst.

1942 Heirat mit Annemarie Cech.

1940–1945 Bis zur Gefangennahme im April 1945 Einsätze und Aufenthalte an verschiedenen Orten in Frankreich, Polen, Russland, Ungarn und Deutschland.

1945 Geburt und Tod des Sohnes Christoph.

1946 Aufnahme der literarischen Arbeit nach dem Krieg. Instandsetzung und Umzug in ein Haus im Kölner Süden, Schillerstraße 99.

1947 Geburt des Sohnes Raimund. Als erste Veröffentlichung erscheint die Erzählung *Aus der Vorzeit* am 3. Mai im *Rheinischen Merkur.*

1948 Geburt des Sohnes René.

1949 Erster Verlagsvertrag und erste Buchveröffentlichung: *Der Zug war pünktlich.*

1950 Geburt des Sohnes Vincent. Als Aushilfsangestellter arbeitet Böll für die Stadt Köln bei der Volkszählung. Im Friedrich Middelhauve Verlag erscheint ein Band mit Kurzgeschichten: *Wanderer, kommst du nach Spa ...*

1951 Erste Einladung zu einer Tagung der von Hans Werner Richter geleiteten »Gruppe 47« in Bad Dürkheim. Böll erhält den Preis der Gruppe für die satirische Erzählung »Die schwarzen Schafe«. Der Roman *Wo warst du, Adam?* erscheint.

1952 Heinrich Böll wechselt zum Verlag Kiepenheuer & Witsch. Teilnahme am 50. Mittwochsgespräch im Kölner Hauptbahnhof. Böll trägt seinen programmatischen Essay »Bekenntnis zur Trümmerliteratur« vor. Erste Reise in das geteilte Berlin.

1953 Als erster Roman bei Kiepenheuer & Witsch erscheint *Und sagte kein einziges Wort.* Böll wird Mitglied der Deutschen Akademie für Sprache und Dichtung.

1954 Umzug der Familie in ein eigenes Haus in Köln-Müngersdorf. Der Roman *Haus ohne Hüter* wird veröffentlicht. Erste Reise nach Irland.

1955 *Das Brot der frühen Jahre* wird publiziert. Wahl zum Mitglied des PEN-Zentrums der Bundesrepublik Deutschland.

1956 Böll tritt erstmals öffentlich als Redner anlässlich der »Woche der Brüderlichkeit« in Erscheinung. Aufruf von 105 Persönlichkeiten des kulturellen Lebens gegen das Vorgehen der Sowjetunion beim

Aufstand in Ungarn und gegen die Intervention Großbritanniens und Frankreichs in Ägypten (Suez-Krise).

1957 Das *Irische Tagebuch*, dessen einzelne Teile seit 1954 vorabgedruckt worden waren, wird als Sammelband veröffentlicht.

1958 Im Rundfunk darf ein bereits angekündigter Beitrag Heinrich Bölls, der *Brief an einen jungen Katholiken*, wegen der darin enthaltenen massiven Kritik am deutschen Nachkriegskatholizismus nicht gesendet werden. Die Satire *Doktor Murkes gesammeltes Schweigen* erscheint.

1959 Der Roman *Billard um halb zehn* wird veröffentlicht.

1960 Mitunterzeichnung einer Erklärung von 21 Schriftstellerinnen und Schriftstellern zum Boykott der Deutschland-Fernsehen GmbH, mit der die Unterzeichner sich verpflichten, dem Zweiten Deutschen Fernsehprogramm (ZDF) aus Sorge um die demokratische Entwicklung der Bundesrepublik weder Rechte an Texten zu überlassen noch redaktionelle Beihilfe zu gewähren.

1961 Der in München neu gegründete Deutsche Taschenbuch Verlag (dtv) bringt als Nr. 1 Bölls *Irisches Tagebuch* heraus. Auf Einladung des Auswahlausschusses des Bundesinnenministeriums hält sich Böll mit seiner Familie als Ehrengast der Deutschen Akademie in der Villa Massimo, Rom, auf. Im Herbst liefert der Verlag Kiepenheuer & Witsch den Sammelband *Erzählungen, Hörspiele, Aufsätze* aus.

1962 Erste Reise in die Sowjetunion. Der Insel Verlag publiziert die beiden Erzählungen *Als der Krieg ausbrach* und *Als der Krieg zu Ende war.*

1963 Der Roman *Ansichten eines Clowns* erscheint.

1964 Die Erzählung *Entfernung von der Truppe* wird veröffentlicht. Heinrich Böll hält an der Goethe-Universität zu Frankfurt vier Poetik-Vorlesungen.

1965 Böll veröffentlicht im *Spiegel* die Rezension *Keine so schlechte Quelle* über die *Erinnerungen 1945–1953* von Konrad Adenauer. Adenauer ist über die Besprechung so verärgert, dass er das von Rudolf Augstein geplante *Spiegel*-Gespräch absagt.

1966 Die Erzählung *Ende einer Dienstfahrt* wird bei Kiepenheuer & Witsch veröffentlicht.

1967 Böll erhält den Georg-Büchner-Preis der Deutschen Akademie für Dichtung und Sprache. Über Monate ist er aufgrund einer schweren Erkrankung (Hepatitis und Diabetes) bettlägerig.

1968 Im August reist Böll nach Prag und erlebt den Einmarsch der Truppen des Warschauer Paktes und das Ende des sogenannten Prager Frühlings.

1969 Auf der Gründungsversammlung des Verbandes deutscher Schriftsteller (VS) hält Böll seine Rede »Ende der Bescheidenheit«.

1970 Böll wird zum Präsidenten des PEN-Zentrums der Bundesrepublik Deutschland gewählt. Auf dem 1. Schriftstellerkongress des VS spricht er in Anwesenheit von Willy Brandt über die »Einigkeit der Einzelgänger«.

1971 Der Roman *Gruppenbild mit Dame* erscheint. Böll wird Präsident des internationalen PEN. Er organisiert einen Aufruf an die amerikanische Öffentlichkeit wegen des Prozesses gegen die amerikanische Bürgerrechtlerin Angela Davis.

1972 Heinrich Böll wird der Nobelpreis für Literatur verliehen. Im Januar 1972 erscheint im *Spiegel* ein Artikel Heinrich Bölls, »Will Ulrike Gnade oder freies Geleit?«. Er löst eine monatelange Kampagne um und gegen Böll aus. Im Zuge einer Großfahndung nach Terroristen wird auch Bölls Haus durchsucht.

1973 In der *New York Times* erscheint Bölls Essay »Einmischung erwünscht«. Böll unterzeichnet einen Protest von 39 Nobelpreisträgern gegen die Repressionen, denen Andrej Sacharow und Alexander Solschenizyn in der Sowjetunion ausgesetzt sind.

1974 Alexander Solschenizyn wird in die Bundesrepublik abgeschoben und findet in Bölls Haus in der Eifel eine erste Zuflucht. Die Erzählung *Die verlorene Ehre der Katharina Blum oder: Wie Gewalt entstehen und wohin sie führen kann* erscheint. Böll erhält die Carl-von-Ossietzky-Medaille der Liga für Menschenrechte.

1975 *Berichte zur Gesinnungslage der Nation.* Vor dem Kölner Landgericht beginnt der Prozess Bölls gegen den Journalisten Matthias Walden bzw. gegen den Sender Freies Berlin.

1976 Annemarie und Heinrich Böll treten aus der katholischen Kirche aus. Appell an den polnischen Staatschef Gierek zugunsten der nach Unruhen um die jüngsten Preiserhöhungen verurteilten Arbeiter.

1977 Unterzeichnung eines Appells an die Entführer von Hanns Martin Schleyer. Nach der Ermordung Hanns Martin Schleyers kommt es erneut zu einer öffentlichen Kampagne gegen Böll und andere Intellektuelle.

1978 Für den Episodenfilm *Deutschland im Herbst* schreibt Böll eine Szene, in der er das Verhalten der Medien satirisch darstellt.

1979 Der Journalist Rupert Neudeck gründet die private Hilfsorganisation »Ein Schiff für Vietnam«, der sich auch Böll anschließt. Der Roman *Fürsorgliche Belagerung* erscheint. Böll lehnt die Verleihung des Bundesverdienstkreuzes an ihn ab. Im Dezember Reise nach Ecuador, plötzliche Gefäßerkrankung im rechten Bein, Operation in Quito.

1980 Nach einem Gespräch mit einer bolivianischen Frauendelegation spricht sich Böll dafür aus, die Bundesregierung solle sich umgehend bei den Vereinten Nationen für eine internationale Kommission zur Untersuchung der Lage in Bolivien nach dem Militärputsch einsetzen.

1981 *Was soll aus dem Jungen bloß werden? Oder: Irgendwas mit Büchern.* Erste große Friedensdemonstration in Bonn, bei der Böll als Redner auftritt.

1982 Böll protestiert bei einer Pressekonferenz in Bonn gegen die innenpolitischen Zustände in Polen und das dortige Militärregime. Die Familie zieht in die Nähe Kölns, nach Bornheim-Merten. Tod des Sohnes Raimund.

1983 Böll setzt sich bei den Bundestagswahlen für die Grünen ein. Im September beteiligt er sich an der Blockade einer amerikanischen Kaserne in Mutlangen. *Die Verwundung und weitere frühe unveröffentlichte Nachkriegstexte* werden vom Lamuv Verlag veröffentlicht.

1984 Heinrich Böll wird vom französischen Kultusminister Jack Lang zum Commandeur im »Ordre des Arts et des Lettres« ernannt. Böll erhält den dänischen Jens-Bjørneboe-Preis des Odin Teatret. Im Lamuv Verlag veröffentlicht er ein Buch über die Karriere des damaligen Regierungssprechers Peter Boenisch mit dem Titel *Bild, Bonn, Boenisch.* Die Stadt Köln erwirbt das Archiv Heinrich Bölls.

1985 Heinrich Böll stirbt am 16. Juli in seinem Haus im Eifelort Langenbroich.

Anmerkungen

1 Vorbemerkung

1 Begründung des Nobelpreiskomitees für die Verleihung des Nobelpreises an Heinrich Böll, zit. nach: *Heinrich Böll – Leben und Werk*. Katalog zur gleichnamigen Ausstellung anläßlich des 10. Todestages von Heinrich Böll 1995. Hrsg. von der Stadt Köln und der Heinrich-Böll-Stiftung. Köln 1995, S. 39.

2 »Über mich selbst«, *KA* 12, S. 33.

3 »Drei Tage im März«, *KA* 24, S. 491.

4 »Pourquoi écrivez-vous? 400 écrivains, répondent«, *Libération* 3.3.1985, *KA* 23, S. 696.

5 Im Nachlass Heinrich Bölls sind zwei Tagesnotizbücher überliefert, in denen er ab 1964 systematisch sämtliche Arbeiten verzeichnete; die vor 1964 entstandenen Texte wurden summarisch festgehalten. Neben den klassischen literarischen Textformen führte er auch die von ihm gegebenen Interviews bzw. Gespräche auf, die er als eigenständige Werkform verstand. Insgesamt weisen die Arbeitsbücher 2.111 Arbeiten aus, wobei die Zählung das ca. 400 Texte umfassende Frühwerk (1936–1940) nicht berücksichtigt.

6 Laudatio auf den Georg-Büchner-Preisträger Reiner Kunze, gehalten am 21.10.1977 in Darmstadt, *KA* 20, S. 100.

7 »Zu Reich-Ranickis ›Deutsche Literatur in West und Ost‹«, *KA* 14, S. 109.

8 Theodor W. Adorno: Keine Würdigung, in: Marcel Reich-Ranicki: *In Sachen Böll. Einsichten und Ansichten*. 2. Aufl. Köln: Kiepenheuer & Witsch 1968, S. 9.

9 Theodor W. Adorno: *Philosophische Elemente einer Theorie der Gesellschaft*, in: Theodor W. Adorno: *Nachgelassene Schriften*. Hrsg. vom Theodor W. Adorno Archiv. Abteilung IV: Vorlesungen, Band 12. Frankfurt a.M.: Suhrkamp 2008, S. 194.

10 *Entfernung von der Truppe*, *KA* 14, S. 251.

2 Kindheit und Jugend (1917–1929)

1 Alfred Böll: Rückblick. Unveröffentlichtes ms. Manuskript (o.J.), S. 14.

2 »Über mich selbst«, *KA* 12, S. 31.

3 »Eine deutsche Erinnerung«, *KA* 25, S. 379f.

4 »Nobelpreisträger Heinrich Böll«. Interview von Peter Hamm und Renate Matthaei. Süddeutscher Rundfunk, Fernsehen, 18.5.1975. HBA Bestand Interviews, Sendeskript, S. 9.

5 Atlas. Zusammengestellt von deutschen Autoren. Berlin: Klaus Wagenbach 1965.

6 »Raderberg, Raderthal«, *KA* 14, S. 385.

7 Klaus Novy (Hrsg.): Wohnreform in Köln. Geschichte der Baugenossenschaften. Köln: Bachem 1986, S. 106 f.
8 »Eine deutsche Erinnerung«, *KA* 25, S. 330, S. 329 f.
9 »Drei Tage im März«, *KA* 24, S. 494, S. 495.
10 »Raderberg, Raderthal«, *KA* 14, S. 387 f.
11 »Wenn ich danken müsste …«, *KA* 1, S. 282.
12 »Drei Tage im März«, *KA* 24, S. 479 f.
13 »Nobelpreisträger Heinrich Böll«. Interview von Peter Hamm und Renate Matthaei. Süddeutscher Rundfunk, Fernsehen, 18.5.1975. HBA Bestand Interviews, Abschrift des Sendetyposkripts, S. 6 f.
14 »Drei Tage im März«, *KA* 24, S. 493.

3 Leben im Nationalsozialismus (1930–1945)

1 »Drei Tage im März«, *KA* 24, S. 477.
2 »›Wenn ich danken müsste …‹«, *KA* 1, S. 283.
3 *KA* 1, S. 137 f.
4 »›Wenn ich danken müsste …‹«, *KA* 1, S. 283.
5 *Rheinische Zeitung*, 19.12.1932.
6 *Rheinische Zeitung*, 7.1.1933.
7 »Ik was 28 toen de oorlog voorbij was.« Interview von Hans van de Waarsenburg, *KA* 26, S. 338.
8 »Was soll aus dem Jungen bloß werden?«, *KA* 21, S. 392.
9 Sammlung Erbengemeinschaft Heinrich Böll.
10 »Was soll aus dem Jungen bloß werden?«, *KA* 21, S. 403.
11 »Köln gibt's schon, aber es ist ein Traum«, *KA* 25, S. 610.
12 »Ik was 28 toen de oorlog voorbij was.« Interview von Hans van de Waarsenburg, *KA* 26, S. 338.
13 »Am Rande der Kirche«, *KA* 1, S. 393.
14 »Was soll aus dem Jungen bloß werden?«, *KA* 21, S. 399 f., S. 402 f.
15 »Ansichten eines Autors«, Sender Freies Berlin (Fernsehen), 11.9.1969 – Schriftsteller der Gegenwart u. d. T.: »Ansichten eines Autors«. Menschen, Dinge und Verhältnisse im Blickfeld von Heinrich Böll. Eine Selbstdarstellung. Zitiert nach Sendeskript, S. 10, Slg. Heinrich Böll-Archiv Köln.
16 *KB*, S. 542.
17 *KA* 1, S. 9–10.
18 Léon Bloy: *Briefe an seine Braut.* Übersetzt und durch ein Kapitel ›Ein Dokument der Liebe‹ eingeleitet von Karl Pfleger. Salzburg/Leipzig: Pustet 1935, S. 83 f.
19 *KA* 21, S. 429.
20 *KA* 26, S. 256.
21 Léon Bloy: Das Heil und die Armut. Das Blut des Armen und Das Heil durch die Juden. Mit Beiträgen von Georges Bernanos, Raissa Maritain und Karl Pfleger. Heidelberg: Kerle 1953, S. 176.
22 Siehe *KB*, S. 312, Feldpostbrief 9.7.1941.
23 »Was soll aus dem Jungen bloß werden?«, *KA* 21, S. 392.

24 »Biographische Notiz«, *KA* 10, S. 15.
25 Heinrich Böll war zunächst Schütze, ab 1941 dann Gefreiter und ab dem 1.9.1943 Obergefreiter.
26 Feldpostbrief, 7.6.1940, *KB*, S. 65.
27 Feldpostbrief, 19.11.1943, *KB*, S. 950.
28 Feldpostbrief, 3.9.1939, *KB*, S. 14.
29 Feldpostbrief, 4.7.1949, *KB*, S. 69.
30 Feldpostbrief, 12.7.1940, *KB*, S. 74.
31 Feldpostbrief, 16.4.1940, *KB*, S. 78.
32 Feldpostbrief, 22.7.1940, *KB*, S. 84 f.
33 Feldpostbrief, 4.8.1940, *KB*, S. 90.
34 Feldpostbrief, 23.9.1942, *KB*, S. 479.
35 Feldpostbrief, 10.7.1941, *KB*, S. 214.
36 Feldpostbrief, 23.10.1942; *KB*, S. 513; 25.6.1944, *KB*, S. 1076; Ernst Wiechert: *Jedermann. Geschichte eines Namenlosen*. München: Albert Langen/Georg Müller 1935, S. 125.
37 Feldpostbrief, 1.12.1941, *KB*, S. 265; siehe auch die Feldpostbriefe vom 6.1.1940, *KB*, S. 127; 13.1.1941, *KB*, S. 167; 23.1.1942, *KB*, S. 287; 3.12.1942, *KB*, S. 550.
38 Feldpostbrief, 5.11.1940, *KB*, S. 125.
39 Feldpostbrief, 12.2.1941, *KB*, S. 170.
40 Feldpostbrief, 21.3.1943, *KB*, S. 659.
41 Heinrich Böll: »*Man möchte manchmal wimmern wie ein Kind*«. Die Kriegstagebücher 1943–1945. Hrsg. von René Böll. Köln: Kiepenheuer & Witsch 2017, S. 266.
42 *BBK*, S. 19.
43 Heinrich Böll: »*Man möchte manchmal wimmern wie ein Kind*«. Die Kriegstagebücher 1943–1945. Hrsg. von René Böll. Köln: Kiepenheuer & Witsch 2017, S. 266, S. 267.
44 Konservativ und rebellisch. Die Zeitschrift Labyrinth. Gespräch mit Wolfgang M. Schwiedrzik, *KA* 26, S. 374; siehe auch:»Ich habe nichts über den Krieg aufgeschrieben«. Ein Gespräch mit Heinrich Böll und Hermann Lenz, *KA* 25, S. 128.
45 »Hoffentlich kein Heldenlied«, *KA* 22, S. 79 f.
46 *BBK*, S. 15.

4 Die ersten Jahre als Schriftsteller (1946–1951)

1 *BBK*, S. 17 f., S. 20.
2 HAStK Bestand 1326-4001, Bl. 29.
3 »Schreiben als Zeitgenossenschaft«. Gespräch mit Heinrich Vormweg, *KA* 26, S. 252.
4 Heinrich Böll an Annemarie Böll, 19.11.1940, *KB*, S. 132.
5 *KA* 2, S. 16. – Zum biografischen Hintergrund dieser Textstelle siehe auch Bölls Feldpostbrief vom 11.5.1944: »Das Leben ist grausam, und der Krieg, jeder Krieg ist ein Verbrechen [...]. Ist es nicht absoluter Wahnsinn? Gott möge uns gnädig sein, und er möge uns helfen, daß wir alles, alles ertragen.« *KB*, S. 1035.
6 *KA* 2, S. 17.

7 *Börsenblatt für den deutschen Buchhandel*, 29.8.1946, S. 125.
8 Heinrich Böll an Ernst-Adolf Kunz, 3.3.1947, *BBK*, S. 28.
9 Heinrich Böll an Ernst-Adolf Kunz, 4.6.1947, ebd., S. 30.
10 *KA* 2, S. 423, S. 174 f., S. 169, S. 180 f., S. 159 f., S. 144, S. 234.
11 »Frankfurter Vorlesungen«, *KA* 14, S. 156.
12 *KA* 2, S. 238, S. 239, S. 423.
13 HAStK Bestand 1326–4002, Bl. 43a, Bl. 74, Bl. 75.
14 Heinrich Böll an Axel Kaun, 19.5.1948, HAStK Bestand 1326–4002, Bl. 61–62.
15 »Wir Besenbinder«, *KA* 3, S. 424.
16 Heinrich Böll an Axel Kaun, 19.5.1948; HAStK Bestand 1326–4002, Bl. 61 f.
17 Heinrich Böll an Ernst-Adolf Kunz, 11.10.1948, *BBK*, S. 143.
18 Heinrich Böll an Ernst-Adolf Kunz, 13.3.1948, ebd., S. 55.
19 Heinrich Böll an Ernst-Adolf Kunz, 4.6.1947, *BBK*, S. 29.
20 Heinrich Böll an die Schriftleitung der *Frankfurter Hefte*, 12.5.1947, HAStK 1326–4001, Bl. 8. Böll hatte Dirks die im November bzw. Dezember 1946 entstandenen Kurzgeschichten »Der Flüchtling« und »Wiedersehen mit B.« sowie die im April 1947 verfassten Arbeiten »Vom Schwarzmarkt« und »Aus Amerika« eingereicht.
21 Walter Weymann-Weyhe an Heinrich Böll, 18.7.1947, HAStK Bestand 1326–4001, Bl. 28.
22 Heinrich Böll an Moritz Hauptmann, 12.5.1947, HAStK Bestand 1326–4001–009a.
23 *KA* 2, S. 118.
24 *KA* 3, S. 163, S. 202.
25 *KA* 7, S. 190.
26 *KA* 3, S. 156.
27 »Wo habt ihr bloß gelebt?«, *KA* 20, S. 260.
28 *KA* 2, S. 142.
29 »Stichworte«, *KA* 14, S. 310.
30 Heinrich Böll an Ernst-Adolf Kunz, 30.10.1948, *BBK*, S. 151.
31 Axel Kaun an Heinrich Böll, 21.11.1947, HAStK Bestand 1326–4001, Bl. 56.
32 Heinrich Böll an Ernst-Adolf Kunz, 28.9.1948, *BBK*, S. 137.
33 Moritz Hauptmann an Heinrich Böll, 14.8.1948, HAStK Bestand 1326–4003, Bl. 24.
34 Heinrich Böll an Ernst-Adolf Kunz, 23.7.1948, *BBK*, S. 101 f.
35 Heinrich Böll an Ernst-Adolf Kunz, 10.7.1947, ebd., S. 96.
36 Axel Kaun an Heinrich Böll, 14.7.1948, HAStK Bestand 1326–4004, Bl. 11.
37 Heinrich Böll an den Verlag Friedrich Middelhauve, 11.11.1948, HBA Bestand Korres. Middelhauve 01, Bl. 2.
38 Heinrich Böll an Ernst-Adolf Kunz, 16.12.1948, *BBK*, S. 160.
39 Paul Schaaf an Heinrich Böll, 8.1.1949, HAStK Bestand 1326–4004, Bl. 4.
40 Zitiert nach *KA* 4, S. 643.
41 Heinrich Böll an Ernst-Adolf Kunz, 10.1.1949, *BBK*, S. 166.
42 *KA* 4, S. 258.
43 Heinrich Böll an Alfred Andersch, 8.7.1949, HAStK Bestand 1326–4005, Bl. 5.
44 Heinrich Böll an das Sekretariat der »gruppe junger autoren«, 10.5.1950, HAStK Bestand 1326–4006, Bl. 87.

45 Johannes M. Hönscheid an Heinrich Böll, 12.5.1950, HAStK Bestand 1326–4006, Bl. 88.
46 HBA Slg. Dokumente/Höhnscheid.
47 Heinrich Böll an Georg Zänker, 8.1.1952, KM–52, Bll. 8–11.
48 Die Erzählung erschien 1981 in einer limitierten Auflage von 400 nummerierten und signierten Exemplaren, zusammen mit einem Text von Siegfried Lenz (»Anfänge«), anlässlich des 25-jährigen Bestehens des Deutschen Taschenbuch Verlags und ein Jahr später im Lamuv-Verlag.
49 Der Roman wurde erst 1992 aus dem Nachlass herausgegeben. Heinrich Böll: *Der Engel schwieg.* Aus dem Nachlaß herausgegeben von Annemarie, René, Vincent und Viktor Böll und Heinrich Vormweg. Für den Druck eingerichtet von Werner Bellmann und Beate Schnepp. Nachwort: Werner Bellmann. Köln: Kiepenheuer & Witsch, 1992.
50 Ulrich Greiner: »Heinrich Böll. Nicht versöhnt«, in: Ders.: *Mitten im Leben. Literatur und Kritik.* Frankfurt a. M.: Suhrkamp 2000, S. 96.
51 Hans Werner Richter: Die Kriegsgeneration und die Anfänge der Gruppe 47, in: Heinrich Böll. Vortragsabende zu seinem 70. Geburtstag an der Universität zu Köln, 15. bis 18. Dezember 1987. Köln: Universität zu Köln 1987, S. 13. »Da gibt es einen jungen Mann in Köln. Der kann ganz gut schreiben. Lad den doch mal ein.«
52 HAStK Bestand 1326–4008, Bl. 16a, Bl. 16b.
53 Heinz Ulrich: »In Bad Dürkheim: Dichter und Denker unter sich« in: *Die Zeit*, 24.5.1951.
54 Heinrich Böll an Joseph Caspar Witsch, 13.5.1952, HBA Bestand Korres. Joseph Caspar Witsch 01, Bl. 6.
55 Heinrich Böll an Ernst-Adolf Kunz, 7.5.1952, *BBK*, S. 288.
56 Kay Cicellis: *Kein Name bei den Leuten.* Übersetzt von Annemarie und Heinrich Böll. Köln: Kiepenheuer & Witsch 1953.
57 Heinrich Böll an Joseph Caspar Witsch, 30.6.1956, HBA Bestand Korres. Joseph Caspar Witsch 01, Bl. 67–69.

5 Zeitgenossenschaft (1952–1959)

1 Heinrich Böll an Ernst-Adolf Kunz, 11.10.1948, *BBK*, S. 143.
2 »Drei Tage im März«, *KA* 24, S. 512.
3 *KA* 3, S. 213.
4 *Das Vermächtnis*, *KA* 4, S. 204.
5 »Frankfurter Vorlesungen«, *KA* 14, S. 139.
6 »Geschäft ist Geschäft«, *KA* 4, S. 420 f.
7 »Abschied«, *KA* 3, S. 530.
8 *KA* 4, S. 53, S. 53 f.
9 »Wo ist dein Bruder?«, *KA* 10, S. 27.
10 Otto B. Roegele: Die Erkenntnis wächst, *Rheinischer Merkur*, 18.12.1948.
11 Heinrich Böll an Otto B. Roegele, 28.12.1948, zit. nach *BBK*, S. 406.
12 Heinrich Böll an Otto B. Roegele, 27.1.1949, HAStK Bestand 1326–4004, Bl. 24.

13 Vgl. »Nobelpreisträger Heinrich Böll.« Peter Hamm und Renate Matthaei. Süddeutscher Rundfunk (Stuttgart), Fernsehen, 18.5.1975, HBA Bestand Interviews, zit. nach Sendeskript, S. 23.
14 Hans Schwab-Felisch: Rezension, *Die Neue Zeitung*, 24.2.1952.
15 Friedrich Sieburg: *Nur für Leser. Jahre und Bücher.* München: Deutscher Taschenbuch Verlag 1961, S. 14.
16 Franz Schonauer: Literaturkritik und Restauration. In: Hans Werner Richter (Hrsg.): *Bestandsaufnahme. Eine deutsche Bilanz 1962.* München/Wien/Basel: Verlag Kurt Desch 1962, S. 477–493, hier S. 483.
17 »Bekenntnis zur Trümmerliteratur«, *KA* 6, S. 58.
18 Wolfgang Borchert: Das ist unser Manifest, in: Ders.: *Das Gesamtwerk.* Mit einem biographischen Nachwort von Bernhard Meyer-Marwitz. Hamburg: Rowohlt 1986, S. 310.
19 Günter Blöcker: *Die neuen Wirklichkeiten.* Linien und Profile der modernen Literatur. Berlin: Argon 1957, S. 11.
20 »Bekenntnis zur Trümmerliteratur«, *KA* 6, S. 61 f., S. 62.
21 »Heißes Eisen in lauwarmer Hand. Über Erich Maria Remarque: ›Der Funke Leben‹«, in: *Die Literatur*, Nr. 11, 15.8.1952; *KA* 6, S. 102.
22 »Der Wüstenfuchs in der Falle«, in: *Die Literatur*, Heft 13, 15.9.1952; *KA* 6, S. 139–142.
23 Heinrich Böll an Ernst-Adolf Kunz, 11.11.1952, *BBK*, S. 302.
24 Hans-Werner v. Meyenn: Offener Brief, in: *Kirche und Rundfunk* (Bethel), 12.1.1953.
25 Offener Brief an den Pfarrer von Meyenn, *KA* 6, S. 271.
26 »Was uns Autoren fehlt, ist Stolz«, *KA* 22, S. 323.
27 »Eine von Einhundertzwanzig«, Süddeutscher Rundfunk, 4.3.1953; *KA* 6, S. 280–295; »Ein Tag wie sonst«, Nordwestdeutscher Rundfunk, 8.4.1953; *KA* 6, S. 473–495; »Wir waren Wimpo«, Süddeutscher Rundfunk, 9.8.1953; *KA* 7, S. 57–82; und das gemeinsam mit Richard Hey Franz Schuberts Todestag aufnehmende Hörspiel »19. November 1828«, RIAS, 15.11.1953; *KA* 7, S. 137–154 sowie die Hörspielbearbeitung »Mönch und Räuber. Hörspiel nach den Erzählungen »Das Gesicht in der Schießscheibe« und »Der Narr der Familie« von G. K. Chesterton, Nordwestdeutscher Rundfunk und Süddeutscher Rundfunk, 18.11.1953; *KA* 7, S. 155–180.
28 »Was ist aktuell für uns?«, *KA* 7, S. 30 f.
29 *KA* 6, S. 378, S. 373.
30 Jes 53, Mk 15,5; ferner Mt 27,14; Lk 23,9.
31 *KA* 6, S. 96.
32 Anon.: »Und sagte kein einziges Wort«, *Geist und Tat*, Nr. 12/1953.
33 Karl Korn: Eine Ehe in dieser Zeit, *Frankfurter Allgemeine Zeitung*, 4.4.1953.
34 Christian Ferber: »Elend und Kraft in unseren Tagen. Heinrich Bölls neuer Roman«, *Die Neue Zeitung* (München), 12.4.1953.
35 Ferdinand Römer: »… und sagte kein einziges Wort«. Zu einem neuen Buch von Heinrich Böll, *Deutsche Tagespost*, 19.6.1953.
36 »Eine deutsche Erinnerung«, *KA* 25, S. 343 f., S. 342.
37 Rudolf Hagelstange: Auf dem Pariser Literatur-Karussell, *Neue Zeitung*, 28.5.1953.
38 »Gibt es die deutsche Story«, *KA* 6, S. 240–248.

39 Hans Egon Holthusen: »Treffpunkt Librairie Didier«, *Süddeutsche Zeitung*, 30.5.1953 (Hervorh. i. O.).
40 Heinrich Böll an Ingeborg Bachmann, 3.7.1954.
41 Heinrich Böll an Alfred Andersch, 15.11.1954, HBS Bestand Korres. 03, Bl. 19.
42 Heinrich Böll an Ernst-Adolf Kunz, 24.4.1957, HBA Bestand Korres. Ernst-Adolf Kunz 2, Bl. 448.
43 »Dr. Murkes gesammeltes Schweigen«, *KA* 9, S. 304.
44 *KA* 7, S. 299f.
45 Leserbrief, *Kölnische Rundschau*, 24.4.1954.
46 Heinrich Böll an Ernst-Adolf Kunz, 22.9.1954.
47 »Böll: Deutsch ungenügend«, in: *Zeit-Magazin*, 3.11.1978, S. 10.
48 *Allgemeines Sonntagsblatt* an Heinrich Böll, 5.10.1954, HAStK Bestand 1326–4025, Bl. 11.
49 Karl Korn an Heinrich Böll, 10.12.1954, zit. nach *KA* 10, S. 639.
50 Karl Korn an Heinrich Böll, 4.1.1955, ebd.
51 Karl Korn an Heinrich Böll, HAStK Bestand 1328–4026, Bl. 111.
52 Wolfgang Hildesheimer an Heinrich Böll, undatiert, HAStK Bestand 1326–4029, Bl. 167.
53 Heinrich Böll an Annemarie Böll, 7.10.1954.
54 Georg Fleischmann an Heinrich Böll, 4.2.1955, zit. nach *KA* 10, S. 642.
55 Heinrich Böll an den Vater und die Schwester Mechthild aus Keel, 6.6.1955.
56 »Drei Tage im März«, *KA* 24, S. 528.
57 Heinrich Böll an Ernst-Adolf Kunz, 25.6.1955, HBA Bestand Korres. Ernst-Adolf Kunz 2, Bl. 328.
58 Joseph Casper Witsch: *Briefe 1948–1967*. Hrsg. von Christian Witsch. Mit einem Vorwort von Manès Sperber. Köln: Kiepenheuer & Witsch 1977, S. 68.
59 *KA* 14, S. 192.
60 Heinrich Böll an Joseph Caspar Witsch, 29.1.1956, zit. nach *KA* 10, S. 644.
61 Johannes Heesch: Hans Werner Richter und der Grünwalder Kreis, in: *Engagierte Demokraten. Vergangenheitspolitik in kritischer Absicht.* Hrsg. von Claudia Fröhlich und Michael Kohlstruck. Münster: Westfälisches Dampfboot 1999, S. 154–169, hier S. 154.
62 Annemarie Böll an Ernst-Adolf Kunz, 6.3.1956, HBA Bestand Korres. Ernst-Adolf Kunz 2, Bl. 356.
63 *KA* 10, S. 19.
64 wh: »Die Brüderlichkeit nicht gelernt«, *Bonner Rundschau*, 9.3.1956.
65 *So ward Abend und Morgen*. Fünf Erzählungen. Zürich: Verlag der Arche 1955.
66 *Unberechenbare Gäste*. Sieben heitere Erzählungen. Zürich: Verlag der Arche 1956.
67 *KA* 10, S. 646, S. 648.
68 Heinrich Böll an Ernst-Adolf Kunz, 13.8.1956, zit. nach *KA* 10, S. 648.
69 Heinrich Böll an Helmut Schmidt, 5.3.1981, HBA Bestand Korres. 21, Bl. 56.
70 Zit. nach *KA* 10, S. 604.
71 »Aufstand der Ungarn«, *KA* 10, S. 73, Hervorh. i. O.
72 »Kardinal Wyszinski«, *Kölner Stadt-Anzeiger*, 31.12.1957.
73 »Zum 65. Geburtstag. Mein Freund Heinrich Böll. Ein Porträt in Gesprächen«, ARD, 20.12.1982. HBA Bestand Interviews [Jasny].

74 *KA* 10, S. 421, S. 196, S. 277.
75 Heinrich Böll an Ernst-Adolf Kunz, 9.1.1958, HBA Bestand Korres. Ernst-Adolf Kunz 2, Bl. 424.
76 Ernst-Adolf Kunz an Heinrich Böll, 28.1.1957, HBA Bestand Korres. Ernst-Adolf Kunz 2, Bl. 428.
77 Gunhild Kunz: Faszination Ruhrgebiet. Das Buch ›Im Ruhrgebiet‹ von Böll und Chargesheimer entsteht (1957/58), in: Museum Ludwig (Hrsg.): *Photographien aus dem Ruhrgebiet*. Köln 1990.
78 Heinrich Böll an Ernst-Adolf Kunz, 31.7.1957, HBA Bestand Korres. Ernst-Adolf Kunz 2, Bl. 457.
79 »So grau ist es bei uns nicht! Das Ruhrgebiet wehrt sich gegen ein Bildbuch«, *Hamburger Abendblatt*, 19.12.1958.
80 HAStK Bestand 1326–4041, Bl. 21.
81 »Ein Gespräch im Jahre 1959«, *KA* 24, S. 578.
82 »Das zweite Gespräch: Januar 1960«, *KA* 24, S. 580f.
83 Pressekonferenz »Germania Judaica«. Germania Judaica. Bulletin der Kölner Bibliothek zur Geschichte des deutschen Judentums, Heft 1, 1960/61, S. 24.
84 Hilde Boldt: »Schreibt er den großen Roman? Erwartungen an den Schriftsteller Böll«, *Ruhr-Nachrichten*, 26./27.10.1957.
85 Heinrich Böll an Henri Plard, 18.12.1957, HBA Bestand Korres. 19, Bl. 99.
86 *KA* 10, S. 441, S. 452, S. 455.
87 Heinrich Böll an Alfred Andersch, 27.9.1958, HBA Bestand Korres. 03, Bl. 26.
88 »Die Moskauer Schuhputzer«. Ernst Bloch zum 85. Geburtstag, *KA* 16, S. 326.
89 *Billard um halb zehn*, *KA* 11, S. 159.
90 »Israel«, *KA* 15, S. 289.
91 *KA* 11, S. 252.
92 Joachim Kaiser: Was ist der Mensch ohne Trauer, *Süddeutsche Zeitung*, 12./13.12.1959.
93 Günter Blöcker: Das deutsche Unbehagen, *Der Tagesspiegel*, 6.12.1959.
94 Paul Hühnerfeld: Heinrich Böll: »Billard um halb zehn«. Falsche Vorbilder, falsche Ambitionen beeinträchtigen auch den besten Erzähler, *Die Zeit* Nr. 41, 9.10.1959.
95 Arnold Gehlen: Der neue Böll. »Billard um halb zehn«, *Neue Rhein-Zeitung*, 31.10.1959.

6 Literarische Opposition (1960–1971)

1 »Zweite Wuppertaler Rede«, *KA* 12, S. 42. – Böll entlehnte diese Bestimmung Gilbert Keith Chesterton: *Charles Dickens*. Wien: Musarion 1936, S. 30: »Übertreibung ist das Wesen aller Kunst.«
2 »Die Freiheit der Kunst«, *KA* 15, S. 210.
3 Interview von Elisabeth Wyrambe, Süddeutscher Rundfunk, 24.3.1959. HBS Bestand Interviews [Wyrambe, Abschrift S. 2].
4 »Konservativ und rebellisch«, *KA* 26, S. 394.
5 Werner von Trott zu Solz: *Der Untergang des Vaterlandes*. Dokumente und Aufsätze. Olten/Freiburg: Walter-Verlag 1965, S. 45. – Zur Gesellschaft Imshausen

siehe Wolfgang Matthias Schwiedrzik: *Träume der ersten Stunde. Die Gesellschaft Imshausen*. Berlin: Siedler 1991.

6 Werner von Trott zu Solz: Der Untergang des Vaterlandes, in: *labyrinth*, Heft 1 (September 1960), S. 4.

7 »Ein letzter Deutscher«, *KA* 14, S. 357.

8 *KA* 12, S. 270.

9 »Konservativ und rebellisch. Die Zeitschrift Labyrinth«, *KA* 26, S. 370f.

10 »Entfernung von der Prosa«, *KA* 16, S. 292. Hervorh. im Orig.

11 »Irland und seine Kinder«, *KA* 12, S. 189.

12 »Frankfurter Vorlesungen«, *KA* 14, S. 168.

13 Antwort an Georg Ramseger. Zum 13. August 1961, *KA* 12, S. 279–281, hier S. 279.

14 Heinrich Böll an Joseph Caspar Witsch, 5.10.1961, in: Joseph Casper Witsch: *Briefe 1948–1967*. Hrsg. von Christian Witsch. Mit einem Vorwort von Manès Sperber. Köln: Kiepenheuer & Witsch 1977, S. 176.

15 Die beiden Kurzgeschichten »Die Postkarte« und »Die Waage der Baleks« erschienen 1956 in der Zeitschrift *Novyj mir*. Dies begründete die Rezeption Bölls in der Sowjetunion, auch wenn schon 1952 in der russischen Zeitschrift *Zur Verteidigung des Friedens* mit ihrem Chefredakteur Ilja Ehrenburg die Kurzgeschichte »Mein teures Bein« erschien.

16 »Moskau feiert Leonhard Frank«, *Sudetendeutsche Zeitung*, 15.10.1962.

17 »Moskauer Zeitung verfälscht Böll-Äußerungen«, *Hofer Anzeiger*, 3.10.1962.

18 Claus Arnsperger: Böll in Moskau, *Frankfurter Freie Presse*, 4.10.1962.

19 Johannes F. Wicke: Böll blieb allgemein, *Kölner Stadt-Anzeiger*, 25.10.1962.

20 Siehe auch: Reinhard Meier: *Lew Kopelew. Humanist und Weltbürger*. Mit einem Vorwort von Fritz Pleitgen. Darmstadt: Theiss 2017.

21 HAStK Bestand 136–298, Bl. 76; Druckfassung »Lew Kopelew in deutscher Hand«, *KA* 22, S. 70–78.

22 Heinrich Böll – Lew Kopelew: *Briefwechsel*. Hrsg. von Elsbeth Zylla. Mit einem Essay von Karl Schlögel. Göttingen: Steidl 2011, S. 49.

23 »Eine deutsche Erinnerung«, *KA* 25, S. 460.

24 Publiziert 1963 in Horst Krüger: *Was ist heute links? Thesen und Theorien zu einer politischen Position*. München: Paul List Verlag; *KA* 14, S. 22.

25 *KA* 14, S. 23.

26 *KA* 22, S. 149.

27 Jean Starobinski: *Porträt des Künstlers als Gaukler*. Drei Essays. Aus dem Französischen von Markus Jakob. Frankfurt a.M.: S. Fischer 1985, S. 95.

28 Marcel Reich-Ranicki: »Die Geschichte einer Ehe ohne Liebe. Heinrich Böll spann seinen jetzt erschienenen Roman aus Fäden von unterschiedlicher Qualität«, *Die Zeit* Nr. 19, 10.5.1963; Joachim Kaiser: Heinrich Bölls Ansichten eines Clowns. Wovon dieses bewegende Buch handelt, *Die Zeit* Nr. 22, 31.5.1963; Werner Ross: Katholizismus als rotes Tuch, *Die Zeit* Nr. 22, 31.5.1963; Ivan Nagel: »Heinrich Bölls Ansichten eines Clowns. Glaubwürdigkeit anstelle von artistischer Mache«, *Die Zeit* Nr. 23, 7.6.1963; Walter Widmer: Ablenkungsmanöver oder Buchkritik?, *Die Zeit* Nr. 23, 7.6.1963; Rudolf Augstein: Potemkin am Rhein, *Die Zeit* Nr. 24, 14.6.1963; Reinhard Baumgart: Unglücklich oder verunglückt?, *Die Zeit* Nr. 25,

21.6.1963; Rudolf Walter Leonhardt: Ein Roman stiftet verwirrende Ordnung, *Die Zeit* Nr. 25, 21.6.1963.

29 Jens Hoffmann: Bonner Litaneien eines Melancholikers, *Christ und Welt*, 3.5.1963.

30 Deutsche Bischofskonferenz: Die deutschen Bischöfe über einige Gefahren in unserer Zeit, *Herderkorrespondenz* 18 (1963/64).

31 »Warum Marie mit einem Verbandskatholiken loszog.« Gespräch mit P. Josef Pöppinghaus S. J., *Hirschberg*. Monatsschrift des Bundes Neudeutschland, 16. Jg. (1963), Nr. 12, S. 326.

32 *KA* 13, S. 205 f., S. 207.

33 Alexander Abusch: Die nationale Aufgabe der sozialistischen Kultur, *Berliner Zeitung* (Berlin-Ost), 9.6.1963.

34 »Eure Ruinen waren unsere Spielplätze«. Gespräch mit Wolfgang Niedecken, *KA* 26, S. 443.

35 Heinrich Böll an Georg Zänker, 26.11.1954, HAStK Bestand 1326–4025, Bl. 118.

36 Heinrich Böll an Stephan Hermlin, in: *Briefe an Hermlin 1946–1984*. Hrsg. von Silvia Schlenstedt. Berlin/Weimar: Aufbau-Verlag 1985, S. 77.

37 Heinrich Böll an Stephan Hermlin, 15.3.1963, HAStK Bestand 1326–4079, Bl. 28.

38 *KA* 14, S. 206, 225, S. 259–262, S. 212.

39 »Frankfurter Vorlesungen«, *KA* 14, S. 137, S. 144, S. 140 f., S. 162, S. 159, S. 161 (vgl. auch »Gesinnung gibt es immer gratis«, ebd., S. 111).

40 »Gesinnung gibt es immer gratis«, *KA* 14, S. 527 (Stellenkommentar).

41 Anon.: »Faszination des Menschen – nicht des Dozenten. Zu Heinrich Bölls abgebrochener Frankfurter Poetik-Dozentur/Reise nach Irland«, *Wiesbadener Tageblatt*, 18.7.1964.

42 Heinrich Böll an Sigrid Kahle, 22.6.1965, HBA Bestand Korres. 12, Bl. 34.

43 Hans Werner Richter: *Briefe*. Hrsg. von Sabine Cofalla. München: Hanser 1997, S. 515.

44 Heinrich Böll an Annemarie Böll, 21.7.1964 (Privatbestand Erbengemeinschaft).

45 Heinrich Böll an Axel Kaun, 19.5.1948. HAStK 1326–4002, Bl. 61 f.

46 Heinrich Böll an Sigrid Kahle, 27.10.1964, HBA Bestand Korres. 12, Bl. 37 ff.

47 »Frankfurter Vorlesungen«, *KA* 14, S. 139.

48 Hans Werner Richter: *Briefe*. Hrsg. von Sabine Cofalla. München: Hanser 1997, S. 545.

49 Hans Werner Richter (Hrsg.): *Plädoyer für eine neue Regierung oder Keine Alternative*. Reinbek bei Hamburg: Rowohlt Taschenbuch Verlag, 1965, S. [2], ›Zu diesem Buch‹.

50 Dietrich Strothmann: »Eine Alternative für Bonn? Plädoyer für das ›kleinere Übel«, *Die Zeit* Nr. 34, 20.8.1965.

51 Hans Werner Richter: *Briefe*. Hrsg. von Sabine Cofalla. München: Hanser 1997, S. 545.

52 Theo Pirker: *Die SPD nach Hitler. Die Geschichte der Sozialdemokratischen Partei Deutschlands 1945–1964*. München: Rütten & Loening 1964, S. 285.

53 Anon.: »SPD empfiehlt Lübke«, *Süddeutsche Zeitung*, 8.6.1964.

54 Hans Schuster: »Zum Regieren bereit«, *Süddeutsche Zeitung*, 28./29.11.1964.

55 Rolf Zundel: »Staatsmännisch und etwas gedämpft. SPD-Parteitag in Karlsruhe: das Bild einer Opposition, die sich schon als Regierung fühlt«, *Die Zeit* Nr. 48, 27.11.1964.

56 Heinrich Böll an Ingeborg Bachmann, 15.8.1965, HBA Bestand Korres. 04a, Bl. 45.

57 Heinrich Böll an Hans Werner Richter, 10.12.1964, HAStK Bestand 1326–4118, Bl. 63.

58 Rolf Zundel: »Staatsmännisch und etwas gedämpft. SPD-Parteitag in Karlsruhe: das Bild einer Opposition, die sich schon als Regierung fühlt«, *Die Zeit* Nr. 48, 27.11.1964.

59 Hans Werner Richter: *Briefe*. Hrsg. von Sabine Cofalla. München: Hanser 1997, S. 544 f.

60 »Angst vor der ›Gruppe 47‹?«, *KA* 14, S. 326–337; hier S. 334.

61 Heinrich Böll an Ingeborg Bachmann, 15.8.1965, HBA Bestand Korres. 04a, Bl. 49.

62 Heinrich Böll an Günter Grass, 20.8.1965; HBA Bestand Korres. 08, Bl. 18.

63 Heinrich Böll an Günter Grass, 2.9.1965, HBA Bestand Korres. 08, Bl. 19.

64 Günter Grass: »Rede über das Selbstverständliche. Rede zur Verleihung des Georg-Büchner-Preises in Darmstadt«, in: Günter Grass: *Werkausgabe*. Hrsg. von Volker Neuhaus und Daniela Hermes. Band 14: *Essays und Reden I. 1955–1969*. Göttingen: Steidl 1997, S. 161.

65 Heinrich Böll an Hans Werner Richter, 19.2.1966, in: Hans Werner Richter: *Briefe*. Hrsg. von Sabine Cofalla. München: Hanser 1997, S. 595. Die Einladung Richters datiert auf den 14.2.1966; HAStK Bestand 1326–4145, Bl. 17.

66 Anon.: »Die Worte des Kanzlers. Eine aktuelle Zitatensammlung zum Thema: Der Staat und die Intellektuellen, *Die Zeit* Nr. 31, 30.7.1965.

67 Hans Magnus Enzensberger: »Klare Entscheidungen und trübe Aussichten«, in: Hans Magnus Enzensberger: *Über Literatur*. Frankfurt a. M.: Suhrkamp 2009, S. 305–312, hier S. 309.

68 *KA* 15, S. 211.

69 Anon.: »Böll attackiert den Staat. Schockierender Auftritt im neuen Theater Wuppertal«, *Welt am Sonntag*, 25.9.1966.

70 Hans Werner Richter: *Mittendrin. Die Tagebücher 1966–1972*. Hrsg. von Dominik Geppert in Zusammenarbeit mit Nina Schnutz. Mit einem Vorwort von Hans Dieter Zimmermann und einem Nachwort von Dominik Geppert. München: Beck 2012, S. 19, Eintrag vom 29.9.1966.

71 »Einführung in ›Dienstfahrt‹«, *KA* 15, S. 249, S. 250.

72 »Angst vor der ›Gruppe 47‹?«, *KA* 14, S. 334.

73 »Muss man Angst vor Deutschen haben?«, *Recklinghauser Zeitung*, 12.7.1969.

74 »Befehl und Verantwortung. Gedanken zum Eichmann-Prozess«, *KA* 12, S. 197.

75 Siehe »Frankfurter Vorlesungen«: »Es ist ein Wort, das vor Gericht gehört, ein Wort, das ausgelöscht werden sollte«, *KA* 14, S. 159.

76 *KA* 16, S. 34 f.

77 *KA* 15, S. 325, S. 322, S. 325.

78 Heinrich Böll an Jenny Aloni, 29.6.1967, in: *Jenny Aloni – Heinrich Böll. Briefwechsel. Ein deutsch-israelischer Dialog*. Hrsg. von Helmut Steinecke. Bielefeld: Aisthesis Verlag 2013, S. 77.

79 Heinrich Böll an Rolf Schroers, 30.1.1968, HBA Bestand Korres. 21, Bl. 144.

80 *Heinrich Böll - Lew Kopelew: Briefwechsel.* Hrsg. von Elsbeth Zylla. Mit einem Essay von Karl Schlögel. Göttingen: Steidl 2011, S. 108.
81 »Hinterm Komma«, *Der Spiegel* Nr. 12, 17.3.1975.
82 Giselher Schmidt: »Heinrichs Bücher liest er selten. Studiendirektor in der Schwesternschule: Alfred Böll«, *Kölner Stadt-Anzeiger*, 22./23.10.1977.
83 Annelie Stankau: »Ein Dichter namens Böll. Schreiner Alois schreibt Klingelpützroman«, *Kölner Stadt-Anzeiger*, 18./19.8.1966.
84 Heinrich Böll an Joseph Caspar Witsch, 25.6.1966, HBA Bestand Korres. Witsch, Bl. 269.
85 Heinrich Böll an Jenny Aloni, 2.8.1972, in: *Jenny Aloni - Heinrich Böll. Briefwechsel. Ein deutsch-israelischer Dialog.* Hrsg. von Helmut Steinecke. Bielefeld: Aisthesis Verlag 2013, S. 111.
86 *KA* 15, S. 336f.
87 Ebd., S. 351–352. – Siehe darüber *Ein Brief aus Prag* (*KA* 15, S. 351–352), *Prag – Ja oder nein?* (*KA* 18, S. 230) sowie die anlässlich des 10. Jahrestages der Intervention am 21.8.1978 gehaltene Rede *Prager Frühling - Deutscher Herbst* (*KA* 20, S. 192–194).
88 Heinrich Böll an Günter Grass, 14.6.1969, HBA Bestand Korres. 08, Bl. 23.
89 *KA* 16, S. 119.
90 Offener Brief von Erich M. Lehmann, *Jedioth Chadashot*, 30.6.1967.
91 *Jedioth Chadashot*, 5.7.1967.
92 »Mitgefangen«, *KA* 16, S. 538.
93 Heinrich Böll an Jenny Aloni, 20.6.1968 und 1.1.1969, *Jenny Aloni - Heinrich Böll. Briefwechsel. Ein deutsch-israelischer Dialog.* Hrsg. von Helmut Steinecke. Bielefeld: Aisthesis Verlag 2013, S. 82 und 86.
94 Heinrich Böll an Lew Kopelew, 19.12.1970, in: *Heinrich Böll - Lew Kopelew: Briefwechsel.* Hrsg. von Elsbeth Zylla. Mit einem Essay von Karl Schlögel. Göttingen: Steidl 2011, S. 156.
95 *Jenny Aloni - Heinrich Böll. Briefwechsel. Ein deutsch-israelischer Dialog.* Hrsg. von Helmut Steinecke. Bielefeld: Aisthesis Verlag 2013, S. 90.
96 »Ende der Bescheidenheit. Zur Situation der Schriftsteller in der Bundesrepublik. Rede zur Gründungsversammlung des Verbandes deutscher Schriftsteller am 8.6.1969 im Kölner Gürzenich«, *KA* 16, S. 105.
97 Zitiert nach Anon.: »Kanonisches Auge«, *Spiegel*, Nr. 32, 4.8.1969.
98 »›Ohne Leine‹. Gespräch mit der Zeitschrift Neutralität«, Dezember 1969, *KA* 24, S. 213.
99 »Schwierigkeiten mit der Brüderlichkeit«, *KA* 16, S. 306.
100 »Wir dürfen kein Veteranenclub sein«. Diskussionsbeitrag auf dem Deutsch-Niederländischen P.E.N.-Treffen in Arnheim am 18.9.1970, *KA* 16, S. 361–363.
101 »Ändern Dichter die Welt?« Interview von Klaus Rainer Röhl, *konkret* Nr. 10, 10.9.1968.
102 Rudolf Walter Leonhardt: »P.E.N. und Pornographie«, *Die Zeit* Nr. 17, 23.4.1971.
103 Heinrich Böll an Konstantin Bogatyrjow, 13.5.1970, HBA Bestand Korres. 05, Bl. 106.
104 »Gruppenbild mit Dame«. Tonbandinterview mit Dieter Wellershoff, am 11.6.1971, *KA* 24, S. 250.

105 *Gruppenbild mit Dame*, *KA* 17, S. 279, S. 267, S. 196, S. 192, S. 195 (Hervorh. im Orig.).
106 Karl Korn: Heinrich Bölls Beschreibung einer Epoche. Unser neuer Fortsetzungsroman »Gruppenbild mit Dame«, *Frankfurter Allgemeine Zeitung*, 28.7.1971.
107 Reinhard Baumgart: Potpourri und Inventur, *Der Spiegel*, 2.8.1971.
108 Joachim Kaiser: Mitleidiger Naturalismus und mystische Vision. Heinrich Bölls neuer Roman »Gruppenbild mit Dame«, *Süddeutsche Zeitung*, 31.7.1971.
109 Marcel Reich-Ranicki: Nachdenken über Leni G. – Heinrich Bölls neuer Roman »Gruppenbild mit Dame«, *Die Zeit*, 6.8.1971.
110 Helmut Heißenbüttel: Wie man dokumentarisch erzählen kann, *Merkur* 25, Heft 9 (September), 1971.
111 »Die internationale Nation«, *KA* 18, S. 14.
112 »Anschlag gegen die Freiheit«, *WZ Düsseldorfer Nachrichten*, 29.5.1973.

7 Heinrich Böll unter den Deutschen (1972–1979)

1 *KA* 18, S. 41.
2 Heinrich Böll an Rudolf Augstein, 26.12.1971, zit. nach *KA* 18, S. 454.
3 *Der Spiegel* Nr. 25, 15.6.1970.
4 Anon.: »Baader/Meinhof. Löwe los«, *Der Spiegel* Nr. 9, 22.2.1971, S. 26–34, hier S. 33.
5 *Kölner Stadt-Anzeiger*, 8.12.1971, ›Panorama‹.
6 Anon.: »Von Rauchs Tod hat Nachspiel im Senat. FDP stellt Innensenator Neubauer sieben Fragen«, *Kölner Stadt-Anzeiger*, 21.12.1971. – Der *Spiegel* berichtete einen Tag, nachdem Böll seinen Artikel nach Hamburg geschickt hatte, über den Tod von Rauchs unter dem Titel »Feuer eröffnet« (*Der Spiegel* Nr. 58, 27.12.1971).
7 Fernsehgespräch mit Iring Fetscher. ARD (Hessischer Rundfunk), 28.1.1972 – Titel, Thesen, Temperamente; *KA* 24, S. 335–343, hier S. 340. – Siehe auch Bölls Hinweis im Interview mit Klaus Jürgen Haller und Helmut Langer während des PEN-Kongresses in Dortmund, Westdeutscher Rundfunk, 8.4.1972, in dem er darauf verweist, unmittelbar vor dem Interview mit Peter Merseburger über den Fall Bukowski im Fernsehstudio den Panorama-Beitrag über die Erschießung von Georg von Rauchs gesehen zu haben: »Sie müssen nicht vergessen: in diesem vielzitierten Interview war, bevor ich also live interviewt wurde, eine Rekonstruktion der Erschießung von Georg von Rauchs. Sie erinnern sich? Und ich muß schon gestehen, daß mir der Atem stehengeblieben ist, ein wenig, in diesem Fall als Staatsbürger dieses Staates, was diesen immer noch obskuren Fall von Rauch in Berlin betrifft. Daß ich da nicht sofort mich zu einem sogenannten spontanen moralischen Protest entschließen konnte, muß man doch verstehen. Denn man muß doch als verantwortlicher Bürger eines Staates, der kritisiert, manchmal überkritisiert, zunächst, wie man sagt, vor seiner eigenen Tür kehren und sich damit die moralische Qualifikation verschaffen, andere Länder in diesen Fällen zu kritisieren«, HBA Bestand Interviews, zit. nach Sendemanuskript.
8 »Soviel Liebe auf einmal. Will Ulrike Meinhof Gnade oder freies Geleit?«, *KA* 18, S. 47.

9 »Man muß zu weit gehen«, *Süddeutsche Zeitung* (München). – 28. Jg., Nr. 23 (29./30.1.1972, *SZ am Wochenende*; verfasst am 17.1.1972; *KA* 18, S. 54–62, hier S. 57.

10 »Georg Büchners Gegenwärtigkeit«. Rede zum Büchner-Preis, gehalten am 21.10.1967 in Darmstadt; *KA* 15, S. 322.

11 »Soviel Liebe auf einmal. Will Ulrike Meinhof Gnade oder freies Geleit?«, *KA* 18, S. 47, S. 44, S. 45.

12 *KA* 18, S. 43 f., S. 46 f.

13 Jürgen Tern: Heinrich Böll und seine Kritiker, in: *Frankfurter Hefte* 27 (1972/3), S. 158–161, hier S. 159.

14 »Narren, Hofnarren, blutige Narren: Sie sagen ›befreien‹ und meinen ›zerstören‹«, *Bild*, 11.1.1971; abgedruckt in: *Heinrich Böll: Freies Geleit für Ulrike Meinhof. Ein Artikel und seine Folgen*. Zusammengestellt von Frank Grützbach. Mit Beiträgen von Helmut Gollwitzer Hans G. Helms, Otto Köhler. Köln: Kiepenheuer & Witsch 1972, S. 38.

15 Anon.: »Genscher: Politischer Radikalismus hat weiter zugenommen«, *Die Welt*, 12.1.1972.

16 Wilfried Scharnagel: »Demaskierter Böll«, *Bayern-Kurier*, 15.2.1972; abgedruckt in: *Heinrich Böll: Freies Geleit für Ulrike Meinhof. Ein Artikel und seine Folgen*. Zusammengestellt von Frank Grützbach. Mit Beiträgen von Helmut Gollwitzer Hans G. Helms, Otto Köhler. Köln: Kiepenheuer & Witsch 1972, S. 51.

17 Hans Habe: »Treten Sie ab, Herr Böll«, *Welt am Sonntag*, 16.1.1972; abgedruckt in: ebd., S. 55 f.

18 »Verfolgt war nicht nur Paulus«, *KA* 18, S. 64.

19 Ulrich Frank-Planitz: »Letzte Parole, verhaftet oder tot«; abgedruckt in: *Heinrich Böll: Freies Geleit für Ulrike Meinhof. Ein Artikel und seine Folgen*. Zusammengestellt von Frank Grützbach. Mit Beiträgen von Helmut Gollwitzer Hans G. Helms, Otto Köhler. Köln: Kiepenheuer & Witsch 1972, S. 85.

20 Telegramm von Heinrich Böll an den Intendanten des Südwestfunks, Helmut Hammerschmidt, 24.1.1972; abgedruckt in: ebd., S. 86.

21 Telegramm von Fritz Niehues, *Südwestfunk* an Heinrich Böll, 25.1.1972; abgedruckt in: ebd.

22 »Telefon-Interview mit Axel Buchholz am 25.1.1972 im Saarländischen Rundfunk«; die Sendung erfolgte am 26.1.1972 in der Reihe »Zwischen heute und morgen«, in: *Interviews I*, S. 203–208; abgedruckt in: ebd., S. 95–99.

23 Gerhard Löwenthal: Moderation zu einem Beitrag über deutsche Universitäten, ZDF, 26.1.1972; abgedruckt in: ebd., S. 104. Vgl. auch *Süddeutsche Zeitung*, 9.2.1972.

24 *Frankfurter Allgemeine Zeitung*, 9.2.1972.

25 *Süddeutsche Zeitung*, 18.2.1972.

26 Rudolf Woller: Heinrich Böll und der Staat, ZDF, 26.1.1972; abgedruckt in: *Heinrich Böll: Freies Geleit für Ulrike Meinhof. Ein Artikel und seine Folgen*. Zusammengestellt von Frank Grützbach. Mit Beiträgen von Helmut Gollwitzer Hans G. Helms, Otto Köhler. Köln: Kiepenheuer & Witsch 1972, S. 104–106, hier S. 106.

27 »Schwarzer Mittwoch beim ZDF«, *KA* 18, S. 53.

28 »‹Der demokratische Begriff der Systemveränderung›« – Hendrik Bussink, Sender Freies Berlin, 9.2.1983. HBA Bestand Interviews; zit. nach Sendeskript.
29 »Schwarzer Mittwoch beim ZDF«, *KA* 18, S. 51.
30 »Die Würde des Menschen ist unantastbar. Vorwort zu ›Wie links können Journalisten sein?‹«, *KA* 18, S. 141.
31 »Die kulturpolitische Situation in Osteuropa!« Interview mit Peter Kliemann, Deutschlandfunk, 23.9.1973; *KA* 24, S. 352.
32 Abgedruckt in: *Heinrich Böll: Freies Geleit für Ulrike Meinhof. Ein Artikel und seine Folgen*. Zusammengestellt von Frank Grützbach. Mit Beiträgen von Helmut Gollwitzer Hans G. Helms, Otto Köhler. Köln: Kiepenheuer & Witsch 1972, S. 152f.
33 Heinrich Böll an Karl Korn, 2.2.1972, HBA Korrespondenz 14, Bl. 101–102.
34 Anon.: Auch das Bundeskriminalamt: Jünschke gehört zur Baader-Meinhof-Bande, *Bild*, 13.1.1972; abgedruckt in: *Heinrich Böll: Freies Geleit für Ulrike Meinhof. Ein Artikel und seine Folgen*. Zusammengestellt von Frank Grützbach. Mit Beiträgen von Helmut Gollwitzer Hans G. Helms, Otto Köhler. Köln: Kiepenheuer & Witsch 1972, S. 44. – Anon.: »Böll, zeige uns den Staat, in dem es mehr Freiheit gibt«. Fünf Politiker und ein Schriftsteller antworten Heinrich Böll, *Bild*, 16.1.1972; abgedruckt in: ebd., S. 58.
35 Günter Zehm: »Le style c'est l'homme. Ein notwendiger Nachtrag zur Affäre um Heinrich Böll, *Die Welt*, 7.2.1972; abgedruckt in: ebd., S. 175–177, hier S. 176.
36 L.C.: Ein ›bißchen Gewalt‹ und ein bißchen mehr, *Neue Zürcher Zeitung*, 31.1.1972; abgedruckt in: ebd., S. 144f.
37 Rudolf Krämer-Badoni: »Warum sagt Heinrich Böll nicht die Wahrheit?«, *Die Welt*, 16.2.1972, abgedruckt in: ebd., S. 187f.
38 Heinrich Böll an Rudolf Augstein, 3.2.1972, HBA Bestand Korres. 29, Bl. 27.
39 Heinrich Böll an Theodore Ziolkowski, 21.2.1973, HBA Bestand Korres. 25, Bl. 112.
40 Heinrich Böll an Günter Grass, 1.4.1972, HBA Bestand Korres. 08, Bl. 25f.
41 Heinrich Böll an Hans Dietrich Genscher, 5.6.1972, HBA Bestand Korres. 09, Bl. 30–31.
42 Hans-Dietrich Genscher: »Wir werden keinen Millimeter vom Weg des Rechts abweichen«, *Hamburger Abendblatt*, 23.6.1972.
43 Gustav Heinemann an Heinrich Böll, 16.6.1972; zit. nach: Brigitte Gollwitzer: »Lieber Herr Böll!« Ein Brief und seine Vorgeschichte, in: *L'80*. Zeitschrift für Politik und Literatur, Heft 36 (Dezember 1985), S. 62.
44 Monitor-Interview von Ulrich Potthast, ARD, 12.6.1972.
45 Heinrich Böll an Günter Grass, 2.6.1972, HBA Bestand Korres. 08, Bl. 28–30.
46 Deutscher Bundestag. *Plenarprotokoll* (*Stenographischer Bericht*) 188. Sitzung. Bonn, Mittwoch, den 7. Juni 1972, Spalte 11015f., Spalte 10985f.
47 [Anzeige], *National Zeitung*, 10.7.1972.
48 Anon.: »Strauß und Böll«, *Südwestpresse*, 21.10.1972.
49 31.1.1973, HBA Bestand Korres. 03, Bl. 60.
50 Heinrich Böll an Theodore Ziolkowski, 21.2.1973, HBA Bestand Korres. 25, Bl. 113.
51 Heinrich Böll an Efrim Etkind, 30.1.1973, HBA Bestand Korres. 29, Bl. 93.

52 Heinrich Böll an Theodore Ziolkowski, 21.2.1973, HBA Bestand Korres. 25, Bl. 112ff.
53 »Einmischung erwünscht«, *KA* 18, S. 189.
54 »Versuch über die Vernunft der Poesie«; *KA* 18, S. 205, S. 209., S. 205, S. 214.
55 Heinrich Böll an H. G. Adler, 22.2.1974, HAB Bestand Korres. 01, Bl. 68.
56 »Böll Junior läßt in Köln Puppen köpfen«, *Bild*, 12.2.1974.
57 »Vorwort in eigener und anderer Sache«, *KA* 22, S. 86–92, hier S. 88.
58 Zit. nach *KA* 22, S. 704.
59 Manifest zur Gründung einer »Freien Internationalen Hochschule für Kreativität und Interdisziplinäre Forschung e. V.«, *KA* 18, S. 282–285, hier S. 283.
60 Per Wästberg: Die Sprache - Hort der Freiheit, in: *P.E.N. International*. Hrsg. von Gerd E. Hoffmann. München: Bertelsmann 1986, S. 73.
61 Matthias Walden: »Unbehagen am Unbehagen«, *Die Welt*, 13.1.1968.
62 »Vorwort in eigener und anderer Sache«, *KA* 22, S. 89.
63 Heinrich Böll an Reinhold Neven Du Mont, 22.11.1974, Erbengemeinschaft Heinrich Böll, Nachlass Dokumente (Walden-Prozess).
64 »Aussage im Prozeß gegen Matthias Walden«, *KA* 19, S. 78.
65 Nach der Abweisung von Bölls Klage erkannte in nächster Instanz das Oberlandesgericht Köln in seinem Urteil vom 11.5.1976 auf eine Teilzahlung des Schmerzensgeldes in Höhe von 40.000 DM. Nachdem dieses Urteil am 30.5.1978 vom Bundesgerichtshof (BGH) aufgehoben worden war, legte Böll Verfassungsbeschwerde vor dem Bundesverfassungsgericht (BVG) mit der Begründung ein, dass es in diesem Rechtsstreit um eine Abwägung der Grundrechte des Persönlichkeitsschutzes und der Pressefreiheit gehe. Am 18.7.1980 meldeten die *Stuttgarter Nachrichten* die Aufhebung des BGH-Urteils durch das BVG, »Böll gewinnt vor BVG gegen Walden«, das die Klage zur erneuten Verhandlung an den BGH zurückwies, da in diesem Fall das Grundrecht des Persönlichkeitsschutzes höher zu bewerten sei als das der Pressefreiheit. Der VI. Zivilsenat des Bundesgerichtshofs entschied am 1.12.1981 dann im Wesentlichen zugunsten Bölls mit der Begründung, dass »ungenaue, entstellte oder gar falsche Zitate nicht durch die Verfassungsgarantie der freien Meinungsäußerung nach Artikel 5 Grundgesetz gedeckt sind« (»Walden muß Böll Schmerzensgeld zahlen. BGH zog Schlußstrich unter sieben Jahre dauernden Rechtsstreit«, *General-Anzeiger Bonn,* 2.12.1981). Walden wurde schließlich zu einer Schmerzensgeldzahlung in Höhe von 40.000 D-Mark verurteilt.
66 »CDU boykottiert Empfang für Gollwitzer und Böll«, *Frankfurter Allgemeine Zeitung*, 4.12.1974. - Böll hatte sich Lummers Schreiben über den *Spiegel* verschafft, das am 3.12. an ihn geschickt worden war; Erbengemeinschaft Heinrich Böll, Nachlass Dokumente (Prozess Lummer).
67 »Abfuhr für Böll«, *Berliner Morgenpost*, 7.12.1974.
68 *Landespressedienst*. Berlin. [Hrsg.] Presse- und Informationsamt des Landes Berlin. Nr. 236, 6. Dezember 1974, S. 1 f.
69 Peter Boenisch: Piff-Paff-Puff, *Bild*, 16.12.1974.
70 *KA* 19, S. 54.
71 »Sind wir Israelis ›Vertreiber‹ geworden«, *Chadashot Israel* (Israel-Nachrichten), 10.1.1975.

72 Heinrich Böll: Offener Brief, *Chadashot Israel* (Israel-Nachrichten), 7.2.1975, *KA* 19, S. 69.
73 Helmut Schelsky: *Die Arbeit tun die anderen. Klassenkampf und Priesterherrschaft der Intellektuellen.* Opladen: Westdeutscher Verlag 1975, S. 13, S. 345, S. 342, S. 344.
74 »Drei Tage im März«, *KA* 24, S. 538f.
75 Heinrich Böll an Robert C. Conard, 24.9.1977, HBA Bestand Korres. 06, Bl. 79. – Die französische Ausgabe des Gesprächs, »*Une mémoire allemande*«, erschien 1978 bei Editions du Seuil, die deutsche Ausgabe, »*Eine deutsche Erinnerung*«. *Interview mit René Wintzen*, 1979 bei Kiepenheuer & Witsch; *KA* 25, S. 292–465.
76 Volker Schlöndorff: *Licht, Schatten und Bewegung.* Hanser: München 2008, S. 74.
77 »Kleiner Luxus«, *Spiegel* Nr. 43, 16.10.1972, siehe auch »Kunst ist Anarchie«. Gespräch mit Gunther Nenning, 3.12.1975; *KA* 25, S. 37.
78 Erbengemeinschaft Heinrich Böll, Nachlass Dokumente (Kirchenaustritt); Bescheinigung des Amtsgericht Düren über den am 9.1.1976 erklärten Austritt, 17.2.1976; Erbengemeinschaft Heinrich Böll, Nachlass Dokumente (Kirchenaustritt).
79 Helmut Schmidt: *Weggefährten.* Erinnerungen und Reflexionen. Berlin: Siedler 1996, S. 92.
80 »Appell an die Schleyer-Entführer«, *KA* 20, S. 70.
81 »Mord beginnt beim bösen Wort«, *Der Spiegel* Nr. 41, 3.10.1977, S. 47.
82 Michael Wesener: »Am Tatort: 300 Patronenhülsen«, *Zeit,* 9.9.1977.
83 Günter Grass: »Im Ausland geschätzt – im Inland gehaßt. Der Schriftsteller Günter Grass über die Angriffe auf Intellektuelle nach dem Terroranschlag auf Schleyer und seine Begleiter in Köln«, *Frankfurter Rundschau*, 5.10.1977.
84 »Rufschädigung ist eine ansteckende Krankheit«. Gespräch mit Klaus Bresser; *KA* 25, S. 161.
85 Heinrich Böll an Hans Erich Brandner, 25.11.1982; HBA Bestand Korres. 05, Bl. 156f.
86 »Lehrer wenden sich an die Öffentlichkeit«, *Berliner Tagesspiegel*, 26.11.1977 und *Hamburger Abendblatt,* 21.12.1977.
87 Brief von Herbert Ehrenberg an Helmut Schmidt, 8.11.1977, darin: Notiz im Anschluss an das Gespräch beim Bundeskanzler mit Heinrich Böll, Max Frisch, Siegfried Lenz und Siegfried Unseld am 16.10.1977, zit. nach: Michael März: *Linker Protest nach dem Deutschen Herbst: Eine Geschichte des linken Spektrums im Schatten des ›starken Staates‹, 1977–1979.* Bielefeld: transcript 2012.
88 »Die verschobene Antigone«, *KA* 20, S. 159.
89 Siegfried Lenz: »Über Phantasie«, *KA* 26, S. 218. Im Roman selbst wird diese Perspektive durch die Erkenntnis Fritz Toms formuliert, »daß es [keine] Sicherheit gibt, innere oder äußere, auch keine Sicherheit in meinem Inneren.« *Fürsorgliche Belagerung, KA* 21, S. 125.
90 *Fürsorgliche Belagerung, KA* 21, S. 40.
91 »Nett ist rosa«, *KA* 21, S. 310, S. 311.

8 *Widerstand als Freiheitsrecht (1980–1985)*

1 Heinrich Böll an Hartmut von Hentig, 17.12.1980; HBA Bestand Korres. 09, Bl. 81.
2 Heinrich Böll an Jenny Aloni, 20.6.1968, in: *Jenny Aloni – Heinrich Böll. Briefwechsel. Ein deutsch-israelischer Dialog.* Hrsg. von Helmut Steinecke. Bielefeld: Aisthesis Verlag 2013, S. 82.
3 Heinrich Böll an Hartmut von Hentig, 17.12.1980; HBA Bestand Korres. 09, Bl. 81.
4 Heinrich Böll an Karl Korn, 1.6.1981; HBA Bestand Korres. 14, Bl. 106.
5 »Nicht einmal reaktionär oder konservativ«. Über Axel Springer, ›Aus Sorge um Deutschland – Zeugnis eines engagierten Berliners‹; *KA* 21, S. 348–358.
6 Heinrich Böll an Hartmut von Hentig, 17.12.1980; HBA Bestand Korres. 09, Bl. 81.
7 Heinrich Böll an Karl Korn, 1.6.1981; HBA Bestand Korres. 14, Bl. 106.
8 Heinrich Böll an Marcel Reich-Ranicki, 27.4.1981, zit. nach *KA* 21, S. 667, S. 669.
9 »Gegen die atomare Bedrohung gemeinsam vorgehen«, *KA* 22, S. 63–67. Böll hielt die Rede frei. Der ursprünglich für die Kundgebung verfasste Beitrag konnte aus Zeitgründen nicht gehalten werden, siehe »Manuskript der Ansprache zur Friedensdemonstration vom 10.10.1981 in Bonn«, *KA* 22, S. 52–55.
10 »Konflikte bewirken Literatur«, Interview von Michaela Pilters, *KA* 26, S. 186.
11 »Blockade des US-Militärdepots in Mutlangen«. Interview von Thomas Nehls, Westdeutscher Rundfunk, 31.8.1983. HBA Bestand Interviews, zit. nach Abschrift Sendeskript, S. 1.
12 »Wir gefährden die Demokratie nicht, wir machen Gebrauch von ihr«, *KA* 22, S. 238–242.
13 »Poesie des Tuns«, *KA* 23, S. 162–164.
14 Heinrich Böll an Eugenio Barba, 25.8.1984, HBA Bestand Korres. 19, Bl. 23 (Hervor. i. Orig.).
15 Heinrich Böll an Heidi Böll-Haas, 23.8.1983, Erbengemeinschaft Heinrich Böll, Nachlass Privatkorrespondenz.
16 Heinrich Böll an Heidi Böll-Haas, 10.2.1983, ebd.
17 Heinrich Böll an Heidi Böll-Haas, 2.8.1983, ebd.
18 Heinrich Böll an Heidi Böll-Haas, 10.2.1983, ebd.
19 Heinrich Böll an Heidi Böll-Haas, 27.7.1984, ebd.
20 *Deutsche und Tschechen: Geschichte, Kultur, Politik.* Hrsg. von Walter Kosehmal, Marek Nekula, Joachim Rogall. München: Beck 2001, S. 286.
21 »Heinrich Böll politisch unbequem. Parteiengezänk um Ehrenbürgerschaft«, *Die Tageszeitung*, 19.11.1982.
22 Heinrich Böll an Norbert Burger, 16.11.1982, HAStK Bestand 1326–305, Bl. 45.
23 Heinrich Böll: *Ich han dem Mädche nix jedonn, ich han et bloß ens kräje.* Texte, Bilder, Dokumente zur Verleihung des Ehrenbürgerrechts der Stadt Köln, 29.4.1983. Köln: Stadt Köln [o. J.], S. 16–18, hier: S. 17.
24 *KA* 22, S. 223.
25 Anon.: »Franz Josef Strauß spricht von ›kultureller Entartung‹«, *Frankfurter Rundschau*, 31.1.1983.
26 »Wir betrachten uns als Erben der entarteten Kunst«. Interview von Wolfgang Schütte, Westdeutscher Rundfunk, 9.2.1983 (Mittagsmagazin); *KA* 22, S. 658 f.

27 »Ich bin ganz geprägt vom Neuen Testament«, Gespräch mit Ewald Rose, *KA* 26, S. 230.
28 Heinrich Böll an Rainer Barzel, 16.3.1983; HBA Bestand Korres. 05, Bl. 35.
29 Heinrich Böll an Ernst Müller-Meinigen, 12.5.1985, HBA Bestand Korres. 18, Bl. 129.
30 Volkmar Deile an Heinrich Böll, 30.9.1983, HAStK Bestand 1326–308, Bl. 16.
31 HAStK Bestand 1326–308, Bl. 38–39.
32 »Oblomow auf der Bettkante«, *KA* 23, S. 236.
33 *KA* 23, S. 299, S. 380, S. 323, S. 326.
34 »Oblomow auf der Bettkante«, *KA* 23, S. 236; vgl. auch 1967 »Georg Büchners Gegenwärtigkeit«: »Wer verfügt da über uns, wer verfährt da mit uns, wer gibt uns ungeschriebene Gesetze?«, *KA* 15, S. 325.
35 Herbert Falken: Predigt an die Gemeinde in Schevenhütte anlässlich der kirchlichen Bestattung Heinrich Bölls, in: *30 Jahre Nobelpreis Heinrich Böll. Zur literarisch-theologischen Wirkkraft Heinrich Bölls.* Hrsg. von Georg Langenhorst. Münster: LIT 2002, S. 57–61, hier S. 60, S. 59.
36 »Lieber Heinrich Böll, ich wende mich an Sie ... Wie politisch ist die deutsche Literatur?«. Gespräch mit Hans Peter Riese, *KA* 25, S. 167.

Literaturverzeichnis

Primärliteratur

Texte

Böll, Heinrich: *Assisi.* Hrsg. von Berthold Fricke. Mit 18 Schwarzweiß-Tafeln nach Aufnahmen von Leonard von Matt und 18 Farbtafeln nach den Fresken von Cimabue, Giotto.

Böll, Heinrich: *Der Engel schwieg.* Aus dem Nachlaß hrsg. von Annemarie, René, Vincent und Viktor Böll sowie Heinrich Vormweg. Für den Druck eingerichtet von Werner Bellmann und Beate Schnepp. Nachwort: Werner Bellmann. Köln: Kiepenheuer & Witsch 1992.

Böll, Heinrich: Drehbuch zu »Fedor M. Dostojewski und Petersburg«, ARD (Westdeutscher Rundfunk), 15.5.1969.

Böll, Heinrich: *Erzählungen.* Hrsg. von Viktor Böll und Karl Heiner Busse. Köln: Kiepenheuer & Witsch 1994.

Böll, Heinrich: *Ich han dem Mädche nix jedonn, ich han et bloß ens kräje.* Texte, Bilder, Dokumente zur Verleihung des Ehrenbürgerrechts der Stadt Köln, 29.4.1983. Köln: Stadt Köln [o. J.].

Böll, Heinrich: *Rom auf den ersten Blick. Landschaften, Städte, Reisen.* Mit einem Vorwort von Heinrich Vormweg. Bornheim-Merten: Lamuv 1987.

Böll, Heinrich: *So ward Abend und Morgen.* Fünf Erzählungen. Zürich: Verlag der Arche 1955.

Böll, Heinrich: *Unberechenbare Gäste.* Sieben heitere Erzählungen. Zürich: Verlag der Arche 1956.

Böll, Heinrich: *Was soll aus dem Jungen bloß werden? Oder: Irgendwas mit Büchern.* Bornheim: Lamuv 1981.

Böll, Heinrich: *Werke.* Kölner Ausgabe (*KA*). 27 Bände. Hrsg. von Árpád Bernáth, Hans Joachim Bernhard, Robert C. Conard, Frank Finlay, James H. Reid, Ralf Schnell und Jochen Schubert. Köln: Kiepenheuer & Witsch 2001–2010. (Zitiert: KA)

Böll, Heinrich: *Werke, Romane und Erzählungen 1–5.* Hrsg. von Bernd Balzer. Köln: Kiepenheuer & Witsch 1977.

Böll, Heinrich: *Werke. Essayistische Schriften und Reden 1–3.* Hrsg. von Bernd Balzer. Köln: Kiepenheuer & Witsch [1979].

Böll, Heinrich: *Werke. Hörspiele, Theaterstücke, Drehbücher, Gedichte I 1952–1978.* Hrsg. von Bernd Balzer. Köln: Kiepenheuer & Witsch [1979].

Böll, Heinrich: *Widerstand ist ein Freiheitsrecht. Schriften und Reden zu Literatur, Politik und Zeitgeschichte.* Hrsg. von René Böll. Kommentiert und mit einem Nachwort versehen von Jochen Schubert. Köln: Kiepenheuer & Witsch 2011.

Briefe und Tagebücher

Böll, Heinrich: *Briefe aus dem Krieg 1939–1945.* 2 Bde. Hrsg. und kommentiert von Jochen Schubert. Mit einem Vorwort von Annemarie Böll und einem Nachwort von James H. Reid. Köln: Kiepenheuer & Witsch 2001. (Zitiert: KB)

Böll, Heinrich: Briefe an Jenny Aloni. Ediert, eingeleitet und kommentiert von Markus Schäfer, in: *»Ich sammle Augenblicke«. Heinrich Böll 1917–1985.* Hrsg. von Werner Jung und Jochen Schubert. Bielefeld: Aisthesis Verlag 2008, S. 249–267.

Böll, Heinrich: *»Man möchte manchmal wimmern wie ein Kind«. Die Kriegstagebücher 1943–1945.* Hrsg. von René Böll. Köln: Kiepenheuer & Witsch 2017.

»Die Hoffnung ist wie ein wildes Tier«. Der Briefwechsel zwischen Heinrich Böll und Ernst-Adolf Kunz 1945–1953. Hrsg. und mit einem Nachwort von Herbert Hoven. Köln: Kiepenheuer & Witsch 1994. (Zitiert: BBK)

Heinrich Böll – Lew Kopelew: *Briefwechsel.* Hrsg. von Elsbeth Zylla. Mit einem Essay von Karl Schlögel. Göttingen: Steidl 2011.

Jenny Aloni – Heinrich Böll. *Briefwechsel. Ein deutsch-israelischer Dialog.* Hrsg. von Helmut Steinecke. Bielefeld: Aisthesis Verlag 2013.

Interviews und Gespräche

Böll, Heinrich: *Eine deutsche Erinnerung.* Köln: Kiepenheuer & Witsch 1979.

Böll, Heinrich: Für Sachkunde und Phantasie: Gespräch mit Dieter E. Zimmer, *Die Zeit* Nr. 32, 6.8.1971.

Böll, Heinrich: *Interviews* I. Köln: Kiepenheuer & Witsch [1979].

»Böll sieht die Schuld bei Genscher, Nollau, Wessel« [Interview], *Frankfurter Rundschau*, 9.5.1974.

Röhl, Klaus Rainer: »Ändern Dichter die Welt?«. Interview, *konkret* Nr. 10, 10.9.1968.

Ronner, Markus M.: »Man kann nicht sehr weit gehen ...« Interview, *Die Weltwoche* (Zürich), 9.2.1972.

Potthast, Ulrich: Monitor-Interview, ARD, 12.6.1972.

»Warum Marie mit einem Verbandskatholiken loszog.« Gespräch mit P. Josef Pöppinghaus S. J., *Hirschberg.* Monatsschrift des Bundes Neudeutschland, 16. Jg. (1963), Nr. 12, S. 326.

»Zum Fall Defregger. *Panorama*-Interview mit Peter Merseburger am 11.8.1969«, in: Heinrich Böll: *Werke. Interviews I*, Köln: Kiepenheuer & Witsch [1979], S. 77–78.

Artikel

Böll, Heinrich: ›Bilder und Zeiten‹: »Meine Schulzeit im Dritten Reich (5)«: Den Nazis verdanke ich mein Abitur, *Frankfurter Allgemeine Zeitung*, 18.4.1981.

Böll, Heinrich: »Brief an meine Söhne oder vier Fahrräder«, *Die Zeit* Nr. 12, 15.3.1985.

Böll, Heinrich: »Moskau feiert Leonhard Frank«, *Sudetendeutsche Zeitung*, 15.10.1962.

Böll, Heinrich: »Muss man Angst vor Deutschen haben?«, *Recklinghauser Zeitung*, 12.7.1969.

Böll, Heinrich: Stellungnahme, *Jedioth Chadashot*, 5.7.1967.

Böll, Heinrich: »Verführtes Denken. Über Czeslaw Miłosz, ›Verführtes Denken‹«, *Deutsches Volksblatt*, 6.9.1963.

Böll, Heinrich: »Was soll aus dem Jungen bloß werden? Oder: Irgendwas mit Büchern«, *Die Zeit*, 28.8.1981.

Böll, Heinrich: »Wir Deutsche: ein fahrendes Volk. Über H. G. Adler, ›Eine Reise‹«, *Der Tagesspiegel*, 22.9.1963.

Herausgeberschaft

Mein Lesebuch. Hrsg. von Heinrich Böll. Frankfurt a. M.: Fischer Taschenbuch Verlag 1978.

Böll, Heinrich/Duve, Freimut/Staeck, Klaus (Hrsg.): *Verantwortlich für Polen*. Reinbek bei Hamburg: 1982.

Nachlässe

Erbengemeinschaft Heinrich Böll

Nachlass Korrespondenz

Nachlass Dokumente

Historisches Archiv der Stadt Köln (HAStK)

Bestand 1328 (Heinrich Böll)

Heinrich Böll-Archiv der Stadtbibliothek Köln (HBA)

Bestand Korrespondenz 01–27

Bestand Korrespondenz Witsch

Bestand Korrespondenz Ernst-Adolf Kunz

Bestand Interviews

Bestand Dokumente

Bestand Korrespondenz Middelhauve Verlag

Sekundärliteratur

Presseartikel, Interviews, Gespräche, Rundfunkbeiträge

Abusch, Alexander: »Die nationale Aufgabe der sozialistischen Kultur«, *Berliner Zeitung* (Berlin-Ost), 9.6.1963.

Anon.: »Abfuhr für Böll«, *Berliner Morgenpost*, 7.12.1974.

Anon.: »Adolf und Fränzchen. Eine Unterhaltung, die die Welt und die Lachmuskeln erschütterte«. *Rheinische Zeitung*, 7.1.1933.

Anon.: »Affären – Springer-Fernsehen«, *Der Spiegel* Nr. 33, 7.7.1967.

Anon.: »Anschlag gegen die Freiheit«, *WZ Düsseldorfer Nachrichten*, 29.5.1973.

Anon.: »Baader/Meinhof. Löwe los«, *Der Spiegel* Nr. 9, 22.2.1971.

Anon.: »Böll attackiert den Staat. Schockierender Auftritt im neuen Theater Wuppertal«, *Welt am Sonntag*, 25.9.1966.

Anon.: »Böll: Deutsch ungenügend«, *Zeit*-Magazin, 3.11.1978.

Anon.: »Böll Junior läßt in Köln Puppen köpfen«, *Bild*, 12.2.1974.

Anon.: »Böll kämpft für die Grünen – Schriftsteller: Bundesrepublik wird mit ihnen regierbarer«, *Bremer Nachrichten*, 11.2.1983.

Anon.: »Bölls Antwort«, *Westfälische Zeitung*, 1.6.1973.

Anon.: »Böll: Vor dem Tod mit der Kirche versöhnt. ›Maler-Priester‹ Herbert Falken gab ihm die Krankensalbung«, *Kölner Express*, 19,7.1985.

Anon.: »Bonn. Koalitions-Zerfall. Ende einer Dienstfahrt«, *Der Spiegel* Nr. 45, 31.10.1966.

Anon.: »Carl-von-Ossietzky-Medaille 1974 an Heinrich Böll«, *Der Tagesspiegel*, 7.8.1974.

Anon.: »CDU boykottiert Empfang für Gollwitzer und Böll«, *Frankfurter Allgemeine Zeitung*, 4.12.1974.

Anon.: »›Das ist Denunziation‹«, sagte der Schriftsteller Böll zum Regierenden …«, *Berliner Zeitung*, 9.12.1974.

Anon.: »Das müssen wir hier erleben«, *Spiegel* Nr. 1, 3.1.1972.

Anon.: (»›Dem Gesetz ist genüge getan‹ – Letzter Tag des Kölner Rotmord Prozesses. – Außer den 7 Todesurteilen wurde auf 120 Jahre Zuchthaus und 25 Jahre 10 Monate Gefängnis erkannt«, *Westdeutscher Beobachter*, 24.7.1933.

Anon.: »Der Mord an Spangenberg und Winterberg gesühnt – Die sechs verurteilten Kommunisten hingerichtet«, *Westdeutscher Beobachter*, 1.12.1933.

Anon.: »Der Springer-Konzern«, *Capital*, Nr. 7 (November) 1964.

Anon.: »Dienstanweisung« an das ›Deutsche Jungvolk‹«, *Westdeutscher Beobachter*, 14.6.1933.

Anon.: »Die Wahrheit über das Revier. Das Bildbuch ›Im Ruhrgebiet‹ von Böll und Chargesheimer – eine Diskussion, die keine war«, *Rheinischer Merkur*, 13.2.1959.

Anon.: »Die Worte des Kanzlers. Eine aktuelle Zitatensammlung zum Thema: Der Staat und die Intellektuellen«, *Die Zeit* Nr. 31, 30.7.1965.

Anon.: »Doppelgleisig dem Vorbild nach. ›L 76‹ – eine neue Zeitschrift für Literatur und Politik«, *Frankfurter Allgemeine Zeitung*, 3.9.1976.

Anon.: »Ein Student unter den Bankräubern? Polizei in Kaiserslautern: Als Mittäter identifiziert«, *Kölner Stadt-Anzeiger*, 11.1.1972.

Anon.: »Faszination des Menschen – nicht des Dozenten. Zu Heinrich Bölls abgebrochener Frankfurter Poetik-Dozentur/Reise nach Irland«, *Wiesbadener Tageblatt*, 18.7.1964.

Anon.: »Feuer eröffnet«, *Der Spiegel* Nr. 58, 27.12.1971.

Anon.: »Führungslos in Langenbroich«, *Die Zeit* Nr. 26, 18.6.1998.

Anon.: »Franz Josef Strauß spricht von ›kultureller Entartung‹«, *Frankfurter Rundschau*, 31.1.1983.

Anon.: »Genausogut genauso knapp andersherum«, *Spiegel* Nr. 45, 30.10.1972.

Anon.: »Genscher: Politischer Radikalismus hat weiter zugenommen«, *Die Welt*, 12.1.1972.

Anon.: »Gruppenbild mit Romy«, *Der Spiegel* Nr. 48, 22.11.1976.

Anon.: »Heinrich Böll diskutierte in Beckum«, *Westfälische Nachrichten* (Beckum), 13.11.1972.

Anon.: »Hinterm Komma«, *Der Spiegel* Nr. 12, 17.3.1975.

Anon.: »Jürgen Fuchs. Protest gegen Verhaftung«, *Frankfurter Allgemeine Zeitung*, 27.11.1976.

Anon.: »Kleiner Luxus«, *Der Spiegel* Nr. 43, 16.10.1972.

Anon.: »Kanonisches Auge«, *Der Spiegel*, Nr. 32, 4.8.1969.

Anon.: »Lehrer wenden sich an die Öffentlichkeit«, *Berliner Tagesspiegel*, 26.11.1977 und *Hamburger Abendblatt*, 21.12.1977.

Anon.: »Links immer leiser? Deutschlands Publizistik im Wahljahr«, *Der Spiegel* Nr. 17, 21.4.1965.

Anon.: »Mao im Paß«, *Der Spiegel* Nr. 4, 29.1.1972.

Anon.: »Mein Haus ist die Symbolfigur der Bundesrepublik. Axel Springer über seine politischen Überzeugungen. Dialog mit Axel Springer«, *Der Spiegel* Nr. 8, 19.2.1968.

Anon.: »Muß man Angst vor Deutschen haben?«, *Recklinghauser Zeitung*, 12.7.1969.

Anon.: »Nackte Angst«, *Der Spiegel* Nr. 41, 4.10.1971.

Anon.: »19jähriger verursachte das Feuer auf dem Anwesen von Heinrich Böll. Schutzpolizei hatte ›gutes Näschen‹ – Offenbar Fahrlässigkeit im Spiel«, *Dürener Nachrichten*, 3.8.1982.

Anon.: »PEN besorgt über Chile«, *Frankfurter Allgemeine Zeitung*, 19.9.1973.

Anon.: »PEN protestiert gegen griechische Regierung«, *Die Welt*, 2.4.1973.

Anon.: [Pressenotiz], *Der Abend* (Berlin), 12.9.1973.

Anon.: »So grau ist es bei uns nicht! Das Ruhrgebiet wehrt sich gegen ein Bildbuch«, *Hamburger Abendblatt*, 19.12.1958.

Anon.: »SPD empfiehlt Lübke«, *Süddeutsche Zeitung*, 8.6.1964.

Anon.: »Stoiber weist Angriffe Bölls auf den CSU-Chef Strauß zurück«, *General-Anzeiger Bonn*, 10.2.1983.

Anon.: »Strauß und Böll«, *Südwestpresse*, 21.10.1972.

Anon.: »TASS rügt den ›unwissenden‹ Böll«, *Salzburger Nachrichten*, 19.7.1973.

Anon.: »Und sagte kein einziges Wort«, *Geist und Tat*, Nr. 12/1953.

Anon.: »Verzerrter Rundblick«, *Der Spiegel* Nr. 20, 12.5.1969.

Anon.: »Von Rauchs Tod hat Nachspiel im Senat. FDP stellt Innensenator Neubauer sieben Fragen«, *Kölner Stadt-Anzeiger*, 21.12.1971.

Anon.: »Walden muß Böll Schmerzensgeld zahlen. BGH zog Schlußstrich unter sieben Jahre dauernden Rechtsstreit«, *General-Anzeiger Bonn*, 2.12.1981.

Arnsperger, Claus: »Böll in Moskau«, *Frankfurter Freie Presse*, 4.10.1962.

Augstein, Rudolf: »Potemkin am Rhein«, *Die Zeit* Nr. 24, 14.6.1963.

Augstein, Rudolf: »Ulbricht und der Stimmzettel«, *Der Spiegel* Nr. 19, 2.5.1966.

Augstein, Rudolf: »Lex Springer«, *Der Spiegel* Nr. 32, 1.8.1966.

Augstein, Rudolf: »Ave Cäsar«, *Der Spiegel* Nr. 41, 3.10.1966.

Augstein, Rudolf: »Die Revolution und ihr ABC«, *Der Spiegel* Nr. 32, 31.7.1967.

Augstein, Rudolf: »Edle Einfalt, schiere Größe«, *Der Spiegel* Nr. 35, 21.8.1967.

Backhaus, Wilhelm: »›Ich kann Milliarden machen.‹ Ein Psychogramm Axel Springers«, *Der Spiegel* Nr. 1, 1.1.1968.

Baukloh, Friedhelm: »Fern den Konflikten, nach den Fluchtgedanken. Ein Versuch über die Traumwelt des Heinrich Böll«, *Christ und Welt*, 14.6.1963.

Baumgart, Reinhard: »Unglücklich oder verunglückt?«, *Die Zeit* Nr. 25, 21.6.1963.

Baumgart, Reinhard: »Potpourri und Inventur«, *Der Spiegel*, 2.8.1971.

Becker, Rolf: »Brot und Boden«, *Der Spiegel* Nr. 50, 6.12.1961.

Blöcker, Günter: »Das deutsche Unbehagen«, *Der Tagesspiegel*, 6.12.1959.

Böll, Alois: »Ein Toter namens Hermann Schopp«, *twen*, 1.6.1966.

Boenisch, Peter: »Piff-Paff-Puff«, *Bild*, 16.12.1974.

Boldt, Hilde: »Schreibt er den großen Roman? Erwartungen an den Schriftsteller Böll«, *Ruhr-Nachrichten*, 26./27.10.1957.

Dähnhardt, Heinz: »Zweimal 24 Stunden einer Ehe. Heinrich Böll: ›«… und sagte kein einziges Wort‹«, *Hamburger Sonntagsblatt*, 29.3.1953.

»Die Erklärung der Vierzehn«, *Die Zeit* Nr. 16, 19.4.1966.

Driesch, Karlheinz von den: »Kein Triumph, kein Zurückkriechen«, *Frankfurter Neue Presse*, 20.11.1976.

Ferber, Christian: »Elend und Kraft in unseren Tagen. Heinrich Bölls neuer Roman«, *Die Neue Zeitung* (München), 12.4.1953.

»Fernsehen. Springer. ›Bild‹ im Fernsehen«, *Der Spiegel* Nr. 6, 3.2.1965.

Fitzau, Dieter: »Kühn fordert Baader-Meinhof-Gruppe auf: ›Legt die Waffen aus der Hand‹. Er befürchtet verzweifelten Endkampf«, *Kölner Stadt-Anzeiger*, 8.12.1971.

Fried, Erich: »Leserbrief«, *Der Spiegel* Nr. 7, 7.2.1972.

Gehlen, Arnold: »Der neue Böll. ›Billard um halb zehn‹«, *Neue Rhein-Zeitung*, 31.10.1959.

Genscher, Hans-Dietrich: »Wir werden keinen Millimeter vom Weg des Rechts abweichen«, *Hamburger Abendblatt*, 23.6.1972.

Gottfriedsen, U.: »Böll kam mit einer Bombe«, *Mittag*, 26.9.1966.

Grass, Günter: »Über Ja und Nein«, *Die Zeit*, 20.12.1968.

Grass, Günter: »Im Ausland geschätzt – im Inland gehaßt. Der Schriftsteller Günter Grass über die Angriffe auf Intellektuelle nach dem Terroranschlag auf Schleyer und seine Begleiter in Köln«, *Frankfurter Rundschau*, 5.10.1977.

Haffner, Sebastian: »Meinungsmonopol«, *Stern* Nr. 51, 20.12.1964.

Haffner, Sebastian: »Worum geht es im Falle Springer?«, *Stern* Nr. 40, 1.10.1967.

Hagelstange, Rudolf: »Auf dem Pariser Literatur-Karussell«, *Neue Zeitung*, 28.5.1953.

Hamm, Peter/Matthaei, Renate: »Nobelpreisträger Heinrich Böll«, Süddeutscher Rundfunk (Stuttgart), Fernsehen, 18.5.1975.

Hartmann, Rainer: »Der Abschied von Böll«, *Kölner Stadt-Anzeiger*, 20.7.1985.

Heißenbüttel, Helmut: »Wie man dokumentarisch erzählen kann«, *Merkur* 25, Heft 9 (September), 1971.

Hermann, Kai: »Die Polizei-Schlacht von Berlin. Nach der Tragödie: Die Verantwortlichen spielen sich als Unschuldige auf«, *Die Zeit* Nr. 23, 9.6.1967.

Hermann, Kai: »Goebbels' Nachfahren. Die Berliner Springer-Zeitungen verfälschen die Wahrheit«, *Die Zeit* Nr. 17, 26.4.1968.

Hochhuth, Rolf: »Der Klassenkampf ist nicht zu Ende«, *Der Spiegel* Nr. 22, 26.5.1965.

Hoffmann, Jens: »Bonner Litaneien eines Melancholikers«, *Christ und Welt*, 3.5.1963.

Holthusen, Hans Egon: »Treffpunkt Librairie Didier«, *Süddeutsche Zeitung*, 30.5.1953.

Honolka, Bert: »Beim Vortragsamt sind Dichter oft »ausverkauft«. 30. Geburtstag in der Stille – von Günter Lüders bis Käthe Kruse«, *Ruhr-Nachrichten*, 5.3.1958.

Hühnerfeld, Paul: »Heinrich Böll: ›Billard um halb zehn‹. Falsche Vorbilder, falsche Ambitionen beeinträchtigen auch den besten Erzähler«, *Die Zeit* Nr. 41, 9.10.1959.

Jasny, Vojtech: »Mein Freund Heinrich Böll«, ZDF, 20.12.1982.

Kaiser, Joachim: »Was ist der Mensch ohne Trauer«, *Süddeutsche Zeitung*, 12./13.12.1959.

Kaiser, Joachim: »Heinrich Bölls Ansichten eines Clowns. Wovon dieses bewegende Buch handelt«, *Die Zeit* Nr. 22, 31.5.1963.

Kaiser, Joachim: »Mitleidiger Naturalismus und mystische Vision. Heinrich Bölls neuer Roman ›Gruppenbild mit Dame‹, *Süddeutsche Zeitung*, 31.7.1971.

Korn, Karl: »Eine Ehe in dieser Zeit«, *Frankfurter Allgemeine Zeitung*, 4.4.1953.

Korn, Karl: »Heinrich Bölls Beschreibung einer Epoche. Unser neuer Fortsetzungsroman ›Gruppenbild mit Dame‹«, *Frankfurter Allgemeine Zeitung*, 28.7.1971.

Krolow, Karl: »Friedlicher Autoren-Kongreß an der Seine«, *Westdeutsche Allgemeine Zeitung*, 28.5.1953.

Kurylo, Friedrich K.: »Brandt und Böll umjubelt. SPD-Wahlkundgebung zog gestern 17 000 Menschen zur Sporthalle«, *Kölner Stadt-Anzeiger*, 15.11.1972.

Lehmann, Erich M.: »Offener Brief von Erich M. Lehmann«, *Jedioth Chadashot*, 30.6.1967.

Leonhardt, Rudolf Walter: »Ein Roman stiftet verwirrende Ordnung«, *Die Zeit* Nr. 25, 21.6.1963.

Leonhardt, Rudolf Walter: »P.E.N. und Pornographie«, *Die Zeit* Nr. 17, 23.4.1971.

Linder, Christian: »Biographie auf Hochglanz. Heinrich Böll und der Terrorismus: Die Geschichte eines Mythos«, *Die Zeit* Nr. 16, 8.4.1998.

Meinhof, Ulrike: »... und natürlich kann geschossen werden«, *Der Spiegel* Nr. 25, 15.6.1970.

Meyenn, Hans-Werner von: »Offener Brief«, *Kirche und Rundfunk* (Bethel), 12.1.1953.

Müller-Marein, Josef: »Eine Frage an Axel Springer. Nachwort zu einem ›Spiegel‹-Bericht«, *Die Zeit* Nr. 32, 11.8.1967.

Müller-Marein, Josef: »Axel Springers Fall. Bericht einer Enttäuschung und zugleich ein Abgesang«, *Die Zeit* Nr. 34, 25.8.1967.

Müller-Marein, Josef: »Der Meinungsmoloch. Es geht um mehr als um Axel Springer«, *Die Zeit* Nr. 35, 1.9.1967.

Nagel, Ivan: »Heinrich Bölls Ansichten eines Clowns. Glaubwürdigkeit anstelle von artistischer Mache«, *Die Zeit* Nr. 23, 7.6.1963.

Pöppinghaus, Josef: »Warum Marie mit einem Verbandskatholiken loszog.« Gespräch mit P. Josef Pöppinghaus S. J., *Hirschberg*. Monatsschrift des Bundes Neudeutschland, 16. Jg. (1963), Nr. 12, S. 326.

»Presse. Berlin. Springer mit Springer«, *Der Spiegel* Nr. 16, 14.4.1965.

Raddatz, Fritz J.: »Der Tod einer Instanz. Heinrich Böll: Poet und Prediger, Materialist und Träumer«, *Die Zeit* Nr. 20, 19.7.1985.

Reich-Ranicki, Marcel: »Die Geschichte einer Ehe ohne Liebe. Heinrich Böll spann seinen jetzt erschienenen Roman aus Fäden von unterschiedlicher Qualität«, *Die Zeit* Nr. 19, 10.5.1963.

Reich-Ranicki, Marcel: »Nachdenken über Leni G. – Heinrich Bölls neuer Roman ›Gruppenbild mit Dame‹«, *Die Zeit,* 6.8.1971.

Roegele, Otto B.: »Die Erkenntnis wächst«, *Rheinischer Merkur,* 18.12.1948.

Römer, Ferdinand: »›... und sagte kein einziges Wort‹«. Zu einem neuen Buch von Heinrich Böll«, *Deutsche Tagespost*, 19.6.1953.

Ross, Werner: »Katholizismus als rotes Tuch«, *Die Zeit* Nr. 22, 31.5.1963.

Schelsky, Helmut: »Die Demaskierung des Heinrich Böll«, *Welt am Sonntag*, 9.2.1975.

Schmidt, Giselher: »Heinrichs Bücher liest er selten. Studiendirektor in der Schwesternschule: Alfred Böll«, *Kölner Stadt-Anzeiger,* 22./23.10.1977.

Schuster, Hans: »Zum Regieren bereit«, *Süddeutsche Zeitung,* 28./29.11.1964.

Schwab-Felisch, Hans: Rezension [Wo warst du, Adam?], *Die Neue Zeitung*, 24.2.1952.

Spaemann, Robert: »Kaffee, Kuchen und Terror. Bewaffnete Hausdurchsuchung bei Heinrich Böll? Eine Korrektur«, *Die Zeit,* 29.4.1998, und »Führungslos in Langenbroich«, *Die Zeit* Nr. 26, 18.6.1998.

Stachelhaus, Heiner: »Böll und Beuys: Geist in Geist«, *Neue Ruhr Zeitung*, 22.2.1974.

Stankau, Annelie: »Ein Dichter namens Böll. Schreiner Alois schreibt Klingelpützroman«, *Kölner Stadt-Anzeiger,* 18./19.8.1966.

Strothmann, Dietrich: »Eine Alternative für Bonn? Plädoyer für das ›kleinere Übel‹«, *Die Zeit* Nr. 34, 20.8.1965.

Tern, Jürgen: »Heinrich Böll und seine Kritiker«, *Frankfurter Hefte* 27 (1972/3), S. 158–161.

Ulrich, Heinz: »In Bad Dürkheim: Dichter und Denker unter sich«, *Die Zeit*, 24.5.1951.

Unger, Wilhelm: »Grass zerschlägt den elfenbeinernen Turm«, *Kölner Stadt-Anzeiger,* 11.10.1965.

Wästberg, Per: »Die Sprache – Hort der Freiheit«, in: *P. E. N. International.* Hrsg. von Gerd E. Hoffmann. München: Bertelsmann 1986, S. 73–75.

Walden, Matthias: »Unbehagen am Unbehagen«, *Die Welt,* 13.1.1968.

Wesener, Michael: »Am Tatort: 300 Patronenhülsen«, *Die Zeit,* 9.9.1977.

wh: »Die Brüderlichkeit nicht gelernt«, *Bonner Rundschau*, 9.3.1956.

Wicke, Johannes F.: »Böll blieb allgemein«, *Kölner Stadt-Anzeiger*, 25.10.1962.

Widmer, Walter: »Ablenkungsmanöver oder Buchkritik?«, *Die Zeit* Nr. 23, 7.6.1963.

Zimmer, Dieter E.: »Mit Springer verkracht«, *Die Zeit* Nr. 37, 13.3.1968.

Zundel, Rolf: »Staatsmännisch und etwas gedämpft. SPD-Parteitag in Karlsruhe: das Bild einer Opposition, die sich schon als Regierung fühlt«, *Die Zeit* Nr. 48, 27.11.1964.

Monografien

Adorno, Theodor W.: *Ästhetische Theorie*, in: *Gesammelte Schriften*. Hrsg. von Rolf Tiedemann unter Mitwirkung von Gretel Adorno, Susan Buck-Morss und Klaus Schultz. Band 7. 5. Aufl. Frankfurt a. M.: Suhrkamp 1990.

Adorno: Theodor W.: *Negative Dialektik*, in: *Gesammelte Schriften*. Hrsg. von Rolf Tiedemann unter Mitwirkung von Gretel Adorno, Susan Buck-Morss und Klaus Schultz. Band 6. 5. Aufl. Frankfurt a. M.: Suhrkamp 1996.

Ächtler, Norman/Carsten Gansel (Hrsg.): *Ikonographie des Terrors? Formen ästhetischer Erinnerung an den Terrorismus in der Bundesrepublik 1978–2008*. Heidelberg: Winter 2010.

Akten zur Auswärtigen Politik der Bundesrepublik Deutschland. 1972 (1. Januar bis 31. Mai). Bearbeitet von Mechthild Lindemann, Daniela Taschler und Fabian Hilfrich. Berlin: Walter de Gruyter 2014.

Akte Solschenizyn 1965–1977. Geheime Dokumente des Politbüros der KPdSU und des KGB. Mit einem Brief von Alexander Solschenizyn zum Geleit. Hrsg. von A. Korotkow, S. Meltschin und A. Stepanow. Aus dem Russischen von Barbara und Lothar Lehnhardt. Berlin: edition q 1994.

Andersch, Alfred: *Deutsche Literatur in der Entscheidung. Ein Beitrag zur Analyse der literarischen Situation*. Karlsruhe: Verlag Volk und Zeit 1948.

Albrecht, Clemens/Günter C. Behrmann/Michael Bock/Harald Homann/Friedrich H. Tenbruck (Hrsg.): *Die intellektuelle Gründung der Bundesrepublik. Eine Wirkungsgeschichte der Frankfurter Schule*. Frankfurt a. M./New York: Campus 2000.

»Als der Krieg zu Ende war«. Literarisch-politische Publizistik 1945–1950. Eine Ausstellung des Deutschen Literaturarchivs im Schiller-Nationalmuseum Marbach a. N. 4. Aufl. Marbach: Deutsche Schillergesellschaft 1995.

Anders, Günter: *Die Antiquiertheit des Menschen I. Über die Seele im Zeitalter der zweiten industriellen Revolution*. 7. Aufl. München: Beck 1987.

Angriff auf das Herz des Staates. Soziale Entwicklung und Terrorismus. Analysen von Henner Hess, Martin Moerings, Dieter Paas, Sebastian Scheerer und Heinz Steinert. 2 Bde. Frankfurt a. M.: Suhrkamp 1988.

Assmann, Aleida: *Der lange Schatten der Vergangenheit. Erinnerungskultur und Geschichtspolitik*. München: Beck 2006.

Auch ich bin Amerika: Dichtungen amerikanischer Neger. Übersetzt von Stephan Hermlin. Berlin: Volk und Welt 1948.

Aust, Stefan: *Der Baader-Meinhof-Komplex*. München: Goldmann 1998.

Aust, Stefan: *Der Baader-Meinhof-Komplex.* Neuausgabe. Hamburg: Hoffmann und Campe 2008.

Balz, Hanno: *Von Terroristen, Sympathisanten und dem starken Staat. Die öffentliche Debatte über die RAF in den 70er Jahren.* Frankfurt a. M./New York: Campus 2008.

Balzer, Bernd: *Anarchie und Zärtlichkeit.* Köln: Kiepenheuer & Witsch 1977.

Balzer, Bernd (Hrsg.): Materialien zur Interpretation von Heinrich Bölls »Fürsorgliche Belagerung«. Köln: Kiepenheuer & Witsch 1981.

Balzer, Bernd (Hrsg.): *Heinrich Böll, 1917–1985, zum 75. Geburtstag.* Bern et al.: Peter Lang 1992.

Balzer, Bernd: *Das literarische Werk Heinrich Bölls. Einführung und Kommentare.* München: Deutscher Taschenbuch Verlag 1997.

Baumann, ›Bommi‹ (Michael): *Wie alles anfing.* München: Trikont Verlag 1975.

Bauß, Gerhard: *Die Studentenbewegung der sechziger Jahre in der Bundesrepublik und Westberlin.* Handbuch. 2. Aufl. Köln: Pahl-Rugenstein 1983.

Behn, Ulrich: *Die Regierungserklärungen der Bundesrepublik Deutschland.* München/ Wien 1971.

Bellmann, Werner (Hrsg.): *Das Werk Heinrich Bölls.* Bibliographie mit Studien zum Frühwerk. Opladen: Westdeutscher Verlag 1995.

Berbig, Roland (Hrsg.): *Stille Post. Inoffizielle Schriftstellerkontakte zwischen Ost und West. Von Christa Wolf über Günter Grass bis Wolf Biermann.* Berlin: Christian Links Verlag 2005.

Bernáth, Árpád (Hrsg.): *Geschichte und Melancholie. Über Heinrich Bölls Roman* Frauen vor Flußlandschaft. Köln: Kiepenheuer & Witsch 1995.

Beth, Hanno (Hrsg.): *Heinrich Böll. Eine Einführung in das Gesamtwerk in Einzelinterpretationen.* 2., überarb. und erw. Aufl. Königstein/Taunus: Scriptor 1980.

Blamberger, Günter: *Versuch über den deutschen Gegenwartsroman. Krisenbewußtsein und Neubegründung im Zeichen der Melancholie.* Stuttgart: Metzler 1985.

Blöcker, Günter: *Die neuen Wirklichkeiten. Linien und Profile der modernen Literatur.* Berlin: Argon 1957.

Bloy, Léon: *Das Blut der Armen.* Salzburg: Pustet 1935.

Bloy, Léon: *Briefe an seine Braut.* Übersetzt und durch ein Kapitel ›Ein Dokument der Liebe‹ eingeleitet von Karl Pfleger. Salzburg/Leipzig: Pustet 1935.

Bloy, Léon: *Das Heil und die Armut. Das Blut des Armen und Das Heil durch die Juden.* Mit Beiträgen von Georges Bernanos, Raissa Maritain und Karl Pfleger. Heidelberg: Kerle 1953.

Böll, Alfred: *Rückblick.* Köln: o. J. (unveröffentlichtes Manuskript).

Böll, Viktor/Markus Schäfer: *Fortschreibung.* Bibliographie zum Werk Heinrich Bölls. Kiepenheuer & Witsch 1997.

Borchert, Wolfgang: Das ist unser Manifest, in: Wolfgang Borchert: *Das Gesamtwerk.* Mit einem biographischen Nachwort von Bernhard Meyer-Marwitz. Hamburg: Rowohlt 1986, S. 487–531.

Bores, Dorothée: *Das ostdeutsche P.E.N.-Zentrum 1951 bis 1998. Ein Werkzeug der Diktatur?* Berlin/New York: De Gruyter 2010.

Bouvier, Beatrix W.: *Zwischen Godesberg und Großer Koalition. Der Weg der SPD in die Regierungsverantwortung.* Bonn: Verlag J. H. W. Dietz Nachf. 1990.

Braese, Stephan (Hrsg.): *Bestandsaufnahme. Studien zur Gruppe 47.* Berlin: Erich Schmidt Verlag 1999.

Briefe an Hermlin 1946–1984. Hrsg. von Silvia Schlenstedt. Berlin/Weimar: Aufbau-Verlag 1985.

Briegleb, Klaus: *Mißachtung und Tabu.* Eine Streitschrift zur Frage: »Wie antisemitisch war die Gruppe 47?« Berlin/Wien: Philo 2003.

Bruhn, Peter/Henry Glade: *Heinrich Böll in der Sowjetunion 1952–1979.* Einführung in die sowjetische Böll-Rezeption und Bibliographie der in der UdSSR in russischer Sprache erschienenen Schriften von und über Heinrich Böll. Berlin: Erich Schmidt 1981.

Brückner, Peter: *Vom unversöhnlichen Frieden.* Aufsätze zur politischen Kultur und Moral. Berlin: Wagenbach 1984.

Celan, Paul: *Briefwechsel mit den rheinischen Freunden. Heinrich Böll, Paul Schallück, Rolf Schroers.* Mit einzelnen Briefen von Gisèle Celan-Lestrange, Ilse Schallück und Ilse Schroers. Hrsg. und kommentiert von Barbara Wiedemann. Berlin: Suhrkamp 2011.

Chesterton, Gilbert Keith: *Charles Dickens.* Wien: Musarion 1936.

Chunchun, Hu: *Vom Absoluten Gedicht zur Aporie der Moderne – Studien zum Literaturbegriff in der Bundesrepublik Deutschland der 50er Jahre.* Würzburg: Königshausen & Neumann 2004.

Cofalla, Sabine: *Der »soziale Sinn« Hans Werner Richters. Zur Korrespondenz des Leiters der Gruppe 47.* 2. überarb. Aufl. Berlin: Weidler Buchverlag 1998.

Colin, Nicole/Beatrice de Graaf/Jacco Pekelder/Joachim Umlauf (Hrsg.): *Der »Deutsche Herbst« und die RAF in Politik, Medien und Kunst. Nationale und internationale Perspektiven.* Bielefeld: transcript 2008.

Deutsche und Tschechen: Geschichte, Kultur, Politik. Hrsg. von Walter Kosehmal, Marek Nekula, Joachim Rogall. München: Beck 2001.

Deutscher Bundestag. *Plenarprotokoll (Stenographischer Bericht)* 188. Sitzung. Bonn, Mittwoch, den 7. Juni 1972.

Die Auferstehung der Gewalt. Springerblockade und politische Reaktion in der Bundesrepublik. Hrsg. von Heinz Grossmann und Oskar Negt. Frankfurt a. M.: Europäische Verlagsanstalt 1968.

Die Gruppe 47. Bericht. Kritik. Polemik. Ein Handbuch. Hrsg. von Reinhard Lettau. Neuwied/Berlin: Luchterhand 1967.

Die Gruppe 47. Ein kritischer Grundriß. Text + Kritik. Sonderband. Hrsg. von Heinz Ludwig Arnold. 2., gründlich überarb. Aufl. München: edition text + kritik 1987.

Die RAF und der linke Terrorismus. Hrsg. von Wolfgang Kraushaar. 2 Bde. Hamburg: Hamburger Edition 2006.

Doppelleben. Literarische Szenen aus Nachkriegsdeutschland. Materialien zur Ausstellung. Hrsg. von Bernd Busch und Thomas Combrink. 2 Bde. Göttingen: Wallstein 2009.

Dubiel, Helmut: *Niemand ist frei von der Geschichte. Die nationalsozialistische Herrschaft in den Debatten des Deutschen Bundestages.* München: Hanser 1999.

Dutschke, Rudi: *Mein langer Marsch. Reden, Schriften und Tagebücher aus zwanzig Jahren.* Hrsg. von Gretchen Dutschke-Klotz, Helmut Gollwitzer und Jürgen Miermeister. Reinbek bei Hamburg: Rowohlt 1980.

Elter, Andras: *Propaganda der Tat. Die RAF und die Medien.* Frankfurt a. M.: Suhrkamp 2008.

Faulkner, William: *Requiem für eine Nonne.* Darmstadt: Moderner Buchclub 1958.

Federmann, Raymond: *Surfiction: Der Weg der Literatur.* Hamburger Poetik-Lektionen. Frankfurt a. M.: Suhrkamp 1992.

Fichter, Tilman P./Siegward Lönnendonker: *Kleine Geschichte des SDS. Der Sozialistische Deutsche Studentenbund von Helmut Schmidt bis Rudi Dutschke.* Mit einem Vorwort von Wolfgang Kraushaar und einem Bildteil von Klaus Mehner. 4., überarb. Aufl. Essen: Klartext 2008.

Frei, Norbert: *Vergangenheitspolitik. Die Anfänge der Bundesrepublik und die NS-Vergangenheit.* München: Beck 1996.

Frei, Norbert: *1968. Jugendrevolte und globaler Protest.* München: Deutscher Taschenbuch Verlag 2008.

Frese, Matthias/Julia Paulus/Karl Teppe (Hrsg.): *Demokratisierung und gesellschaftlicher Aufbruch. Die sechziger Jahre als Wendezeit der Bundesrepublik.* Paderborn: Schöningh 2003.

Garske, Volker: *Christus als Ärgernis. Jesus von Nazareth in den Romanen Heinrich Bölls.* Mainz: Matthias-Grünewald-Verlag 1998.

Gilcher-Holtey, Ingrid: *1968. Vom Ereignis zum Mythos.* Frankfurt a. M.: Suhrkamp 2008 (vormals: *1968 – Vom Ereignis zum Gegenstand der Geschichtswissenschaft,* Sonderheft 17 der *Zeitschrift Geschichte und Gesellschaft.* Göttingen: Vandenhoeck & Ruprecht 1998).

Gilcher-Holtey, Ingrid: *Die 68er Bewegung. Deutschland, Westeuropa, USA.* 3. Aufl. München: Beck 2005.

Goethe, J. W.: *Aus meinem Leben. Dichtung und Wahrheit.* Hrsg. von Dieter Sprengel, in: J. W. Goethe: *Sämtliche Werke nach Epochen seines Schaffens.* Hrsg. von Karl Richter in Zusammenarbeit mit Herbert G. Göpfert, Norbert Miller und Gerhard Sauder. Bd. 16. München: Hanser 1985.

Götze, Karl-Heinz: *Heinrich Böll »Ansichten eines Clowns«.* München: Fink 1985.

Greiffenhagen, Martin/Sylvia Greiffenhagen: *Ein schwieriges Vaterland. Zur Politischen Kultur Deutschlands.* München: List 1979.

Grützbach, Frank (Hrsg.): *Heinrich Böll: Freies Geleit für Ulrike Meinhof. Ein Artikel und seine Folgen.* Zusammengestellt von Frank Grützbach. Mit Beiträgen von Helmut Gollwitzer, Hans G. Helms, Otto Köhler. Köln: Kiepenheuer & Witsch 1972.

Görtemaker, Manfred: *Geschichte der Bundesrepublik Deutschland. Von der Gründung bis zur Gegenwart.* München: Beck 1999.

Große Entrup, Jochen: *Die Werbemaßnahmen zu den frühen Werken Heinrich Bölls.* Unveröffentlichte Magisterarbeit Universität zu Köln.

Güstrau, Stephan: *Literatur als Theologieersatz: Heinrich Böll. »Sie sagt, ihr Uba ist hier und auch ihr Nicaragua«.* Frankfurt a.M.: Peter Lang 1990.

Hagelstange, Rudolf: *Die Puppen in der Puppe. Eine Rußlandreise.* Hamburg: Hoffmann und Campe 1963.

Handbuch P.E.N. Hrsg. von Dorothée Bores und Sven Hanuschek. Berlin/New York: De Gruyter 2014.

Hannig, Nicolai: *Die Religion der Öffentlichkeit. Kirche, Religion und Medien in der Bundesrepublik 1945–1980.* Göttingen: Wallstein 2010.

Hans Werner Richter und die Gruppe 47. Mit Beiträgen von Walter Jens, Marcel Reich-Ranicki, Peter Wapnewski u.a. Hrsg. von Hans A. Neunzig. München: Nymphenburger 1979.

Hanuschek, Sven: *Geschichte des bundesdeutschen PEN-Zentrums von 1941 bis 1990.* Tübingen: Niemeyer 2004.

Hecken, Thomas: *Avantgarde und Terrorismus. Rhetorik der Intensität und Programme der Revolte von den Futuristen bis zur RAF.* Bielefeld: transcript 2006.

Hecken, Thomas: *1968. Von Texten und Theorien aus einer Zeit euphorischer Kritik.* Bielefeld: transcript 2008.

Hecken, Thomas: *Theorien der Populärkultur. Dreißig Positionen von Schiller bis zu den Cultural Studies.* 2. Aufl. Bielefeld: transcript 2012.

Heinrich Böll – Leben und Werk. Katalog zur gleichnamigen Ausstellung anläßlich des 10. Todestages von Heinrich Böll 1995. Hrsg. von der Stadt Köln und der Heinrich-Böll-Stiftung. Köln 1995.

Heinrich-Böll-Stiftung (Hrsg.): *Ansichten. Die Romanskizzen Heinrich Bölls.* Texte: Jochen Schubert. Berlin: Heinrich-Böll-Stiftung 2010.

Heinrich-Böll-Stiftung (Hrsg.): *Moral, Ästhetik, Politik.* Eine Dokumentation der Veranstaltungen zur Heinrich-Böll-Woche im Dezember 1992. Köln: Heinrich-Böll-Stiftung 1992.

Hentschel, Volker: *Ludwig Erhard. Ein Politikerleben.* Berlin: Ullstein 1998.

Herbert, Ulrich (Hrsg.): *Wandlungsprozesse in Westdeutschland. Belastung, Integration, Liberalisierung 1945–1980.* 2. Aufl. Göttingen: Wallstein 2003.

Hodenberg, Christina von: *Konsens und Krise. Eine Geschichte der westdeutschen Medienöffentlichkeit 1945–1973.* Göttingen: Wallstein 2006.

Hoffmann, Gabriele: *Heinrich Böll. Eine Biographie.* Bornheim: Lamuv 1986.

Hoffmann, Gerd E. (Hrsg.): *P.E.N. International.* München: Bertelsmann 1986.

Hummel, Christine: *Intertextualität im Werk Heinrich Bölls.* Trier: WVT Wissenschaftlicher Verlag Trier 2002.

Informationsgemeinschaft zur Feststellung der Verbreitung von Werbeträgern (IVW) (Hrsg.): *Auflagenliste.* Bonn/Bad-Godesberg 1964.

Jens, Walter: *Deutsche Literatur der Gegenwart*. München: Piper 1961.

Jung, Werner/Jochen Schubert (Hrsg.): *»Ich sammle Augenblicke«. Heinrich Böll 1917–1985*. Bielefeld: Aisthesis Verlag 2008.

Kleßmann, Christoph: *Zwei Staaten, eine Nation. Deutsche Geschichte 1955–1970*. Bonn: Bundeszentrale für politische Bildung 1997.

Kölbel, Martin (Hrsg.): *Willy Brandt und Günter Grass. Der Briefwechsel*. Göttingen: Steidl 2013.

Knoch, Habbo (Hrsg.): *Bürgersinn mit Weltgefühl. Politische Moral und solidarischer Protest in den sechziger und siebziger Jahren*. Göttingen: Wallstein 2007.

Krüger, Horst: *Was ist heute links? Thesen und Theorien zu einer politischen Position*. München: Paul List Verlag.

Kühn, Dieter: *Auf dem Weg zu Annemarie Böll. Eine biographische Skizze*. Berlin: Heinrich-Böll-Stiftung 2000.

Landespressedienst. Berlin. [Hrsg.] Presse- und Informationsamt des Landes Berlin. Nr. 236, 6. Dezember 1974.

Lanfer, Hans-Günther M.: *Politik contra Parnaß?* Eine Studie über das Verhältnis der Politiker zu den engagierten Schriftstellern in der Bundesrepublik Deutschland unter chronologischem und systematischem Aspekt. Frankfurt a. M./Bern/New York: Peter Lang 1985.

Lange, Christoph: *Mysterium Wirklichkeit. Walter Warnach und der politische Manierismus Carl Schmitts*. München: Fink 2003.

Langenhorst, Georg (Hrsg.): *30 Jahre Nobelpreis Heinrich Böll. Zur literarisch-theologischen Wirkkraft Heinrich Bölls*. Münster: LIT 2002.

Lattmann, Dieter (Hrsg.): *Einigkeit der Einzelgänger*. Dokumentation des ersten Schriftstellerkongresses des Verbandes deutscher Schriftsteller (VS). München: Kindler 1971.

Laurien, Ingrid: *Politisch-kulturelle Zeitschriften in den Westzonen 1945–1949. Ein Beitrag zur politischen Kultur der Nachkriegszeit*. Frankfurt a. M./Bern/New York/Paris: Peter Lang 1991.

Lengning, Werner (Hrsg.): *Der Schriftsteller Heinrich Böll*. Ein biographisch-bibliographischer Abriß. 4. Aufl. München: Deutscher Taschenbuch Verlag 1973.

Lettau, Reinhard: *Die Gruppe 47. Bericht. Kritik. Polemik*. Ein Handbuch. Neuwied: Luchterhand 1967.

Linder, Christian: *Heinrich Böll. Das Schwirren des heranfliegenden Pfeils*. Eine Biographie. Berlin: Matthes & Seitz 2009.

März, Michael: *Linker Protest nach dem Deutschen Herbst: Eine Geschichte des linken Spektrums im Schatten des ›starken Staates‹, 1977–1979*. Bielefeld: transcript 2012.

Meier, Reinhard: *Lew Kopelew. Humanist und Weltbürger*. Mit einem Vorwort von Fritz Pleitgen. Darmstadt: Theiss 2017.

Mende, Silke: *Nicht rechts, nicht links, sondern vorn. Eine Geschichte der Gründungsgrünen*. München: Oldenbourg Verlag 2011.

Meyn, Hermann: *Massenmedien in der Bundesrepublik Deutschland.* Erg. Auflage. Berlin 1969.

Möller, Frank: *Das Buch Witsch. Das schwindelerregende Leben des Verlegers Joseph Caspar Witsch.* Eine Biografie. Köln: Kiepenheuer & Witsch 2014.

Möller, Frank: *Dem Glücksrad in die Speichen greifen. Joseph Caspar Witsch – Seine Autoren, sein Verlagsprogramm und der Literaturbetrieb der frühen Bundesrepublik.* Köln: Kiepenheuer & Witsch 2015.

Montaigne, Michel de: *Les Essais.* Édition Étable Par Jean Balsamo, Michel Magnien et Catherine Magnien-Simonin. Paris: Édition Gallimard 2007.

Müller, Helmut L.: *Die literarische Republik. Westdeutsche Schriftsteller und die Politik.* Mit einem Vorwort von Kurt Sontheimer. Weinheim/Basel: Beltz 1982.

Musolff, Andreas: *Krieg gegen die Öffentlichkeit. Terrorismus und politischer Sprachgebrauch.* Opladen: Westdeutscher Verlag 1996.

Nägele, Rainer: *Heinrich Böll. Einführung in das Werk und in die Forschung.* Frankfurt a. M.: Athenäum Fischer Taschenbuch Verlag 1976.

Naeher, Gerhard: *Axel Springer. Mensch, Macht, Mythos.* Erlangen/Bonn/Wien: Verlag Dr. Dietmar Straube 1991.

Negt, Oskar/Alexander Kluge: *Öffentlichkeit und Erfahrung. Zur Organisationsanalyse von bürgerlicher und proletarischer Öffentlichkeit.* 6. Aufl. Frankfurt a. M.: Suhrkamp 1978.

Nickel, Artur: *Hans Werner Richter – Ziehvater der Gruppe 47. Eine Analyse im Spiegel ausgewählter Zeitungs- und Zeitschriftenartikel.* Stuttgart: Verlag Hans-Dieter Heinz.

Nipperdey, Thomas: *Deutsche Geschichte 1866–1918.* Band 1: *Arbeitswelt und Bürgergeist.* München: Beck 1998.

Nottbeck, Berend von (Hrsg.): *Zensuren nach 20 Jahren Bundesrepublik erteilt von Rüdiger Altmann, Heinrich Böll, Ossip K. Flechtheim, Alfred Kantorowicz, Rudolf Krämer-Badoni, Helmut Lindemann, Paul Schallück, Hans Otto Wesemann.* Köln: Verlag Wissenschaft und Politik 1969.

Novy, Klaus (Hrsg.): *Wohnreform in Köln. Geschichte der Baugenossenschaften.* Köln: Bachem 1986.

Orlowa, Raissa/Lew Kopelew: *Wir lebten in Moskau.* Deutsch von Marianne Wiebe. München/Hamburg: Knaus 1987.

Peters, Butz: *RAF. Terrorismus in Deutschland.* Stuttgart: Deutsche Verlags-Anstalt 1991.

Peters, Butz: *Tödlicher Irrtum. Die Geschichte der RAF.* Berlin: Argon Verlag 2004.

Pfleger, Karl: *Geister, die um Christus ringen.* 3. Aufl. Salzburg/Leipzig: Anton Pustet 1935.

Pflieger, Klaus: *Die Rote Armee Fraktion – RAF. 14.5.1970 bis 20.4.1998.* 2. erw. und aktual. Aufl. Baden-Baden: Nomos Verlagsgesellschaft 2007.

Pirker, Theo: *Die SPD nach Hitler. Die Geschichte der Sozialdemokratischen Partei Deutschlands 1945–1964.* München: Rütten & Loening 1964.

Pöpping, Dagmar: *Abendland. Christliche Akademiker und die Utopie der Antimoderne 1900–1945*. Berlin: Metropol 2002.

Pogoda, Sarah: *Demiurgen in der Krise. Architektenfiguren in der Literatur nach 1945*. Berlin: Ripperger & Kremers 2013.

Reichel, Peter: *Vergangenheitsbewältigung in Deutschland. Die Auseinandersetzung mit der NS-Diktatur von 1945 bis heute*. München: Beck 2001.

Reich-Ranicki, Marcel: *In Sachen Böll. Einsichten und Ansichten*. 2. Aufl. Köln: Kiepenheuer & Witsch 1968.

Reich-Ranicki, Marcel: *Mein Leben*. Stuttgart: Deutsche Verlags-Anstalt 1999.

Reid, James H.: *Heinrich Böll. Ein Zeuge seiner Zeit*. München: Deutscher Taschenbuch Verlag 1991.

Richter, Hans Werner (Hrsg.): *Plädoyer für eine neue Regierung oder Keine Alternative*. Reinbek bei Hamburg: Rowohlt 1965.

Richter, Hans Werner: Die Kriegsgeneration und die Anfänge der Gruppe 47, in: *Heinrich Böll*. Vortragsabende zu seinem 70. Geburtstag an der Universität zu Köln, 15. bis 18. Dezember 1987. Köln: Universität zu Köln 1987.

Richter, Hans Werner: *Briefe*. Hrsg. von Sabine Cofalla. München: Hanser 1997.

Richter, Hans Werner: *Mittendrin. Die Tagebücher 1966–1972*. Hrsg. von Dominik Geppert in Zusammenarbeit mit Nina Schnutz. Mit einem Vorwort von Hans Dieter Zimmermann und einem Nachwort von Dominik Geppert. München: Beck 2012.

Ridder, Helmut: *Notstand der Demokratie*. Referate, Diskussionsbeiträge und Materialien vom Kongreß am 30. Oktober 1966 in Frankfurt am Main. Frankfurt a. M.: Europäische Verlagsanstalt 1967.

Römhild, Dorothee: *Die Ehre der Frau ist unantastbar. Das Bild der Frau im Werk Heinrich Bölls*. Pfaffenweiler: Centaurus 1991.

Rote Armee Fraktion. Texte und Materialien zur Geschichte der RAF. Berlin: ID-Verlag 1997.

Schäfer, Hans Dieter: *Das gespaltene Bewußtsein. Vom Dritten Reich bis zu den langen fünfziger Jahren*. Erweitere Neuausgabe. Göttingen: Wallstein 2009.

Scheffler, Ingrid: *Schriftsteller und Literatur im NWDR Köln (1945–1955). Personen, Stoffe, Darbietungsformen*. Potsdam: Verlag für Berlin-Brandenburg 2005.

Schelsky, Helmut: *Die Arbeit tun die anderen. Klassenkampf und Priesterherrschaft der Intellektuellen*. Opladen: Westdeutscher Verlag 1975.

Schildt, Axel: *Moderne Zeiten. Freizeit, Massenmedien und »Zeitgeist« in der Bundesrepublik der 50er Jahre*. Hamburg: Christians 1995.

Schildt, Axel/Detlef Siegfried/Karl Christian Lammers (Hrsg.): *Dynamische Zeiten. Die 60er Jahre in den beiden deutschen Gesellschaften*. Hamburg: Christians 2000.

Schildt, Axel: *Annäherungen an die Westdeutschen. Sozial- und kulturgeschichtliche Perspektiven auf die Bundesrepublik*. Göttingen: Wallstein 2011.

Schmidt, Helmut: *Weggefährten. Erinnerungen und Reflexionen*. Berlin: Siedler 1996.

Schlöndorff, Volker: *Licht, Schatten und Bewegung*. Hanser: München 2008.

Schlotmann, Karsten: *Recht und Gerechtigkeit im Werk Heinrich Bölls. Ein Beitrag zur Verfassungslehre als Kulturwissenschaft.* Baden-Baden: Nomos Verlagsgesellschaft 2008.

Schneider, Michael: *Demokratie in Gefahr? Der Konflikt um die Notstandsgesetze: Sozialdemokratie, Gewerkschaften und intellektueller Protest (1958–1968).* Bonn: Verlag Neue Gesellschaft 1986.

Schnepp, Beate: *Vogelflug, Vertreibungen, Fürsorgliche Belagerung. Studien zu Heinrich Bölls Roman ›Fürsorgliche Belagerung‹.* Trier: WVT Wissenschaftlicher Verlag Trier 1997.

Schubert, Alex: *Stadtguerilla. Tupamaros in Uruguay – Rote Armee Fraktion in der Bundesrepublik.* Berlin: Wagenbach 1971.

Schwiedrzik, Wolfgang Matthias: *Träume der ersten Stunde. Die Gesellschaft Imshausen.* Berlin: Siedler 1991.

Schwiedrzik, Wolfgang Matthias: *Konservativ und rebellisch. Die Zeitschrift ›labyrinth‹. Gespräche mit Heinrich Böll und Walter Warnach.* Neckargemünd: Edition Mnemosyne 2000.

Seitenbecher, Manuel: *Den deutschen »Cäsar« bezwingen. Die 1960er und die Kampagne gegen Springer.* Marburg: Tectum 2008.

Sieburg, Friedrich: *Nur für Leser. Jahre und Bücher.* München: Deutscher Taschenbuch Verlag 1961.

Sölle, Dorothee: *Realisation. Studien zum Verhältnis von Theologie und Dichtung nach der Aufklärung.* Darmstadt/Neuwied: Luchterhand 1973.

Spernol, Boris: *Notstand der Demokratie. Der Protest gegen die Notstandsgesetze und die Frage der NS-Vergangenheit.* Essen: Klartext 2008.

Staadt, Jochen/Tobias Voigt/Stefan Wolle: *Feind-Bild Springer. Ein Verlag und seine Gegner.* Göttingen: Vandenhoeck & Ruprecht 2009.

Starobinski, Jean: *Porträt des Künstlers als Gaukler.* Drei Essays. Aus dem Französischen von Markus Jakob. Frankfurt a.M.: S. Fischer 1985.

Stolz, Wolfgang: *Der Begriff der Schuld im Werk von Heinrich Böll.* Frankfurt a.M.: Peter Lang 2009.

Stötzel, Georg/Martin Wengeler: *Kontroverse Begriffe. Geschichte des öffentlichen Sprachgebrauchs in der Bundesrepublik Deutschland.* Berlin/New York: De Gruyter 1995.

Struve, Günter: *Der Kampf um die Mehrheit. Die Wahlkampagne der SPD 1965.* Köln: Verlag Wissenschaft und Politik 1971.

Stüwe, Klaus (Hrsg.): *Die großen Regierungserklärungen der deutschen Bundeskanzler von Adenauer bis Schröder.* Opladen: Leske + Budrich 2002.

Terhoeven, Petra: *Deutscher Herbst in Europa. Der Linksterrorismus der siebziger Jahre als transnationales Phänomen.* München: Oldenbourg Verlag 2014.

Trott zu Solz, Werner von: *Widerstand heute oder Das Abenteuer der Freiheit.* Düsseldorf: Schwann 1958.

Trott zu Solz, Werner von: *Der Untergang des Vaterlandes.* Dokumente und Aufsätze. Olten/Freiburg: Walter-Verlag 1965.

Umlauff, Ernst: *Der Wiederaufbau des Buchhandels.* Beiträge zur Geschichte des Büchermarktes in Westdeutschland nach 1945. Hrsg. von der Historischen Kommission des Börsenvereins des Deutschen Buchhandels e. V. Frankfurt am Main. Frankfurt a. M.: Buchhändler-Vereinigung Frankfurt am Main 1978.

Vaterland, Muttersprache. Deutsche Schriftsteller und ihr Staat seit 1945. Zusammengestellt von Klaus Wagenbach, Winfried Stephan, Michael Krüger und Susanne Schüssler. Mit einem Vorwort von Peter Rühmkorf. Berlin: Wagenbach 1994.

Vogel, Meike: *Unruhe im Fernsehen. Protestbewegung und öffentlich-rechtliche Berichterstattung in den 1960er Jahren.* Göttingen: Wallstein 2010.

Vogt, Jochen: *Heinrich Böll.* 2., neubearb. Aufl. München: Beck 1987.

Vormweg, Heinrich: *Der andere Deutsche. Heinrich Böll.* Eine Biographie. Köln: Kiepenheuer & Witsch 2000.

Wagenbach, Klaus (Hrsg.): *Atlas. Deutsche Autoren über ihren Ort.* Berlin: Wagenbach 2004.

Wagener, Hans (Hrsg.): *Gegenwartsliteratur und Drittes Reich. Deutsche Autoren in der Auseinandersetzung mit der Vergangenheit.* Stuttgart: Reclam 1977.

Weinhauer, Klaus/Jörg Requate/Heinz-Gerhard Haupt (Hrsg.): *Terrorismus in der Bundesrepublik. Medien, Staat und Subkulturen in den 1970er Jahren.* Frankfurt a. M./ New York 2006.

Weininger, Robert: *Streitbare Literaten. Kontroversen und Eklats in der deutschen Literatur von Adorno bis Walser.* München: Beck 2004.

Weyrauch, Wolfgang (Hrsg.): *Tausend Gramm. Ein deutsches Bekenntnis in dreißig Geschichten aus dem Jahr 1949.* Reinbek bei Hamburg: Rowohlt 1989.

Widmer, Urs. *1945 oder die »Neue Sprache«. Studien zur Prosa der »Jungen Generation«.* Düsseldorf: Schwann 1966.

Wiechert, Ernst: *Jedermann. Geschichte eines Namenlosen.* München: Albert Langen/ Georg Müller 1935.

Witsch, Joseph Casper: *Briefe 1948–1967.* Hrsg. von Christian Witsch. Mit einem Vorwort von Manès Sperber. Köln: Kiepenheuer & Witsch 1977.

Witzel, Frank: *Die Dame im Gruppenbild als christlicher Gegenentwurf zum repressiv-asketischen Traditionsstrang des Christentums. Eruierung, Vergleich und Bewertung zweier theologisch-ethischer Konzepte: Heinrich Böll:* Gruppenbild mit Dame, *Sören Kierkegaard:* Der Liebe Tun. Frankfurt a. M. u. a.: Peter Lang 2000.

Aufsätze

Ächtler, Norman: Subjektive Momentaufnahmen – Medien- und Bildkritik in »Deutschland im Herbst« (1978), in: Ächtler, Norman/Carsten Gansel (Hrsg.): *Ikonographie des Terrors?*, Heidelberg: Universitätsverlag Winter 2010, S. 51–77.

Adorno, Theodor W.: Die Wunde Heine, in: Ders.: *Gesammelte Schriften.* Hrsg. von Rolf Tiedemann unter Mitwirkung von Gretel Adorno, Susan Buck-Morss und Klaus Schultz. Band 11: *Noten zur Literatur* I. 3. Aufl. Frankfurt a. M.: Suhrkamp 1990, S. 95–100.

Adorno, Theodor W.: Keine Würdigung, in: Marcel Reich-Ranicki (Hrsg.): *In Sachen Böll*. Köln: Kiepenheuer & Witsch 1967, S. 9.

Adorno, Theodor W.: Was bedeutet: Aufarbeitung der Vergangenheit 1959, in: Theodor W. Adorno: *Erziehung zur Mündigkeit. Vorträge und Gespräche mit Hellmut Becker 1959–1969*. Hrsg. von Gerd Kadelbach. Frankfurt a. M.: Suhrkamp 2012, S. 10–28.

Anders, Günter: Maschinelle Infantilisierung. Thesen über die Massenmedien, in: *Merkur* 15, 1961, S. 627–635.

Angster, Julia: Der neue Stil. Die Amerikanisierung des Wahlkampfs und der Wandel im Politikverständnis bei CDU und SPD in den 1960er Jahren, in: Matthias Frese/Julia Paulus/Karl Teppe (Hrsg.): *Demokratisierung und gesellschaftlicher Aufbruch. Die sechziger Jahre als Wendezeit der Bundesrepublik*. Paderborn: Schöningh 2003, S. 181–204.

Balz, Hanno: Der Sympathisanten-Diskurs im Deutschen Herbst, in: Klaus Weinhauer/Jörg Requate/Heinz-Gerhard Haupt (Hrsg.): *Terrorismus in der Bundesrepublik. Medien, Staat und Subkulturen in den 1970er Jahren*. Frankfurt a. M./New York: Campus 2006, S. 320–350.

Balz, Hanno: Kampf um die Grenzen. »Terrorismus« und die Krise öffentlichen Engagements in der Bundesrepublik der siebziger Jahre, in: Habbo Knoch (Hrsg.): *Bürgersinn mit Weltgefühl. Politische Moral und solidarischer Protest in den sechziger und siebziger Jahren*. Göttingen: Wallstein 2007, S. 294–310.

Balzer, Bernd: Humanität als ästhetisches Prinzip – Die Romane Heinrich Bölls, in: Hanno Beth (Hrsg.): *Heinrich Böll. Eine Einführung in das Gesamtwerk in Einzelinterpretationen*. 2., überarb. und erw. Aufl. Königstein/Taunus: Scriptor 1980, S. 41–67.

Benzinger, Fredrik: Sigtuna 1964 – Eine dramatische Episode in den deutsch-schwedischen Literaturbeziehungen, in: Stephan Braese (Hrsg.): *Bestandsaufnahme. Studien zur Gruppe 47*. Berlin: Erich Schmidt 1999, S. 209–227.

Bering, Dietz: »Intellektueller« bei der frühen Gruppe 47. Sprachgeschichtliche Spurensuche, *IASL*, Nr. 1 (2007), S. 192–226.

Beth, Hanno: Trauer zu dritt und mehreren. Notizen zum politischen Publizisten Heinrich Böll, in: Hanno Beth: *Heinrich Böll. Eine Einführung in das Gesamtwerk in Einzelinterpretationen*. 2., überarb. und erw. Aufl. Königstein/Taunus: Scriptor 1980, S. 187–200.

Büchse, Nicolas: Von Staatsbürgern und Protestbürgern. Der Deutsche Herbst und die Veränderung der politischen Kultur in der Bundesrepublik, in: Habbo Knoch (Hrsg.): *Bürgersinn mit Weltgefühl. Politische Moral und solidarischer Protest in den sechziger und siebziger Jahren*. Göttingen: Wallstein 2007, S. 311–332.

Campe, Rüdiger: Zeigen statt Sagen. Kleists *Hier* und *Jetzt* und die Figur des Zeigens, in: Gottfried Boehm/Sebastian Egenhofer/Christian Spies (Hrsg.): *Zeigen. Die Rhetorik des Sichtbaren*. München: Fink 2010, S. 439 ff.

Cofalla, Sabine: Hans Werner Richter – Anmerkungen zum Habitus und zur sozialen Rolle des Leiters der Gruppe 47, in: Stephan Braese (Hrsg.): *Bestandsaufnahme. Studien zur Gruppe 47*. Berlin: Erich Schmidt Verlag 1999, S. 65–85.

Deutsche Bischofskonferenz: Die deutschen Bischöfe über einige Gefahren in unserer Zeit, *Herderkorrespondenz* 18 (1963/64).

Elter, Andreas: Die RAF und die Medien: Ein Fallbeispiel für terroristische Kommunikation, in: Wolfgang Kraushaar (Hrsg.): *Die RAF und der linke Terrorismus.* 2 Bde. Hamburg: Hamburger Edition 2006, S. 1060–1074.

Enzensberger, Hans Magnus: Klare Entscheidungen und trübe Aussichten, in: Hans Magnus Enzensberger: *Über Literatur.* Frankfurt a. M.: Suhrkamp 2009, S. 305–312.

Falken, Herbert: Predigt an die Gemeinde in Schevenhütte anlässlich der kirchlichen Bestattung Heinrich Bölls, in: Georg Langenhorst (Hrsg.): *30 Jahre Nobelpreis Heinrich Böll. Zur literarisch-theologischen Wirkkraft Heinrich Bölls.* Münster: LIT 2002, S. 57–61.

Germania Judaica. *Bulletin der Kölner Bibliothek zur Geschichte des deutschen Judentums,* Heft 1, 1960/61, S. 24.

Gilcher-Holtey, Ingrid: »Askese schreiben, schreib: Askese«. Zur Rolle der Gruppe 47 in der politischen Kultur der Nachkriegszeit, in: Ingrid Gilcher-Holtey: *Eingreifendes Denken. Die Wirkungschancen von Intellektuellen.* Weilerswist: Velbrück Wissenschaft 2007, S. 125–162.

Gilcher-Holtey, Ingrid: Was kann Literatur und wozu schreiben? Handke, Enzensberger, Grass, Walser und das Ende der Gruppe 47, in: Ingrid Gilcher-Holtey: *Eingreifendes Denken. Die Wirkungschancen von Intellektuellen.* Weilerswist: Velbrück Wissenschaft 2007, S. 184–221.

Grass, Günter: Rede über das Selbstverständliche. Rede zur Verleihung des Georg-Büchner-Preises in Darmstadt, in: Günter Grass: *Werkausgabe.* Hrsg. von Volker Neuhaus und Daniela Hermes. Band 14: *Essays und Reden I. 1955–1969.* Göttingen: Steidl 1997, S. 147–163.

Grass, Günter: Des Kaisers neue Kleider, in: Günter Grass: *Werkausgabe.* Hrsg. von Volker Neuhaus und Daniela Hermes. Band 14: *Essays und Reden I: 1955–1969.* Göttingen: Steidl 1997, S. 121–136.

Großbölting, Thomas: Als Laien und Genossen das Fragen lernten. Neue Formen institutioneller Öffentlichkeit im Katholizismus und in der Arbeiterbewegung der sechziger Jahre, in: Matthias Frese/Julia Paulus/Karl Teppe (Hrsg.): *Demokratisierung und gesellschaftlicher Aufbruch. Die sechziger Jahre als Wendezeit der Bundesrepublik.* Paderborn: Schöningh 2003, S. 147–179.

Heesch, Johannes: Hans Werner Richter und der Grünwalder Kreis, in: Claudia Fröhlich/Michael Kohlstruck (Hrsg.): *Engagierte Demokraten. Vergangenheitspolitik in kritischer Absicht.* Münster: Westfälisches Dampfboot 1999, S. 154–169.

Hodenberg, Christina von: Konkurrierende Konzepte von »Öffentlichkeit« in der Orientierungskrise der 60er Jahre, in: Matthias Frese/Julia Paulus/Karl Teppe (Hrsg.): *Demokratisierung und gesellschaftlicher Aufbruch. Die sechziger Jahre als Wendezeit der Bundesrepublik.* Paderborn: Schöningh 2003, S. 205–226.

Ibrügger, Angelika: Die unfreiwillige Selbstbespiegelung einer *lernenden Demokratie.* Heinrich Böll als Intellektueller zu Beginn der Terrorismusdiskussion, in: Nicole

Colin/Beatrice de Graaf/Jacco Pekelder/Joachim Umlauf (Hrsg.): *Der »Deutsche Herbst« und die RAF in Politik, Medien und Kunst.* Bielefeld: transcript 2008, S. 156–169.

Kluge, Alexander: Der Autor als Dompteur oder Gärtner. Rede zum Heinrich Böll-Preis 1993, in: *Alexander Kluge: Personen und Reden.* Berlin: Wagenbach 2012, S. 23–40.

Knoch, Habbo: »Mündige Bürger«, oder: Der kurze Frühling einer partizipatorischen Vision. Einleitung, in: Ders. (Hrsg.): *Bürgersinn mit Weltgefühl. Politische Moral und solidarischer Protest in den sechziger und siebziger Jahren.* Göttingen: Wallstein 2007, S. 9–53.

König, Karin: Zwei Ikonen des bewaffneten Kampfes. Leben und Tod Georg von Rauchs und Thomas Weisbeckers, in: Wolfgang Kraushaar (Hrsg.): *Die RAF und der linke Terrorismus.* 2 Bde. Hamburg: Hamburger Edition 2006, Bd. 1, S. 430–471.

Korlén, Gustav: Böll in Schweden, in: Marcel Reich-Ranicki (Hrsg.): *In Sachen Böll. Einsichten und Ansichten.* Köln: Kiepenheuer & Witsch 1968, S. 318.

Kraushaar, Wolfgang: Kleinkrieg gegen Großverleger. Von der Anti-Springer-Kampagne der APO zu den Brand- und Bombenanschlägen der RAF, in: Wolfgang Kraushaar (Hrsg.): *Die RAF und der linke Terrorismus.* 2 Bde. Hamburg: Hamburger Edition 2006, Bd. 2, S. 1075–1116.

Leser, Joachim: »Öffentliche Intimität? Schwierigkeiten mit dem Mythos – Probleme und Kontroversen im Vorfeld der Tagung 1964«, in: Stephan Braese (Hrsg.): *Bestandsaufnahme. Studien zur Gruppe 47.* Berlin: Erich Schmidt, S. 229–246.

Literarische Revue 1949: Umfrageantwort, in: *Literarische Revue*, 4 (1949), Nr. 4.

Musolff, Andreas: Die Terrorismus-Diskussion in Deutschland vom Ende der sechziger Jahre bis Anfang der neunziger Jahre, in: Georg Stötzel/Martin Wengeler (Hrsg.): *Kontroverse Begriffe. Geschichte des öffentlichen Sprachgebrauchs in der Bundesrepublik Deutschland.* Berlin/New York: De Gruyter 1995, S. 405–445.

Musolff, Andreas: Anmerkungen zur Geschichte des Ausdrucks ›Sympathisant‹ im Kontext der Terrorismus-Diskussion, in: *Sprache und Literatur in Wissenschaft und Unterricht* 64 (1989), S. 95–109.

Musolff, Andreas: Terrorismus im öffentlichen Diskurs der BRD: Seine Deutung als Kriegsgeschehen und die Folgen, in: Klaus Weinhauer/Jörg Requate/Heinz-Gerhard Haupt (Hrsg.): *Terrorismus in der Bundesrepublik.* Frankfurt a. M.: Campus 2006, S. 302–319.

Nägele, Rainer: Heinrich Böll. Die große Ordnung und die kleine Anarchie, in: Hans Wagener (Hrsg.): *Gegenwartsliteratur und Drittes Reich. Deutsche Autoren in der Auseinandersetzung mit der Vergangenheit.* Stuttgart: Reclam 1977, S. 183–204.

Nehring, Holger: Die eigensinnigen Bürger. Legitimationsstrategien im politischen Kampf gegen die militärische Nutzung der Atomkraft in der Bundesrepublik der frühen sechziger Jahre, in: Habbo Knoch (Hrsg.): *Bürgersinn mit Weltgefühl. Politische Moral und solidarischer Protest in den sechziger und siebziger Jahren.* Göttingen: Wallstein 2007, S. 117–137.

Plard, Henri: Mut und Bescheidenheit, in: *Der Schriftsteller Heinrich Böll.* Ein biographisch-bibliographischer Abriß. Neu hrsg. von Werner Lengning. 4. Aufl. München: Deutscher Taschenbuch Verlag 1973, S. 41–64.

Reid, James H.: »Diesem Böll der Preis …« – Heinrich Bölls problematisches Verhältnis zur Gruppe 47, in: Stephan Braese (Hrsg.): *Bestandsaufnahme. Studien zur Gruppe 47.* Berlin: Erich Schmidt Verlag 1999, S. 103–114.

Reid, James H.: Nur »Gesellenstücke«? – Zum Frühwerk Heinrich Bölls, in: Werner Jung/Jochen Schubert (Hrsg.): *»Ich sammle Augenblicke«. Heinrich Böll 1917–1985.* Bielefeld: Aisthesis 2008, S. 9–29.

Scheerer, Sebastian: Deutschland: Die ausgebürgerte Linke, in: Martin Moerings/Dieter Paas/Sebastian Scheerer/Heinz Steinert (Hrsg.): *Angriff auf das Herz des Staats.* 2 Bde. Mit einer Einleitung von Henner Hess. Frankfurt a. M.: Suhrkamp 1988. Bd. 1, S. 193–429.

Schonauer, Franz: Literaturkritik und Restauration, in: Hans Werner Richter (Hrsg.): *Bestandsaufnahme. Eine deutsche Bilanz 1962.* München/Wien/Basel: Verlag Kurt Desch 1962, S. 477–493.

Schwalm, Frank: Heinrich Böll und die Kölner Kontroverse über die Wehrmachts-Vergangenheit des Bischofs Defregger. *Geschichte in Köln. Zeitschrift für Stadt- und Regionalgeschichte* 49 (2002), S. 239–256.

Tremel, Luise: Literrorisierung. Die RAF in der deutschen Belletristik zwischen 1970 und 2004, in: Wolfgang Kraushaar (Hrsg.): *Die RAF und der linke Terrorismus.* 2 Bde. Hamburg: Hamburger Edition 2006, S. 1117–1154.

Warnach, Walter: Heinrich Böll und die Deutschen, in: *Frankfurter Hefte* 33 (1978), S. 51–62. (Wiederabdruck in: Walter Warnach: *Wege im Labyrinth.* Hrsg. von Karl-Dieter Ulke. Mit einem Vorwort von Heinrich Böll. Stuttgart: Neske 1982.

Wehdeking, Volker: Der frühe Heinrich Böll (1937–1959): Schuld- und Widerstandsdiskurs, Intertextualität und Medienreflexion, *Literatur der Moderne. Jahrbuch der Walter-Hasenclever-Gesellschaft* 7 (2010/11), S. 195–220.

Wiedemann, Barbara: »Zwei, drei Worte verstecken«. Heinrich Bölls Roman »Billard um halb zehn« und Paul Celan, *Zeitschrift für deutsche Philologie* 132 (2013), S. 241–274.

Wolfrum, Edgar: Das westdeutsche »Geschichtsbild« entsteht. Auseinandersetzungen mit dem Nationalsozialismus und neues bundesrepublikanisches Staatsbewusstsein, in: Matthias Frese/Julia Paulus/Karl Teppe (Hrsg.): *Demokratisierung und gesellschaftlicher Aufbruch. Die sechziger Jahre als Wendezeit der Bundesrepublik.* Paderborn: Schöningh 2003, S. 227–246.

Personenregister

Abbildungsnachweis

Erbengemeinschaft Heinrich Böll: S. 24, 39, 43, 45, 47, 49, 67, 84, 98, 134, 186, 249, 262, 269, 275, 282
Hermann J. Baus: S. 13
Heinz Held: S. 209, 211, 285
Manfred Kraft: S. 272
Toni Richter: S. 253
Gerd Sander: S. 119, 189

Danksagung des Autors

Die Arbeit an der vorliegenden Biografie wurde durch die Heinrich-Böll-Stiftung möglich. Dafür möchte ich dem vormaligen Vorstand der Stiftung, Ralf Fücks und Barbara Unmüßig, sehr herzlich danken. Ebenso Peter Siller, der sie als Leiter der Inlandsabteilung unterstützt hat. Ein großer Dank gilt meinem Berliner Kollegen Bernd Rheinberg, der als Lektor der Heinrich-Böll-Stiftung den Schreibprozess von Beginn an durch seine konstruktiv-kritischen Einwände begleitet hat.

Mein besonderer Dank gilt René Böll. Seinem Rat und seiner Hilfsbereitschaft verdanke ich unschätzbar viel. Seine nie erlahmende Gesprächsbereitschaft hat die Arbeit an dieser Biografie entscheidend befördert. Für das mir dabei entgegengebrachte Vertrauen, auch unveröffentlichtes Material einsehen zu können und für diese Biografie zu verwenden, bin ich ihm sehr verbunden.

Dieses Buch wäre ohne die Hilfe meines Kollegen Markus Schäfer nicht möglich gewesen. Dabei durfte ich nicht nur von seinen umfassenden Kenntnissen des Werks Heinrich Bölls profitieren, ohne seine tatkräftige und unermüdliche Unterstützung wäre diese Arbeit auch nicht zum Abschluss gekommen. Dafür möchte ich ihm sehr herzlich danken.

Frau Dr. Gabriele Ewenz hat als Leiterin des Heinrich-Böll-Archivs der Stadt Köln die Arbeit mit dessen Beständen ermöglicht. Hierfür sowie für die zahlreichen und ermutigenden Gespräche danke ich ihr. Mein Dank gilt auch Ralf Schnell – nach der langjährigen Zusammenarbeit bei der Herausgabe der Kölner Ausgabe der Werke Heinrich Bölls waren die Begegnungen und Gespräche mit ihm auch nach Abschluss der Editionsarbeit wie immer ein Gewinn an Perspektiven, die es zuvor nicht gab.

Schließlich danke ich Dr. Mechthilde Vahsen für ihren engagierten Einsatz und ihre konstruktive, inspirierte Textredaktion.